JN260205

子ども—親心理療法

PSYCHOTHERAPY WITH INFANTS AND YOUNG CHILDREN

トラウマを受けた

REPAIRING THE EFFECTS OF STRESS AND TRAUMA ON EARLY ATTACHMENT

早期愛着関係の修復

Alicia F. Lieberman
Patricia Van Horn

アリシア・F・リーバーマン
パトリシア・ヴァン・ホーン
著

青木紀久代
監訳

門脇陽子／森田由美
訳

福村出版

PSYCHOTHERAPY WITH INFANTS AND YOUNG CHILDREN: Repairing the Effects of Stress and Trauma on Early Attachment by Alicia F. Lieberman PhD and Patricia Van Horn, JD, PhD

Copyright © 2008 by The Guilford Press. A Division of Guilford Publications, Inc.

Japanese translation published by arrangement with Guilford Publications, Inc. through The English Agency (Japan) Ltd.

私たちに愛着という視点を与えてくれた,
メアリー・エインズワースとジョン・ボウルビィに。

子どもの生活の中のお化けと天使を発見する手助けをしてくれた,
セルマ・フライバーグとビル・ハリスに。
その両者を受け入れる心の安全基地を教えてくれた,
アービング・ハリスに。

そして理論に命を吹きこんでくれる子どもたち,親たちに。

著者略歴

アリシア・F・リーバーマン（PhD）

　カリフォルニア大学サンフランシスコ校精神医学科教授（乳幼児メンタルヘルス），同大学学務副課長。サンフランシスコ総合病院児童トラウマ研究プロジェクト理事。米国薬物濫用・精神衛生サービス局（SAMHSA）全国子どもトラウマ性ストレスネットワークの中心事業である4大学を拠点とした協力プログラム「早期トラウマ治療ネットワーク」を統括。NPO法人米国乳幼児・家族センター「Zero to Three」理事長。著書に，数か国語に翻訳された *The Emotional Life of the Toddler*（2～3歳児の情動生活），共著書として首席著者を務めた *Losing a Parent to Death in the Early Years: Guidelines for the Treatment of Traumatic Bereavement in Infancy and Early Childhood*（早期の親との死別——乳幼児期のトラウマ的悲嘆の治療），*Don't Hit My Mommy!: A Manual for Child-Parent Psychotherapy with Young Witnesses of Family Violence*（ママをぶたないで！——家族間暴力の幼い目撃者への子ども-親心理療法マニュアル）がある。幼年期および早期の治療的介入に関する多数の論文，原稿も執筆している。主な研究分野は乳幼児のメンタルヘルス，早期トラウマ，マイノリティや恵まれない児童・家族へのサービス不足の解消など。精力的に講演活動を行い，政府機関や国内外の民間財団のコンサルタントを務める。ユダヤ系とラテン系の血をひき3か国語，3つの文化に通じることから，児童発達，子育て，子どものメンタルヘルスに関わる文化的問題に特別な関心を抱いている。

パトリシア・ヴァン・ホーン（JD, PhD）

　カリフォルニア大学サンフランシスコ校精神医学科臨床准教授，サンフランシスコ総合病院児童トラウマ研究プロジェクト副理事。サンフランシスコ市「セイフスタート・イニシアチブ」の技術顧問兼臨床コンサルタントを務めるとともに，米国薬物濫用・精神衛生サービス局（SAMHSA）全国子どもトラウマ性ストレスネットワーク，および「セイフスタート・プロミシング・プラクティス・イニシアチブ」を通じ国内外での子ども–親心理療法臨床家の養成に携わる。ドメスティック・バイオレンスの被害を受けた女性・子どもを支援するため，子どものトラウマに関する教育訓練カリキュラムを執筆。共著に，*Losing a Parent to Death in the Early Years: Guidelines for the Treatment of Traumatic Bereavement in Infancy and Early Childhood*（早期の親との死別——乳幼児期のトラウマ的悲嘆の治療），*Don't Hit My Mommy!: A Manual for Child-Parent Psychotherapy with Young Witnesses of Family Violence*（ママをぶたないで！——家族間暴力の幼い目撃者への子ども–親心理療法マニュアル）がある。

日本語版によせて

　本書の日本語版刊行は，私にとって深い意味を持つ。日本の人々は，圧倒的な自然災害や歴史的トラウマを前に幾度も不屈の精神を発揮し，驚異的な回復力と独創性で災害後の困難な状況に対応し復興に取り組んできた。FOUR WINDS 乳幼児精神保健学会の招きを受けて2010年に日本を訪れたが，その時の経験は忘れがたいもので，私は数多くの学びの機会を通じ，日本の豊かな文化と日本人の強さへの称賛を募らせた。本書の日本語版の刊行を嬉しく思うとともに，この本が，トラウマを体験した幼い子どもやその家族と関わるすべての人に役立つよう願っている。

　本書では，家族に起因するトラウマを含め，さまざまな原因のトラウマからの回復の支援を目指している。最も持続的な感情的苦痛は得てして，最も親密な人間関係の中で生じ，生後5歳までの子どもは，家庭内の暴力により心身に傷を負うリスクが高い。子どもの年齢が低いほど，ドメスティック・バイオレンスや児童虐待などのトラウマによる傷が深くなる。これらの体験がもたらす根強い恐怖は，健全な人格の核となる，信頼できる人間関係を築く能力を損なう可能性があるからだ。

　両親と家族が，どれほど子どもを支え愛情深く育てようと，幼い子どもは誰しも成長の途上で正常な不安を経験する。すべての子どもが経験するこの正常な不安――分離・喪失への不安，愛情喪失への不安，身体的ダメージへの不安，内面の悪への不安――は，家庭内の暴力的な出来事を通じて現実的な根拠を得ると，空想の領域を脱して恐ろしく切実なものになる。成長の段階で家族間暴力を経験した親は，幼少期の恐怖の痕跡を心身に刻んでいることが多い。

これらの早期記憶が育児行動を通じて表出し，わが子に対し無意識に自分の親と同じ行動をとる可能性もある。私たちは親から学ぶものであり，好むと好まざるにかかわらず，自分が親になった時，かつて親にされたのと同じことをしがちだ。

　子ども－親心理療法は，親が愛情ある保護的な養育を行い，子どもがトラウマの影響で壊された親への信頼を取り戻せるよう支援する，早期トラウマ治療アプローチである。幼い子どもは内面を言葉で伝えられないかもしれないが，自分の苦痛を態度で示し，助けを求める術には長けている。言葉はしゃべれなくても，手に負えない号泣，重度の睡眠障害，強情なかんしゃく，激しい不安，抑えがたい攻撃性などの形で，かわりに体が伝えてくれる。幼児や就学前児童は，遊び――小児期の最も自然な言語――を使って，生活上の出来事をどう感じ理解しているか教えてくれる。恐怖におびえ混乱した子どもに，親が共感的，保護的な態度で対応する際に生じる癒しは，愛情の力を証明する感動的な証拠だと言える。

　「甘え」という概念は，大切な伝統的価値観を次の世代に伝えるための基盤である，母子間の絆に対する日本文化の奥深い理解を示す典型例である。子ども－親心理療法は，トラウマの破壊力への対抗手段として，甘えが持つ生成力を取り戻そうとする試みであり，本書が今回，日本語という美しい言葉で読めるようになったことを光栄に思う。

　日本語への翻訳を主導し，愛着理論・精神分析理論に基づき母親の調律行動に関する深い造詣を本書にもたらしてくださった青木紀久代先生に謝意を表したい。日本訪問中に先生にお会いし，臨床サービス提供者の専門知識向上や，家庭訪問による介入・保育水準の向上・家族の再統合促進の支援を通じた幼い子どものウェルビーイング増進に対する先生の数々の貢献を知る機会に恵まれたことは，大いなる喜びだった。翻訳者としての豊富な経験を活かし本書を訳出された門脇陽子，森田由美の両氏にも感謝申しあげる。

アリシア・F・リーバーマン
サンフランシスコ，2014年8月

序

私は怖い
未来の私に
過去がいったい何をするのか
　　　　　　——イェフダ・アミチャイ Concrete Poem（具体詩）

　未来への不安は，過去の出来事を反映するとともに，現在の重荷として存在し続ける。心理療法にできるのはせいぜい，幼少期の忌まわしい体験を振り返り，現在の知識と能力に照らしてその体験を再構成することによって，現在を楽しみ将来へ前向きに取り組む力を回復することくらいだ。本書では，不幸な体験が次の世代に伝えられ根づく前に，その体験の破壊的影響を封じこめ，流れを変えることに取り組んでいる。子ども‐親心理療法（CPP）では，幼い子どもの健全な発達を促す最も効果的な手段として，親や主な養育者を巻きこんでいく。CPPは，親の愛情やわが子の幸福を望む真摯な思いを活用して，満足のいく人間関係を取り戻し，そうした人間関係を新たな記憶として刻みつけて，親子の不安を和らげ，彼らの自己認識や互いへの認識に対する信頼を促すことを目指している。
　この本は10章から成っている。1章では，乳幼児期・小児期早期のメンタルヘルスの問題に対する関係性に基づく治療法として，CPPの概要をくわしく紹介する。この章では，さまざまな理論的視点が，発達，文化，環境的背景

をふまえた子どもと家族への体系的な関心をはじめとする，多面的だが一貫性ある治療アプローチへと統合される過程を描く。2章では，幼い子どもが直面するさまざまなストレス因子と，それが脳発達に及ぼす影響を取り上げる。この知識の治療への適用にも触れ，一時的で限定的な動揺や，より全般的かつ持続的な障害，広汎性の複雑な精神障害を含むさまざまなメンタルヘルス上，人間関係上の問題について説明している。3章ではCPPの理論的目標，治療法，重症度を問わず幅広い問題全般における主な臨床的治療効果について説いている。安全性を高め，誤解を正し，感情を調節し，情動調律の手本を示すような反応を促すため，子どもが感じ考えていることを親に伝えることを目標として，CPPでは，親の協力を得て，個々の子ども独自の特徴や発達段階に関し共通の理解を育んでいく。

　4章では，包括的な治療計画の基盤としての最初のアセスメントの役割について述べる。この章ではアセスメント期間を，子どもと家族，彼らの環境をめぐる情報を集める期間だけでなく，試験的介入の効果を検証し，最初の診断的印象を評価して治療計画を訂正するための機会ともとらえている。5章では，新たな状況への適応能力が試されるような発達上のマイルストーン達成に取り組む中で，精神的な動揺を示している親子へのCPP実践例を紹介している。6章では，この治療法をさらに重度の臨床症状に応用した例を示し，ドメスティック・バイオレンスを経た辛い離婚という環境下で，精神障害に近い問題を抱えている親子の治療をくわしく描いている。7章では，特定の課題に応じた多様な形のCPPを紹介している。親の精神障害のせいで子どもを治療の焦点にできない，セッション中の子どもの行動をきっかけに，手に負えないほど親が取り乱した，別居中の父親と母親の根強い対立が，子どもに持続的な悪影響を与えているなど個々の状況に応じてさまざまな治療法を考案している。

　8章では4つの事例を使って，親子関係に焦点をあてたCPPに固有の臨床的課題を取り上げている。これら4事例は，セラピストが親に一方的に同調し，子どもを犠牲にすることで，親子に対するセラピストの主観的印象に偏りが生じている，あるいは，親子いずれかの機能に深刻な問題があるため，親子関係を重視した治療では効果が得られないといった理由から，CPPモデルに具体的な課題を提起するものだ。こうした制約があっても，標準的なCPPモ

デルで良好な治療結果を得られるが，最初のセッションで親子合同セッションの効果を阻む持続的な障害が判明した場合は，治療の形式や焦点を変えなければならない。9章では，子どもと家族のため協力を取りつけねばならない小児科医療，保育，児童保護制度などのケアシステムの中での，臨床的介入の位置づけを考える。10章では，ストレスやトラウマを受けた子どもと家族の苦痛軽減に携わるセラピストが経験する，外的制約や内面的なプレッシャーをふまえて，臨床的取り組みに関する考察を示す。

　どの章でも，臨床事例を豊富に引用している。事例を取り上げると必然的に，最も私的な体験をセラピストに打ち明けてくれた子どもと家族の秘密保持と，心理学的プロセスや治療介入を記述することの妥当性という，ふたつの妥当だが矛盾する価値観同士の対立が生じる。この倫理的基準を満たすため，私たちは親子の個人的特徴をまったく違うものに変え，読者にも親子本人にも誰に関する記述かわからないようにした。多くの家族は何年も前に治療を受けているため，個人が特定される可能性はさらに低くなっている。いくつかの事例では，臨床的なテーマが同一である場合，複数の家族の状況や治療経過をひとつにまとめた。親子の台詞は，実際の発言を正確に記録したものではなく，言い換えられている。親は全員，自分の事例を教育目的で使用することを許可するという同意書に署名してくれ，CPPに関する知識拡大に積極的に協力してくれた。

　本書は，熟練セラピストから心理学・ソーシャルワーク専攻の大学院生・インターン，精神科研修医まで，幅広い経験レベルの臨床家のために書かれたものだ。セルマ・フライバーグは，乳幼児と接するのは「神様を味方につけるようなもの」と述べている。親子の愛情の絆と幼年期の急激な発達が，健康に向けた強力な誘因になるからだと言う。本書を通じ，多様な分野・理論学派に属する臨床家の皆さんが，乳幼児・就学前児童とその家族の治療を自身の仕事に欠かせない要素として取り入れてくださるよう願ってやまない。

アリシア・F・リーバーマン
パトリシア・ヴァン・ホーン

謝 辞

　俗に「子育ては村中の協力がいる」と言うが，これは子育てであれ本の執筆であれ，創造的な取り組みすべてにあてはまることだ。本書を書き進める中で私たちは，大きな村に支えられた。その村の中心にいたのは，心の中の天使とお化けを私たちにゆだね，彼らの欲求や願いを私たちが理解できるよう協力してくれた多くの子どもたち，親たちである。

　早期の愛着，ストレス，トラウマの治療は精神に負担をかけるもので，結束の強い地域社会の協力が求められる。私たちは，臨床研究チーム各メンバーの協力とスキル，努力なしには本書を書きあげられなかった。一部のメンバーは，1996年の児童トラウマ研究プロジェクト発足当初から関わってくれている。ナンシー・コンプトン，チャンドラ・ゴーシュ・イッペン，マリア・オーガスタ・トレス，ローラ・カストロ，マヌエラ・ディアズ，グリセルダ・オリバー・ブシオは，私たちの職場という名の大家族の中心を占めるメンバーだ。既にプログラムを離れているが，引き続き貴重な同僚にして友人としてロビン・シルバーマン，ドナ・ダビドビッツ，エディー・ウォールデン，ローラ・マヨロガ，エリザベス・ルジャン，アニラ・クラークの名を挙げておく。また私たちの使命に欠かせない存在として，過去に研修プログラムに参加してくれた100人以上の心理学・精神医学・ソーシャルワークの研修生，研修医，研究員の皆さんがいる。多すぎてひとりひとり名前を挙げられないが，セラピスト，研究者としての彼らの成長への意欲のおかげで，私たちも彼らとともに学び続けることができた。

　全米のトラウマを受けた子どもとその家族へのサービスの質およびアクセス

改善のため，強力な組織を設置してくれた，米国薬物濫用・精神衛生サービス局（SAMHSA）全国子どもトラウマ性ストレスネットワーク（NCTSN）のメンバーにも多くを負っている。膨大な知識を快く提供し，疲れを知らぬ統率力でこの国家的取り組みを率いてくれたSAMHSAプロジェクト担当官のマルコム・ゴードン，ナショナルセンター共同理事のロバート・パイヌース，ジョン・フェアバンクに感謝する。ナショナルセンターのリサ・アマヤ・ジャクソン，アラン・スタインバーグ，ジャネット・マルキエビッチ，クリスティン・ジーグフリード，エレン・ゲリティ，スーザン・コー，クリス・レインは，私たちと協力して計画を具体的行動に転換してくれた。早期トラウマ治療ネットワーク——NCTSN傘下のネットワーク——のおかげで，乳幼児期のメンタルヘルスの諸原則を，助けを必要とする子どもの発見率が最も高いさまざまなケアシステムに適用することができた。ルイジアナ州立大学健康科学センターのジョイ・オソフスキー，ハワード・オソフスキー，マインディ・クローネンバーグ，チュレーン大学のジュリー・ラリュー，チャールズ・ジーナ，ボストン医療センターのベッツィ・マクアリスター・グローブス，マイケル・アッカー，カルメン・ナローニャといった熱心なパートナーと手を結べたのは，非常に光栄なことだ。他のNCTSN拠点の貴重な同僚らも，私たちの思考を深め研究範囲を広げるのを助けてくれた。中でもジュディ・コーエン，キャリー・エプスタイン，ルイス・フローレス，ジュリアン・フォード，アンソニー・マンナリーノ，スティーブン・マランズ，フランク・パトナム，ベセル・ヴァン・デア・コルク，チャールズ・ウィルソンの各氏については，特筆しておきたい。

　身近なところでは，カリフォルニア大学サンフランシスコ校の多くの人々の支援と励ましがなければ，プログラムを維持できなかった。サンフランシスコ総合病院精神科長のロバート・オキン，カリフォルニア大学サンフランシスコ校精神医学科長のクレッグ・ヴァン・ダイクは，学術的に厳密でありながら家族にとって温かい制度環境を整える上で，比類ないリーダーである。ローレル・コペルニクと彼女の下で働くスタッフは，助成金や契約関係の達人であり，ランドルフ・シワベッシーとスーザン・クイレンは信頼できる管理責任者である。プログラムに十分なインフラを確保する上で，彼らが頼みの綱であ

り，彼らはその高いスキルに勝るとも劣らぬ善意に満ちあふれている。いつも温かな笑顔で毎日の生活に秩序をもたらしてくれる，プログラム管理担当のディオン・ジョンソンにも感謝を表する。

　累積的なストレスとトラウマが子どもと家族に及ぼす悪影響は，メンタルヘルス制度の範囲を越えるものであり，公的なケア制度や地域社会のプログラムとの持続的な協力が求められる。幼い子どもたちのため長年にわたり地域社会で献身的なリーダーシップを発揮してきた公衆衛生局のサイリン・チャンソーに感謝する。児童保護制度下の子どもと家族が抱える得てして解決困難な問題への解決策を，私たちに協力して探してくれた，デビー・ジェター，エリザベス・クルード，シャロン・ベル，ソフィア・アイソム，スーザン・アーディング，その他多くの社会福祉省のマネージャー，スーパーバイザー，児童福祉スタッフの方々にも感謝する。ドナ・ヒチェンス裁判官は，暴力の加害者と被害者双方を子どもの発達に重要な影響を与える要因として巻きこんでいくような，法制度と家族向けプログラムとメンタルヘルス的な治療の三者間による画期的な連携を先頭に立って進めてくれた。ドメスティック・バイオレンス被害者支援団体ラ・カサ・デ・ラス・マードレスのキャシー・ブラック，ホームレス妊婦用プログラムを運営するマーサ・ライアン，サンフランシスコ州家族サービス局のロバート・ベネットとシャーリーン・クレメンスのおかげで，私たちはトラウマに重点を置いたメンタルヘルスサービスを，暴力の被害を受けた女性や子どもを支援する地域社会機関に提供することができた。アニタ・フリードマン，エイミー・ワイス，レスリー・スターニンを中心とする「ユダヤ家族・児童サービス」を通じて，子ども－親心理療法の原則を，地域社会の行政機関を介してベイエリア全体のメンタルヘルス関係者に普及させる機会を得られた。また行政の力を借りて，全国レベルで同様の情報普及活動を実施している。クリステン・クラックとエレナ・コーエンが率いる「セイフスタート・イニシアチブ」「セイフスタート・プロミシング・プラクティス・イニシアチブ」のおかげで，子ども－親心理療法の原則を米国全土の専門家から成る学際的チームに広められた。同様にNCTSNも，CPPモデルを全国の多様な地域社会に適用するという課題を実現するため，一連の協調学習を主催している。イリノイ州児童家族サービス局のブライアン・サミュエルズ，ティム・ガーロ

ンとその同僚らは，イリノイ州のサービス事業者に証拠に基づく診療を紹介するプロジェクトに私たちを参加させ，児童福祉制度を利用する子どもを組織的に支援できるよう協力してくれた。シェリル・ポルクは，制度構築に関する豊富な知識を提供し，私たちの研究の多くの側面を改良するプロセスに貢献してくれた。フィリス・グリンクは，プログラム開発に関する膨大な経験を共有し，地方・全国レベルで私たちが及ぼす効果を高めてくれた。

　国立衛生研究所（NIMH）は，子ども－親心理療法の無作為化試験を援助し，私たちの研究の学術的基盤を強化してくれた。NIMHの優秀な学術審査管理官，ビクトリア・レヴィンの知識，寛容さ，熱意から私たちは大きな恩恵を被っている。彼女には，助成金審査プロセスを楽しいものにする独自の才能がある。

　民間財団や個人の篤志家は，国・地方の助成金を補ってくれる頼りになる支援者であり，早期治療の新たな方向性を探求し続けることを可能にしてくれる。数十年に及ぶ戦略的な支援活動により乳幼児のメンタルヘルス分野の展望を変えた，先見の明ある慈善家アービング・ハリスは，乳幼児期のトラウマへの対処の緊急性とそれを阻む障害を熟知した上で，惜しみない財政支援と思慮深い助言を提供してくれた。アービング・B・ハリス財団は，私たちの教育研修プログラムの費用を設置当初から負担してくれており，ジョアン・ハリスと財団理事会の持続的な支援に感謝する。またビル・ハリスとコイドッグ財団のおかげで，愛情体験が健康な感情的絆の回復に及ぼす効果に焦点をあてて，愛着とトラウマの相互作用を探ることが可能になっている。リサとジョンのプリッカー夫妻，およびイングリッド・タウバーのおかげで，私たちは最も見返りが大きな取り組みのひとつ，教えるという行為を通じて自らも学ぶことができた。ミミ・アンド・ピーター・ハース財団，A・L・メイルマン財団，ネイサン・カミングズ財団，パインウッド財団，フランシス・S・ノース財団，ルイス・R・ルイーリー財団，ジョージ・サルロ財団は長年にわたり，暴力に直面した移民家族・マイノリティ家族の経験に特に焦点をあてた介入戦略の開発，マニュアル化，および検証を支援してくれた。私たちの親愛なる友人である故キャスリーン・アルトマンおよび夫のジョナサン・アルトマン，オーブリー＆ビバリー・メットカーフ，イサベル・アジェンデ財団は，私たちに想

定外のニーズに対応するための資金を授けてくれた。

　細心の注意を払って原稿を読み，個性的な洞察を与えてくれたビクター・カリオン，ミーガン・ガンナー，ビル・ハリス，トニ・ハイネマン，バーバラ・カルマンソン，ジュリー・ラリュー，ジョイ・オソフスキー，ジュディ・シルバー，アリエッタ・スレイド，ビビアン・スナイダー，シェリー・トスの貴重なフィードバックを得て，本書は何度か書き直されている。本書をより良いものにするため私たちに協力し，子どもと家族の生活向上に向け何年も意見や行動をともにして，実り多い時間を与えてくれた彼らひとりひとりに，心からの感謝を表したい。

　日々の仕事の重圧に負けそうになる私たちに，熱意を持って執筆を促し，プロとしての助言で私たちの考えを整理してくれたギルフォード社の編集者，キティ・ムーアとバーバラ・ワトキンスに感謝する。本書の刊行にこぎつけるまで見事な手腕で支えてくれた，サウィトリー・ソムブラナクルとダン・ウェインガーテンにも感謝する。

　毎日，仕事を終えて帰宅する私たちを待ちうける各々のパートナーは，このプロジェクトを支援する一方，人生にゆとりと美をもたらし公私のバランスをとるよう私たちに求めた。いつものことながら，デビッド・リッチマンとバーレーン・ペリーの愛情，励まし，それに忍耐に感謝する。親の愛情の激しさと繊細さを私たちに身をもって体験させてくれた，息子のマイケル・リーバーマンとアレクサンダー・ゲバラにも感謝を伝えたい。

アリシア・F・リーバーマン
パトリシア・ヴァン・ホーン

目　次

著者略歴　5
日本語版によせて　7
序　9
謝辞　12

1章　発達につまずくとき　関係性を第一に　19

2章　危険に対処する　ストレス－トラウマ連続体　55

3章　子ども－親心理療法の実践　治療の目標と戦略　87

4章　アセスメントのプロセス　128

5章　「ほど良く」でなくなるとき　早期関係性の動揺　172

6章　赤ちゃん部屋のお化けと天使　関係性の阻害と障害を治療する　213

7章　子ども－親心理療法（CPP）のバリエーション　255

8章　調律の喪失　治療関係の失敗　298

9章　子ども－親心理療法と他のサービス制度の統合　335

10章　結びの考察　視点の提示　383

参考文献　400
監訳者あとがき　416
索引　422

1章

発達につまずくとき
関係性を第一に

　3歳のエリアスが父親の様子をじっと見ている。父親は仕事に遅刻しそうなので，家の中を走り回って支度をしている。エリアスは母親に「パパはぼくのこと，おこってるのかな」とたずねる。「まさか，そんなわけないでしょ」と母親は答える。するとエリアスは言った。「だって，あんなにバタバタしてるよ」

　エリアスの言葉は，大人がつい見落としがちなあることを教えてくれる——幼い子どもは親の行動を鋭く観察していて，自分がそれにどんな影響を与えているかを絶えず推測しているのだ。幼い子どもの精神生活は豊かで複雑であり，第一義的な情緒的関係を中心にして構成され，大人にはうっすらとしか理解できない論理に支配されている。彼らの体験の情動的トーン——楽しいか辛いか，予測可能か支離滅裂か，対処できるか耐えがたいか——は，自己意識や他者への信頼，この世界を学ぶ自信を形成し，その子どもの人格の中に具現化されていく。健全な発達を推進する土台は，親の保護である。親の保護は，メンタルヘルスに不可欠な「愛し学ぶ能力」を習得するのに必要な内的安心感と外的安全を提供する。人生早期の愛着は子どもと母親との間の情動的絆であり，子どもは大人の保護を頼ることによってより生存しやすくなる（Bowlby,

1969/1982; Ainsworth, Blehar, Waters, & Wall, 1978)。乳幼児は親[1]の庇護のもとにある安心感の中で，自分の身体，人間関係，物理的環境を試しながら成長していく。親が一貫性を持って子どものために時間や労力を割けなかったり，ひどく気まぐれだったり，恐怖を与えたりするために，子どもが安心感を得られないと，早期のメンタルヘルスを育む基本的条件は著しく低下する。

　本書が紹介するのは子ども－親心理療法（child-parent psychotherapy; CPP）である。CPPは，親による保護の失敗のせいでメンタルヘルスに支障をきたした，0歳から5歳までの子どもを対象とする関係性を中心とした治療アプローチである。フロイト（Freud）はメンタルヘルスを「よく働き，よく愛せる能力」と定義したが，乳幼児にとってのメンタルヘルスは，「よく**成長し，よく愛せる能力**」と言えるだろう。早期のメンタルヘルスは3つの側面から定義できる。(1) 情緒が持続的に破綻することなく，さまざまな感情を体験し，耐え，表現できること，(2) おおむね信頼できる親密な関係を形成し維持できること，(3) その文化で年齢相応と期待されるスキルを習得できることである。CPPでは子どもの第一義的な愛着関係を媒体として，これらに取り組む。CPPの治療効果は，幼児や就学前児童のハイリスク・グループ（うつ状態の母親を持つ幼児のグループ，トラウマ体験があり貧しく文化に同化していないラテン系の母親を持つ，愛着が不安定な幼児のグループ，虐待を体験し児童保護を受けた就学前児童のグループ，ドメスティック・バイオレンスにさらされた就学前児童のグループなど）を標本とする無作為化試験で実証されている（Cicchetti, Rogosch, & Toth, 2000; Cicchetti, Toth, & Rogosch, 1999; Lieberman, Weston, & Pawl, 1991; Lieberman, Van Horn, & Ghosh Ippen, 2005; Lieberman, Ghosh Ippen, & Van Horn, 2006; Toth, Maughan, Manly, Spagnola, & Cicchetti, 2002; Toth, Rogosch, Manly, & Cicchetti, 2006）。こうした研究は，CPPの効果として，子どもと母親の症状の緩和，子どもが親・自分自身・関係性に対して肯定的な帰属をするようになること，母子関係や愛着関係の安心感の向上，子どもの認知機能の改善

---

[1] 本書では，子どもの第一義的な愛着の対象となる人物を表すのに，「親」「母親」「養育者」という用語を互換的に用いている。子どもが困窮，不安定，不安な状況の中で，安全と保護を優先的に求める人物として定義される。

などを挙げている。標本の中には，種々の反復的な対人暴力にさらされた母子も含まれている。複数または慢性的なトラウマ体験のある子どもや成人を対象として設計された治療はほとんどないので，CPPによって改善されたという事実は，とりわけ注目に値する。CPPは，さまざまな社会経済階層や文化集団に対して生態的妥当性がある。貧困層や，スペイン語しか話せない母子など民族的マイノリティが多数を占める集団も，これらの無作為化試験の標本に含まれている。こうした一連の研究は，母子関係に焦点をあてた治療が，ストレスやトラウマ，それにまつわる子育ての問題のためにメンタルヘルスを蝕まれた幼い子どもに有効であることを裏づけている。

特定のトラウマ状況に直面した子どもにCPPを適応した治療マニュアルがふたつある。"*Don't Hit My Mommy!: A Manual for Child-Parent Psychotherapy with Young Witnesses of Family Violence*"（ママをぶたないで！――家族間暴力の幼い目撃者への子ども－親心理療法マニュアル）（Lieberman & Van Horn, 2005）は，両親のドメスティック・バイオレンスを目撃した乳幼児を対象として，介入領域を概説し，主要な治療法を項目別に整理し，臨床例を交えて説明したものである。"*Losing a Parent to Death in the Early Years: Guidelines for the Treatment of Traumatic Bereavement in Infancy and Early Childhood*"（早期の親との死別――乳幼児期のトラウマ的悲嘆の治療）（Lieberman, Compton, Van Horn, & Ghosh Ippen, 2003）は，片親または両親を亡くすという痛ましい境遇の幼い子どもが対象である。同書は，早期の悲嘆を理解するための発達の枠組を提供しつつ，子どもが親の死という物理的現実を受け入れ，トラウマや喪失を想起させるものにうまく対処し，亡き親にかわる，しかも亡き親との唯一無二の愛情関係の記憶にとってかわることのないような新しい愛着関係を形成することによって，健全な発達の勢いを取り戻せるよう支援する治療アプローチを説明している。本書『子ども－親心理療法　トラウマを受けた早期愛着関係の修復』（*Psychotherapy with Infants and Young Children*）では，これらのマニュアルの理論的枠組や臨床適応をさらに敷衍して，通常のストレスからトラウマ的ストレスまで幅広くCPPの応用を紹介し，治療過程の指針となる臨床理論を読者が理解しやすいように豊富な事例を挙げながら，理論的根拠と介入方式を説明する。

なぜ愛着関係に注目するのか

　乳児は，この世に誕生した瞬間から人とのつながりを求める。乳児にはさまざまな刺激を識別し，それに即した反応をする生物学的能力が備わっており，人の発するサインや馴染みのあるにおい，光景，音に選択的に注意を向けることができる。また他人の表情を模倣し，自分の表情・ジェスチャー・発声を他人のものと同調させ，後々の共感や相互依存の土台となる互恵的なやりとりをすることができる。これらは単なる認知的行為ではなく，豊かな感情が伴っている。乳児は這う以前から，悲しみ，怒り，喜びの感情を判別し，どの声の調子がどの顔の表情と一致するのかを識別できる（Gopnik, Meltzoff, & Kuhl, 1999）。そればかりか，乳児は自分自身や他人の感情体験を，対人関係や物理的環境の探索の指針として活用しているのである。子どもは5歳になるまでに，心理的・社会的・物理的領域の心的表象を形成する。この世界の仕組みについて作業仮説を立て，他者との相互作用によってそれを検証し，洗練させていく。

　順調に成長している子どもの場合，種々の生物学的・物理的・社会的・文化的要因が相互に働いて，発達の展開を促進している。さまざまな力が調和して融合しているなら，個々の要素が発達過程にどう寄与しているかを分析する必要はあまりない。あえて表現するなら，体重・身長・頭囲は順調に増え，年齢相応の運動・認知・情緒・社会的マイルストーンがおおむね児童発達の教科書通りの時間枠で達成され，母親・父親・その他の養育者は子どもの幸福を第一に考えて愛情をこめて関わり，生活の緊張やストレスが，親が子どもに注ぐ感情に影を落とすことなく，社会は家庭の育児能力を高めるような物理的安全と基本的ニーズを制度的に支援している，といったところだろう。一言で言えば，子育てに関わる主な人物をとりまく状況に問題がなく，良好な生物的・情緒的・社会的・文化的過程がそろった結果として，子どもは元気に成長しているのである。

　このような互恵的な相互作用が働いているときは，ひとつの領域の因子が他の領域の影響を緩和したり調整したりするかもしれないが，子どもと家族の

周囲あるいは内部の一連の保護因子やリスク因子の重大な欠損や歪みによって，発達に支障が出ることはない（Cicchetti & Lynch, 1993; Sameroff, 1995）。長い間，子育てにまつわる価値観と実践はまったく個人の領域の問題と考えられてきたが，最近の米国で「子育ては村中の協力がいる」というアフリカの格言が広まっているように，子育ては社会の重要な責任でもあるという社会意識が高まってきている。子どもの生来の可能性は養育的な親のもとでこそ開花するが，その親も自分だけの力で子育てができるわけではない。子どもの最も近くにいる最も直接的な保護者としての役割をまっとうするには，地域社会や広義の社会の資源が必要なのである。

　一方，子どもが順調に成長していない場合は，個々の理由を一から検討しなくてはならない。体質的要素と環境の影響は複雑に絡み合い，専門家の間でも，苦痛の原因について意見が一致しないことが少なくない。原因の究明は，診察するセラピストがどんな専門分野と理論的傾向を持っているかに影響されやすい（Mayes, 1998）。メンタルヘルスの問題の原因についての「生まれ」と「育ち」という昔ながらの二分法は，時代遅れと冷笑されながらも，依然として診断と治療に影響を及ぼしている。私たち専門家は往々にして，自分の思考スタイルや専門分野にとらわれがちである。遺伝学の高度な技術的進歩や，神経発生学，発達精神病理学，臨床理論と臨床実践，介入研究の進展によって病因プロセスへの理解が深まる一方，狭い専門性が学際的コミュニケーションの壁になっている。専門分野の異なる同程度のキャリアの専門家が集まって評価を行えば，それぞれが別の原因（遺伝的・体質的・環境的要因など）と異なる機能領域（身体的・情緒的・社会的・認知的領域など）を評価の焦点として強調し，それぞれの専門分野に基づいてまったく別の治療法を推奨するだろう。ある子どもの情緒的問題の主な寄与因子を子どもの体質的な脆弱性とするか，親の心理的葛藤や育て方の問題とするか，臨床家によって異なる。ゲーテの言葉にあるように，「われわれには自分にわかっていることしか見えない」（Beveridge, 1957 に引用）のである。

　早期のメンタルヘルスの問題を評価し治療するときに，親との第一義的な情緒的関係としての「愛着」を，専門領域の枠を超えた統一テーマとし，重要な位置を与えるべきだと，私たちは考える。愛情ある育児には，リスク状況下

で子どもの発達の勢いを回復させるような無二の変革力がある。環境ストレスがあろうと子どもが脆弱な体質であろうと，幼い子どもの情緒的健康に最も重要な影響を及ぼすのは親であることにかわりはない。たとえば，過敏性（irritability）のような扱いにくい気質を持つ新生児は，好ましい発達をしにくい傾向があるかもしれないが，それが現実化するのは，主に母親が強い疲労や抑うつのために乳児のキューに反応できない場合である（Vaughn & Bost, 1999）。ヴァン・デン・ブーム（Van den Boom）(1994) は，過敏な新生児の情動的サインを識別し応答できるような介入を開発したが，その介入により子どもの愛着の質と探索能力は著しく，また持続的に向上した。同様に，母子の互恵性とパートナーシップを強化する「幼児－親心理療法」(toddler-parent psychotherapy）によって，抑うつや強いストレスのある母親を持つ幼児の認知機能と社会・情緒的機能が大幅に改善されることが，ふたつの無作為化試験で証明されている（Cicchetti et al., 2000; Cicchetti et al., 1999; Lieberman et al., 1991）。また母子関係の情動的トーンを重視した介入は，虐待体験のある就学前児童の自分と養育者に関する心的表象を改善するのに効果があり，「就学前児童－親心理療法」(preschooler-parent pschotherapy) の無作為試験では，心理教育的家庭介入モデルの比較群よりも良い結果が出ている（Toth et al, 2002）。両親のドメスティック・バイオレンスを目撃した就学前児童の研究では，CPPのグループは個人心理療法やケースマネジメントに委託されたグループに比べて，母子ともに心的外傷後ストレス障害（PTSD）の診断と個別症状が著しく減少し，治療終了の6か月後も改善が持続していた（Lieberman et al., 2005; Lieberman et al., 2006）。

　子どもに自閉症や広汎性発達障害のような体質的条件がある場合でも，親子関係は最も効率の良い改善手段である（Greenspan & Wieder, 1998）。自閉症の子どもも通常の発達をしている子どもと同様，子どものサインに対する母親の敏感さによって愛着の質に個人差が出るのだから，当然と言えるだろう（Sigman & Ungerer, 1984）。ある自閉症児の研究では，親が子どもの関心の焦点に同調した遊びをすることにより，言語やコミュニケーションのスキルが向上したが，同じ子どもの16年後のフォローアップ調査でもそれは堅持されていた（Siller & Sigman, 2002）。こうした多くの実証的証拠は，どんな体質的・

環境的リスク因子があろうと，関係性を中心とするアプローチは乳幼児期のメンタルヘルスの障害の治療に有効であることを示している。

子ども－親心理療法の基本要素

子ども－親心理療法（CPP）は乳幼児－親心理療法（infant-parent psychotherapy）から派生した療法で，今なお，このアプローチから強く影響を受けている（Fraiberg, 1980; Lieberman & Pawl, 1993; Lieberman, Silverman, & Pawl, 2000）。セルマ・フライバーグ（Selma Fraiberg）と共同研究者が開発した乳幼児－親心理療法は，親の乳児に対する態度や行動に表出された心理的葛藤を治療することによって，3歳までの子どものメンタルヘルスの混乱に対処するものである。CPPでは介入の範囲が5歳まで広がるが，やはり主な愛着の対象人物との関係の調整こそ，改善のいちばんの近道であるという前提に立つ。CPPは，認知行動療法と社会学習療法から生まれた介入方略を取り入れ，愛着理論，精神分析理論，トラウマ理論を統合した多理論的アプローチである。また介入のあらゆる局面で，家庭の文化的価値観に配慮する。以下にCPPの基本要素を簡潔に記すが，本書全体を通して臨床事例を交えながらくわしく説明していきたい。

1. CPPでは，子どもの自由遊びと親子の自発的な相互作用を中心とする親子合同セッションを行う。子どもが具体的なトラウマ的出来事を体験している場合，トラウマを想起させて有効な対処を促す目的でおもちゃ（診察の道具・救急車・警察官の人形など）を選び，教材として与えることがある。親との付随的な個人セッションを必要に応じて柔軟に導入し，親子合同セッションの内容，親の体験，家庭環境，その他治療に関連する要因について話し合うことがある。
2. セラピストは，子どもの行動に対する親の理解を深めるため，子どもの行動の発達上の意味や感情的意味を，わかりやすく説明して健全な子育てを促進する。
3. 治療の対象は，子どもの不適応行動，懲罰的あるいは発達にふさわ

くない育児パターン，不信や互いの発達課題への誤解による親子相互作用のパターンなどである。何を年齢相応の行動として期待するかについては，文化によって非常に幅があるので，セラピストは常にその家族の文化的習慣（モーレス）を確認し，その価値観に沿った介入を行う。
4. CPPは，親子共通の楽しみや，親の子どもに対する肯定的な帰属，子どもの親に対する信頼を育むような親子の共同活動を積極的に奨励する。
5. 介入は，親子のニーズに応じて個別的に調整する。発達を促すような遊び・言語活動・身体活動・身体的な愛情表現，発達に関するガイダンス，保護的介入のロールモデル，トラウマを想起させるものへの対処，自尊感情を回復し希望を与えるような，善意と愛情のある体験の記憶の想起，洞察中心の解釈，情緒的サポート，危機介入，生活問題への具体的支援などがある。
6. 介入は，単純で直接的な方法から始める。単純な介入では改善しなかったときに，複雑な介入様式に移行する。

「子ども－親心理療法」という用語は，親子が治療セッションに同席し，親子関係の情緒の質を焦点とし，親と子が相互作用の情緒的トーンにそれぞれどう寄与しているかに注目する治療的アプローチの統一的用語である（Lieberman, 2004a）。また，総称としては，「乳幼児－親心理療法」（Fraiberg, 1980; Lieberman et al. 2000）や，「幼児－親心理療法」（Cicchetti et al., 1999; Lieberman, 1992），「就学前児童－親心理療法」（Toth et al., 2002）などの年齢別の呼び方を包含する包括的構成概念である。こうした包括的総称が必要なのは，乳児から小児期初期までの関係性中心の治療には重要な共通項があり，子どもの成長につれて必要になる治療テクニックの調整を橋渡しするからである。

CPPは，広く使われている「二者療法（dyadic therapy）」という用語よりも，関係性中心の治療を正確に表現している。というのは，関係性中心の治療の対象は一対の親子に留まらないことが少なくないからである。誰を含めるか

は臨床的・状況的要因によるが，両親，実親，里親，継父母，兄弟姉妹，祖父母，その他子どもの生活の重要な人物を含めることがある。ただしどのような形態をとるにしろ，その関係が子どもの機能にどう影響するかに注目する。CPPの治療目標は，子どもと主な養育者が，彼らの生活の他の人間関係の文脈で，成長を促進するようなパートナーシップを形成し維持できるようにすることである。本書では，通常のストレスからトラウマまでのさまざまな環境的リスク因子に焦点をあて，この心理療法の理論的・臨床的パラメーターについて述べる。また乳児期，幼児期，就学前期までの各発達段階で，CPPがどのように変化し，あるいは変わらないかを説明したい。

多理論的な根拠

　CPPは，主に精神分析理論／愛着理論，ストレス・トラウマ理論，発達心理学という3つの概念的枠組を土台としている。その土台の上に，認知行動療法（CBT）と社会学習理論を取り入れているが，臨床効果を豊かにし向上させるような新しい理論的枠組や臨床実践に対しては，常に開かれている。多様な子ども・親・家族が変容のチャンスを活かすためには，臨床は理論定式化の制約を超越しなければならないという確信が根底にある。

　愛着理論・対象関係論・間主観的アプローチなどの精神分析理論は，人間関係を求める子どもの生来的モチベーションを重んじる。愛着理論は，外的・内的危険からの確実な保護を期待して少数の愛着の対象人物と階層的な選択的情緒的関係を結ぼうとする，乳児の生物学的傾向を重視する。精神分析理論では，こうした生来的モチベーションは，自己主張・性欲・**相互認知**の欲求などの他のモチベーションと複雑に絡み合い影響し合うと理解する。相互認知とは，乳児が自分のニーズと願望の達成を母親の認知に依存する一方で，母親が独立した存在であることを認知し受け入れることを意味する（Lichtenberg, 1989; Diamond Blatt & Lichtenberg, 2007）。

　精神分析と愛着理論は，過去の影響を重視する。早期の認知と反応が自己や他者の心的表象として内面化され，模倣・取り入れ・同一視などの無意識的作用を通して次世代に伝達されるという連続性に，過去の体験の持続的影響は明

白に表れる。また過去は，文化的慣習と個人の伝統への適応との複雑な相互作用によっても伝達される。育児習慣は，その集団の生態的地位の具体的要求によって形作られるが，普遍的な人間の葛藤に対する個人の妥協的解決の表れでもある（Bowlby, 1969/1982, 1973, 1980; Erickson, 1950; Freud, 1926/1959c, 1933/1964）。精神分析理論と愛着理論は，乳幼児－親療法の治療の種々のアプローチに生産的な影響を与えている（Baradon, 2005; Heinicke, Fineman, Ponce, & Guthrie, 2001; Heinicke et al, 1999, 2006; Slade et al., 2005）。

　CPPはその他の流派の理論も取り入れている。ストレス・トラウマ理論は，内的脅威と外的危険に対する個人の行動反応（軽度の警戒から極度の無力感まで），その反応の神経生理学的特徴，子どもと大人のPTSDの先行因子・相関因子・緩和因子など，さまざまな要因の理解に貢献している。(Cicchetti & Walker, 2001: De Bellis, 2001; LeDoux, 1998; Laor, Wolmer, & Cohen, 2001; Osofsky, 2004b; Pynoos, 1993; van der Kolk, 2003)。トラウマ体験の想起あるいは再演時の身体反応への注目は，治療に大いに貢献している。発達精神病理学は，非定型発達の原因と兆候，通常の発達との相互関連性，さまざまな発達段階や領域での表出の変化を理解するための学際的モデルを提供している（Cicchetti & Cohen, 1995a, 1995b; Cicchetti & Sroufe, 2000）。生後1年間の発達は急ピッチで展開するので，セラピストは発達の過程を把握しながら治療にあたることが，とりわけ重要である。認知行動療法は，認知と行動を意図的に変更して情動と自滅的態度を改善するアプローチを導入したことで大きく貢献している（Cohen, Mannarino, & Deblinger, 2006）。親は，子どもの行動がただちに変化するような具体的提言にはよく反応することが多い。社会学習理論は，行動形成における模倣と社会的役割期待の重要性を強調する（Patterson, 1982）。親は子どもが自分の行動を模倣するとわかると，行動を改善する意欲が高まることが多い。同様にセラピストも，親子に対する自分の態度が暗黙のうちにモデル効果を及ぼすことを意識させられる。以上のような種々の理論に加え，家族の文化的背景とそれが子育ての価値観と実践に与える影響は，親の行動や親子相互作用を検討し理解するのに重要な視点である。

　親が不安定，ストレス，不安，トラウマによる無力感などによって子どもを守れず子どもの発達過程に悪影響が及ぶとき，多様な理論的枠組は相互補

完しながら介入のアプローチを提供する (Freud, 1926/1959c; Bowlby, 1969/1982; Lyons-Ruth, Bronfman, & Atwood, 1999; Main & Hesse, 1990; Pynoos, 1993, 1995)。悪影響が一時的か持続的か，広範か限定的かは，いろいろな要因に左右される。発達段階，気質，体質的な強さや弱さなど子ども自身の要因もあるし，ストレスのタイミング・強度・慢性度，付随的なリスク因子の有無，ストレス事象の衝撃を和らげるような保護因子の効果などの環境的要因もある。だが最も中心的なダメージは，子どもの信頼する力（capacity to trust）が歪むことである。親は子どもの身体的・心理的な健全感を脅かすものを退けるために，いつでも効果的に介入する用意と能力と意志があると確信できる能力の歪みである。CPPの体系の原理は，以下で述べるように，こうした観点に立っている。

基本概念：愛情を持って守られていると感じることは，早期のメンタルヘルスの要

　生存と健康の維持は，誕生の瞬間から行動を導く生物学的な至上命令である。新生児が母親の乳房を探りあてて乳房を吸うと，母親の生理作用にスイッチが入り乳が分泌される。新生児は母親の助けがないと乳房に近づけないとは言え，この最も早期のやりとりにおいてすら，乳児が自らの生存のために積極的役割を果たしていることは明らかである。乳児は母親の乳を必要とするが，母親は乳を提供するのに乳児の関与を必要とするのである。この基本的な生存のニーズをめぐる互恵性は，愛着の顕著な特徴である。この生物学的基盤に根ざす情緒的絆は，親子それぞれの個人的課題の変化に応じて徐々に複雑になり，発達の過程で時には対立することもある (Bowlby, 1969/1982)。

　子どもの人間関係が広がるにつれ——父親，兄弟姉妹，親族，代理的な養育者，友達——さまざまな対人的絆ができるが，その意味や期待は文化的集団によって異なる。実際，「保護」「安全」「安心」といった用語の正確な定義と文脈的特質については，学者の間でも諸説がある。特に愛着パターンの安定・不安定・混乱が子どもの生存と生殖適応度の最大化にどういう相対的価値を持つかを論じるとき，進化論，メンタルヘルス，あるいは独特の文化的先入観など，どの観点に立っているのか，必ずしも明確ではない (Belsky, 1999)。

危険の知覚の発達的変化

　幼い子どもの目から見た主な危険のキューは，不快あるいは苦痛な身体感覚と外的脅威への不安である。こうしたキューによって，客観的保護と内的安心感という安全を確保する目的で親に接近し接触する，愛着行動が起きる（Bowlby, 1969/1982）。この過程について重要なのに見落とされがちなのは，**その危険の客観的性質に関係なく，子どもにとってはきわめて現実的に感じられる**という点である。だから子どもの発達に即した対応をするには，その脅威の客観的現実だけではなく子どもの主観的な危険体験とかみあっていなければならない。子どもの感情に対する親の調律は，子どもの自己感覚や安全と危険の認識に刻みこまれていく（Stern, 1985）。調律とその失敗のメッセージは，親子間の同調性や共通リズムの構築を通して伝播していく（Beebe & Lachman, 1988; Feldman, 2007）。

　知覚される危険の原因は，子どもの自己管理能力が高まるにつれて変化する。フロイト（1926/1959c）の生後5年間の内的危険の発生的展開に関する概説は，今なお子どもの不安を理解するのにたいへん有益である。内的危険とは，見捨てられること，親の愛を失うこと，身体的ダメージ，悪いことをすること（内面化された文化の道徳基準への違反）をさす。こうした内的危険は環境と関係なく存在するが，外的事象によって悪化するので，ストレスやトラウマに対する子どもの反応は，内的脅威と外的危険が一体化したものとして理解する必要がある（Freud, 1926/1959c; Pynoos, 1995）。見捨てられること，愛を失うこと，身体的ダメージ，悪いことをすることへの不安は，外的脅威に対する子どもの反応を形成する。だから親が子どもの不安に有効に対応するには，見捨てない，ずっと愛する，危害から守るという暗示的または明示的なメッセージが必要である。

　乳幼児期の子どもには，親の愛，保護，社会化への基本的欲求がある。これらの基本的欲求が常に満たされていれば，子どもの自己感覚は，ほぼ無意識のふたつの前提——親は子ども（自分）を育てる能力があるという信頼と，自分は親の保護を受けるに値するという確信——を中心に組織化される（Ainsworth et al., 1987; Bowlby, 1988)。この30年間，愛着理論に触発されて，生後1年間の乳児の母親に対する愛着（少数だが父親も）の標準的過程と個人差について有意義な研究が行われてきた。早期の愛着の質がその時点の子どもの認知能力や社会・情緒的能力に大きく寄与し，その後の発達の予測因子となることは，多くの研究証拠から明らかである（Weinfield, Sroufe, Egeland, & Carlson, 1999）。このパラダイムでは，安心感は「対人的及び精神内部の愛着の問題が生じたとき，直接的，柔軟，創造的，積極的に解決を図る能力」と定義されている（Bretherton & Munholland, 1999, p.99）。

　では，その「対人的及び精神内部の愛着の問題」とは何だろうか。私たちは，生後1年間の愛着の問題は，外的脅威からの保護や内的危険の緩和についての子どもの期待が，親の行動によって裏切られた，あるいは子どもがそう解釈したときに生じると考える。親子は愛着の問題を通して，何が安全であり何が危険か，何が許容され何が禁じられるかというジレンマに直面し，対人的交渉もしくは内的適応，またはそれを組み合わせて解決しなくてはならなくなる。それは，子どもが脅威を正しく解釈している場合でも，認知能力の未熟さや感覚制御の抑制，想像上の不安や願望，過去の体験のせいで解釈が歪んでいる場合でも変わらない。子どもは反復と実践によって解決の過程を内面化し，親密さや，親密さと危険・安全の関係に関する内的視点に取りこんでいく。愛着が安定している乳幼児は，母親を保護と快適さを与える人として信頼しており，苦痛を感じれば母親を求める。そして母親がそれに応えれば落ち着くし，分離していても母親が姿を見せればすぐに落ち着く。一方，愛着が不安定な子どもはストレスを受けると，母親が対応できないかもしれないという不安から，回避的行動，両価的行動，混乱した行動をとる。愛着が安定している子どもは自分の対処能力を超える困難に直面すると親に頼ろうとするが，愛着の不安定な子どもは，親の助けをあてにできないのを経験的に知っているので，早まって自分でどうにかしようとする。回避，抵抗，混乱した行動は，親の支えを感じられない子どもが，親に快適さと支援を求める自分の内なる傾向に負けまいとしてもがいていることの表れである（Ainsworth et al., 1978; Main & Solomon, 1990）。

　脅威に対する反応は，内的危険と外的危険が交差するときに形成される。生

後数か月間，まだ欲求が必ず充足されることを予測できないうちは，空腹痛を感じると火がついたように泣く。これもひとつのコミュニケーション形態であって，親に授乳を促して欲求が満たされるという予測可能な結果を生み出す。1歳になると自己制御がきくようになり，空腹になっても大騒ぎをしないで待てるようになる。この変化は，ホメオスタシスのメカニズムが漸進的に成熟していることの表れであり，期待への信頼に基づいて，内的状態はより落ち着きのあるものになる。子どもは外界への関わりや，必要なときには親が手を貸してくれるという期待を通して，生理作用を組織化していく。1歳児に空腹痛を我慢させるには，たとえば，もうすぐ食事だと言葉で励ましながら，食事の準備の面白そうな作業を見せたり参加させたりして，耐えられる程度の満足の遅延をさせると良い。

　子どもは成長するにつれ，生物心理的な制御が上達する。とはいっても身体感覚は生涯，危険の信号として機能する。私たちは自分自身の怒りや不安の感覚におびえることがあり，最初の危険信号が2次的なストレス反応によって増幅されると連鎖反応が起きる。この体験は幼いほど耐え難く，不安にまつわる身体感覚の苦痛のせいで不安そのものを恐れるようになる。ある4歳児は，母親と幼稚園の教師が遅刻をめぐって大声で言い争うのを見てから，登園を嫌がるようになった。母親が子どもの不安げな質問を冷淡にあしらうと，子どもはおびえた声でささやいた。「おかあさんがどなると，ぼく，しんぞうがとびだしそうになるよ」 子どもは，自分の幸福を依存しているふたりの女性が対決するのを見て心臓がドキドキした記憶にずっと囚われていたのである。

　0歳後半になると移動運動が始まり，同時に分離不安と見知らぬ人への不安が強まる。このふたつの防衛機制によって，乳児は恐怖や不安を覚えると安全な避難所である母親に接近しようとし，安心しているときには母親を安全基地にして探索しようとする。2〜3歳になると自然の危険のキュー（大きな音・見知らぬ人や物体・大きな動物や見慣れない動物・急速な接近・闇・ひとりにされること・危険の可能性の増大に関連するその他の刺激）を察知し対応することにだんだん熟達していく（Ainsworth et al., 1978; Bowlby, 1973）。

　2〜3歳になると社会化が本格的に始まり，文化的規範に違反したときの社会的非難，罰，追放など，文化によって決まる危険のキューも取りこむ。その

結果生じる愛情の喪失や「悪い子」になることへの不安は道徳的良心の土台になるが，一方で持続的な不安の源にもなる。幼い子どもの自己中心的な認知のスタンスは，豊かな想像力や世界を理解したいという欲求とあいまって，大人の目には非合理的にしか見えない不安を生じることがある。だがそうした不安は，子どもが状況に意味を見いだそうとしていることの反映でもある。幼児や就学前児童にとっては，父親のいびきは隣の部屋で吼えているトラになり，暗い部屋の輪郭のぼやけた物体は闇に潜むモンスターのようで，トイレで流す水は自分も一緒に流されるような不安をかきたてるのかもしれない。こうした発達相応の不安は，子どもが自己価値や親の愛を確信できないとき，いっそう激しくなり範囲も広がる。

　幼い子どもの反応の多くは，最初は理解しがたいかもしれないが，大人が子どもの身になって何が安全で何が危険に見えるかを考えると，その意味がわかってくる。逆に，子どもの視点が理解できないと情緒的な溝ができてしまう。一例を挙げよう。カーニバルのマルディグラの祭りでは，大きな仮面をかぶった長い付け腕のある巨人に扮した人々が通りを練り歩くが，祭りに来た父親は2歳半の息子がなぜ泣き出したのか理解できなかった。「どうして泣くんだ」と父親が何度聞いても，子どもは恐怖の理由をはっきりと説明できずに，踊り回る巨人たちを指さすだけだった。その間ずっと，父親は息子が祭りを楽しもうとしないことに苛立っていた。一方，息子は，指をさして危険を教えているのに父親が何もしてくれないことに困惑していた。ふたりとも自分の参照枠にとらわれて，相手の立場で状況を見直すことができなかったのである。万策尽きた父親は，わんわん泣く息子を抱きかかえて祭りを後にした。このエピソードは，よくあるコミュニケーションの失敗例だが，親子の感情的互恵性を傷つけている。

愛着，ストレス，危険への対処

　対処できる程度の不適合は，標準的な発達過程の中で日常的にあり，子どもがその発達段階によくある不安に耐え，対処する方法を練習する機会になる。ただ，こうした不適合の背景にある愛着の質は，子どものストレス反応の生理

に影響を与えることがある。愛着に不安のある乳児は，危険を察知すると心拍数とコルチゾール濃度が上昇する傾向がある（Sroufe & Waters, 1977; Tout, de Haan, Kipp-Campbell, & Gunnar, 1998）。一方，愛着の安定した子どもは（親の報告では怖がりな気質の子どもでも），ストレスのかかるエピソードに直面してもコルチゾール生成の増加は見られない（Nachman, Gunnar, Manglesdorf, Parritz, & Buss, 1996）。こうした研究結果は，愛着の安定は，ストレス状況が子どもの感情機能に与える打撃を緩和することを示している。

　強烈な恐怖体験に対処しきれず，身体的・心理的健全性が脅かされるとき，ストレスはトラウマになる。トラウマの強度と慢性度は，生物学的構造の著しい変化と関連づけられてきた。PTSDと診断された子どもに見られる驚愕反応の増加は，脳幹機能の永続的変化を示唆している（Ornitz & Pynoos, 1989）。虐待を受けた子どもはストレス反応や恐怖反応における生理作用が変化し，虐待期間に比例してコルチゾールとアドレナリンの濃度が高くなり一日のパターンが不規則になる（De Bellis, Baum, et al., 1999）。性的虐待を受けた子どもとトラウマ体験のない子どもの脳とでは，解剖学的な違いが認められる（De Bellis, Keshaven, et al., 1999）。また被虐待児は虐待経験のない子どもに比べて脳の体積が少なく，前頭葉の非対称性があいまいである。ヴァン・デア・コルク（van der Kolk）は「身体がスコアを記録している」という言い方で，身体は実際の危険が去ってからもトラウマ体験の痕跡を長期間とどめることを指摘したが，以上の研究結果も彼の言葉を裏づけている。

　幼い子どもは，どうすれば安心できるのかを，驚くほど明確に親に教えることができるものである。3歳4か月のエリスは，父親から何でもいいから変えてほしいことを言ってごらんと聞かれると，一瞬考えてから，「ぼくがあかちゃんにいじわるしたとき，パパとママにだきしめてほしい」と答えた。エリスは小さな妹を攻撃したくなる衝動に苦しんでいたが，それまで両親は，赤ちゃんをいじめてはいけないと戒めるばかりだった。エリスの心には親の愛を失うことへの不安が重くのしかかっていたので，たとえ悪さをしても愛されているという安心がほしかったのである。

　幼い子どもは安全と予測可能性の修正体験を与えられることにより，ストレスやトラウマに対処して発達の勢いを回復することができる。CPPは，保護，

予測可能性，感情制御を重要な構成概念として，乳幼児期のメンタルヘルスの問題に取り組んでいる。治療介入の目的は，子どもの情緒的健康の要としての身体的安全と情緒的安心感の強化である。CPPのセラピストは，かんしゃくや怒りの爆発といった感情制御の不全が，自分や愛する者を傷つけることへの不安などの御しがたい強烈な感情の反映であることを，親子が理解できるように導く。抑制，再方向づけ，制限の設定，スキルの形成，解釈などさまざまな介入形態をとるが，共通する根本的なメッセージは，感情を制御して自分と他者の安全を確保するなら，もっと幸福になれるということである。

保護する存在としての親：対人関係パターンの世代間伝達

　子どもには生存と生殖の適合性を最大化するために愛着の対象人物に保護を求めようとする生来的傾向があるが，それを補完するように，親にも子どもを保護しようとする生物学的傾向がある。親の養育行動の体系には，乳児の愛着行動と互恵的で，子どもを危険から守って不安や脅威のある場面で子どもをそばに置く行動が含まれている。目を向ける，呼ぶ，探す，後を追う，そばにいる，接触するなどの行動は，行為の主体が子どもならば愛着システムの活性化のしるしであり，親であれば養育機能である。親は抱きしめること，子どもは抱きしめられることを必要とする。親は子どもの生存を保護することによって，自身の生殖適合性を最大化しているのである（Bowlby, 1969/1982）。

　多くの霊長類は役割分担の性差がはっきりしていて，メスは子どもを守り，オスは群れを守る。人間については系統的な実証的証拠がないが，明白で差し迫った危険の兆候があるときは男女とも似たような行動をとり重複が多いのに対し，危険が差し迫っていないかキューがあいまいなときには性差が表れるようである。脅威のない状況では，父親は養育よりも提携と探索を重んじる傾向がある（George & Solomon, 1999）。母親は父親が子どもの苦痛に敏感でないと訴え，父親は母親が過保護だと訴える例が夫婦間の対立ではよく見られる。こうした通常程度の摩擦は，子どもが探索と愛着のバランスというジレンマを自分で解決しようとする際に多様な選択肢を与えるという，適応的機能があるとも言える（Lieberman, 1995）。

親は外的・内的危険から子どもを保護する。親子関係では，親の方が成熟しているので子どもの安全を守る責任は主に親にあるが，子どもが徐々に自己管理できるようになるにつれて，安全は親子が協力して作り出すものになっていく。親が子どもを外的危険から守りそこねた例は，たとえば幼児期の罹患と死亡の主な要因は犬に咬まれることと溺れることであるという事実である。一方，内的危険から保護できない例とは，親が子どもの行動を操作やその他の望ましくない行動と誤解して，子どもの苦痛に支援的に対応できないような場合である。否定的な帰属はままあることで，たとえば9か月の乳児が，母親が家から出て行くのを見て狂ったように泣き叫ぶのを，「甘やかされている」からだと無視したり，2歳児の夜驚症を「注目されたい」ためにやっていると思ったり，3歳児が保育所に預けられるときに泣くと「泣き虫」と決めつけたりするのが，その例である。子どもの内的状態と親の解釈の不適合が日常化すると，子どもはこの不適合を情緒的孤立という一般化された予測として，あるいは自分は悪い子で愛される価値がないという確信として内面化してしまうことがある。だがもちろん，親はいつでも子どもの望みどおりにしなければならないわけではない。社会化も情動調律に劣らず重要な親の機能である。親は子どもの立場への理解と，子どもの必要に関する親の最善の判断を実行することのバランスを取りながら，ふたつの育児機能を統合しなければならない。

　子どもの気質や個性は，子どもの人格やニーズに関する親の帰属に影響を与える。同様に，親の心理的ニーズは子どもの行動をどう認識するかに影響する。このふたつの重複する作用が，子どもと親の人格タイプの「適合度」を作る。またこの相性は，親子が「何」を「どのように」相互作用するかを左右し，子どもの発達に影響を与える (Thomas, Chess, & Birch, 1968)。「適合性」は普遍的なものではなく，ある領域では完璧に調和している親子が，別の領域では対立することもある。また親は子どもの安全基地として，子どもの個別的ニーズに即した保護的介入を行う必要がある。たとえば怖がりの子どもは，積極的な子どもならひとりで探索するような，やや不慣れな場面で親のそばを離れようとしないことがある。そのようなとき，親は子どもの主観的な安心のニーズに応える一方で，子どもがより正確に現実を検証し，年齢相応の自主性が育つように促さなければならない。逆に，積極的で大胆な気質の子どもは危

険が潜む状況にためらわずに飛びこんでいくことがあるので，親は子どもの探求心を不当にくじくことなく，子どもを抑制し危険を教える必要がある。

　子どもの発達段階は，親の子どもに関する心的表象に影響する。乳児はそれぞれ個性があるとは言え年長の子どもよりも感情反応が未分化なので，親の投影を反映する「空白のスクリーン」(blank screen) になりやすい。幼児や就学前児童になると，だんだん個人的好みをはっきりと表し，主張し，時には反抗的に表現する。この発達段階では，まだ親の基本的支援を必要としながらも自立的な自己感覚を確立しようとして，愛着・探索・不安の動機づけシステムのバランスを大きく再編成し始める (Bowlby, 1969/1982; Lieberman, 1992, 1993)。それに応えて親も，成長する子どもに年齢相応の世話と安全を提供する**保護的行動**と，怖れずに探索するよう促す**手放し行動**というふたつの相互補完的な養育行動のバランスを取りながら，親としての役割の新たな発達段階に踏み出す。幼児や就学前児童は親のサインを「社会的参照」として利用しながら，親の与える安全とリスクのキューに従って行動することを学んでいく (Campos & Steinberg, 1980)。

親の保護能力を妨げるもの

　何が親の保護能力を妨げるのだろうか。どんな親でもその人固有の保護因子やリスク因子の影響を受けるので，それを考慮して子どものニーズに対処する必要がある。子どものメンタルヘルスに混乱があるときは，親の養育態度や行動をよく調べるべきである。アセスメント段階で，保護体験を提供する能力に重大な欠陥や歪みが見つかることは少なくない (Bowlby, 1988; Fraiberg, 1980)。

　親の行動は，さまざまな状況的要因と心理的要因の複雑な相互作用の所産である。貧しく暴力犯罪の多いスラム街でも安定した愛情ある家庭が存在する事実が証明するように，環境に大きな障害があっても子どもをしっかりと守れる親は少なくない。だが支援的な環境では適切な子育てができても，失業，個人的な喪失体験，ドメスティック・バイオレンスなどのトラウマ体験で自分が持っていた個人的資源を使い果たしてしまうと，育児放棄をしたり露骨に懲罰的になる親もいる。また少数ではあるが，ごく日常的な困難にすぐに押し

つぶされ，慢性的に身体的・情緒的エネルギーを子どものために割けない親も見逃せない。普通の社会的・経済的状況では堅実な子育てができる親でも，日常的に暴力が発生し社会秩序の維持に最低限必要なインフラすら欠く地域で生活することによる極度のストレスから，良い子育てができない場合もある。約20年前，社会学者のジョナサン・クレーン（Jonathan Crane）は都心のスラム街を調査し，専門職・管理職・教師・その他ロールモデルとなる人の数が5パーセントを下回ると，中退率や10代の妊娠が激増することを発見した（Crane, 1989）。社会制度の利用可能性がマルコム・グラッドウェル（Malcolm Gladwell）（2000）の言うティッピングポイント[2]を下回るような恵まれない社会階層の健康問題・不十分な教育・失業・抑うつ・不安・トラウマ的ストレス・犯罪の多発と持続には，伝染病の概念が適用できる。

環境ストレス

貧困は，多くの環境ストレスに共通する根本的要因である。環境ストレスには，不適切な居住環境，交通が不便，教育・雇用・医療を得にくいなどの日常的困難はもちろんのこと，犯罪や地域暴力による犠牲の増大も含まれる。大人のための資源の欠如は，とりもなおさず子どものための基本的な育児資源も利用しにくいということである。特に被害をこうむるのは乳幼児で，その証拠に里親制度で養育される子どもは7歳未満が圧倒的多数であり，生後1年間の子どもの主な死因のひとつが殺人なのである（Osofsky, 2004b）。

激しい環境ストレスやトラウマ体験が育児能力に及ぼす悪影響を，過小評価してはならない。乳幼児期のトラウマ体験は，発達にふさわしい保護のシールドを打ち砕き，トラウマ的無力感を生み，親には彼らを危険から保護する能力がないことをあまりにも早く思い知らせてしまう（Freud, 1926/1959c）。トラウマ体験は対処しがたいストレスを親子関係にもたらし，それまでの愛着の質を変質させてしまうことがある。生後間もない乳児でも，トラウマ体験の反応として，生理的リズムの混乱や，どんなになだめても泣きやまないなど行動面の

2　人間の行動や流行が一気に広がる境界となる閾値。

混乱が見られる (Gaensbauer, 1982)。トラウマに由来する親の悲嘆・罪悪感・怒り・不安・非難などの感情が家族関係の構造を変え,夫婦関係が破綻することすらある (Figley, 1989; Gaensbauer & Siegel, 1995; Pynoos, 1990; Terr, 1989)。またトラウマを体験した乳幼児の予測不可能な反応は,おおむね共感的で情動調律のできる親にとってさえ手にあまり,トラウマ以前と同じ子どもとは思えなくなって,子どものダメージが二度と回復しないのではないかと不安になったり,以前のような情動調律ができなくなったりすることがある。

外的混乱は親子の情緒的疎外をもたらすが,一方,愛着の質が高いとストレスやトラウマの影響が緩和されることもある。愛着の安定した子どもはトラウマ体験に直面しても,より柔軟な対人方略をとり,親の支援能力への信頼感を深めて切り抜けることがある。反対に,愛着の不安定な子どもがトラウマを受けると,その体験によって親の保護者としての利用可能性と力量についての否定的予測が裏づけられ恒常化してしまうのである (Lynch & Cicchetti, 1998)。

親のメンタルヘルスの問題

外的危険がない状況でも,親の心理的機能の問題で養育能力が低下し,幼い子どものメンタルヘルスが動揺することがある。自暴自棄や絶望感による薬物濫用は,しばしば育児放棄や虐待の要因になる。薬物依存は判断力を鈍らせるし,特に貧困層の親は薬物を続けるために危険な生活に手を染めることがままあり,薬物への欲求と子育ての要求との板ばさみになる。薬物濫用とメンタルヘルスの問題の併発は個人治療の対象になることが多いが,薬物濫用から回復するための要件は,子どものニーズへの配慮と両立しないことが少なからずあるので,育児介入ではことのほか難しい問題である。私たちの経験から言うと,薬物を積極的に濫用している親は,依存からの回復が進まないかぎり,子ども中心の介入を利用する意欲は起こらない。ある母親は監護権を失った後で「私は子どもよりコカインを愛していた」と嘆いた。だが子どものために薬物の習慣と社会的汚名を克服しようと勇気をふるって努力する親も少なくない。ルーサー (Luthar) とサッチマン (Suchman) (2000) が開発した関係中心の集団心理療法が実証したように,ここでもやはり親子関係は,変化に大きな役割

を果たしている。母親の抑うつは，子どもの心理的問題を予測するのに最も注目されている要因である。抑うつのある母親の子どもとそうでない母親の子どもは脳の活動や生理的パターンが異なり，学業困難・友人関係の貧しさ・自己抑制能力の低下・攻撃の増大など行動の問題が多く，深刻な精神病理の発生率が高いという研究結果がある。こうした問題には遺伝的傾向も大きく寄与しているかもしれないが，遺伝的影響は直接的影響と言うよりある結果が起こる確率を高めるもので，決定論的というより確率論的な要因である。行動は遺伝と環境の相互作用によって形成されるという研究証拠が増えていることを考慮すると，環境因子は重要性を帯びてくる。たとえば，抑うつの遺伝的傾向があると思われる抑うつ状態の母親はそうでない母親に比べて，子どもに対する情緒的応答が鈍く，子どもからの働きかけを回避したり敵対したりする傾向が強く，子どものメンタルヘルスの問題を助長するような相互作用のパターンを作りやすいことを，研究文献は一貫して示唆している（Plomin & Rutter, 1998; National Research Council & Institute of Medicine, 2000）。この世代間伝達の兆候は，最初に周産期に現れることが多い。自分の母親は思いやりが乏しいと認識している母親や父親は，妊娠8か月から出産後数週間から数か月の間に，激しい気分の変動や神経不安に陥りやすい（Mayes & Leckman, 2007）。

　こうした母親の行動は乳児のさまざまな反応を喚起し，乳児はアイコンタクト・微笑む・クーイング・手を伸ばしたりすることで母親の気持ちに働きかけ相互作用を引き出そうとする。母親の回避や調律の失敗が乳児に及ぼす影響は，「静止顔」のパラダイム（母親が楽しい相互作用を止め，無表情・無反応になる）の実験が雄弁に物語っている（Tronick et al., 2005）。抑うつがあっても，情緒的ひきこもりを自覚して，子どものニーズに応える努力を続ける母親は少なくないが，自分の抑うつが子どもに及ぼす影響に気づかず，克服する行動を起こせない母親もいる。母親のメンタルヘルスの問題は，子どもの機能を病的にする原因としても，現実的な治療計画の必須要素としても，入念に評価すべきである。

　大人も子どもも複数の精神疾患を併発することがよくあるので，総合的治療計画を概念化するには，個々の診断カテゴリーを超えた視点が必要になる。たとえば臨床的うつとPTSDの重複は多くの文献で実証されている（Cohen &

Work Group on Quality Issues, 1998)。トラウマへの曝露に関連する2次的逆境を特定することは，複数のトラウマの経歴がある子どもと家族の治療では，とりわけ重要である。カイザー・パーマネンテの患者数千人を対象とした子ども時代の逆境体験（ACE; Adverse Childhood Experience）の研究は，子どもの頃のトラウマ的ストレス因子が成人期の主な罹病・死亡原因に及ぼす長期的影響を実証したものである（Felitti et al., 1998; Anda et al., 2007; Edwards, Dube, Felitti, & Anda, 2007）。子どもの頃のトラウマ体験の9つのカテゴリー（心理的虐待，身体的虐待，性的虐待，母親への暴力，家庭内に薬物濫用者がいる，家庭内に自殺傾向や精神疾患のある人がいる，家庭内に服役者がいる，片親または両親がいない，身体的または情緒的ネグレクト）は，虚血性心疾患・肝臓疾患・肺疾患・癌・骨折など成人の死と障害の10の主要要因と，統計的にきわめて有意な関連性が見られた。またメンタルヘルスの領域では，4つ以上の有害な体験のある回答者はストレス因子をまったく経験しなかった人に比べ，アルコール依存症，薬物濫用，抑うつ，自殺企図の発生率が4倍から12倍にのぼった。子どもの頃のトラウマの余波は長期にわたり多くの機能領域に影響を与えるので，慢性的なメンタルヘルスの問題に特化された治療アプローチの開発が急務である（Harris, Lieberman, & Marans, 2007）。

　セルマ・フライバーグは，親の子ども時代の体験に由来する未解決の心理的葛藤が，親から乳児へ世代間伝達されることを説明しようとして「赤ちゃん部屋のお化け」という用語を使った（Fraiberg, 1980）。「お化け」は親の無意識の世界に住み最も親密な関係での自己感覚に影響を与え続ける，早期の未統合の記憶の象徴である。「赤ちゃん部屋のお化け」モデルでは，乳児は親の転移対象となり，ある時には寄るべない乳児という親の無意識の自己感覚の代役をつとめ，またある時には愛情薄い暴君的な親・兄弟姉妹・その他子ども時代の重要人物の代役になる。現実の子どもは，こうした親の葛藤に取りこまれて個人性を失い，その子の現在のニーズよりも親の過去の体験に基づく養育反応を喚起してしまう。たとえば乳児の泣き声が，「何をやってもダメなんだから」と叱責する母親自身の批判的な母親を想起させるなら，母親はなだめてやりたくなるよりも怒りがこみあげてくるかもしれない。そして母親の怒りの反応から――泣き声を無視する，怒鳴る，こづく，きつい抱き方で授乳するなど――か

つて母親自身が子どもの頃に聞いた「あなたは不愉快だ。あなたには何の価値もない」というメッセージが目の前の子どもに伝わるのである。

対人的トラウマの特殊な事例

　トラウマ体験が原因でストレス対処能力に歪みがある親は少なからずいる。危険を現実的に評価する能力は，トラウマ体験によって最初に損なわれる能力のひとつである。トラウマのある人は年齢を問わず，情動の麻痺や抑圧のために危険を過小評価したり，逆に過大評価して，比較的軽い脅威に対しても生理的覚醒状態になることがある（American Psychiatric Association, 1994）。親の感情が未熟で何の歯止めもなく発散されると，幼い子どもは心の羅針盤を失ってしまう。4歳のジャニスが怒った母親に言った「ママ，どならないで。どなられると，あたしがだれだかわからなくなるの」という言葉は，そうした精神状態を物語っている。

　子ども虐待やドメスティック・バイオレンスのように親がトラウマの媒体である場合，加害者と保護してくれるはずの人が同一人物なので，子どもは解決しがたい情緒的ジレンマに陥る（Main & Hesse, 1990）。通常なら子どもは親に保護を求めようとするが，その親こそが危険の出所であるという過酷な現実認識のゆえに，保護を求めることができない。接近か回避か，慰めを求めるか危険と戦うかというジレンマに引き裂かれる一方，親が与えるトラウマの圧倒的な感覚運動刺激が洪水のように襲ってくる。親の行動の特定の側面，そしておそらく親自身がトラウマを想起させることがある。親の暴力的な行動は，見捨てられること，愛を失うこと，身体の健全性への脅威，道徳への違反（就学前児童には「悪い子」になることへの不安として表れる）などの発達上の標準的不安を強固にし悪化させる。

　子どもは耐えがたい感情に襲われたとき，ひきこもる，親を撃退する，自分を守るために過度に用心深くなったり慇懃になったりする，自分が破壊されそうな不安を発散するために性的な態度・行動で攻撃者の機嫌をとるなどのさまざまな反応をする。多種多様なメカニズムがしばしば矢継ぎ早に出現するので，親はどう対応したら良いのかわからなくなり混乱する。一方，子どもの方

は，幼児期の自己参照的な認知的枠組みのせいで，親の懲罰的あるいは暴力的な行動の原因は自分の行動や内在的な悪にあると思いこみやすい。虐待の後で里親養育に措置されたり，夫婦間暴力の後で両親が別居したり離婚したりすると，自分は望まれておらず，両親に捨てられてしまうという不安の根拠がまたひとつ増えてしまうのである。

親の存在が子どもにトラウマを想起させることがあるように，子どもの方も過去の転移対象として，あるいは現在のトラウマ的状況との関連により，親にトラウマを想起させることがある。たとえば配偶者に虐待されている母親は，しばしば子どもを子どもの父親と同一視し，気まぐれで暴力的だが抗いがたい魅力があるというパートナーの特徴を子どもの属性としてとらえることがある。とりわけ母親自身が子どもの頃に虐待されたり暴力や性的虐待によるトラウマを受けたりしている場合，こうした反応をすることが多い。否定的な帰属が，子どもの苦痛のサインの拒絶というかたちをとることがよくある。ドメスティック・バイオレンス被害者のシェルターのある母親は，1歳半の子どもが転んで母親に抱き上げてもらおうと手を伸ばしたとき，「ぶたないで！」と叫んだ。子どもの標準的な愛着行動であるのに，トラウマのある母親は，子どもの父親から受けた暴力などの攻撃的行動と誤解したのである。子どもの方はこうした体験を繰り返すうちに，親の否定的な帰属を内面化し，投影性同一化の作用によって自己感覚に取りこんでしまう（Klein, 1952; Lieberman, 1999; Silverman & Lieberman, 1999）。

権力と支配は常に人間関係の中心的問題だが，暴力のある家庭ではことさら壮絶をきわめる。大人が自分は認められていないと感じて，他者に自分を認めさせ欲求を充足させようとして暴力に訴えるなら，相互性は破綻する。ジェシカ・ベンジャミン（Jessica Benjamin）（1988）は「支配は従属を否定しようとするときに始まる」と言った（p.52）。虐待された女性がパートナーとの関係を解消しようとすると殺害されるリスクが高まるのは，何ら不思議なことではない。パートナーは彼女らの自立の主張を，自分の存在そのものへの究極的否認とみなすからである。親子関係では，親が子どもという自立的存在を自分の存在を脅かすものであるかのように感じて独立した主体として認められないとき，子どもを親の付属品のように扱ってしまう。暴力のトラウマのある親は，

一方が主人で一方が被抑圧者という両極化した関係に親子関係を変質させることが多い。幼児や就学前児童の母親が子どものことを「手をつけられない」「暴君」「モンスター」と言って，体罰や他の非情な手段で萎縮させ服従させようとする背後には，この無意識のダイナミクスがある。

　この作用は，乳児期の愛着の混乱の世代間伝達メカニズムとされる，母親の「おびえる／おびえさせる（frightened/frightening）」行動の原因と思われる（Main & Hesse, 1990; Lyons-Ruth et al., 1999）。ライオンズ・ルース（Lyons-Ruth）と共同研究者が開発した関係・素質モデルは，「赤ちゃん部屋のお化け」モデルを土台にして，親と子の不安を関係性の中に位置づける。子どもの頃のトラウマ体験による未解決の不安のある親は，トラウマ反応の喚起を回避しようとして，子どもの苦痛を無視して不安を緩和してやれないことがある。この注目の配分の抑圧は，子どものニーズを犠牲にしないと母親のニーズが満たされないというアンバランスな相互作用を生じ，相互性ではなく「敵意−無力」または「支配−被支配」という両極化した精神状態を特徴とする愛着関係を生み出す。愛着に関連する情動制御不全の内面化による精神状態の混乱が，治療介入の焦点になる例が増えている（Slade, 2007）。

　精神病理の世代間伝達に対抗できるのは，同じくらい強力でありながら，しばしば見落とされがちな，ある作用である。それは愛情に満ちた，人生を肯定できるような対人関係パターンの伝達である。善良な保護的な力である「天使」は，「赤ちゃん部屋」の支配をめぐって常にお化けと戦い，乳児の体験の形成に測りがたい影響を及ぼす（Lieberman, Padron, Van Horn, & Harris, 2005）。子どもは極度の逆境の中でも，内的資源を活用して思いやりのある大人との間に保護的関係を構築し維持する力があることを，レジリエンス（回復力）に関する多くの文献が証明している（Luthar et al., 2000; Masten, 2001; Werner, 2000）。天使のメタファーは，お化けとは対照的に内面化されて子どものアイデンティティの不可欠な部分となるような，きわめて肯定的な感情を共有した瞬間をさす。こうした天使の力を発見し受け入れることは，親の自尊感情を高め将来への希望を膨らませるのに大きな影響を及ぼす。親の心理の中では，同じ人物があるときは天使で，あるときは恐ろしいお化けであり，その矛盾した感情体験が統合されると，愛する者の失敗や不完全さを思いやり，人間

関係の複雑さを深く理解できるようになっていく。

　過去と現在，外的環境と内的世界はどれも重要である。臨床介入は，外的危険が心理に及ぼす影響と，親から子への精神病理の伝達への留意を統合したものでなければならない。セラピストの仕事は，主観的体験と対人行動が交わるインターフェイスにある。ストレス／トラウマと愛着というふたつのレンズは，現在の生活環境の要因と，親の過去が親子関係に及ぼす持続的影響を見分けるのに役立つ。また現実生活の出来事は愛着の基本要素の形成に大きく関わり，一方，愛着の質は外的出来事に対する子どもの反応を緩和したり悪化させたりする。CPPは現実要因と心理的メカニズムの間を柔軟に行き来し，必要に応じて，現在の各当事者の行動に焦点をあて，あるいは各自が自分自身・相手・互いの関係・生活状況について抱く心的表象に焦点をあてる。親子が肯定的体験や健全性を確認できるような瞬間を思い出し懐かしめるようにすることは，治療に不可欠である。そうした人生の最も重要な側面は，苦しみの只中では気づけないことが多いからである。肯定的体験を自己と他者の心的表象に統合することは，回避された葛藤の統合と同じくらい，メンタルヘルスには不可欠であり，治療の本質的要素である。

背景の重要性：環境がメンタルヘルスに与える影響

　ブラジルには，大まかに訳すと「頭が考えることは，足のはえている場所からくる」ということわざがある。このことわざは，私たちが世界をどう解釈するかは環境によって大きく左右されることを教えている。世代間の連続性を重んじる文化集団と技術の発展や社会変革を歓迎する文化集団とでは，子どもに対する期待も違う。移民のような立場の人は第二の祖国に適応する一方で出身文化の伝統を保とうとするが，子どもがどんな大人になることを期待するかについてふたつの文化のメッセージが相矛盾するとき，その調整のために自ら葛藤し，家族や教師・保健医療従事者などの権威者と対立することもある。

　社会経済的要因も日常生活にはもちろん，育児の態度と習慣に大きく影響する。スラムや貧困地区の住人の日常生活の関心事は，たとえ同じ市内でも富裕層の多い地区の住人の関心とはまったく違う。それぞれが異なる優先順位

に従って日常生活を構成し，異なる社会的期待に拘束され，異なる住宅，交通手段，医療を利用し，教育や雇用の機会も異なる。だがこれらはわかりやすい違いの一端にすぎない。この違いは具体的に異なる身体体験としても現れる――異なる風景を見て，異なる音を聞き，異なる臭いをかぎ，異なる物体や生地に触れ，異なる状況の中を動く。安全，快適，安心にまつわる全般的感覚は，基本的にこうした感覚によって形成される。スペインの社会学者ホセ・オルテガ・イ・ガセット（Jose Ortega y Gasset）（1957/1994）は，自己と環境との分かちがたい関係を「私は私自身であり私の環境でもある（Yo soy yo y mi circunstancia）」という言葉で端的に表現した。ブラジルのことわざもスペインの学者の名言も，「私」とはそれが展開する状況を反映する社会的・文化的構成概念である，と理解する点でよく似ている。

ふたつの地域の物語

　環境条件の影響がとりわけまざまざと現れるのは乳幼児期である。幼い子どもは直接体験するものしか知らないからである。親は子どもに大きな影響力を持つが，彼らとて生きる環境に左右されない自立的存在ではない。子育ては，親自身がどのように育てられどのような人間に成長したかはもとより，日常的な生活環境，利用できる資源，子どもに提供できる生活の質によっても条件づけられる。以下のふたつの例には，それがよく表れている。

事例

　ナンシーは2歳。閑静で治安の良い住宅街に両親とともに住んでいる。近くには手入れの行き届いた公園があり，近所の子どもたちが遊び場に集まってくる。両親がフルタイムで働いているので，ナンシーは近くの保育園で一日を過ごす。1クラス10人とほぼ最適な規模で，ふたりの大人（担任と担任補助）が世話をしている。保育園は清潔で日あたりがよく，豊かな色彩に彩られ，年齢に適した多種多様なおもちゃがある。教師は優しく，児童発達や集団保育をきちんと学んだ人たちである。彼女たちの給料は安いが夫の収入があるので好きな仕事を続けられ，子どもたちとも長期

的に関わることができる。天気が良い日は，ナンシーのクラスは一日最低1時間，外の遊び場に出て，頑丈でよく手入れされた遊具で存分に遊ぶ。夕方には父親が迎えに来る。父親もナンシーも一緒に過ごす時間を楽しんでいる。その日にあったことを話したり一緒に夕食を準備したりしながら，母親の帰宅を待つ。夕食後，母親か父親かあまり疲れていない方に見守られて，ナンシーはゆったりと入浴を楽しむ。就寝前にはその日の出来事を振り返り，歌を歌い，お祈りをする。ナンシーはまったくぐずらずに眠りに落ちる。

これは多少の違いはあれ，多くの家庭で日々営まれている光景である。家族の幸福と子どもの健全な発達を支える資源を利用できる中流家庭の幼児にとっては，当たり前の環境だ。だがやはり多くの家庭で繰り広げられている次の光景も，親を悩ませ，子どもの発達に多大な悪影響を及ぼしている。

事例

　トレーシーもナンシーと同じく2歳で両親ともそろっているが，ナンシーの家族の暮らす地区から遠く離れた，麻薬と犯罪のはびこる公営高層住宅に住んでいる。犯罪に手を染める者は住人のごくひと握りとは言え，誰もが彼らにおびえ，毎日，麻薬売人の活動時間を気にしながら行動している。密売人や麻薬常習者が通りを占拠する正午までに用事をすませるようにし，麻薬取引のピークとなる日没後は誰も外に出ない。トレーシーの母親はファストフード店で働き，父親は海岸通りで観光客に安物のアクセサリーを売る仕事をしている。トレーシーが一日を過ごす保育園では，児童発達の専門知識がまったくない女性ふたりが30人の子どもの面倒をみている。賃金があまり安いので職員は長続きせず，国の保育事業者基準を満たすのがやっとだ。トレーシーの担任の教師もご多分に漏れず，保育者が子どもの生活に重要な役割を担っていることを理解していない。それに教師たちは3か月かそこらで辞めてしまうので，子どもと信頼関係を築くことができない。おもちゃは品質が悪く，かろうじて清潔を保っているといったところである。系統だった活動は少なく，しかも行きあたりばった

りだ。教師が何度も大声で「気をつけなさい」「行儀良くしなさい」と叫んでいる。保育園の外では麻薬取引が行われ，薬物依存症者が表玄関の近くで無頓着に放尿しているのが子どもたちから丸見えだ。外は危険なので外出は最低限に抑えられ，ますます保育者は意欲をそがれる。夕方，母親はトレーシーを引き取ると，途中で何があるかわからないのでおびえながら家路を急ぐ。緊張と焦りのあまり，一日中母親から離れていたトレーシーをついせき立ててしまう。先月二度もトレーシーに見せてしまった，おぞましい路上の暴力が頭を離れないのだ。ようやく自宅のある建物にたどり着くと，母親はそれまでにもまして神経を尖らせる。急に撃ち合いが始まったりしないだろうか。路上にたむろする人がいつになく興奮していたり凶暴だったりしないだろうか。自宅のある５階までエレベーターで上がるが，中は不潔で床に注射針が散乱していることさえある。２歳のトレーシーですらよけることを覚えた。だが階段を使うのはもっと恐ろしい。週に２回はエレベーターが故障するので，トレーシーも母親もそれを思い知っている。やっとのことでわが家にたどり着き玄関のドアを閉める頃には，母親の神経はぼろきれのように擦り減っている。しばらく娘の遊びの相手をしようと思うが，この監獄のような生活からどうすれば抜け出せるのか考え始めると，うわのそらになってしまう。父親の帰宅後も沈黙と緊張が続く。父親もまた，トレーシーや母親と同じような思いをしながら，ようやく家にたどり着いたのだ。食卓の会話も短い。トレーシーの入浴も——そもそも食器を洗って家族全員が入浴できるだけの湯が出ないのだが——やはりつかの間だ。就寝前には，先のナンシーの家庭と同じように親子で歌を歌ったりお祈りしたりする。両親がトレーシーの存在を喜び，楽しく睦まじい時間を与えたいと願っていることの証だ。だがその日あったことを誰も振り返りたいとは思わないし，歌もお祈りも夜の恐怖を押さえこむことはできない。トレーシーは眠りにつこうとするが，タイヤのきしむ音，怒声，ときには銃声がすぐ近くで響くのでなかなか寝つけず，いつもなだめてやらなければ眠れない。夜中に目覚めて泣くこともしばしばある。

ナンシーとトレーシーを撮影したビデオを見ると、すぐにどちらがどの子か見分けがつく。ふたりとも同じエスニック・グループに属し似たような服を着ているので外見はよく似ているが、ナンシーは生命力にあふれ、周囲に関心を持ち、集中力もある。また堂々としていて、社交的で、認知面でも年齢の割にしっかりしている。一方、トレーシーはぼんやりとして自分の殻にこもっているかと思うと、ふいに攻撃的になる。不安げに周囲を見渡し、音に過剰に反応して「あれ、なに？」とおびえたようにたずねる。周りの状況を確認しないではいられず、しばしば遊びが中断する。できるだけ母親や父親から離れないようにし、リラックスするのは両親や他の親しい親族と一緒のときだけのようである。もし他の条件がすべて同じならば、ナンシーは良い成績を収め有能な大人になる可能性が高いが、トレーシーの方は、両親の愛情ある世話にもかかわらず日々のストレスによる情緒的ダメージが癒されないので、生活環境が大幅に改善されないかぎり、あまり望みは持てない。

　サポートシステムと言うと、配偶者・親・友人など人間を指す用語で概念化されることが多い。人間関係は個人の幸福に不可欠なので、もっともなことである。だが物資やサービスの提供をはじめ、人々が安全に暮らし、当たり前のように明日を迎えることができ、自由に働いたり遊んだりできるように支えている地域社会のネットワークも、サポートシステムに含まれる。たとえば十分な食糧、適切な住宅、効率的な交通手段、治安の良い街、良い学校、安定した雇用、利用しやすく手ごろな費用でかかれる医療などがそうである。こうした資源は自己価値感や満足感のある人間関係を築く能力に大きく寄与しているが、当たり前のように手に入る状況では意識されない「心理的には沈黙した」存在である。逆にそれが手に入らなくなると、主観的体験として欠乏感が顕著になる。そこから生じるストレス、心配、怒り、自責の念は、自己感覚に常につきまとう。子どもの成長は社会的要因と生物心理的要因の複雑な相互作用によって形成されるので、発達の生態学的モデルは重要なモデルなのである（Bronfenbrenner, 1977; Garbarino, 1990; Sameroff, 1983）。

　ジェームズ・ガーバリーノ（James Garbarino）は、経済的不平等や人種差別、マスコミによる攻撃の正当化など、子どもから学習と成長の機会を奪うような社会文化的条件を「社会毒（social toxicity）」という造語で表現した

（Garbarino, 1995）。こうした社会的リスクの影響は，従来は生物学的観点から理解されていた発達領域にも及ぶので，過小評価すべきではない。たとえば早期の発達の遅れと後年の知能指数との関係は，社会経済的立場によって差がつくと思われる。定評ある研究によると，生後8か月で発達の遅れがあり4歳時点でも知能指数が低い子どもは，社会的階層の高い家庭ほど比率が低く，下層階級で13パーセント，中流階級で7パーセント，上流階級で2パーセントである（Willerman, Broman, & Fiedler, 1970）。その理由は，上流階級は下層階級よりも，子どもの発達を促進するような物的資源や教育資源を利用しやすいからだと解釈することもできる（中流階級はその中間）。その資源とは，たとえば栄養のある十分な食物をはじめ，安全な住居，規則正しい日課，質の高い医療，発達を刺激する保育の利用，親が育児にかけられる時間や余暇などである。

社会的リスク因子の心理的影響

ひとつのリスク因子だけでは子どもの発達の問題や精神的混乱は起きないという点については，説得力ある研究証拠がある。むしろ好ましくない成長を最も正確に予測するのは，リスク因子の累積である（Rutter, 2000; Sameroff & Fiese, 2000）。近隣の環境や家庭生活のさまざまな側面を計測する「逆境指数」（経済的困難，親の教育程度，親の精神状態，親の犯罪，夫婦間の対立，不適応な子育てなど）を使用したいくつかの縦断的研究は，子どもと青少年が好ましくない成長をする可能性は，リスク因子がひとつであれば無視してかまわないほどだが，リスク因子の蓄積と比例して急上昇することを一貫して示している（Fergusson & Lynskey, 1996; Furstenberg, Cook, Eccles, Elder, & Sameroff, 1999; Rutter & Quinton, 1977; Sameroff, Seifer, Barocas, Zax, & Greensspan, 1987）。

概して，リスク因子は単独では発生しない。ただ，ひとつのリスク因子があると他のリスク因子の発生率を高める環境が生まれやすい。たとえば失業が長引くと，生活の基本的な物的資源が枯渇し，強いストレスが夫婦間の対立を誘発して温かさや思いやりが薄れ，ひいては親子関係が損なわれて子どもの機能に悪影響が及ぶ（Conger & Elder, 1994; McLoyd, 1989）。経済的困難と好ましく

1章　発達につまずくとき——関係性を第一に

ない発達に一貫した関連性があることは，リスク因子がリスク因子を呼ぶ傾向からも説明できるかもしれない (Brooks-Gunn & Duncan, 1997)。貧困は，人種・民族差別，不安定な雇用，教育面の不利，不適切な住居，危険の多い近隣環境，健全な発達を促す資源の不足など「社会毒」のあるリスク因子との関連が深い (Garbarino, 1995)。リスク因子と保護因子が家族の作用と個人の心理的機能に及ぼす影響を分析するには，生態学的な概念化，すなわち，個人が成長する直接的環境（マイクロシステム），マイクロシステム間の関係（メゾシステム），親の職場・政府機関・企業の中枢など，通常，子どもは関与しないが発達に重要な影響力を持つ環境（エクソシステム）という面から見ていくのが適切である (Bronfenbrenner, 1997)。エクソシステムのレベルでの決定はマイクロシステムに大きな影響を与えることがある。たとえば低所得世帯への出生前・周産期サービスの補助は，乳児の罹患率や死亡率の減少につながる。

　生態学的な概念化は，介入のアプローチにおいても重要である。最善の結果をもたらす治療をするには，子どもの生態のある一面だけではなく，同調して発達過程を妨げるようなさまざまなリスク因子に注目することが必要だからである。CPPには，安全な住居や質の良い保育，適切な医療・精神医療・薬物濫用治療サービス，その他のニーズを確保するための支援活動など，生活の問題に関連した親への積極的支援も組みこまれている。それでも臨床的介入は，社会環境の毒を相殺することはできない。おびただしい数の子どもたちを蝕む有害な環境に対しては，適切な収入，健康，教育，早期介入サービスを貧困と社会的疎外にあえぐ子どもと家庭に提供する，公共政策などの「臨床を超えた」介入が必要なのである (Harris, Putnam, & Fairbank, 2006; Harris et al., 2007)。

治療における変化因子

　セラピストは，親子関係を変えるための特定の手法を選ぶとき，そこで起きる改善について，しばしば無意識に前提を抱きがちである。多くの文献が精神分析療法における解釈や非解釈的メカニズムの役割など，種々の変化因子の相対的重要性を指摘する（参考になる概説や議論は，Pine, 1985; Stern, Sander,

& Process of Change Study Group, 1998; Wallerstein, 1986 を参照)。これらの文献は成人の個人治療を扱ったものだが，提起されている問題は CPP にもあてはまる。一連の文献には少なくとも4つの共通テーマがある。(1) 洞察中心の解釈がどの程度，変化を促進するか，(2) 間主観的同調（intersubjective attunemnet），共感，その他の形態の「関係知」の治療関係における役割，(3) 情緒的サポートの定義と有用性，(4) 介入の直接的焦点としての患者の実生活体験の重要性。こうした変化因子はつまるところ，精神内部因子（解釈），対人的因子（情緒的サポート，間主観的同調，共感），外的因子（教育，助言，日常生活の具体的側面への支援）と定義できる。

　CPP はこうした臨床研究の結果をふまえて，支援的，解釈的で，現実志向の介入方法をとる。前述のように，CPP モデルには次のような基本的前提がある。まず愛情を持って守られていると感じることが，乳幼児のメンタルヘルスの要であるということ。次に保護者としての親の能力が高まると，不安・ストレス・トラウマに対する適応的な対処メカニズムを子どもに伝達しやすくなること。そして家庭の生態的背景（文化的価値観や保護因子・リスク因子の累積的影響など）は，親が子どもを保護し発達を導く力を向上または低下させる土台となること。CPP では，治療の変化因子は親・子ども・親子関係・家庭の生態の特定の強みや弱みの領域によって異なる。

　また変化因子は，治療の展開につれて変わることがある。たとえば親が治療に抵抗を示す場合，まずセラピストは治療同盟の形成から始め，親の懸念の原因に対処して治療の協働性を強調するかもしれない。ここでは，治療の成功の可能性を開く最初の変化因子は，治療関係である。また親の抑うつや怒りが激しく，あるいは自分のことで精一杯なために子どものニーズに応えられない場合，まずセラピストは親の精神状態を安定させて，自分が子どもに及ぼしている影響に気づかせることに集中する必要がある。この場合の最初の変化因子は，親への情緒的サポートである。また親が自分の精神状態と実際の育児や子どもの情緒的問題の関連性を認識できるよう，発達に関するガイダンスを行うとともに個人セラピーを紹介することもある。

　臨床でよく目にするのが，非常に危険が多く混乱した外的環境のせいで，親が無力感や絶望感にとりつかれて子どもを守る行動を起こせないケースであ

る。その場合，まず何が危険かを見極め，安全の重要性を再確認し，危険を排除して保護因子を強化するような有効な対策を親と一緒に実行する。たとえば別れた暴力的な配偶者が家に侵入しないようアパートの鍵を変えたり，危険の少ない地域に引っ越せるよう支援したりするなど，具体的手段を講じる。こうした外的環境の変更に直接，焦点をあてた治療は，少なくとも3つの点で変化の可能性を引き出している。第1に，親が表明したニーズに治療の優先順位を置くという応答性で親に寄り添うこと（間主観的関係）。第2に，安全の重要性についての話し合いを環境への有効な働きかけに結びつけ，親子がより自己肯定的に生きられるようにすること（外的環境）。第3に，親子の日々の情動体験を不安定で不安なものから予測可能で制御できるものに変えること（内的体験）。

　どの変化因子がどのような順序で作用するか，内的体験，信頼関係，外的環境の改善の過程には，どんな因果関係が働くのかについては，わからない部分が大きい。だが変化の順序はどうであれ（3つの領域が同時に変わることもある），具体的で的確な支援は，親に治療の有用性を確信させ，治療介入の新たなチャンスを開く。ここで重要な変化因子は，家族の環境を改善する具体策はもとより，その具体策を親との協同的パートナーシップとして提供することである。

　セラピストが親と純粋な人間的関わりを持つ能力は，他の変化因子が実を結ぶのに不可欠な基本要素である。治療関係の質は，治療の他のすべての部分に命を吹きこむ酸素のようなものである。特に重視すべきなのは，セラピストと子どもの関係というよりセラピストと親の関係である。治療の最終目標は子どものメンタルヘルスであるにしろ，その目標を達成するにはどうしても親の協力が必要である。

　私たちの経験では，ストレスによるメンタルヘルスの問題がある幼い子どもは例外なく治療を欲しており，すぐにセラピストと治療同盟に入ることができる。むしろ対応に苦労するのは親の方である。親は意識の上では子どもが良くなることを願っているが，自分のメンタルヘルスの問題，子どもに対する無意識の嫉妬や憤り，子どもよりも「セラピストに気に入られたい」という願望，セラピストの方が「良い親」になってしまい，子どもが親よりもセラピストを

好きになるかもしれないという不安，思うようにならない仕事の予定や他の優先事項といった日常の困難などに妨げられて，治療に協力できないことがままある。

　セラピストと親が子どもの愛をめぐって競い合う可能性は常に存在する。だが親には治療をやめるという選択肢があるのでセラピストはもともと勝てるはずはなく，治療をやめたつけを払うのは子どもである。だから子ども－親心理療法を行うセラピストは，自分の役割は治療関係という手段を通して親子に修正的な愛着体験を提供することだと，きちんと自己定義する必要がある。セラピストが親と子の個々の体験に偏りなく共感する一方で，常に親子関係に焦点を据えていれば，クライアントも安心感を持って自分の萎縮し，おびえ，混乱した情緒を見つめ直して，より満足感のある自己や他者への関わり方を試みることができる。

　治療関係は治療的変化の必要条件だが，それだけで事足りるわけではない。もし親子がこの保護された治療空間を利用して，心の重荷になっている感情体験をふりかえり，より適応的な対処や関わり方を学び，実践し，内面化することができないのであれば，セラピストとの関係はせいぜい一時の逃げ場にしかならない。また，もしセラピストが親に対して子どもへの新しい関わり方や生き方を奨励しないならば，せっかくの治療関係も，感情制御の不全や虐待的な相互作用に暗黙の支持を与えていると誤解されてしまうかもしれない。

　治療による改善は，治療終了後も長く持続するものでなければならない。さまざまな臨床方式を組み合わせて使用するCPPは，持続的な内的・対人的変化を促進する多理論的で学際的なアプローチである。CPPでは，ソーシャルワークに基づく介入が，発達心理学・精神分析／愛着理論・トラウマ理論・社会学習理論・認知行動療法に基づく介入と，違和感なく融合している。次章では，ストレス－トラウマ体験の連続体が個人の機能や親子関係に与える影響を取り上げ，危険や脅威の心理的後遺症の治療にCPPを用いる理論的根拠を述べたい。

2章
■

危険に対処する
ストレス−トラウマ連続体

　子どもは日常生活の中でさまざまな内的・外的危険に遭遇し，ストレスを感じる。ストレスは発達につきものである。ストレスに関する文献はたくさんあるにもかかわらず，ストレスの厳密な定義はいまだ確立されていないが，一般的に，ホメオスタシスを混乱させるような身体的・心理的変化を指すようである (Cullinan, Herman, Helmreich, & Watson, 1995)。ストレスの強度は，日常生活にまつわる通常程度の緊張から破滅的体験による生理的・感情的バランスの極度の歪みまで幅が広い。これが「ストレス−トラウマ連続体」である。1章で述べたように，出来事の恐怖の度合いが対処できないほど強く，身体的・心理的健全性が脅かされるまでになったとき，ストレスはトラウマになる。
　フロイトから現代の認知心理学者に至るまで多くの理論家が，認知−情動処理モデルによって通常および極度のストレスに対する人間の反応を説明しようとしてきた (Freud, 1920/1959b, 1926/1959c; Lazarus & Folkman, 1984; Lazarus, 1991)。このモデルでは3段階のプロセスが提示されている。(1) 潜在的危険の認知，(2) 対処方法を特定するための事象の評価，(3) 最も有効なものとして特定された対処方法の実行。ほんの数秒間かもしれないこのプロセスは，生死を左右する。
　ときに，このストレスの識別・評価・対処のモデルは普遍性があるとされているが，個性や年齢と無関係に展開するわけではない。発達過程では，常に新

しいストレスが立ちはだかり，新しいスキルが習得される。子どもはその子の個人的スタイルや発達段階に応じて，さまざまなやり方でリスクを評価し対処する。外的危険に対する判断力は年齢とともに成熟するが，成長につれて変化する不安や葛藤を反映した子どもの内側に立ち現れてくる危険の知覚（親を失うこと・愛されないこと・身体的ダメージ・文化の道徳的基準への違反などの基本的不安）と常に交差する。また親は幼い子どもの危険・安全の感覚と深く関わっており，親のストレスやトラウマは保護能力を低下させることが少なくない。本章では，外的危険が子どもの発達や対人関係にどのように影響を与えるかを取り上げる。

危険に対する適応反応と不適応反応

　実際の危険や知覚上の危険に対する反応は，健全な適応から，他人と関わる能力や環境を探索し学習する能力を著しく萎縮させ逸脱させるような病的な制御不全まで，連続体を成している。適応的な反応では，子どもは危険のキューを正しく読み取り，客観的な危険のレベルに見合った効果的な自己防衛の方法を選択する。たとえば特に情緒的問題のない幼児は，不案内な場面では親のそばを離れず，犬が吠えたり大人が悲鳴を上げたりするような場面では抱っこを求め，親にしがみつき，離されるのを拒む。一方，不適応な反応では，子どもは危険のキューを正しく読み取れず正しく反応できない。危険を過小評価して危ない行動に走ったり（親の手を振り払って通りに駆け出す，不慣れな刺激のある場面で親から離れるなど），中立的な刺激に対して危険があるかのように過剰反応したりする（不慣れではあるが好意的な場面で，必死に親にしがみつくなど）。こうした両極端の反応――向こう見ずな行動と探索行動の萎縮――はしばしば安全基地行動の歪みと関係し，愛着障害の指標でもある（Lieberman & Zeanah, 1995; Zeanah & Boris, 2000）。次に挙げる例は，通常レベルのストレスに対処する方法を親子で協力して作り出した，適応反応の例である。

事例

　これは，今では孫のいるルース・ホールさんが，昔，小学校に通い始め

たときのエピソードである。彼女の住む小さな町では，子どもは皆，ひとりで歩いて学校に通うことになっていた。ルースは小学校に入って少し「お姉さん」になれることにわくわくしていたが，学校からの帰り道に迷子にならないかと心配していた。近所の家はどれも同じように見え，ちゃんと迷わずに家に帰れるかどうか心もとなかったのである。入学の数日前，ルースはベッドに入る前に急に泣き出し，学校に行けないと両親に訴えた。そしてひとしきり泣いた後，「きっとまいごになって，おうちにかえれなくなっちゃう」と不安を打ち明けた。

　ルースの記憶によると，その晩は両親になだめられて眠りについたが，あくる日，父親に学校まで一緒に散歩に行こうと誘われた。学校からの帰り道で，父親はルースが道をどこで曲がるか覚えられるようにと，目印になるものをひとつひとつ指さした。道順の覚え方を教わって，ルースは少し気分が落ち着いた。翌日の夕方，ふたりはまた散歩に出たが，父親はまた途中の目印を指差して教えた。3日目の夕方には，ルースは一緒に歩きながら自分で目印を指差せるようになった。そして翌日，ルースは学校が終わったら両親の待つ家に迷わずに帰れるという自信を持って，期待に胸をふくらませながら新しい生活を始めることができたのである。

　この例は，発達のマイルストーンは，いくら防ごうとしてもストレスになりうることを示している。また環境の危険は，子どもの体質的弱さや発達上の顕著な不安と相互作用することも，よく表れている。ルースは視覚・空間処理がやや苦手なようで，特別な手助けがないと環境中の視覚的キューを活用できなかった。だが，そうであったにせよ，子どもがひとりで道を歩いていて危険に遭遇することは実際にあるので，近所で迷子になることへの不安は現実的なものでもあった。ルースは，もし道に迷ったら，危険な人に出くわして両親に二度と会えなくなり，お腹が空いて寒さにこごえるような目にあうのではないかと不安になった。こうした「現実的」危険と本人の脆弱性，そして親を失う不安と身体的ダメージへの不安という幼児期の標準的なふたつの不安が，ルースの中で相互作用した。もしちゃんと帰れなかったら両親に怒られると心配していたなら，「悪い子」になる不安もそこに加わる。こうした外的・内的危険に

直面して、ルースは不安になり、おびえた。そして最初は涙によって、その後、迷子になる不安を言葉で言い表すことによって、両親に悩みを訴えた。

　ルースの不安は重大なストレス反応にまで発展しなかった。彼女が親を信頼し、親も彼女が危険とそれに由来する感情を正しく評価し対応できるよう支援したからである。父親はルースの立場に立って、娘の目線からリスクを評価した。父親がルースの視覚・空間処理の弱さや内面的不安に気づいていたかどうかはともかく、たとえ慣れ親しんだ近所でも生まれて初めてひとりで往復するとなると、突然、恐ろしい場所に変貌することを理解していたのは確かだろう。このような共感的調律さえあれば、親は支援的な反応をするものである。

　父親は娘が状況を評価する手助けをするだけではなく、対処方法も教えた。ルースの気持ちに寄り添い、時間や体力も割いた。彼はルースの不安の原因を内的無力感のせいにしないで、彼女が状況を打開するある程度の能力を持っていると判断した。父親はルースの対処能力にきめ細かく働きかけ、効果的な方法を開発した。一方のルースは、父親の指導を活用できないほどには動揺していなかった。親の慰めや励ましを受け入れ、父親からの情報を活かして不安に立ち向かい、首尾よく壁を乗り越えることができたのである。

　これらのうちどの要因が欠けても結果は違っていただろうし、親子関係に悪影響を与えたかもしれない。ルースがもっと不安の強い体質の子どもで、パニックになって父親の励ましを受け止められず、状況を打開するために父親が与えてくれた情報を処理できなかったら、どうだろうか。また父親が大人の視点を一時的に留保することができず、この状況が危険だというルースの評価を認められなかったらどうだろうか。娘の不安を否定し、生まれたときから住んでいる場所だから大丈夫だとか、くだらない心配だと取り合おうとしなかったとしたら。ルースは誰にも助けてもらえないと感じ、入学の日が近づくにつれていっそう不安をつのらせただろう。この体験のせいで、全般的に怖がりで情緒不安定な子どもになったかもしれない。極端な場合、ルースは不安に押しつぶされて実際に迷子になり危険な目に遭い、自分の不安は正しくて親には助ける力や意志がないという確信を強めたかもしれない。

　あるいは父親が娘の苦痛に過剰反応して娘に何の力もないと考えていたら、別の意味で有害なプロセスをたどったかもしれない。子どもは自分の足で通学

するのが地域の慣習なのに，父親が毎朝ルースを学校に送り届け，放課後に迎えに来ていたらどうなっただろうか。このような過保護は，自分の学習能力への信頼を失わせるばかりか，だんだん自分の力でできるようになるというメッセージではなく，親がいつもそばについていないと危険だというメッセージを送っただろう。

　危険に直面したときにルースと父親のように上手な対処ができず，保護と対処に失敗すると，親子関係や子どもの発達にさまざまな問題が生じうる。ストレスやトラウマが子どもに及ぼす影響には，ストレスの性質と重大性，親の支援能力，子どもが現実検討と保護を親に依存できるかという3つの要素が関与している。

幼児期のストレス

　乳児・幼児・就学前児童のストレス体験やトラウマ体験についての系統的研究は非常に少ない。その一因は，乳幼児期を理想化し，子どもは安全で心配や苦労とは無縁の存在だという幻想を信じがちな文化背景なのかもしれない。たとえば子どもの地域暴力への曝露に関する12の研究の文献レビューのうち，6歳未満の子どものデータを含む論文はひとつもなかった（Jenkins & Bell, 1997）。

　だが入手可能な実証的証拠は，幼い子どもが日常的に種々のストレスにさらされていることを示唆している。2歳から5歳までの小児科患者305人を標本とする研究によると，52.5パーセントの子どもがそれまでの人生で重大なトラウマ的ストレス因子を体験していた。年長の子どもほど体験率が上がるが，2歳児ですら，少なくともひとつの重大なストレス因子を抱える子どもが42パーセントを占めた。グループ全体としては，20.9パーセントが愛の対象だった大人の喪失を，16パーセントが入院を，9.9パーセントが自動車事故を，9.5パーセントが重大な転落・転倒を，7.9パーセントがやけどを経験していた。子どもが経験したストレス因子の数とDSM-Ⅳの情緒障害や行動障害の発生率には強い関連性があり，17.4パーセントに障害が見られた（Egger & Angold, 2004）。別の研究からは，溺れる・水に浸けられる・やけど・転倒・窒

息・毒物依存による入院と死亡は，5歳未満が最多であることがわかっている（Grossman, 2000）。

また幼い子どもはよく暴力にさらされる。ボストン医療センター小児科の待合室で6歳未満の子どもの母親を調査した研究では，子どもが銃声を聞いたことがあると回答した母親は47パーセントで，そのうち94パーセントが複数回の体験を報告した。さらに10パーセントの子どもはナイフや銃による暴力を目撃し，20パーセント近くが大人同士が殴る・蹴る・強く押すのを目撃していた（Taylor, Zuckerman, Harik, & Groves, 1994）。5歳未満の子どもは年長の子どもに比べて家庭にいる時間が長いので，ドメスティック・バイオレンスの場面に居合わせる可能性が高い（Fantuzzo, Brouch, Beriama, & Atkins, 1997）。また暴力の直接的被害者も，幼い子どもが突出して多い。1歳までの1年間は他のどの期間よりも身体的虐待による死亡が多い（Zeanah & Scheeringa, 1997）。米国学術研究会議（National Research Council）と医学研究所（Institute of Medicine）（2000）は，1995年の全国子ども虐待・ネグレクト・センター（National Center on Child Abuse and Neglect）に対する40州の報告データを分析し，児童保護機関への通報の立証事例では，被害者の3分の1が5歳未満，殺害された子どもの77パーセントが3歳未満であることを突き止めた。また特にリスクの高いグループもある。2歳から9歳までの子どもの全国的な代表標本によると，単親家庭やステップファミリー，民族的マイノリティ，社会経済的地位の低い層の子どもは，生涯のうちに，身体的虐待，性的虐待，家庭内暴力の目撃など，ほぼすべての意図的虐待にさらされる確率が高いことがわかっている（Turner, Finkelhor, & Ormrod, 2006）。また戦争に巻きこまれ，戦争に伴う種々の苦難やトラウマ（親の死，レイプ，性的暴行，強制退去，飢餓）にさらされる子どもは数知れない。こうした出来事は人為的か否か，意図的か否かを問わず，子ども自身と対人関係を根本から変えてしまう。

特定のストレス因子に対する子どもの反応は，環境・経験・遺伝などさまざまな要因に左右される（Pynoos, Steinberg, & Piacentini, 1999）。トラウマ後の発達過程は遺伝的な脆弱性，過去の体験，現在の対処資源（特に幼い子どもの場合は親や養育者の資源）と2次的ストレス因子の相互作用によって，形成される。早期のトラウマは遺伝的な脆弱性を拡大し，機能不全の悪循環に陥ること

がある (National Research Council & Institute of Medicine, 2000)。また養育者との関係は，トラウマ体験の反応の緩和にきわめて重要な影響力がある。重度のやけどをした4歳未満の子どもを対象とした調査では，ストレス因子としての子どもの痛みと，子どもの痛みに対する親の苦悩には直接的なつながりがあり，さらにそれが子どもの急性ストレス症状と関係することがわかった (Shalev, Peri, Canetti, & Schreiber, 1996)。湾岸戦争のときにスカッド・ミサイルで家を破壊されたイスラエルの就学前児童の研究では，子どもの長期的適応の予測因子は母親の心理的機能と家族の一体性だった (Laor et al, 2001)。

　有害な影響を受けても回復がまったく不可能なわけではない。子どもの生活に保護因子，特に支援的な大人との親密な情緒的関係が存在すると，逆境の影響が緩和され望ましい発達が促進されることがある (Lyncy & Cicchetti, 1998)。CPPのような早期の関係性に焦点をあてた介入も，子どもの第一義的な愛着関係を強化し，大人の支援能力を高めることによって，体質的な強み・弱みと環境ストレスの動的な相互作用に変化をもたらし，健全な発達を促進する (Lieberman et al., 2008)。子どもの第一義的な養育関係を強化する介入が，生理的反応をも改善するという研究証拠が出ている。里親に養育される乳幼児のコルチゾール濃度の研究では，里親が個々の子どもに即した子育てを支援する短期介入に参加した後，異常な高レベルから通常の範囲にまで下がったと報告された (Dozier et al, 2006)。関係中心の介入により生理的バランスが回復するという可能性は，臨床的に大きな意味がある。トラウマ的ストレスは脳の発達に劇的で持続的な影響を及ぼすからである。

通常のストレス反応

　新生児は採血や割礼など不快な刺激を受けると，コルチゾールなどの高濃度のストレスホルモンを分泌する。コルチゾール濃度の上昇と泣き行動には正の相関関係がある。また健康な新生児は自己制御により，ストレスホルモンの分泌量が少ない静かな状態に戻ることができる。健康な乳児の場合，やがてストレスに慣れ，同程度の刺激に対しては長時間泣かなくなりストレスホルモンの分泌も減少していくというのが通常のパターンだが，あまり健康でない

乳児（ただし通常の育児室で世話できる程度）は，ホルモン濃度をうまく調節できずストレスに慣れにくい。そういう乳児はなだめて泣きやんだ後でもコルチゾール濃度が下がらないので，泣き行動はストレスレベルの正確な指標にならない。こうした発見は，顕著な個人差が誕生直後から存在することを示している。あまり健康でない乳児は，その後の成長過程でも生理的にストレスに弱く，比較的軽度な刺激でも本格的なストレス反応を起こすことがある（Gunnar, 1992）。

健康な新生児は，成長につれてストレス耐性が磨かれていく。生後3か月になるまでには一日のコルチゾール生成パターンが睡眠－覚醒サイクルに関係づけられ，コルチゾール濃度は朝に最大になり日中は低下していく（Bailey & Heitkemper, 1991; Price, Close, & Fielding, 1983; Schmidt-Reinwald et al., 1999; White, Gunnar, Larson, Donzella, & Barr, 2000）。コルチゾール濃度は負のフィードバック・ループで調節され，濃度が高くなると生成が停止する（Jacobson & Sopolsky, 1991）。少し成長すると，養育者との分離や新奇な状況に反応してストレスホルモンを分泌するが，生後2か月から6か月で用心深い気質の子どもでも新奇な状況にすみやかに慣れることができる。こうした発達軌道は学童期まで続き，ストレスに対して適度なコルチゾールを分泌する子どもは能力が高く，学業によく取り組み，協調性があり，ストレス状況を現実的に評価する傾向がある。コルチゾールの上昇がそのままストレスや不安の兆候であるとは言えないが，ストレス因子やそれに伴う感情反応への積極的対処を示す指標と言えるかもしれない（Gunnar, 1992; McEwen, 1999）。子どもは，さほど激しくないストレスを克服する体験や親からの支援的な働きかけを通して，その後のストレス因子にあまり動じなくなっていく（Gunnar & Quevedo, 2007）。

極度のストレスとトラウマに対する身体反応

コルチゾールや他のホルモンは，健康な子どもや大人の代謝反応と抗炎症反応に重要な役割を果たす（Tortora & Grabowski, 1993）。強いストレス刺激を受けると，カテコールアミン，セロトニン，ドーパミン系などの複数の神経伝達物質システムや，コルチゾールを生成する視床下部－下垂体－副腎

系軸(HPA)などの複数の神経内分泌軸が反応する(Lipschitz, Rasmusson, & Southwick, 1998; McEwen, 1999)。トラウマ関連の制御不全は,交感神経系を制御する神経伝達物質カテコールアミンと,気分の制御や調節に関わるふたつのシステム,セロトニン系と内因性オピエートの代謝作用によって説明されてきた(Southwick, Yehuda, & Morgan, 1995)。HPA軸はストレス反応系としては最もよく研究されており,恐怖条件づけにも恐怖反応のストレスホルモンの生成にも深く関わっている(Yehuda, Giller, Levengood, Southwick, & Siever, 1995)。HPA軸の活動は経時的に見ると複雑で変わりやすく,制御不可能なトラウマ的で身体の健全性を脅かすようなストレス因子によって,最も活発化する(Miller, Chen, & Zhou, 2007)。

トラウマ的な出来事が起きると,視覚・聴覚・嗅覚・触覚・運動の刺激への反応と内側からの感情の奔流が一体となって,押し寄せてくる。外的な感覚情報は視床でフィルターにかけられて,ふたつの経路に分かれる。一方の経路は辺縁系にある左右対称の扁桃体に感覚情報を送る。扁桃体は,感覚刺激による嫌悪感情の重大性を評価して恐怖反応を開始する。もうひとつの遅い経路は,分析・計画・実行機能の座である前頭葉に情報を伝達する(LeDoux, 1996, 1998)。生死を分けるのは,扁桃体への短い経路による危険に対する迅速な生理反応である。

扁桃体と関連器官のフィードバックによって状況が危険と評価されると,防御体制を開始する。交感神経系全体が興奮して,血液を活動筋群に供給し,リスク対応に関与しない機能への供給を抑える。筋肉へのエネルギー供給を高めるために血糖値が上がり,重要な器官への血液供給を増やすために心拍数と血圧が上昇し,光が多く入るように瞳孔が拡大する(Southwick et al., 1995)。脳はこうした生理的変化を危険な状況の一環として認識する。扁桃体は外的・内的刺激に反応し,脳下垂体の副腎皮質刺激性ホルモン(ACTH)の分泌を調節する視床下部への投射によって,HPA軸を活性化する。活性化された副腎皮質は,コルチゾールなどの高濃度のコルチコステロイドを分泌する(LeDoux, 1995)。

刺激の評価は,ストレス反応の開始だけではなく次の段階でも不可欠である。危険な事象と解釈され続ければ,交感神経系とHPA系が活性化された状

態が続く (LeDoux, 1995)。この作用は，軽度・中度のストレス下でコルチゾールの生成を中断させる負のフィードバック・ループを妨害する。長期間にわたる重度のストレスでコルチゾールや他のストレスホルモンの分泌が継続すると，活性化状態が慢性化する。前臨床の動物モデルでは，慢性化の結果として，脳の特定部位の細胞死と萎縮が認められた。最近のある研究は，人間の脳の細胞死も長期的なコルチゾールへの曝露と関連する可能性があることを示唆している。7～13歳の子どもの海馬の体積を12～18か月間隔で計測した研究では，海馬の体積の減少を予測する指標はコルチゾールの基準濃度とPTSDの兆候であり，コルチゾール濃度が高いほど体積の減少が著しかった (Carrión, Weems, & Reiss, 2007)。

　神経系は予測可能な強いストレスには徐々に慣れるが，ストレスが極端に激しかったり，予測不可能，統制不可能，新奇であったりすると慣れることができない。そして本来トラウマ的ではないような刺激にまで，高濃度のストレスホルモンを分泌し続ける。あたかもストレスホルモンの生成を調節するスイッチの目盛りが，恐怖度の低い刺激でも活性化するようリセットされたかのようだ (Yehuda, Giller, Southwick, Lowy, & Mason, 1991)。

　長い間，ストレス反応は，脅威に対して撃退か回避のどちらか有効と評価された方法をとる「闘争・逃走反応」のメカニズムとして説明されてきた (Cannon, 1932)。現在では，この2元的モデルでは危険の対処方法の男女差まで説明できないと考えられている (Taylor et al, 2000, 2006)。前述のような基本的な神経内分泌的ストレス反応は男女ともに見られるが (Allen, Stoney, Owens, & Matthews, 1993)，オキシトシンとプロゲステロンもストレス反応に関与する。オキシトシンは種々のストレス因子に反応して男女ともに分泌される脳下垂体ホルモンで，リラクゼーションを増進し，恐怖心を緩和し，交感神経の活動を抑えることがわかっている。また，対処行動の男女の違いにも関係する (Uvnas-Moberg, 1997)。オキシトシンの影響は，いくつかの理由から男性よりも女性に顕著であると考えられている。第1に，女性はストレス下では男性よりも多くのオキシトシンを分泌すると思われること (Jezova, Jurankova, Mosnaova, Kriska, & Skultetyova, 1996)，第2に，男性ホルモンのアンドロゲンはストレス下でオキシトシンの分泌を抑制すると思われること (Jezova et al.,

1996），第3に，オキシトシンの影響は女性ホルモンのエストロゲンによって調整されること（McCathy, 1995）である。プロゲステロンもストレス時に分泌されストレス関連のコルチゾンの生成と強い相関関係があるホルモンだが，覚醒と親和欲求に関わっている。ただしオキシトシンの分泌に見られるような男女差はない（Wirth & Schultheiss, 2006）。

動物モデルでは，オキシトシンはメス親の養育行動にも関与する。授乳期のラットがさかんに子どもをなめたりグルーミングしたりするのは，脳内のオキシトシン受容体の濃度の上昇と関係があり（Francis, Champagne, & Meaney 2000），メス親の養育行動がさかんなほど成体子孫のストレス反応は少ない（Leckman, Feldman, Swain, & Mayes, 2007; Weaver et al., 2004）。こうした研究は，出産直後のメス親の行動に基づいている。オキシトシン濃度の上昇に関連する初期の養育行動は，子どもの不安の制御やストレス反応に長期的影響を与えると思われる（Leckman et al, 2007）。

メスはオスよりも直接的に子どもを保護することが多いので，オキシトシン生成の性差は養育行動の要求からも説明できるだろう（Taylor et al., 2000, 2006）。妊娠，授乳，育児は，特にメスを攻撃に対して脆弱にする。メスが子どもの保護に投資していることを考慮すると，母親が育児能力を失ったり死亡したりする可能性のある闘争反応も，弱い子どもを遺棄せざるをえない逃走反応も適応的ではない。メスはそのかわりとして，子どもを保護し特に他のメスと連携することを，ストレス対処の行動パターンにしたのかもしれない。テイラー（Tayler）と共同研究者は，この行動を闘争・逃走反応に対して「世話・友情」反応と名づけた。オキシトシン濃度の高いメス親は子どもをよくなめたりグルーミングしたりするという事実は，メス親は子どもを世話することによって出産と授乳のストレスに対処するとも解釈できる。こうした養育行動はメス親のストレスを緩和するだけではなく，子どものストレス反応に長期的影響を及ぼすと思われる。

もしテイラーと共同研究者が提唱したモデルが動物だけではなく人間にも適用できるのなら——一部の人間行動研究はこの仮説を裏づけている——，圧倒的なストレス下で女性が子どもの世話をしたくなる衝動は，CPPのような関係中心の治療に味方してくれるかもしれない。CPPの重要要素のひとつは，

養育者(多くの場合は母親)と子どもが共同でトラウマの物語を構築することである。トラウマ体験を詳細に思い出すと,不安が激しくかきたてられ,最初の出来事への身体のストレス反応が希釈されたかたちで喚起されることがある(Foa, Rothbaum, & Molnar, 1995)。この仮説に従えば,子どもと一緒にトラウマの物語を構築することで母親の世話・友情反応が活性化され,子どもを育み保護する傾向が強まり,その行動が子どもの母親の保護能力に対する信頼を深めるという連鎖が起きるはずである。

中枢神経系の制御不全と構造的変化

人間のストレス反応は,脳構造,神経伝達物質系,HPA軸の長期的変化に関係するが,そうした変化の中には子どもと大人で違いがあるものもある。実証的証拠にはややばらつきがあるものの,成人のトラウマのサバイバーを対象とする大半の研究は(ホロコーストのサバイバーでPTSDがあるが,PTSDと併発しやすい薬物濫用の経歴はない人を対象とする研究など),HPA軸の反応の鈍化とコルチゾール濃度の低下を指摘している(Yehuda et al, 1995)。一方,トラウマのある子どもはトラウマのない対応対照群よりもコルチゾール濃度が高いという研究結果もある(De Bellis et al., 1999a; Carrión, 2006)。研究文献に見られる子どもと成人の差異から,成人のコルチゾール濃度が低いのはトラウマに対する長期的適応の反映であり,子ども時代の極度のストレスやトラウマにより誘発されたコルチゾールの過剰分泌を身体的に持続できないためとする仮説が導き出された(De Bellis, Baum et al., 1999; Gunnar & Vazquez, 2001)。

またトラウマ後の脳構造の変化を示す実証的証拠もあるが,内容はまちまちである。ある研究では,被虐待児は前頭葉の体積が小さいという結果が出たが(De Bellis, Keshavan et al., 1999),他の研究では,被虐待児の前頭葉の体積は大きく,左前頭葉の灰白質が増えて通常の前頭皮質の非対称性が弱まっているという結論になった(Carrión, 2006; Carrión et al., 2001)。だがどちらの研究でも,体積の変化は虐待された年齢の低さ,虐待期間の長さ,PTSD症状の重症度に比例して大きかった。また被虐待児は,言語生産の認知過程に関わる脳中枢である上側頭回の左右の体積が著しく非対称的だという報告もあ

る（De Bellis et al., 2002）。さらに，大半の研究では被虐待児に海馬の萎縮は認められなかったが（De Bellis, Hall, Boring, Frustaci, & Moritz, 2001; Carrión et al., 2001），PTSDのある退役軍人（Bremner et al., 1997 Gurvits et al., 1996），子どもの頃に身体的虐待の経験がありPTSDのある人（Bremner et al., 1997），子どもの頃に性的虐待の経験がある女性（Stein, Koverola, Hanna, Torchia, & McClart, 1997）など，いくつかの成人の標本では海馬の萎縮が見られた。先にも触れたが，7歳から13歳までの子どもの縦断的研究の標本でも，海馬の萎縮が認められた（Carrión et al., 2007）。

　トラウマにまつわる脳構造の差異を示す研究証拠は刺激的だが，発達過程やその他の要因によって成人と子どもの研究結果の相違を説明できるかどうか，また成熟に伴う機能的変化があるかどうかについては，さらに大きな標本規模と縦断的デザインの研究が必要である（De Bellis, Hooper, & Sapia, 2005）。現行の研究文献によると，PTSDのある被虐待児に見られる脳構造の変化が，学習のレディネスに影響する認知機能の制限に関係することは明らかである（Green, Voeller, Gaines, & Kubie, 1991）。PTSDのある被虐待児は対応対照群の虐待経験のない子どもに比べて，注意力，抽象的推論，実行機能などが弱い。被虐待児のIQは脳の総量と比例し，虐待を受けた期間と反比例する（Beers & De Bellis, 2002; De Bellis, Keshavan, et al., 1999）。子どもの頃のドメスティック・バイオレンスの経験については，遺伝的要因と直接的虐待をコントロールした一卵性双生児と二卵性双生児の研究では，IQに8ポイントの差があった。ただしこの研究では，脳体積の計測は行っていない（Koenen, Moffit, Caspi, Taylor, & Purcell, 2003）。7歳から14歳の標本による研究では，言語IQはトラウマ体験の回数・報告された再体験症状の回数・症状から見る機能障害の程度と反比例することが明らかにされた（Saltzman, Weems, & Carrión, 2005）。ストレスホルモンの調節に異常のある，トラウマ体験のある大人にも，言語記憶と知能に弱さが認められた（Bremner, 1993, 1997）。

　知能の低下がしばしば認められるひとつの理由は，トラウマ的な人生体験のある人は，彼らにとってリスクや危険に結びつくキューに注意が向きやすいことかもしれない。再体験症状が多いほどIQが低いという研究結果も，この仮定を裏づけている。実験的環境では，トラウマのある大人や子どもは否定的な

感情や状況に選択的に注意を向ける傾向が見られた（Armony, Corbo, Clement, & Brunet, 2005; McPherson, Newton, Ackerman, Oglesby, & Dykman, 1997; Pollack, Cicchetti, Klorman, & Brumaghim, 1997）。否定的な刺激への優先的注目は，常に危険のある状況では適応的かもしれないが，学習環境では，危険のキューへの選択的注目は感情的に中立な情報を処理する妨げになりやすい。

トラウマ後の行動と機能の変化

　一口にストレスといっても，むしろ能力の向上を促すような軽度の刺激から，能力を鈍らせる日常レベルのトラブルや困難，そして対処反応を狂わせるようなトラウマによる圧倒的なストレスまでさまざまである。トラウマ的なストレス反応は機能の変化を引き起こすが，その変化は，トラウマが単独の出来事か，あるいはパターン化された慢性的虐待や暴力への曝露かによってさまざまなかたちをとる。単独的なトラウマ体験は，トラウマを想起させるものに対する個別的・条件的な生物学的・行動的反応を生じさせることが多いが，回避方略が強化されて，回避できないようなトラウマを想起させるものに対して恐怖や無力感を呼び起こすこともある（Bremner, 2005; Foa, Steketee, & Olasov-Rothbaum, 1989; Horowitz, 1976）。一方，慢性的または複合的なトラウマは，子どもの脳と精神の発達にもっと根本的な影響を及ぼす。解離など後年のパーソナリティの問題に必ずと言って良いほど関係するのは，幼少期のトラウマ体験，慢性的トラウマ，加害者と子どもの親密な情緒的関係である（Bremner, 2005; Herman, 1992a, 1992b; van der Kolk, 2005）。危険の原因が親である場合，幼い子どもは親に助けを求められず，起きている現実を理解し処理することが困難になる。その結果，トラウマを想起させるものによって，個別的・条件的反応ではなく全般的な無力感と恐怖が喚起されるようになる。子どもは，まるで最初のトラウマが再現したかのように，トラウマを想起させる状況やそれに伴う感情に反応し，自分で処理・統合できない広範囲の刺激にまでトラウマ反応が一般化する。この感情・認知の統合の失敗は，安定した愛着，情動・行動の制御，自己概念，認知など複数の機能領域の不全の原因になる（Cook, Blaustein, Spinazzola, & van der Kolk, 2003）。こうした全般的な制御不全は発達

に破壊的な影響を及ぼすことがあるので，一部の研究者は，発達トラウマ障害という新しい診断カテゴリーによって，この制御不全の概念化を体系化すべきと考えている（van der Kolk, 2005）。このカテゴリーについては，4章でくわしく扱う。

　対人的トラウマは，ことに愛着関係に大きな悪影響を及ぼす。被虐待児はしばしば愛着が不安定で混乱し，養育者に頼りながら感情や行動を制御することが難しい（Cicchetti & Lynch, 1995; Lyons-Ruth & Jacobovitz, 1999; Schore, 1994, 2001）。対人関係の問題は，ストレスホルモン系の制御不全にも関係する（Kaufman et al., 1997）。親がトラウマの加害者の場合，子どもは出口のない葛藤に苦しめられる。自分の処理能力や理解力をはるかに超えるような，恐ろしく強烈な視覚・聴覚・運動・触覚・嗅覚の刺激が感覚系に過重な負担を強い，しかも保護してくれるはずの親が同時に恐怖の媒介者でもあるため，助けを求めることができない。この「解決不能のジレンマ」（Main & Hesse, 1990）は，親密な情緒的関係の心理的基盤に重大な打撃を与える。対人暴力への反復的な曝露によって起きる生理的変化は，眼窩前頭前皮質（共感・他者への関心・対人関係の問題を言語によって解決することに関わる脳部位）の豊かな接続ネットワークの形成を妨げる可能性がある（Schore, 1994, 2001）。その場合は，神経レベルで，トラウマと愛着の混乱の世代間伝達が起きてもおかしくない。愛着関係でトラウマを受けた子どもは，自分の子どもに共感的応答ができない脳構造を持つ大人になるからである。

保護の失敗：
関係性の動揺・阻害・障害

　ストレスが軽度なものからトラウマ的なものまで連続体を成しているのと同じように，ストレスによる関係性の問題の深刻さにも幅がある。アンダース（Anders）(1989) は親子の関係性の問題を，持続期間・広汎性・子どもの健全な機能を妨害する程度を基準にして，3つのカテゴリーに分類した。**動揺**は連続体の中で最も軽度で，親子が新たな発達課題や環境ストレスに適応するまでの期間，全体的には良好な適応の中で生じるひとつないしふたつの機能領域の一時的混乱と定義されている。**阻害**は，親子の相互作用の不適切あるいは配

慮を欠いた制御のパターンで，固定化していないものの，親子関係の適応的な特質よりも問題の方が優勢になり始めている。連続体の中で最も深刻な**障害**は，相互作用の不適切あるいは配慮を欠いた制御の持続的パターンで，複数の機能領域に波及し，親，子ども，あるいは親子双方の発達のマイルストーンに破壊的な影響を及ぼす。この３つのカテゴリー間の移動もある。公式的分類は持続期間を基準とし，一般に１か月未満は「動揺」，１〜３か月は「阻害」，３か月以上続くものは「障害」に分類される。だがこの相対的期間枠の設定は，さらに実証的に裏づける必要がある。たとえば，親が相談に来るまでに「動揺」や「阻害」がもっと長く継続していることがままあるからである。

「動揺」「阻害」「障害」という分類は純粋に記述的なもので，どのカテゴリーも特定の原因を想定していない。関係性の問題の根底には，環境によるストレスやトラウマ，子どもや親の体質的な脆弱性，気質的な相性の悪さ，心理的葛藤などさまざまな原因因子がある。こうした原因因子は相互作用するので，どれかひとつの要因だけから関係性の混乱の持続や程度を予測するのは難しい。以下で「動揺」「阻害」「障害」の事例を紹介し，激しい環境ストレスが必ずしも関係の障害に至るとはかぎらないことを示したい。5章ではCPPによる「動揺」の治療，6章では「阻害」と「障害」の治療に焦点をあてる。

関係性の動揺

　本章で先に紹介したルース・ホールさんの例には，おおむね支援的で適応的な関係における動揺の特徴である一過性の困難が典型的に表れている。入学の日が近づくにつれ，ルースの不安は，学校に行くと帰り道で迷子になって両親の待つ家に帰れなくなるかもしれないという恐怖として表現された。ルースの家の近所には似たような家が多く，その地域では子どもはひとりで通学する慣習だったので，彼女の不安にはある程度，現実的根拠があった。当初ルースは不安を胸にしまっていたが，最終的には両親に打ち明けることができ，初めは取り乱していたが，両親の助けによって率直に言葉で言い表すことができた。ルースの父親は彼女の不安に耳を傾け，正当なものとして受け入れ，ルースが現在持っている力を活用しながらひとつ上の能力を習得できるように，細や

かな配慮のある支援をした。ルースの両親への愛着は安定していたので，あまり長く悩まないで不安を率直に訴えることができた。ルースは彼女の認識する危険からの保護と不安への対処を期待し，両親はその期待を裏切らなかった。ルースの不安は入学にまつわる不安だけにとどまり，両親が介入してから1週間もたたずに解消した。ルースは両親の助けを得て不安に対処し，次の発達段階に進み，自信を得ることができた。この事例は，保護因子が働いている中で起きた葛藤は，成長の可能性を秘めていることを示唆する。

関係性の阻害

「阻害」は，関係性の制御不全を固定化する危険があり，より広範で長期的な影響を及ぼす。定義上は，ひとつの機能領域に留まり一般に長くは続かないとされているが，慢性化して他の領域にまで及びやすく，自己強化的な悪循環によって障害へと発展することもある。

事例

カティアは4歳6か月。母親が専門家の介入を求めたのは，カティアが家庭で自分の殻にこもり沈みこんでいるからだった。幼稚園の教師の話では，カティアは教師や職員と親しくし，クラスでも人気があり，特別な仲良しも何人かいるという。学習能力は抜群で，いつ小学校に入学しても大丈夫というほどだった。カティアは自分の能力に誇りを持ち，それが大きな自信になっていた。だが家に帰ると，カティアは7歳の姉の陰になっていた。姉には情緒的問題があり，それが家族の心理的エネルギーを吸い尽くしていた。カティアは母親の愛情を求めていたが，いざ母親がカティアに自分の気持ちを言わせようとすると，口を閉ざすのだった。

母親の報告によると，最も顕著な環境ストレスは，かつて父親がカティアと姉の目の前で母親を殴ったことだった。母親はあごや顔面の骨が折れるようなけがをした。当時，カティアは3歳9か月だった。父親は現行犯で逮捕され，母親は救急車で運ばれた。母親が入院治療していた数週間，カティアと姉は一時避難として里親に預けられた。

事件後，カティアの姉は侵入思考・事件を想起させるものの回避・過敏・怒り・不眠・学業不振など，本格的なトラウマ的ストレス反応を発症した。一方，カティアは悲しそうに自分の殻に閉じこもる以外に様子の変化はなかったし，母親を気遣いつつも過剰に保護をしたりしなかった。姉の感情の爆発を黙って受け止め，何事もなかったかのように日常の活動に打ちこんだ。カティアは家では優しく，役に立ち，協力的だが，母親が話を引き出そうとしても，ほとんど何も言おうとしなかった。
　カティアは，母親が重傷を負うほどの激しい暴力を受けるのを目のあたりにしたにもかかわらず，生活の多くの領域をそつなくこなしていた。学力をつけ，友達と遊び，家庭でもかなりよく適応していた。だがカティアの情動は抑制が効きすぎて，母親がもっと素直に感情を表現させようとしてもできなかった。カティアの個人的感情の萎縮の原因は，母親との関係の制御不全にあった。カティアは母親に母親自身や自分たち姉妹を守る力があるとは信じられず，感情抑制の助けになってくれるとも期待していなかった。だから自分の殻にこもり，感情表現を抑えることによって，心が押しつぶされないように自分を守っていたのだ。だがそれはしょせん，一時しのぎでしかない。カティアがもう一度，危険からの保護者として母親を信じ（怒りや怖れの感情という内的危険も含めて），母親がカティアの人生の善意ある権威者という本来あるべき立場を回復するには，介入が必要だった。
　カティアと母親が治療に訪れたとき，深刻な問題のある機能領域は情動制御だけで，食欲はあり睡眠もとれていた。知的発達にダメージはなく，高い知的能力や優秀な成績による自信は大きな強みであり，満足感のある関係を築く全般的能力があることも強みだった。同年代の子どもと仲良くでき，教師との関係も良好で，家庭にも愛情ある協力的な関係があった。カティアの体質的な強さと，生活の中に他の圧倒的なストレス因子がなかったことが，恐ろしい暴力を目撃したショックの直撃から彼女を守ったのかもしれない。それでもなおカティアの感情は鈍磨し，強い否定的感情を抑えるのに母親も自分自身もあてにしていなかった。カティアと母親がこのパターンを変えられないかぎり，情緒的親密さを築く能力の萎縮は親

子関係の他の機能領域にも影響を与え，カティアの情緒的健康はますます脅かされることになる。

関係性の障害

「障害」は，親子関係の配慮の欠如と制御不全のパターンが固定化し長期化したものであり，二者の機能の多くの面に影響を及ぼす。次に紹介するルイスとその家族の事例は，トラウマの衝撃とトラウマ関連の逆境が強力な保護因子によって相殺されないとき，ひとつのトラウマ体験が子どものあらゆる機能領域を狂わせ，親子関係の障害を生むことを示している。

事例

ルイスは2歳6か月のとき，母親の妹である叔母が目の前で殺されるのを目撃してしまった。その後，ルイスが母親や保育者や友達に対して唐突に怒りを爆発させ攻撃するようになったため，治療を紹介された。事件から半年後にセラピストが治療を委託されたときには，すでにふたつの保育園を退園させられ，そのせいで母親は仕事に出られなくなっていた。両親はルイスの攻撃性をどうにかしないと，彼はいずれ犯罪者になるのではないかと不安になっていた。

アセスメントでは，事件の状況がルイスと母親にとってあまりに耐え難いものだったこと，またその後の経緯が最初の衝撃に追い討ちをかけたことが明らかになった。ルイスは事件の前夜，叔父と叔母の家に泊まっていた。翌朝，叔父夫妻に送られて帰宅する途中，事件は起きた。叔父に抱かれたルイスが両親のアパートの入口に着いたちょうどそのとき，通りすがりの車から銃が発射され（叔父を狙ったと思われる），叔母に命中した。ルイスの母親はそれを2階の窓から目撃した。母親はすぐに救急車を呼び，犯人が引き返してくるかもしれないので，急いで叔父とともに叔母をリビングルームに引き入れた。その間，ルイスは誰にも顧みられずに，部屋の隅でうずくまって泣いていた。母親と叔父は恐怖と悲嘆で取り乱しながらも，傷口から流れる血を必死で止めようとした。ルイスは，母親が叔母と

叔父とともに救急車で去って行くのを呆然と見ていた。ルイスは父親が職場から戻ってくるまで，近所の人に預けられた。父親と母親は電話で連絡を取り合い，凄惨な事件のあったアパートにルイスを帰さないほうが良いと判断した。その後，父親はルイスをメキシコの実家に連れて行き，そこで3週間過ごした。その間，ルイスと母親は2回電話で話したが，母親は泣くばかりで，ルイスが家に帰りたいと泣いても慰めてやることができなかった。

　ルイスは父親とともにメキシコから戻ってくると，母親のそばを離れなくなった。夜は一緒に寝たがり，母親はひとりでシャワーを浴びることさえできなくなった。分離不安が激しくなり，母親と離れるときに怒りを爆発させて暴れるため，2か所の保育園をやめさせられた。母親はルイスの面倒を見るために仕事をやめざるをえなかった。ルイスは母親にしがみつくかと思えば怒りにまかせて暴力を振るうので，親子関係は日を追うごとに悪化した。ルイスは特にリビングルームにいるときに荒れ狂った。そこはかつて，愛する叔母が血を流して絶命するのを目のあたりにした場所であり，母親に慰めを求めたが応えてもらえなかった場所でもある——母親は叔母の命を救おうとして必死だったし，自分自身の内面の反応に対処するだけで精一杯だったのだ。ルイスはソファや椅子をナイフで切り裂き，赤いマジックで壁に殴り書きをし，危うくテレビのスクリーンまで破壊するところだった。怒り狂っていないときのルイスは，おびえているように見えた。暗いところにひとりでいることができず，昼間のほんの2〜3分ですら，リビングルームでひとりにされるのを嫌がった。

　近隣の環境は，ルイスの切迫した内的・外的危機感に拍車をかけた。ルイスと両親の住まいは大都市の公営住宅で，地域には暴力団がはびこり，子どもは放課後に外では遊べなかった。毎晩のように暴力団同士の銃撃戦があり，銃声のたびにルイスは震え上がり興奮した。7月4日の独立記念日には祝祭の花火の音におびえてキッチンテーブルの下にうずくまり，一緒にいてと泣き叫んだ。だが母親がそばに行くと押しのけ，抱きしめてなだめようとしても背を向けてしまう。それでも母親が立ち去ろうとすると，また泣き叫ぶのだ。

事件前，一家は経済的には不安があったとは言え情緒面では問題はなかった。共働きだったが収入は低く，安全な地区に転居するために貯金する余裕はなかった。ルイスは両親が働いている間，小さな保育園に預けられていたが，そこではよく適応していた。運動と言語は順調に発達し，友達と仲良くしていたし，お気に入りの教師もいた。保育園の生活を楽しみ，一日の終わりに両親が迎えに行くといつもうれしそうにした。

叔母の死から半年後に治療に訪れたときには，両親はルイスの破壊的行動と，しがみついたかと思えば怒り出して助けを拒むということのくり返しに疲れ果て，問題の発端が事件にあったということをすっかり忘れているかのようだった。「まるで悪魔にとりつかれてるみたいなんですよ，あの子は。妹を失ったと思ったら，今度は息子が家をめちゃめちゃにする。トイレまでついてくるくせに手を貸せば押しのけるんです。私までめちゃめちゃにするつもりなんだわ」とまで，母親は言うのだった。

ルイスは虐待を受けた子どもではない。それどころか，両親ともルイスの感情に寄り添おうとしていたし，ルイスの求めによく応えていた。ただ事件後は，息子の行動を理解できなくなっていた。一家は貧困と暴力のはびこる高ストレス環境で生活しており，ストレスのせいで傷つきやすくなっていた。両親は環境の危険を強く意識し，最善を尽くして子どもを守ろうとしていた。危険な屋外ではルイスを遊ばせなかったし，銃撃戦がひどいときなど，流れ弾が子ども部屋に飛びこんでくる可能性を考えて，バスルームでバスタブに寝袋や毛布をしきつめ，ルイスを寝かしつけた。事件前，ルイスは危険な環境で生活していたが，両親が自分を守ろうと努力しているのをわかっていたし，それが保護因子として機能していたのかもしれない。

ところが事件後，状況は一変した。事件とそれに続く出来事はルイスを打ちのめし，トラウマを与えた。不安が激化したのは，彼が目撃した出来事が，母親の存在や愛を失うという発達的にふさわしい内的不安を恐ろしく現実的なものにしたからかもしれない。事件直後，母親は物理的には存在したが，恐怖に打ちのめされ妹の命を救うことに精一杯だったので，最も基本的な情緒的サポートすらルイスに与えることができなかった。銃

撃，負傷，流血という凄惨な光景は，彼が発達的に持っている身体的ダメージへの不安をいっそうかきたてた。内的危険と外的危険のダブルパンチが，ルイスの対処能力を圧倒したのである。

　トラウマ的瞬間の後も，ルイスは発達に有害な事態に直面した。事件後，3週間にわたって母親と離れていたことは重大な2次的逆境であり，母親とその愛を失う不安をいっそう強くさせた。ルイスは家に戻ってから，おびえ，しがみつき，怒りを爆発させた。その上，リビングルームはいつも事件を想起させ，近所で頻繁に響く銃声やお祭りの花火の音も事件を連想させたので，最初のトラウマの記憶から逃れることができなかった。母親との別離という2次的逆境によって，ルイスはいっそう傷つきやすくなり，最初のトラウマからの回復がさらに難しくなった。トラウマを想起させるものが常に環境の中に存在する状況では，集中的な介入なしに回復することは，ほとんど不可能だった。ルイスが恐怖を追い払うために使える唯一のメカニズムが攻撃だったので，彼の行動は恐怖と攻撃の間を激しく揺れ動いた。最初のトラウマの瞬間から母親との別離と帰宅後の混乱までの数か月間，母親はルイスが耐え難い感情に対処するのを，まったく支援することができなかった。あまりに強烈でコントロールできない感情への対処を助けてほしいというルイスの期待に，応えられなかった。このことは，母親は決して自分を守ってくれないというルイスの新たな予測と，この根本的な発達の躓きにまつわる母親への怒りを生んだ。

　母親自身，トラウマ反応に苦しんでいて，妹の死への悲嘆がそれに追い討ちをかけていた。彼女にとっても事件は耐え難い出来事だった。妹を守りきれず，玄関のドアを開けるたびにそのときの恐怖がよみがえった。近所で銃声が響くと，トラウマの記憶が呼び起こされ，神経が高ぶって感情を調節できなくなった。親子関係でさらに深刻だったのは，ルイスを助けようとして拒否されると，妹の命を救えなかった無力感がよみがえることだった。彼女はその無力感をルイスへの積極的な怒りに転換することで自己防衛し，ルイスが彼女を拒み傷つける動機を彼自身のせいにした。

　ルイスも母親も，ともに体験した圧倒的ストレスへの反応にがんじがらめになっていた。世話・友情反応（Taylor et al., 2000）の理論によれば，

もし母親が事件直後にルイスの世話をしていれば，彼女自身が落ち着きを取り戻せたのかもしれない。またルイスの不安を静めようとして事件後3週間離れて暮らしたことは，ルイスだけではなく母親にとっても大変なことだったのかもしれない。ルイスの不在は，子どものニーズに応えることによって落ち着きを取り戻し自分を立て直すという機会を母親から奪い，ルイスの方は，母親の助けによって落ち着きを取り戻す機会を奪われたのである。ルイスの帰宅後，親子は不安に根差した誤解にだんだんからめとられていった。ふたりとも，事件で体験した圧倒的な感覚刺激と感情を処理し統合することができなかった。事件後も，家にいると，あるいは一緒にいると興奮とトラウマが何度もぶりかえし，ふたりの相互作用を関係の維持が可能な作業モデルに統合することができなかった。母親は全般的にルイスに対して否定的な帰属をするようになり，ルイスが「悪魔にとりつかれて」彼女を滅ぼそうとしていると思うようになった。かつては相手の感情に敏感に寄り添うことのできた関係が，互いへの誤解と不信に満ちた関係へと変質し，ルイスの発達をほとんど全面的に狂わせてしまったのである。

個人のトラウマ反応の形成における背景要因の影響

　ルイスもカティアもトラウマを体験したが，トラウマ体験がそれぞれの個人的発達と対人関係に与えた影響には著しい違いがある。ルイスはトラウマ以前から経済的に貧しく危険に取り囲まれた生活をしていたが，カティアはそうではなかった。またカティアの苦痛は内面化されたため，母親がカティアの行動に耐えやすかった面もある。ルイスの拒絶や破壊的行動は母親の彼に対する否定的な帰属を助長したが，カティアの反応は引きこもりと無理な自己抑制だったので，母親は理解し慰めようとした。またルイスの母親もカティアの母親も自分自身のトラウマ反応に対処しなければならなかったが，ルイスの母親の方は妹の死への悲嘆も重なって，いっそう複雑な反応になった。こうした背景要因は，なぜカティア親子の関係性は「阻害」のレベルに留まり，ルイス親子の関係性は明らかな「障害」にまで進んだかを説明する。かつて，サメロフ

(Sameroff) (1983) は発達研究における背景要因の発見と探究を推し進めることの重要性を訴えた。彼の考察の正しさは，この数十年でますます明白になっている。背景要因の重要性は，研究分野だけではなく臨床実践にも言えることである。おそらくそれが最も如実に表れるのが，トラウマの後遺症の理解と治療だろう。

シールドが破れるとき：原因を理解する

　親の養育行動は，子どもの生存を保護するメカニズムとして進化してきた。だが親にそうした生物学的傾向があり，心からそれを願っているにもかかわらず，いつでも子どもを守れるとはかぎらない。それにはさまざまな理由がある。親が誠心誠意の努力をしても，子どもを破滅的混乱の衝撃から守れないときもあるし，親の心理的障壁が保護能力を低下させるケースもある。多くの場合，外的ストレス，親の心理構造，子どもの体質，発達段階などが複雑に相互作用して，子どもの情緒的健康を保護し，あるいは損なうような状況が生まれる。以下では，親が子どもを保護できなかった4つの具体例を挙げる。安全を提供する能力を強化するには，親の行動の根底にある動機の理解が必要になることが少なくない。以下の臨床例には，子どもを保護したいという意識上の願いと無意識下の動機との間にありがちなギャップが表れている。

親が惨事に打ちのめされている場合

　トラウマ体験はあらかじめ予測することもコントロールすることもできず，恐怖を与えるので，無力感や恐怖に陥ることは避けられない。親も子どもと同様，不意を突かれ，想定外の危険からダメージを受けることがしばしばある。トラウマ的な出来事に続いて，2次的トラウマが展開すると親子関係の苦悩をさらに深くする (Pynoos, 1997)。トラウマ体験によって互いに対する期待が変化し，互いの存在がトラウマを想起させるばかりか危険や被害の原因のように思えてくることすらある。
　先のルイスとその家族の事例は，まさにそれにあたる。ルイスの両親は良心

的で保護的な親だったが，ルイスの叔母が通りがかりの車から銃で撃たれて命を絶たれることなど予測しようがなかった。ルイスを思いやって凄惨な事件のあった場所からしばらく遠ざけるという両親の最善の努力は，実際には逆効果になった。ルイスの健全な発達を促進し，母親の喜びでも誇りでもあった親子関係が，あらゆる機能領域にわたって，それこそ一夜にして崩壊してしまったのである。トラウマの後遺症はルイスと家族を脅かし，苛立たせ，特にトラウマを想起させるものが彼らをじわじわと追い詰め，最初のトラウマからの回復をこじらせた。この一連の出来事の最初のきっかけは，保護機能を低下させるような親の葛藤や精神病理ではなく，親には防ぎようがなく抵抗もできない惨劇だった。

守りたいという気持ちが裏目に出る場合

　愛情ある親が，自らの内面的葛藤のゆえに過度に重視しているリスクから子どもを守ろうとして，かえって無意識のうちに子どもを危険にさらしてしまうことがある。親としては，自分の子ども時代の辛い境遇を子どもには味わわせまいという一心なのだろう。だが子ども時代の未解決の葛藤の持つ圧倒的な心理的影響力は，子どものためを思ってしたはずの決断に付随するリスクを見えなくさせることがある。

事例

　ミラーさんが生まれたとき，すでに母親は夫に捨てられていた。母親は愛情をかけて娘を育てたが，ミラーさんはいなくなった父親に思慕を募らせた。子ども時代の彼女は，愛情のこもったまなざしで見つめてくれる強い父親と手をつないで街を歩く場面を空想して，自分を慰めていた。彼女が12歳のときに母親は再婚したが，再婚相手は彼女に性的ないたずらをした。ミラーさんは継父から逃れるために15歳で家を出て，年若いボーイフレンドのスティーブン・バーナードさんが両親と暮らす家に転がりこんだ。まもなく彼女は妊娠したが，彼は束縛されたと感じて，彼女に最初の暴力を振るった。暴力はその後も続き，だんだんひどくなっていった。

19歳のときには，階段から突き落とされた。そのとき3歳の息子トッドはそばでおびえていた。バーナードさんの母親が警察を呼び，彼は逮捕された。彼女はトッドとともに実家の母親のもとに戻り，自分と息子をバーナードさんから守るために接近禁止命令を手に入れた。そして，父親の暴力を見てきたトッドが暴力的な大人になるのではないかと不安になり，治療を求めたのである。
　バーナードさんは執拗に息子との面会を求めた。彼女はそれに折れて，接近禁止命令の規定よりも多くトッドに会うことを許した。セラピストが，バーナードさんがトッドと一緒にいる時間を増やすという決断がどんな結果を招くと思うかと質問すると，彼女は「トッドに父親を持たせたいんです。父親がいない子のさびしさはよくわかるので，トッドには絶対にそんな思いをさせたくない。幸せな人生を送ってほしいんです」と答えた。
　彼女を突き動かしていたのは，自分が得られなかったものを息子に与えたいという強い願望だった。彼女の人生の重大なテーマだった外的・内的な喪失から子どもを守ろうと意識的に努力していたのだ。彼女にとって，父親がいないことはきわめて重大なリスクだった。父親の不在こそが，子ども時代の不幸の多く，また思春期の性的虐待の原因だと思っていた。彼女がこのリスクをことさら重視し，自分が味わった辛い経験からトッドを守ろうとしたのは理解できないことではない。だがそうすることで，バーナードさんがトッドに暴力を振るうかもしれないという目の前の危険が見えなくなっていた。このセッションからほどなくして，彼女は，バーナードさんが前回の面会で酒に酔って暴力を振るったと打ち明けた。「私を殴って突き飛ばしたんです。トッドは玄関で『どうしておかあさんをぶつの?』と泣き叫んでいました」
　彼女は父親のいない人生という危険からトッドを救い出そうとして，暴力的な父親という危険に彼をさらしていたのである。バーナードさんが自分に暴力を振るったことやトッドがそれにおびえていたことをセラピストに話しながらも，彼女は，親に捨てられることと暴力を振るわれることのどちらがより危険なのか悩んでいた。父親による遺棄という未解決の葛藤

のために，目の前のトッドの父親の暴力による危険を現実的に評価できなかったのである。もしかしたら彼女は父親に捨てられたのは自分のせいだと思いこみ，さらに継父の性的虐待によって，自分は「悪い子」だという自己概念が強化されていたのかもしれない。となると，バーナードさんから受けた虐待についても自分はそれに値すると感じていた可能性もある。このシナリオでは，いまだに彼女の内的世界の舞台の中央に立つ主人公は人生早期の葛藤であり，トッドはせいぜい脇役にすぎない。

親のアンビバレントな感情：母親の憎悪のエナクトメント〔再演〕

どんなに愛情深く保護的な親でも，子どもに対して矛盾した感情を抱くことがある。子どもによって自分の自由が制限されることに苛立ち，腹が立つこともある。子どもがキャリアの妨げになる，あるいはパートナーとおおらかにロマンスを楽しめないと不満を抱く人もいるかもしれない。子どもの誕生以来快眠とはごぶさたで，とにかく夜はぐっすり眠りたいと言う人もいるだろう——それさえなければ，ただただ可愛い子どもなのだが。こうしたアンビバレントな感情は子育てにつきものだが，一般には，子どもを保護する能力を低下させることはない（de Marneffe, 2004）。

ところが一部の親は愛よりも憎悪の方が大きくなり，子どもを傷つけ，危険にさらし，あるいは命を奪い，放置して死なせてしまうことすらある（Hrdy, 1999; Winnicott, 1949）。そうした強いアンビバレントな感情は，親自身の子ども時代の逆境に由来することがある。親自身，虐待的な親（または情緒面での重要人物）と自分を一体化して，逆境にまつわる不安や無力感を否認することによって，対処してきたのかもしれない（Fraiberg, Adelson, & Shapiro, 1975）。そういう親は子どもを独自の存在としてとらえるのではなく転移の対象とし，被害者と加害者を逆転させて子ども時代の辛い体験を再現する。このような再演にとりつかれた親は，子どもとの固定化した葛藤から抜け出せなくなり，意識の上では子どもを愛しているが，無意識のうちに子どもを自分や他者による危険にさらし，自分の辛い過去を子どもに再体験させているのである。

事例

　マーサさんはふたりの子ども（13か月のサマンサと3歳のルーシー）のいる10代の母親である。保育園の職員がサマンサの足にあざを見つけたことをきっかけに，児童保護サービスに紹介された。彼女の母親は統合失調症で，そのときの気分しだいで彼女に残酷な仕打ちをした。彼女は15歳でルーシーをみごもると，母親に家から追い出され，25歳のボーイフレンド，ジャックさんのところに身を寄せた。だが彼女はその後もたびたび母親と会い，ジャックさんと喧嘩するたびに実家に戻り，「子どもの面倒を見きれなくなる」たびに，ルーシーとサマンサを数日間，母親に預けた。

　マーサさんはこう話した。ジャックさんも家にいたある日の午後，彼女はサマンサのオムツを取り替えようとした。床に寝かされたサマンサは，足をバタバタ動かしていた。そのとき，たまたまサマンサの足が彼女の肩にぶつかった。「何すんのよ！」と彼女は叫ぶと，身をかがめてサマンサの足に嚙みついた。するとそこが赤いあざになった。ルーシーは泣きながらジャックさんのもとに走って行き，「ママがサマンサをかんだ」と訴えた。ジャックさんは見向きもしないで，「じゃあ，お前が嚙み返せよ」と平然と答えた。ルーシーが無言でそれに従うと，マーサさんは笑い声を立ててルーシーを平手打ちした。ルーシーは泣いたが，ジャックさんはまったく介入しようとしなかった。

　マーサさんとジャックさんの家庭では，このような光景が日常茶飯のように繰り広げられていた。彼女は，子どもを愛していると主張したが，かつての自分の母親さながらに気まぐれで残酷な仕打ちをしていた。その母親にしばしば子どもを預けることも，子どもを危険にさらす行為だった。マーサさんは心から子どもを愛していると言うのだが，彼女自身の情緒不安定で残酷な母親との一体化による無意識の憎悪もまた本音なのだった。この複雑な感情のために，彼女は何度も子どもを危険にさらしていたが，それが危険であることにも自分が加担していることにも気づいていないようだった。セラピストが彼女の幼児期のことをたずねると，母親から受け

た残酷な仕打ちを恐ろしく克明に語った。だが，その話しぶりには奇妙なほど感情がこもっていなかった。彼女は子どもの頃の耐え難い記憶（母親に傷つけられ脅かされたときの気持ち）を抑圧し，母親の攻撃的行動との無意識的な一体化（恐ろしい攻撃者の特徴を身につけることによって脆弱な自我を攻撃から守るという，子どもの頃に形成された態度）を固守していたのである。

親がトラウマのために危険を正しく評価できない場合

　情動麻痺はトラウマ化の顕著な特徴のひとつである。トラウマのある親は自分の感情体験に疎くなり，危険に気づかないで子どもを適切に守れないことがある。トラウマがあまり激しいと，自分の感情を識別できない失感情症になることがある（Krystal, 1988）。

事例

　エームズさんと彼女のふたりの子ども（3歳のトニーと生後間もないクリスタル）がセラピストに紹介されたのは，裁判所の調停員が，別居中の父親に対する母親の態度に危険を感じたからだった。母親が父親のもとを去ったのは，クリスタルを出産した直後だった。これが初めての別居だったが，父親は結婚前から暴力を振るっていた。父親の暴力は度を越えて，生命の危険を感じるほどだった。ついに母親が家を出たきっかけは，クリスタルが高熱を出しているのに，父親が病院に連れて行くのを拒んだことだった。「私は帝王切開の後で，まだ安静中だったんです。医者に診せないと危ないのに，あの人はクリスタルを連れて行こうとしませんでした。だから私がクリスタルを抱いて，スカートにまとわりつくトニーを引っ張って，病院まで歩いて行ったんです。手術で縫った痕が何針か破れました。もうこの人とはいられないと思ったんです」しかし自分と子どもを守らなければならないという自覚とは裏腹に，調停の間，母親は何事もなかったかのように父親の隣に座り，今後は問題は起きないと思うと言ったのである。「どうすればこの人を怒らせないですむか，もうよくわかった

ので」と。ともあれ，彼女は，トニーが幼稚園でトラブルを起こしていることを心配していたので，治療の紹介を受け入れた。トニーはすでに2か所の幼稚園を退園させられ，3か所目でもまわりの子どもに暴力を振るうためにトラブルになっていた。1回目のアセスメントは，手術後間もない母親は外出が難しいため，自宅で行われた。自宅での面接中，いきなりドアが大きく開いて，大柄な男がドスドスと部屋に入ってきた。男はベッドの上のおもちゃを投げ，あやうくクリスタルにあたるところだった。男は怒鳴り声で彼女に何か聞いたり要求したりした。これが父親に違いないとセラピストは思ったが，彼がセラピストの存在に逆上して襲ってくるのではないかと怖くなった。セラピストは部屋の隅で身を小さくし，できればこの場から消えてしまいたいと念じるばかりだった。すると，入ってきたときのように唐突に，男はドアをバタンと閉めて去って行った。母親はセラピストの方に向き直ると，ひとかけらの皮肉も混じらない口調で「ほら，良いところもある人なんですよ」と言った。セラピストはこの言葉に仰天し，私が来ていることで彼が逆上すると思わなかったのかと聞いた。彼女は心から驚いた様子で「まさか。事情は全部知ってますから。トニーに助けが必要なことも」と言った。

　母親は状況の危険性を判断できなくなっていた。彼女の話では，父親は彼女につきまとい，家やトニーの幼稚園の外で待ちかまえているという。車でつけてくることもあり，彼女が子どもたちと車で出かけた際，車から引きずりおろされたこともある。彼女はこうした危険に何も感じていないように見えた。警察に通報せず，家の鍵も変えず，自分と子どもを守る手立てを何も講じていなかった。父親がふたりの子どもを連れ出したいと言えば，それに逆らわなかった。だがトニーは父親が迎えに来ると，いつも泣いて嫌がった。彼女はセラピストに言った。「あの人は子どもに暴力を振るったことはないんです。だから大丈夫ですよ。私にそうだっただけで。私もどうすればあの人を怒らせないですむか，わかったので」母親の父親に対する評価は，とうてい現実的とは言えなかった。彼は長年，アルコールとコカインを濫用し，酒場で喧嘩して逮捕されたり通りすがりの他人を襲ったりした経歴がある。母親は，父親の怒りが彼女だけに向かう

ものではなく，彼のあらゆる行動を支配しているのを理解していないようだった。

　最初の家庭訪問の後，セラピストは母親に電話をかけ，もし父親が自由に家に出入りするなら，セラピスト自身にも彼女にも子どもにも危険が及ぶので，もう家庭訪問はできないと言った。すると彼女は，動き回る幼児と生後間もない乳児を連れてバスでクリニックに通うのは無理だから家に来てほしいとセラピストに泣きついた。だがセラピストは一歩も引かず，彼女と子どもたち，また自分自身の安全を危うくするわけにはいかないと諭した。この発言は，母親の安全と危険の感覚を再調整するのに大いに功を奏した。彼女は万難を排して子どもたちをクリニックに連れてきた。だがもっと重要な変化は，彼女が1か月も経たないうちにアパートの鍵を取り替え，雇い主に別の職場への配置転換を願い出て，トニーのために新しい幼稚園を見つけたことだった。その後，彼女はさらに大きな一歩を踏み出した。父親のつきまといを警察に通報し，父親と子どもが会うのは第三者の監督付きの面会センターにかぎるよう裁判所に面会規定の変更を訴え出たのだ。

　母親は，度重なるトラウマによって心身に深い打撃を受けていたので，危険を警告するサインを読み取れなくなり，危険を過小評価して，自分自身と子どもをさらなるトラウマのリスクにさらしていた。彼女は子どもを深く愛し，子どものために多くの時間と労力を捧げていたが，子どもを守れない側面を持っていた。彼女は，それまで耐え忍んできた暴力に対する何がしかのコントロール感を，どうにかして手に入れたかったのである。また長年の自責と低い自尊感情のせいで，暴力を振るわれるのは自分のせいであり，自分の行動次第で暴力を止められると信じやすくなっていた。自分自身が自分のコントロールの及ばない暴力の被害者であり，再び自分や子どもが襲われる可能性があるという恐ろしい事実を認めることができなかったのである。この葛藤は，ほとんど無意識なものだったが，彼女は自分と子どもを何度も危険にさらしながら，それを再演していたのである。

トラウマ的な予測の世代間伝達

　以上の事例が示すように，子ども時代のトラウマの情緒・行動・神経生理面の後遺症は複雑であり長期化する可能性がある。トラウマを受けた子どもは，養育者である大人が危険を正確に評価し有効な対策で自分を守ってくれるという，発達にふさわしい期待が破れた経験をしている。危険にさらされ無力感を味わうと，再体験への不安が将来のリスク状況への評価に影響し，関係性や将来の幸福についてトラウマ的な予測を抱くようになる（Pynoos, 1997）。そしてトラウマ的な予測を尺度にして世界を解釈し，危険を予期し，トラウマを連想させる体験や感情をかたくなに避けるようになる。この態度は自発性を萎縮させ，トラウマに由来する危険・安全・信頼・自己防御能力に関する思いこみを打ち砕いてくれるような幅広い体験から学習する妨げになる。その結果，情緒の自己制御，自己感覚，他人に頼る能力，内的な感情状態との調律などに支障をきたすことになる（van der Kolk, 2005）。

　トラウマ的な予測は成人期にまで尾を引き，育児などの後年の対人関係に影響を与える。CPPの目標は，リスクと危険に対する新しい理解を話し合い実践し，再び保護が可能になるような関係モデルを，親と子どもに提供することである。次章ではその実践について述べたい。

3章

子ども－親心理療法の実践
治療の目標と戦略

　子どものメンタルヘルスは，CPP の究極の目標である。親は子どもの発達と行動に影響するいちばんの要因であるため，親子関係を，この目標を達成するささやかな手段として活用できる。基本的な前提として，幼い子どもの心理的なウェルビーイングにとって最も差し迫った直接的な脅威となるのは，親の否定的感情（焦り，苛立ち，怒り，敵意，報復）や受動的感情（悲嘆，無気力，子どものシグナルへの無関心），あるいはこうした態度，精神状態の組み合わせに満ちた育児習慣に加え，自分は良い子ではないというメッセージを明に暗に親から受け取ることである。子どもに生まれつき感覚運動統合障害や感情的引きこもりなどの感情抑制の問題があったり，変化にうまく適応できなかったり，感情反応が激しい，反応が否定的または感情反応を調節できないなどの問題があったりする場合，親や他の養育者に，阻害，拒絶，懲罰などの反応が生じやすくなる。大人の側も，生まれつき環境ストレスに弱かったり，こうしたストレスに悩まされていたりする場合，特にその傾向が強くなる。
　CPP では，情緒を損なう知覚と相互作用を改め，感情制御と成熟性を高め発達上適切な相互作用を生み出すことを目指す。長期的な目標は，治療終了後もパートナーシップを維持し，親が子どもの発達を見守り擁護し導く存在として機能できるよう，親子に心理的資源を授けることにある。治療戦略は，家族の発達上の問題や，文化的に規定される態度・育児の価値観を参考にして決定

される。CPPを主な治療法とすることもできるし，子どもとの個別療法，片方または双方の親との個別療法，親へのカップル療法などを組み合わせた治療アプローチのひとつの要素として活用することもできる。最初のアセスメントと治療セッションを通じて，子どものメンタルヘルスの問題における親子関係の病因的な役割や，親が子どもの治療に建設的に参加できるかといった情報が得られる。この情報が，子どもにとって最善の治療アプローチの組み合わせを決める臨床判断の基盤となる。

発達上の重要な留意点

　発達とは，生涯を通じて続く内面の変化と外的環境への絶え間ない適応のプロセスであり，各段階に応じたマイルストーン，興味の対象，動機づけ，および獲得・達成ならびに機能遂行の連続性と非連続性を特徴とする。CPPでは基本的に，このプロセスをたどる過程で親子を発達の観点から理解する。臨床的な重点は常に，親子が多様な発達課題をうまく乗りきり，難局や葛藤への解決策をともに見つけられるよう支援することにある。

生後1年間の治療

　CPPは，言語習得前の乳幼児に乳幼児−親心理療法による治療を行ったフライバーグ（1980）のモデルに端を発する。このアプローチの根底には，乳幼児はまだ親の習慣を自分の人格構造に内面化していないため，発達を歪める親の葛藤に巻きこまれなければ健康へのきっかけを取り戻せるという前提がある。「赤ちゃん部屋のお化け」という印象的なたとえのせいで，乳幼児−親心理療法は親の過去が治療の焦点になるとみなされがちだが，セルマ・フライバーグは，親の有害な習慣に変化をもたらすための最初の選択肢として発達面の指導を提唱した。彼女は，支持的な心理教育で意図した治療目標を達成できない場合に限って，洞察志向型の介入を推奨した。

　親子の共同セッションにおいて，親の問題が子どもに対する親の感情と態度にどう影響するか，治療を通じて継続的に探るが，この探求を最も行いやすい

のは生後1年間である。この時期，親はまだ親という存在への移行に伴う重要な変化の途上にある。子どもは成長につれ自己主張が強くなり，セッション中に親と同じだけの時間を求めるようになるが，生後1年はその段階に至らない。腕の中の赤ん坊は簡単に抱えて持ち運ぶことができ，大きな個人差はあるものの（あるいは個人差があるゆえに），親の帰属を投影する手軽な空白のスクリーンとして活用できる。親の赤ん坊に対する瞬間的な反応を，赤ん坊によって引き起こされる感情や，現在・過去の経験との関係に結びつけることができる。セラピストは，親の葛藤や病因となる信念，認知の歪みが赤ん坊にどのような形で現れているか推察し，子どもを，親の心理的ニーズを満たす個性を欠いた転移対象に変えることができる。

　この「赤ちゃん部屋のお化け」モデルでは，過去は運命ではない。親が過去にトラウマ的な出来事や辛い体験をしているからといって，赤ん坊との今後の体験でそのパターンが正確に再演されるとはかぎらない。親が子ども時代の恐ろしい体験だけでなく，その体験に伴う恐怖心や無力感も思い出せれば，自分が耐え忍んだような経験を子どもにはさせたくないという意識が働くため，子どもを守りたいという衝動を喚起しやすくなる。逆に過去の恐怖心や無力感が，加害者との同一化という防衛機制の下に隠されると，力の獲得に伴って怒りと攻撃性が表れ，親は，過去に経験した恐怖心に満たされる危険を避けるため，赤ん坊からの要求に罰を与える形で対応する。

　古典的な乳幼児－親心理療法の基本的な解釈の仕組みは，ふたつのメッセージにまとめられる。親が子ども時代に耐え忍んだ経験に共感すること，それに，自分の過去の痛みが今赤ん坊に害をもたらしていると親が認識できるよう，真摯に支援することである。親が過去への新たな対処法を見つけ，本人がこうありたいと望む親になるのを支援するよう入念に練り上げられた陳述を通して，この2種類のメッセージを伝えていく。乳幼児－親心理療法の優れたセラピストであるエドナ・シャピロ（Edna Shapiro）は，他人に傷つけられることと他人を傷つけることの相関関係について，ある10代の母親に優しく守るような口調でこう語っている。「あなたが誰も傷つけたくないのはわかるわ。あなたがどれほど苦しんできたか，どんなに傷ついたかわかる。でもたとえ思い出すのが辛くても，あなたの感情について話し合う中で，そうした過去と折

り合いをつける方法を見つけて，自分がなりたいと思う母親になれるでしょう」そのセッションの後半で，この母親は，よちよち歩きのわが子を怒鳴りつける自分の口調が母親にそっくりだと感じると語った。シャピロはこの自己認識が訪れた瞬間をとらえて，この母親が厳しかった自分の母と同一化する動機を支持的に解釈した。「幼かったあなたはあまりに怖くて，恐怖心を抑えるためお母様と同じようなしゃべり方をするようになったんじゃないかしら」(Fraiberg et al., 1975, pp. 187, 192)。これに対し若い母親は，「今その話はしたくありません」と答えたが，この解釈を聞いた後，彼女の態度が大きく変化した。反抗的，攻撃的に振る舞い続けるのをやめ，今の生活の中の不安要因について洗いざらい話し始めた。解釈に伴う母親の態度の変化というこの一連の流れは，親が子ども時代の苦痛を理解することで苦痛が攻撃性に転じるのを防げるという仮説を裏づけるものだ。恐怖を思い出すことで，厳しい養育者への幼い頃の怒りが生涯にわたる親との同一化に結びつくのを防ぐことができる。

幼児・就学前児童の治療：柔軟な形式

現在と親の過去の関連づけによって導かれる治療は，親と子に永続的な変化をもたらす上できわめて効果的な場合もあるが，子どもがもはや乳児でなくなれば，治療法を変える必要が生じる。幼児や就学前児童に差し迫った臨床的ニーズがある場合，治療の一環として追加で親との個別セッションを手配しないかぎり，親の個人的体験を深く探求することはできない。親と子の発達課題には，相補的な場合もあるものの本来的に矛盾がある。幼児・就学前児童が探索し，学習し，個性を発揮しようとするのに対し，親はわが子を保護し，教え，社会に適応させなければならない。生後2，3年で子どもが急速に新たな感情を獲得することで，この対立する発達課題同士の葛藤がさらに激しくなる。親は，高揚感，プライド，不安，自己意識，苛立ち，反抗，恥，罪悪感など，これまで以上に微妙な感情の綾を新たに感じ取れるようになった子どもと向き合うことになるからだ。そうなるとセラピストは，質問の焦点を変更し，成長しつつある子どもの主観的体験を重視しなければならず，親の心理的葛藤と現在の育児上の問題との関連性の探求に重きを置けなくなる。

3章　子ども-親心理療法の実践——治療の目標と戦略

　この治療主眼の変化は，幼児・就学前児童の発達段階に応じてだけでなく，親の発達段階に応じて生じるものでもある。赤ん坊の誕生によって，親の子ども時代の葛藤とストレスが再び想起され，新たなより成熟した適応パターンを見いだす機会が得られる。この大切な発達期間に，過去の想起を通じて古い記憶に伴うさまざまな感情へと至る道が開き，養育者という新たな役割を担う中で親の新しい自己認識が促される。赤ん坊が成長し，自立した自己主張のある個人になっていくに従い，親の主な情緒的課題は目先の葛藤へと移る。幼児・就学前児童は，たとえ親の過去の担い手になったとしても，あくまでも今この瞬間を生きているからだ。子どもが親の投影を内面化し，親の攻撃性や他の有害な行動を独自に模倣しはじめると，簡単には解釈を許さないような形で，子どもは無意識に親の葛藤を強化し，長期化させる。というのも子どもの行動はきわめて具体的で，直接的な介入を通じた包みこみと方向転換が求められるからだ。父親と母親の内面世界を，親と子それぞれの発達上のニーズという視点から理解する必要がある。

　こうした発達上の留意点から，治療形式に汎用性が求められる。子どもが言語習得前の場合，通常は乳幼児-親心理療法に赤ん坊を常に同席させるが，子どもが大きい場合は個々の事例のニーズに応じ，このやり方を変える必要があるだろう。子どもの治療目標を達成するため，親の心理的課題に個別に対処する必要があることが明白である場合，親子合同セッションを補う形で，追加的に親との個別セッションを実施する。子どもの情緒問題に早急に注意を向ける必要があるが，親の精神的問題のせいで合同セッション中に子どものためうまく協力できない場合，親と子にそれぞれ並行して個別セッションを行うことになる。親と子の心理機能が，合同セッションが行える程度に安定するまで，個別セッションの並行実施という形を採用する。親子別々の個別セッションが現実的に無理な場合の選択肢として，1回のセッションをふたつの部分に分け，前半を子どもに割いて，後半は子どもを横でひとり遊びさせておいて「大人の話」にあてるという手もある。この形式を通して親と子に，セラピストはちゃんと相手をするから，順番交代で満足してほしいというメッセージを伝えられる。CPPで何より大切な要素は，セッションの実際の形式でなく，むしろ情緒応答性，協力の精神，葛藤を克服する意思などを特徴とする治療環境を確立

する上でのセラピストの自信と独創性である。

文化上の重要な留意点

　メンタルヘルスの問題を抱えた子どものニーズには，子どもが暮らす地域社会の宗教的・精神的価値観や信念，慣習といった家庭の文化的背景をふまえて対処しなければならない。問題がストレス体験やトラウマ体験から派生している場合，こうした逆境は得てして子どもだけでなく家族のメンバーにも影響を及ぼしている。ストレスやトラウマを受けた家族が，非公式なサポートシステム（親戚，友人，隣人，同僚）や宗教団体から助言や情報提供を受けていることもある。そうした団体の代表に家族が大きな信頼を置いているかもしれない。こうした影響を意識することで，セラピストの実効性が大きく高まる。親は，自身の従来の態度や人間関係というレンズを通して，セラピストの行動を理解する。また治療提案が，セラピストの臨床慣行と子どもの家族・地域社会の文化的慣習との相性の良し悪しに応じて受け入れられたり修正されたり，拒絶される可能性もある。

文化集団内の異質性

　さまざまな集団の文化的価値観・慣習を学ぶのは，その試みの複雑性と局面の変化しやすさから，長期に及ぶプロセスとなる。たとえ共通の人種，民族，宗教，出身国という特徴はあっても，文化集団は一枚岩ではない。社会的要因と個人的要因の双方から，集団内部に異質性が生じる。ばらつきが出る社会的原因として，社会経済的地位，教育，地理的位置，出身国（米国生まれか移民1世か），一般集団やとりわけ特定の移民集団における移民に対する社会的態度の変化，一部集団の同化と新たな移民集団渡来に伴う社会の変化のスピードなどが挙げられる。同じ文化集団に属していても，年齢，家柄，同化の程度，出身国の価値観への同調性，宗教的・非宗教的志向などの個人的要因によって違いがある。米国の多くの家族は，過去から現在まで続く異集団間の結婚のおかげで多文化的であり，このことが多様性のもうひとつの原因となっている。加えて，自分は複数の文化集団に同時に帰属していると感じている人も多い（国

3章 子ども-親心理療法の実践——治療の目標と戦略

籍は米国,民族は韓国,宗教はキリスト教など)。こうした理由から,相手の人種や民族を知っても,そのこと自体から,どのような種類の治療介入が本人に最も効果的かを知ることはできない。セラピストは,子どもと家族のメンバーが自分の文化的アイデンティティをどうとらえているか,個別に評価する必要がある。

　一般的な臨床態度や臨床慣行が,セクシュアリティや性別役割,家族関係に対する前提といった,特定の文化集団に流布している価値観と対立する場合もある。加えてメンタルヘルスの専門家は,感情表現を重んじ気持ちについて語ることを重視するが,この前提は,特に家族以外のメンバーの前では冷静さと自制が求められるような文化的価値観にそぐわない。多くの文化集団には,ある種の行動を奨め,別の行動を禁ずるような特定の宗教的信念が存在する。たとえば命の尊厳を信じるならレイプ後の中絶は考えられないことだし,結婚を神聖とみなすなら,たとえ家庭内暴力があっても離婚は許されない。女性の貞潔を重んじる場合,女性の服装の制限が設けられたり,社交の場が男女別に設けられたりするだろう。メンタルヘルス界で広く支持されている前提と,それと異なる文化的価値観の間でどう折り合いをつけるかは,文化的に多様な家族と接するセラピストにとって継続的な課題である。

　メンタルヘルス分野での一般的な姿勢が,家族関係や地域関係に関する特定の文化集団内の価値観に反することもある。集権主義的な文化では伝統的に,階層的な家族構造が支持され,年長者がより大きな権限を持ち,男女の明確な役割分担が好まれる。米国の個人主義的な環境で活動するメンタルヘルス関係者は,全メンバーの欲求や願望に配慮した,男女間の役割分担が柔軟な民主主義的な家族構造の方が,個人の心の健康という意味で望ましいという前提に立つことが多い。自分と異なる文化的価値観を持つクライアントと接するセラピストは,自分の前提を見直し,健康な子どもを育てるに際して異なる文化的目標に対し受容的態度を育まなければならない。

　社会経済的地位と文化的背景の相互作用によって,育児における態度,習慣,機会が形作られる。CPPの目標のひとつは,社会経済的地位を問わずすべての子どものメンタルヘルスを向上させることである。マイノリティ集団や経済的に恵まれない集団に属する子どもや家族は,十分なメンタルヘルスサー

ビスを受けていないことが立証されており，質の高いメンタルヘルスサービスへのアクセス向上のため協力してこのニーズを満たす必要がある（メンタルヘルスに関する新しい自由委員会, 2003; 全米児童トラウマ・ストレス・ネットワーク, 2001）。この目標を達成するには，親が考える家族の優先課題に即した介入法が求められる。生計が差し迫った大きな問題である場合，治療計画では家族の具体的ニーズだけでなく，子どもの発達，情緒面のニーズも考慮に入れねばならない。家族の危機に直面している場合，たとえ子ども本人は直接関係しない問題であっても，セラピストは家族に適切な情報源を紹介し，問題の解決状況をフォローアップするなどして，情報や支援，協力の提供源として手を差し伸べる必要がある。多くの臨床状況では，発達面の情報を提供したり外的環境を改善するだけでは子どもの機能を大幅に向上させることはできず，親が子どもを安全かつ健康に育てる能力を高めるような具体的な臨床手法により，こうした戦略を補わねばならない。危機的状況では，家族の文化的背景を理解しそれに合わせた臨床介入を行うことが大切である。緊急事態がもたらす焦りから，家族の価値観に矛盾する性急な判断を下すおそれがあるからだ（Lieberman, 1990）。

文化が弊害をもたらす場合

　文化上の留意点を臨床慣行に取り入れる必要はあるものの，セラピストは文化相対主義の危険を意識しなければならない。「文化は癒し」という前提が広く普及しているが，必ずしもそうとはかぎらない。文化に根差す習慣や態度すべてが，その文化の構成員ひとりひとりのメンタルヘルスを改善するわけではない。文化的に認められた慣習の中には，特定の下位集団（主として女性，子ども，民族・人種・宗教的マイノリティ）を侮辱または抑圧するような形で権力を行使するものもある。人種差別，差別，奴隷制，政治的抑圧，経済的搾取をはじめとする，多くの国に今も続く社会政治的状況への痛ましい歴史的適応を反映した文化的慣習も存在する。先ほど児童虐待の文脈で触れた攻撃者との同一化は，攻撃を受けた際の無力感を抑圧することで，強さを感じられるようになる心理的な防衛機制だった（A. Freud, 1936/1966）。「抑圧者との同一化」は，

3章　子ども-親心理療法の実践——治療の目標と戦略

虐げられた人種・民族・宗教集団が、自集団内の一部のメンバー、または自分たちより劣るとみなされている他の文化集団のメンバーを、迫害し無視し恐怖に陥れる社会的な防衛機制とみなすことができる。文化的に適切な心理療法では、個々のクライアントの願いや願望と、そのクライアントが所属する文化集団の願望との「適合性」を探索する。個人と文化の間に摩擦がある場合、セラピストはこの摩擦の探求を支援し、クライアントが個人的な目標の達成に用いる戦略をさらに柔軟なものにする必要がある。

こうした留意点に基づき、変化の標的とする機能分野を、発達面と文化面の双方の観点から慎重に評価しなければならない。これらふたつの観点が、治療の指針となる臨床判断の規範となる。中には、クライアントの行動を発達・文化上の文脈と切り離してとらえたせいで、重度の精神病理の指標と誤解し、効果がなく弊害をもたらす誤った臨床介入に至る可能性もある。次のふたつの例は、行動が持つ発達・文化的な意味合いを知らない場合、セラピストが善意からうっかり誤った対処法をとってしまう場合があることを示すものだ。

事例：知識不足からクライアントを非難する場合

インディオが暮らす中米の農村から米国に移住してきて間もないラミレスさんが、女の子を出産した。看護師がこの子に何という名前をつけるのかとたずねると、彼女はためらった後、まだわからないと答えた。可愛い赤ちゃんね、と看護師が言うと、ラミレスさんは「この子は、ガリガリに痩せています」と返事をした。翌日、看護師が退院前にもう一度赤ん坊の名前を聞くと、彼女はやはりわからないと答えた。母親の関心が薄く、わが子の外見を嫌がっている様子に、この看護師は不安を感じた。そこで病院の乳児メンタルヘルスプログラムに照会の電話をしたところ、この母親の部族には、「邪眼」を寄せつけないよう一定の年齢に達するまで名前をつけず、赤ん坊を褒めない習慣があると教えられた。くわしく調査すると、ラミレスさんは授乳やオムツ替え、抱く、泣いたらあやすといった適切な養育行動をとっていた。インテーク面接を行ったセラピストは、この母親の行動にいちばんふさわしい説明として、彼女は高い新生児死亡率から生まれた文化集団内の風習に従っていたにすぎないと結論づけた。看護

師はこの説明に強い関心を示し，退院する際には看護師の母親に対する姿勢が大きく変化した。

事例：文化が理論を負かす場合

　サイードさん（9歳女児と3歳男児の母親）は，自分に暴力を振るっていた夫が別の女性の元へ去ったのち，自分と子どもの治療を受けに訪れた。中東のとある国から渡米して間もないサイードさんは英語もたどたどしく，母国の価値観や育児習慣の多くを守っていた。彼女はふたりの子どもをまったく違った基準で育て，男女の違いがあるため姉は年上でも弟に従うべきだと言い張った。彼女は今や，3歳の長男が「一家の主」だと考えていた。他方で，女性だからという理由で自由な移動を家族に禁じられたことを苦々しく思っていた。この家族を担当したセラピストは当初，サイードさんの自身と娘に対する無意識のダブルスタンダードを，彼女が息子を夫の感情的な代替として利用している証拠と考えていた。当然ながらサイードさんは，この見解を慎重に提示しようとする臨床家に対し怒りをあらわにした。だがこの臨床家が経験豊富なセラピストに相談した結果，姉は弟に従うべきというサイードさんの想定と，個人の自立を求める彼女自身の願望との対比を，家庭で教えられた文化的価値観と米国に来て学んだ男女平等という新しい姿勢との間で引き裂かれた自己を代弁するものととらえて対処するようになると，治療経過は急速に改善した。このアプローチにより，サイードさんは男女差に対する自分の態度に一貫性がないことに気づき，伝統的なしつけと，男女平等という米国的価値観に不完全ながら適応し始めている彼女自身との間に生じている葛藤について考え始めた。その結果，サイードさんは娘をあまり批判しなくなり，これまで以上に自信を持って息子に対し母親としての権威を振るうようになった。

中核となる介入能力

　CPPの実践にあたり，セラピストはいくつかの知識体系に通じている必要がある。具体的には，愛着パターンをはじめとする乳幼児期の情緒・社会・

認知面の発達,標準的な発達推移としての養育行動や育児上の障害を含む成人発達,乳幼児・小児・思春期・成人の発達精神病理学と診断枠組み,個人の機能への社会的・文化的影響の理解といった知識である。行動を観察する能力は,セラピストがこの抽象的な知識を具体的な臨床状況に適用する上で重要な能力であり,相互作用ガイダンス(McDonough, 2004)や「watch, wait and wonder」(注意深く見る,待つ,思いをめぐらす:子ども主導型治療www)(Cohen et al., 1999; Muir, Lojkasek, & Cohen, 1999)などの他の相互関係に基づく治療法とCPPに共通する特徴である。加えてセラピストには,子どもと大人の両方と接する臨床スキルや,子どもと家族のために他のサービスシステムと協力できる能力が求められる。ケースマネジメント,危機介入,関連する地域社会プログラムに関する知識も,多様なニーズを持つ家族を支える中で「実際に仕事をしながら」習得することが多いスキルである。こうした背景知識や臨床スキルは,多くの介入法に共通して求められるものだ。CPPに特有の要素は,こうしたさまざまな知識やスキルを複雑だが単一のスキルに統合する点である。すなわちセラピストには,子どもの体験と親の体験を相互に伝達する能力が求められる。この役割には,次に述べるように,安心と信頼を育むため子どもの行動の意味を親に説明し,逆に親の行動の意味を子どもに伝えるスキルが含まれる。

親子間の通訳

　乳幼児や就学前児童が感情を表現する語彙は,大人にとって時に外国語に等しい。幼い頃にコミュニケーションを理解してもらえず,耳を傾けてもらえなかった親は,表情や筋肉の緊張・弛緩,接近・回避,動作,徐々に表出言語へと進化する言語習得前の発声などを通じて表現される,内臓感覚によって構成される感情という古来から存在する母語にアクセスできないことが多い。CPPを実践するセラピストの主な作用は,それぞれの言葉と行動を相手にわかりやすく伝えることにより,親と子ども双方の客観的体験の橋渡しをすることである。

　幼少期の子どもは,自分の欲求を言葉で正確に表現できない。そのためしゃ

べるかわりに泣く，手を伸ばす，目をそらす，すがる，しがみつく，押しやる，体を強ばらせる，叫ぶ，かんしゃくを起こす，引きさがる，逃げるといった行動をとる。時にはただ静かに見つめ，親が自分の視線にこめられた無言の要求を汲み取り，対応してくれるだろうと期待することもある。親が子どもの行動の意味を読み解けず，子どもの合図に効果的な対応をとれないと，誤解と相互疎外の連鎖が起こり，親子どちらも相手の意図を理解できず信頼できなくなる可能性もある。CPPのセラピストは，親が子どもの行動を観察しその意味を考えるよう導き，子どもの発達段階に応じた説明を与える。この方法の具体例が，母親が赤ん坊の身になって考え，赤ん坊がもし話せたら言いたいと思われる内容を言葉で表現するよう支援する技法「speaking for the baby」である（Carter, Osofsky, & Hann, 1991）。次のエピソードは，この通訳の過程をわかりやすく示すものである。

事例：親が子どもの苦痛を軽く考えている場合

　8か月のロウェナは，無言で自分の頭を床や壁にくり返し打ちつける。暴力を振るう夫と別れたばかりの母親は，何もせずその様子をじっとながめている。セラピストが母親に，娘の行動をどう思うかとたずねる。母親は「痛そうには見えません。別に泣いていないし」と答えた。セラピストはそれに対し，「ええ，でも逆に泣いていないことが気になります。まるで痛みを感じない方法を覚えているみたいです」と述べる。「私みたいにね」と少し微笑みながら母親が言う。「そうです，あなたは実際，痛みを感じないよう自分を守る必要がありました。お子さんが同じようになってもかまわないんですか？」とセラピストはたずねる。母親はしばらく黙りこみ，相変わらず一言も発せず頭をたたきつけているロウェナを見やる。母親は何も言わずに娘に近づいて抱き上げ，おもちゃを見せた。「今あなたは，感じるのをやめなくて良い，必要なときはあなたが助けを差し伸べるということを，娘さんに身を持って示しているのですよ」とセラピストは説明する。

　この介入の主な要素は，子どもの行動に何らかの意味があること，その行動

が子どもを傷つけるものであることを母親に理解させるようセラピストが努力することである。母親はこの介入を通じて，子どもの行動を自分の個人的体験と関連づけ，予防措置をとることができた。母親が，夫に首を絞められたとき娘がその場に居合わせたことを否定したため，セラピストは，ロウェナがドメスティック・バイオレンスの現場を再現している可能性をあえて口にしなかった。かわりに，暴力に対する娘の反応への理解を促す最初のステップとして，頭を打ちつけるのをやめさせた母親の予防措置についてコメントしたのだ。

　子どもが2歳を過ぎると，通訳は次第に双方向的なものになる。親子のパートナーシップを築くには，子どもが親の動機づけを理解し，親の目標に（必ず同意するとはかぎらないにせよ）協力する能力が求められる。権力闘争の只中にある時や，自分の動機と子どもの経験とのミスマッチに気づいていない場合，親は自分の期待を明確に言葉で説明できない。子どもが受容言語と表出言語を習得するのに応じて，セラピストは，子どもの認知・情緒機能の水準に合わせた言葉を使って，親の動機や感情を子どもに説明する。セラピストの通訳には，ふたつの目的があるのだ。それは単に子どもに親の意図を伝えるだけでなく，親の動機を親自身が明確に把握し，再解釈できるようにするものである。この意味で，必ずしも文字どおりの正確な通訳になるわけではない。セラピストは，親の意識や自尊心を高めるため，親の本来の行動には見てとれない共感や支援といった要素を付け加える。ある母親は，娘に対する自分の意図をセラピストが共感を持って再解釈したのを受けて，こう語った。「私が心から娘を守りたいと思っていると言うんですか？　自分にそんなことができるなんて，知りませんでした！」セラピストが子どもに対し，わが子を守ろうとする母親の努力を伝えることで，意地悪で破壊的という母親の自己認識が和らいだ。次のエピソードは，このアプローチの例となるものだ。

事例：親の動機の肯定的な再解釈

　2歳のマリアが，セッションの終わりにおもちゃを片づけるのを嫌がっている。セラピストが手伝いだすと，母親がピシャリとこう言う。「先生は手を出さないでください。この子は自分の部屋を片づけないんです。私がいつも片づけを手伝えるわけでもないし，ひとりでやるよう覚えさせ

なくては」セラピストは，幼い子どもに対する母親の厳しい要求に苛立ちを感じたがその気持ちをぐっと抑え，この母親が生活ストレスにどれほど圧倒され疲れきっているかに思いを馳せた。片づけをめぐる親子の攻防を黙って見守った後，セラピストは小声でゆっくりマリアに話しかけた。「ママは今，あなたにとても大切なことを教えているの。次に遊ぶとき困らないよう，おもちゃを大事にしてほしいんだって」マリアは，金切り声をあげるのをやめて耳を傾けている。「まだおうちに帰りたくないから，おもちゃを片づけるのは嫌よね。でも今度来たときも，おもちゃは全部あなたが片づけた場所にあるから」とセラピストは続ける。これに力を得た母親が，こう言う。「そうよ，また来週来るから。今日はもうおもちゃを片づけて，おうちに帰ってごはんにしましょう」マリアは，まだ駄々をこね反抗している。セラピストと母親が同じことをもう一度言い聞かせると，マリアはゆっくりおもちゃを片づけはじめた。セラピストが子どもを褒めると，マリアは顔を輝かせ片づけの手を早める。片づけ終えたマリアに，セラピストと母親が拍手を送ると，マリアはまだ頬に涙の筋を残したまま恥ずかしそうに微笑んだ。帰り際，母親はセラピストにこう言った。「自分がこの子に何か教えているなんて，思いもしませんでした。ただ言うことを聞かせたかったんです」セラピストは軽い調子でこう返す。「ほらね，あなたは自分が先生だってことも知らなかったんですよ」母親は「たしかにそのとおりね」と声を上げて笑ったが，すぐに不機嫌になり，すねた口調で言う。「私たちの話がこの子にわかるはずありません。そんな話をするには，まだ小さすぎます」セラピストは，母親の口調に挑戦的な気配を感じ，こう言って対立を避ける。「たぶんそのとおり。マリアは本当の意味はわかっていませんが，私たちが助けようとしているのは伝わったと思います」そしてマリアに，こう声をかける。「ママが教えてくれたこと，わかった？」マリアは返事をするかわりに，セラピストに動物のおもちゃを手渡した。「そうよ，このおもちゃは大事にしまっておくからね」続いてセラピストは，動物になりきってこう言った。「バイバイ，マリアちゃん。また来週会おう，僕はここで待ってるからね」マリアが少し笑みを浮かべ，「バイバイ」と手を振る。セラピストは動物を使って，

廊下を去っていくマリアと母親両方に向けて手を振り返す。このセラピストは，マリアが大人の善意に応えているというメッセージを強調しつつ，母親の警戒心を和らげ，セッションは前向きな雰囲気で終了した。

このやりとりの中で，セラピストは母親の意図を通訳すると同時に再解釈を行い，言うことを聞かない子どもへの母親の苛立ちと，セラピストの介入に対する反発によって見えなくなっていた肯定的な要素を，親子に意識させた。母親は，子どもが片づけないのは単に強情だからではなく，セッションを終えて別れを告げるのが嫌だからだという考え方を受け入れるようになった。これに対し子どもの方は，次に来たときもおもちゃはここにある（そして暗に，セラピストもいると示唆している）という安心感を得た。別の言い方をすると，2歳児の世界観に基づき子どもが恐れているように，「見えなくなった」からといって「永遠になくなる」わけではない。はじめは子どもの「所有権」をめぐり，母親とセラピストの間に意志の衝突が起こりかねない状況だったが，最終的には支持的で遊び心さえある雰囲気のうちにセッションが終了した。セラピストが，母親に対し最初に感じた苛立ちを抑えたことが，その後の前向きなやりとりにつながる基盤となった。親子の動機づけをお互いに対し説明することにより，セラピストはまず自分と親子の間にあった緊張，ついで母親と子どもの間の緊張を解いたのだ。この介入によって育まれた情緒応答性には，母子間の相互的な報酬体系の役割を果たすという効果があった（Emde, 1980）。

理論上の目標，介入法，入口

ダニエル・スターン（Daniel Stern）は，「理論上の目標」（これを彼自身は，変化をもたらすため採用された親子システムの基本要素と定義した）と，望ましい結果を生むため好んで使用される「入口」は，治療アプローチによってさまざまであると指摘している（Stern, 1995）。乳児期の心理療法に対する幅広いアプローチを分析し統合する中で，スターンは，どの治療法も親の心的表象または親の行動を変えることを目指しているが，異なるアプローチ間に共通点があることから，個々のアプローチの効果的な戦略を取り入れつつ，それらを臨床的

に汎用性の高いアプローチに統合した統一的な新たな治療法への大きな期待を抱くことができると述べた。CPP はこの包括性の精神を採用し，互いの存在や互いの関係を卑しめ脅かし貶めている親子が意味構造をともに構築し共有することを，変化の目標に選定している。こうした意味は，親子それぞれの行動や相互作用パターン，自分自身と互いに対する発言やその言い方，子どもの遊びにこめられた主題や感情の中に表現される，親と子の自分自身および互いに関する心的表象から現れる。CPP の治療では，親と子，および親子の相互作用における情動制御と対人信頼を妨げ，彼らが発達上適切な活動や目標に建設的に携わる能力を損なうような，信念，感情，行動を変化させることも目標としている。治療を通じて，安心，情動制御，情緒的相互性，発達上適切な目標の達成を促すような信念，感情，行動を正当化し強化し，充実させる。

簡単な介入から構築する

　最も直接的な介入で，十分に持続的な変化がもたらされることが多い。親の文化的価値観に合わせてタイミングよく巧みに提供される情報やアドバイスは，これまで何世代にもわたり，親が有益な育児習慣を迅速かつ存分に習得するのに役立ってきた。親はたいてい，わが子の健やかな発達を促し，提案された方法が親自身の心理的構造に合致すれば，そのための機会を進んで受け入れようとする。

　分離不安は，発達に関する情緒支持的な情報が非常に有益となりうる領域である。よく親の口から，自分が外出する際に子どもが泣き叫ぶのに耐えられず，こっそり家を出るようにしているという話を聞かされる。セラピストが，幼い子どもは次に起こることを予想し，予見可能だという意識を保つために，絶えず周囲に目を走らせて親の所在を確認するのだから，こっそり出て行くと，置き去りにされるという子どもの恐怖心が強まると説明すると，たいていの親は驚きながらも安堵する。自分が前触れもなく姿を消すと，子どもがそれに対処するため警戒心を過剰に強めることをいったん理解すると，親は子どもの涙にくじけず別れを告げ，離別を和らげる効果的な手段を見つけようとする。中には，セラピストの説明を表面上は理解していても，こっそり抜け出す

のをやめられない（あるいはやめようとしない）親もいる。こんな親には通常，より持続的な臨床介入が必要になる。

　次に紹介する臨床法はどれも，最初の介入に対する親子の反応の仕方に応じて，単純な方法ですんだり複雑な介入が求められたりとさまざまな幅がある。たとえば発達に関するガイダンスでは，簡単な情報で親の態度がすぐに変化する場合もあれば（例：物わかりのいい親に対し，赤ん坊を仰向けに寝かせると乳児突然死症候群を防げると説明する），子どもの感覚運動統合上の問題に関し複雑な分析が必要になる場合もある（例：赤ん坊が目を反らすように見えるのは，首が据わらず親の方に顔を向けられないからだと確認する）。洞察志向の解釈も，比較的単純で直接的な場合もあれば（例：うつ病の父親が精神科受診を拒む行動を，子どもの頃に自身の父親に「頭がおかしい」と言われた体験と関連づける），何回かのセッションでタイミングを慎重に見計らって解釈を進めねばならない場合もある。生活面の問題に対処する介入は，地域社会のリソースの有無やその質，リソース活用に対する親の意欲とスキルに応じて，簡単な場合もあれば骨が折れる場合もある。時には，簡単な解決策に到達するまでに，長期にわたる複雑な検討と計画策定が求められる場合もある。単純な介入法か複雑な介入法かという安易な二分論は成り立たない。

介入法

　臨床上の留意点に応じて異なる介入法を採用するが，どの介入法でも，共通するふたつの要素が介入の指針となる。最初の要素は，親子双方の安全を守り，感情を正常化・正当化し，能力を高めることにより希望を促そうとする努力である。ふたつ目の要素は，セラピストが親への介入と子どもへの介入を関連づけることである。こうした親子相互の意図の通訳には，セラピストと子どもの間に生じることに親を巻きこみ，セラピストと親の間に生じることに子どもを巻きこむという目標がある。この取り組みを通じ，親子双方に居場所と自分の声（自己主張）を与え，親子どちらもコミュニケーションの輪の外に置き去りにされないようにする。

　以下の臨床法を組み合わせて使うことから，CPP は領域横断的な取り組み

と定義される。CPPでは，ソーシャルワークを基盤とする介入法が，発達心理学，精神分析理論／愛着理論，トラウマ，社会学習理論，認知行動心理療法を基盤とする介入法と調和している。こうした介入法のうちいくつかは，フライバーグ（1980）が乳幼児－親心理療法の要素として初めて記述したものだ。

発達の契機を促す

　年齢にふさわしい健全な機能遂行は，すべての治療の最も重要な目標である。正常な発達過程では，親は子どもがこの目標を達成する手段として，共感的応答性，スキンシップ，言葉，遊びなどを日常的に活用する。抑うつ状態やトラウマがあったり，周囲の環境に打ちひしがれたりしている親には，こうした基本的な相互作用を通じて子どもと関わる気力，想像力，資質が不足していることがある。ストレスやトラウマを感じる環境に置かれて，行動制御や人間関係に対する知覚に問題が生じている乳幼児や就学前児童には，健全な発達契機を体系的に促すことが特に重要になる。遊び，言葉，スキンシップが，危険と安全というテーマを探求し，興味と学習を促し，感情的引きこもりや，怒り・恐怖・不安を表現するための破壊的行動にとってかわる新たな行動・言語のレパートリーを確立するための手段としての役割を果たす。

遊び　遊びは子どもの生活の中心であるため，最適な治療手段である。家庭を訪問して治療するにせよオフィス内のプレイルームで行うにせよ，セラピストは，子どもの発達段階と治療目標に合わせて選んだおもちゃを用意しておく。利用できるおもちゃの種類として，相互作用的なテーマの表現を促すおもちゃ（子どもや家族と同じ民族の家族の人形，家畜，野生動物），養育やセルフケアを促すおもちゃ（台所用品・食器，おもちゃの食べ物），芸術的表現を促す素材（紙，クレヨン），子どもが耐え忍んでいる具体的なストレス因子を想起させるおもちゃ，癒しと修復を促すおもちゃ（おもちゃの武器，パトカー，救急車，医療キット）などが挙げられる。治療を通じ克服されるテーマもあれば，新たに現れるテーマもあるため，治療の過程で選ぶおもちゃが変化することも多い。

　遊びと同時に他の活動を行ったり，短期間遊び以外の活動を行ったりすることもあるが，遊びは幼い子どもの自然な表現手段である。大人における夢と同

3章 子ども−親心理療法の実践──治療の目標と戦略

じように，遊びは子どもの無意識的な，あるいは言葉にできない夢想や恐怖，願望を解き明かす「王道」とみなすことができる。ウィニコット（Winnicott）は著書『遊ぶことと現実』（岩崎学術出版社，1979年）の中で「精神療法は一緒に遊んでいる2人に関係するものである」（p.53）と述べ，心理療法を一種の遊びとみなした。成功する心理療法は，患者の遊ぶ能力を取り戻すものと考えられる。幼い子どもの治療ではこの点が特に重要で，子どもは象徴的表現の1次的な形として遊びに熱中する。子どもは遊びを通じて，不安を引き起こす状況を再現したり，あるいは要因を修正したり違う遊びのテーマを選ぶことによって，その状況がもたらす結果を変えたり，状況自体を回避したりする。

個別児童心理療法に対する精神力動的アプローチでは従来，遊びを通じて表現される子どもの無意識的な葛藤を言葉で解釈するという，セラピストの変化をもたらす役割が強調されてきた（Klein, 1932; A. Freud, 1965）。近年では，こうした解釈志向型アプローチの一環として，遊びが持つ互いに重複する数多くの機能が評価されている（Slade & Wolf, 1994）。癒しを促すために，全知全能のセラピストが遊びを解釈する必要はない。子どもとの個別心理療法において「単に遊ぶだけ」と評される介入法では，子どもが心理学的構造を構築し自身の体験の意味を理解するのを支援することを目標として，子どもとセラピストが解釈を排して協力して取り組むことが求められる（Slade, 1994）。セラピストは「単に遊ぶ」中で，子どもの遊びの内容を手がかりに，細分化された無秩序な子どもの体験に物語としての一貫性をもたらし，情動制御と自己省察を促す。子どもの意識的・無意識的なコミュニケーションから生まれる遊びのテーマを一緒に形作り，心理的変容を誘発するため，セラピストは完全に遊びに没頭しなければならない（Birch, 1997; Cohen & Solnit, 1993）。

CPPでは，遊びが持つこれらの発達面・治療面の特徴を活用する手段として，親子の間の遊びを促す。子どもの遊びの意味を理解し，子どもの欲求を伝えるメッセージに対応するため，セラピストだけでなく親も子どもと全力で遊ぶよう求められる。幼い子どもの場合，個別心理療法でセラピストと一緒に意味を構築しても，子どもの心理体験の最大のオーガナイザー（まとめ役）である親も同時に理解していなければ，その意味は不完全なものとなってしまう。親子共同セッションで，CPPのセラピストは遊びの通訳を務め，親が子ども

の象徴的言語の意味を理解できるようにする。

　親子が一緒に遊ぶ際，遊びの喜びと自発性がそれ自体治療効果を持つこともあり，セラピストもあえて単に見守るだけにとどめたり，自分も遊びに加わる場合がある。解釈が，変化をもたらす有効な要因となる可能性もあるが，親子が，一緒に「単に遊ぶ」ことにより生じる，自意識にとらわれない自然な喜びや親密なコミュニケーションを楽しむ能力を育めるよう支援するのも，重要なことである。

　時には，親子での遊びの内容に参加者それぞれが個人的な意味を与えてしまい，全員が楽しめる相互的な活動に収束しない場合がある。こうした事例では，セラピストの役割は，親子が一緒に遊べるようにすることで親子共同での意味創造を促し，距離を置いて遊びについて省察を行うことである。

　この省察と解釈のプロセスには，少なくとも3つの層が同時に関係する。まず従来の遊戯療法と同様，セラピストは，子どもが遊びを通じて伝えている心・精神の表象の内的枠組みを理解しなければならない。第2にセラピストは，親が子どもの遊びのテーマに順応するのを手助けする。第3に，親が子どもの遊びに加わったなら，親子の遊びを活用して親子関係における関連する問題に対処する。親子のいずれか一方が，自分の感情体験の再現から省察に移ることができたら，セラピストは遊びの内容を解釈して洞察を促す。解釈を行う際は，主に親に向かって話しかけても良いし，子どもに向かって話しかけても良いが，セッション中にいずれかの参加者を締め出さないよう注意を払う必要がある。

感情の言語化　感情の明確な言語化は，子どもが激しい感情を理解しコントロールするのに役立つ。強烈な感情は，身体感覚を通じて必ず本能的に感知される。この身体感覚を言葉に置き換えることを学ぶことが，情動制御の大切な構成要素となる。子どもが困難な体験を言語化するのに手を貸すことにより，親も自分自身の感情制御を促すことができる。感情を言葉にすることで，親子が互いに相手の感情をわかりあうため，親密さを築くことにもつながる。

　感情を言語化するため，子どもの年齢に応じて多様な手段が使われる。最も一般的な方法は，子どもが言葉以外で示したサインを読み取り，子どもが経験

3章　子ども-親心理療法の実践——治療の目標と戦略

していると思われる感情を示唆するというものだ。何が起こっているか子どもにたずねることで，子ども自身が言葉で感情を表現する能力も高まる。感情を識別し言語化するため，親子が体系的な構造化された支援を必要とする場合，情緒的に関連するテーマを扱った話や本を読み聞かせる，「感情の地図」を使う，手紙を書く，子どもの経験を表現する絵を描くといった活動を，セッションに取り入れることができる。

保護的なスキンシップ　感情は最初に身体感覚として経験され，言葉や遊びを通じて伝えられるのはその一部にすぎない。愛情，親密さ，安全といった奥深い体験は身体で感じ取られ，スキンシップを通じて共有される。逆にストレスやトラウマは，親子を圧倒的な恐怖，無力感，身体感覚にさらし，元来はストレス因子が原因であることを意識せず，こうした身体感覚を後になって再体験することもある。こうした身体感覚は，「心が重い」「胸がドキドキする」「息ができない」「のどがつかえる」「死にそうな気分」といった日常的な言い回しで表現される。このような感覚が，親子の耐えられる範囲を越えると，自己防衛機能として情緒崩壊を防ぐため体がシャットダウンすることが多い。CPPのセラピストは，親子の間に年齢に応じた愛情に満ちた保護的なスキンシップを促し，守られていて安全だという意識を育むとともに，愛情ある楽しい身体体験を促す。セラピストは，おびえる子どもを抱き上げる，気分が落ちこんでいる時に親の膝に子どもを座らせるといったさりげないスキンシップには，安心感を与える効果があることを教える。時には子どもが，親が気づかないほどさりげない仕草で愛情を示すことがある。愛情のこもった子どもの仕草に親の目を向けさせれば，落胆している親に子どもの愛情を再確認させることができる。

　セラピストは原則として，自分から進んで子どもにスキンシップをとることはしない。その行動を見た親が，子どもの心の中で，セラピストが自分にとってかわる存在になると解釈するおそれがあるからだ。だが多くの子どもがセッション中に，自発的にセラピストに抱きついたり，キスしたり，寄りかかったりしてくる。こうした場合，セラピストは個々の臨床判断で対応の仕方を決める。子どもがセラピストに，さりげなく自然な形で簡単な愛情表現をするのは

107

非常によくあることで，たいてい親も気にしない。子どもの行動が，探索を必要とする臨床上重要な問題を生み出す（または反映する）ものでないかぎり，セラピストも同じように子どもに応じる。早急に安全と保護を求める子どもが，セラピストとのスキンシップを求める場合もある。こうした事例での最善の対処法は，子どもの差し迫ったニーズにいったん応えたのち，親子関係の中でこれと同じ安心感を得られるようフォローアップしていくことである。

非構造型の内省的発達指導

　この方法では，年齢に応じた子どもの行動，欲求，感情に関する情報を，こうした行動がセッション中に自然に出現するのに応じて親に提供する。この発達に関するガイダンスは，既定のカリキュラムに沿ったものではなく非構造的なものである。また親に対し，思考と感情を統合して，子どもの発達プロセスに対しさらに共感的な新たな理解を促すという意味で，内省的なものでもある（Fonagy, Gergely, Jurist, & Target, 2002）。追加で個別セッションを実施し，その中で親が子ども時代の困難な体験を打ち明けた場合，セラピストは親の感情を正常化し正当化するための発達に関するガイダンスも行う。こうしたやりとりを，わが子の経験に対する親の理解を深める出発点として役立てることができる。発達に関するガイダンスの一環として，リフレーミング，共感，適切な限界設定が重視される。他の子どもも自分と同じように感じていると知ることで，子ども自身も安心できるため，幼児や就学前児童も発達指導のメリットを享受することができる。

早期小児発達の原則　発達に関するガイダンスは，親が幼い子どもの世界観を理解し，子どもの視点で物事を見るようにするのに役立つ（Fraiberg, 1959; Lieberman, 1993）。それなりの見識を備えた善意ある親でさえ，生後5年間の一般的な発達課題を知らないことが多い。表3.1に箇条書きにした原則を知ることで，乳幼児期の誤解と対立を大幅に減らし，発達の健全な青写真を描くことができる。

　このような共通の発達課題を知って多くの親は驚くが，特にストレスや苦痛，予測不可能性の中で育った親には大きな驚きとなる。親はしばしば，わが

3章　子ども−親心理療法の実践——治療の目標と戦略

子の世界の解釈の仕方を学ぶ一方で，親自身の子ども時代の記憶に新たな意味を見いだし，このプロセスを通じて自分と自身の親に対し，より豊かで思いやりのある理解を育むことができる。

表3.1　早期児童発達の12原則

1. 幼い子どもは，親を呼び寄せたり，世話への差し迫った欲求を伝えるため，泣いたりしがみついたりする。
2. 分離不安は，親を失うことへの子どもの恐怖心の表れである。
3. 幼い子どもは親を喜ばせたがり，親に非難されるのを怖がる。
4. 幼い子どもは，傷つけられることを怖がり，自分の体の一部を失うのを恐れる。
5. 幼い子どもは，自分も親のようになりたいため，また親の行動を手本と考えるため，親の行動を真似する。
6. 理由が何であれ，親が怒ったり動揺したりすると，幼い子どもは責任を感じ自分を責める。
7. 幼い子どもは，親は何でも知っていて常に正しいと信じている。
8. 幼い子どもは，安全で守られていると実感したいがため，危険な行動や文化的に不適切な行動に対し明確で一貫した制限を求める。
9. 幼い子どもは，個性と自律性を主張し実践するため，「いや」と言う。
10. 記憶は生まれた時から始まる。乳幼児は，話せるようになる前の経験を覚えている。
11. 幼い子どもは，自分や他人を傷つけずに激しい感情を表現するため，大人の助けを必要とする。
12. 親と子どもの発達上のニーズは異なるため，親子の対立は避けられないが，信頼を育み発達を促すような方法で対立を解決することができる。

発達に関するガイダンスは，正常な発達に関する情報のみに限定されない。ストレスやトラウマを与える出来事の後では，想定される反応について心理学的教育を行うことが非常に有用となり得る。深刻なストレスやトラウマの後で，感情と行動を制御できなくなるのは，それ自体恐ろしい出来事であり，こ

のまま永久に障害が残るのでは，「頭がおかしく」なるのではという恐怖をもたらしがちだ。感情や行動を制御できなくなるのは誰にでも見られる当たり前のことだと説明し，こうした反応を正常化することで，親子の自責の感情が和らぎ，トラウマ後に生じる，怒りから憤怒への急激な感情の振幅や，報復と復讐で頭がいっぱいになる状態をうまくしのぐことができる。

適切な保護行動の手本を示す〔モデリング〕

　この方法では，セラピストは，自身を危険にさらす行動をとっている子どもを救出する，子どもが他人を傷つけるのを止めるなど，危険を高める行動を阻止するための措置を講じる。こうした保護行動の手本を示した後で，親が高慢になったり，子どもが安全と権威の源としてまずセラピストに頼るようになったりするといった悪影響を防ぐため，措置を講じた理由を説明する必要がある。セラピストは，親と（年齢的に妥当であれば）子どもに対し，起こった出来事について省察を促し，親子が想定される危険を認識するとともに，保護行動の重要性を理解できるようにする。親が，セラピストに先を越されたように思い気分を害した場合，セラピストが最初に，その介入に対する親の反応を見極めなければならないこともある。親子が互いをどれほど思いやれるか，相手が傷ついたらどれほど悲しく感じるか，危険から逃れることがどれほど重要かを強調する。子どもの安全だけが，関心の対象ではない。親が危険な行動をとっている場合，セラピストは不安の原因について話し合い，動機を探り，かわりの選択肢を提案する。

　トラウマを抱えた親子は，危険と安全に対する認識が歪んでいたり，危険の現実性を過小評価したりする一方，相対的に安全な状況を過度に危険視することが多いため，保護行動の手本を示すことがとりわけ有用となる。トラウマ体験によって，親が自分を守ってくれるという幼い子どもが発達過程で抱く想定が大きく損なわれる（Freud, 1926/1956c; Pynoos, 1995）。危険と安全に対する親の誤った認識を，子ども自身が社会を観察する上でのバロメーターにすると，危険を現実的に評価する能力が損なわれる。こうした状況において，セラピストの自信に満ちた保護行動は，それ自体が重要であるだけでなく，親が子どもの守り方を学ぶ（あるいは学び直す）のを支援する裏づけにもなる。

洞察志向の解釈

　洞察志向の解釈には，自己理解を促すような方法で，行動の前意識的，無意識的または象徴的な意味を明らかにするという目標がある。CPPでよく利用される解釈の方法として，親の自己意識，わが子への感情，親の育児習慣の三者の関連性の明確化が挙げられる。たとえば日常的に体罰や批判，ネグレクトを受けてきた親は，自分の子どもにも無意識的に同じパターンをくり返すことがある（Fraiberg, 1980; Lieberman et al., 2000）。ドメスティック・バイオレンスの事例では，被害者である親は得てして，暴力を振るうパートナーとわが子の間に類似点を見いだして不安に駆られ，否定的な帰属を行うが，これが子どもに内面化され子ども本人の自己意識に深い影響を及ぼす（Lieberman, 1999; Silverman & Lieberman, 1999）。

　内観に対し理解力がある親や，言葉を理解する力を身につけている子どもに対し，解釈を活用することができる。タイミング良く解釈を行うことで，親が，自分が現在も無意識に過去をくり返していることに気づき，子どもに対する歪んだ認識を正し，発達上適切な育児習慣を身につけるよう支援することができる。幼い子どもは，両親が喧嘩したり，ストレスやトラウマをもたらすその他の出来事が生じたりした場合，自分を責めることが多い。解釈を通じて，子どもは出来事の原因や，家庭における自分の役割を正しく認識し，誤った信念に基づく心理的負担や大きな犠牲を伴う防衛機制から解放されて，感情的に自分を追い詰めることのない不安への対処法を試せるようになる。

　親子両方の前で解釈を行う場合，セラピストはできるかぎり如才なく振る舞いタイミングを見極めねばならない。セラピストが，親の過去や現在の状況についてもっと知識を深める必要がある場合もあれば，親の行動を子どもの前で解釈すべき場合もある。言葉がしゃべれず象徴の意味も理解できない乳幼児の場合，こうしたやりとりを一般に子どもの面前で実施できる。言葉がわからない子どもは，親の辛い体験を知って負担を感じることがないからだ。年上の子どもや就学前児童の場合，大人の会話を理解し治療に積極的に参加できる上，何よりも自分にいちばんの関心を向けるよう要求するため，問題はもっと難しくなる。この状況は，セラピストに臨床的なジレンマをもたらす。子どもの前

で感情的な緊張を孕んだ大人の話題に触れれば，子どもの発達過程に見合わない情報を与えるおそれがある。他方では，多くの子どもが日常生活の中でそうした話題を耳にしている。なぜなら大人は往々にして，まるで子どもには大人の話など理解できないかのようにこうした出来事について議論するからだ。深刻な大人の話題には触れず，子どもを守って親にもそうした姿勢の手本を示すべきか，それとも逆に，話し合いを通じて，子どもが日常的に目にする困難な状況や感情に対しよりバランスのとれた枠組みを提供することを目指し，あえて大人の話題を扱うべきか――セラピストは，子どものメンタルヘルスに最適な戦略を決定しなければならない。

通常，その答えは個々の状況に大きく左右されるものとなる。感情的な緊張を含んだ大人の話題について話し合うため，親子双方との共同セッションに加え，並行して親との個別セッションを計画するのが望ましい。それが不可能な場合，臨床上のニーズや現実的な制約に応じて，親子の共同セッションの一部にかわり，親との個別セッションを行っても良い。あるいは，1回のセッションを子ども中心の部分と大人中心の部分に分け，2元的な性格を和らげることもできる。家庭訪問の際は，親とセラピストが話している間に子どもが時間をつぶせるよう，子どもがテレビを観る時間，他の大人が仕事から帰宅する時間，または子どもが参加できる他の家族の日課に合わせて大人中心のセッションを設定することができる。オフィスでセッションを行う場合，大人中心のセッションの間は，アシスタント・セラピストが子どもの相手をすると良い。大人の話題を扱う際は電話セッションが役に立つ場合が多く，特に親が，辛い経験を話し合う際に一定の感情的距離を維持する必要があるときには，この方法が有用となる。

トラウマを想起させるものへの対処

途方もない無力感，恐怖，不安を伴うトラウマ体験は，人格形成と日常機能に長期的な後遺症を残す可能性がある。本人の心の中に「弱い形のトラウマ体験」が残り続け，この現象のせいでトラウマ体験の後に「反復強迫」「支配への努力」「受動から能動への転換」といった行動が生じがちになる（Freud, 1926/1959c; Pynoos, 1995）。トラウマをもたらす事件の後に子どもを治療する際

は,トラウマ的な遊び,トラウマ的な再演,トラウマ的な夢,トラウマを想起させるものの回避,バイオリズムの変調,その他のトラウマ後の心理プロセス・行動の兆候を検討し,これらに対処することが重要である。

交通事故,一方の親が子どもの目の前で殴られるといった家庭内暴力など,さまざまな出来事が親子に同時にトラウマを与える。親は,子どもが他方の親に虐待された,犬に襲われた,溺れそうになったなど,子どもの身に起こった出来事を目撃することで代償性トラウマを経験することもある。親のトラウマ性ストレスによって,子どもの反応が悪化する場合もある。子どもは,親の行動を社会を観察する上の指針にすると同時に,トラウマを受けたことで親の子育てから喜びや柔軟性,寛容性が失われるおそれがあるからだ。こうした事例の治療では,親の経験が子どもに及ぼす影響を親に教えると同時に,個別心理療法を紹介する必要の有無を判断するために,トラウマの親に対する影響を体系的に検討する必要がある。

声の調子や動作,表情といった親の特定の行動が,子どもにとってトラウマを想起させるものとなる場合もある。子ども自身が感じたものであれ,子どもが親の感情体験を目にした場合であれ,強いマイナスの感情はそれ自体,トラウマを想起させる可能性がある (Pynoos et al., 1999)。こうしたトラウマを想起させるものが,危険を知らせる合図となることもある。たとえば児童虐待や夫婦間暴力などの状況では,トラウマ的な出来事がいつでも再発しうるため,トラウマを想起させるものが,新たな暴力が迫っていることを示す予兆となり,子どもに対応する時間を与える場合もある。こうした事例では,過度の警戒心を抱くことには,自分の身を守るよう子どもに警告するという適応的な機能があると言える。子どもが親に対し恐怖心や過度の警戒心を示す場合,親子関係に恐怖をもたらす要素や虐待的な側面がないか探求し対処することが重要である。

トラウマの物語とストーリーテリング 癒しのプロセスに欠かせない要素として,子どもにトラウマ・ナラティブ(物語)を作らせるのが重要であることが,多くの論文や書籍で指摘されている (Cohen et al., 2006)。言葉や遊び,象徴的表現を使って自分の経験を表現できない乳幼児の場合,物語の生成が,

最終的に明確な成果物を伴う洗練されたプロセスになることはほとんどない。言語習得前の赤ん坊は，身体機能の制御不能や，対人関係能力・周囲の探求能力の障害といった形で，自分の体を使って物語を生み出す。幼児や就学前児童は，認知機能が未熟であるとともに，トラウマそのものが本来一貫性を奪うものであるため，断片的な言葉と遊びを使ってトラウマ体験を一度に少しずつ，しばしば支離滅裂な形で表現する。子どもの年齢が低いほど，客観的な出来事と，その出来事に対する子ども自身の認識に基づく誤解や空想とを区別するのが難しい。記憶は，常に過去の新たな再解釈を伴う。子どもが数多くのトラウマ的な出来事にさらされ，その出来事を思いがけない形で再体験したり，容易にはわからない形で表現したりする場合，トラウマの物語の生成は，ちぐはぐでまとまりのないものになる。

　生後数年間の急激な発達のせいで，トラウマの物語の生成に別の厄介な問題が発生する。幼い子どもは，新たに習得した言語能力を使ってずっと前に起こったトラウマ体験を表現することがあるからだ。裏づけとなる証拠がなければ，その描写が現在の状況を指すのか，過去に起こったことを指すのか判断するのは難しい。また実際に起きた出来事なのか，実際の出来事に対する不安や誤解を子どもが描写しているだけなのかを確認するのも難しい。この不明瞭さが，児童保護サービスへの通報だけでなく，子どもがその体験を処理できるよう支援する上でも影響を及ぼす。以上の理由から，トラウマの物語は，子どもの発達に伴って変化する同時進行的なプロセスとして理解する必要があり，治療の他の側面と統合しなければならない。

　ストーリーテリングは，子どもが一貫性を持ってトラウマ体験を把握するための効果的なツールとなりうる。子どもの心に負荷をかけないよう，セラピストが子どもの反応を見極めながら何段階かに分けてストーリーを語ることもできる。ストーリーには，保護的な要素を取り入れると良い。幼児や，一人称と二人称を理解していない子どもに聞かせる場合は，子ども自身の名前を使うことができる。ストーリーテリングの例として，迷子になった3歳児に関するものを紹介する。保育者が，園児がひとりいなくなったのに気づいてから4時間後，この子は保育園から遠く離れた場所をふらふら歩いているところを発見された。セラピストは，人形をその子に見立ててストーリーを再現した。「アニ

タは，友達のスーザンと遊んでいました。そして保育園の外に出て，どこまでも歩きました。スーザンを探したけれど，見つかりません。先生を探したけれど，見つかりません。お母さんを呼んだけれど，お母さんもいませんでした」子どもはここまで，目を大きく見開いて話を聞いていた。話に母親が登場すると，子どもは肘掛椅子の下に胎児のように丸まって身を隠した。母親が，話を引き継いで先を続けた。「お母さんは何度も何度も，あなたの名前を呼びました。お母さんは怖くてたまりませんでした」母親の声が途切れると，セラピストが母親になりきって子どもの名前を呼び続けた。そうしてセラピストと母親ふたりで子どもの名前を呼び，10分ほど「探し」たところで，アニタが見えるように片手を突き出した。これを目印にふたりは「アニタを見つけ」大喜びした。その後のセッションで，アニタは来るたびにまず肘掛椅子の下に隠れ，迷子になって見つかるまでの物語を再現したいという合図を送った。セッション終了までに，こうした物語を子どもを守り安心させるような形で終わらせることが大切である。

愛情に満ちた記憶を取り戻す

　ストレスとトラウマによって，自分は愛情と保護に値する存在だという認識が大きく損なわれるおそれがある。ストレスやトラウマを受けた後，当人は過去と現在双方において，愛情や前向きさ，希望といったものを見失うことがある。メンタルヘルスを促すため，トラウマを引き起こすキューの特定が重要であることは，十分に立証されている。だが，ウィリアム・ハリス（William Harris）（書簡，2004年5月）が言う有益なキュー――支えられ大切に育てられた体験を思い起こさせ，自尊心を高める幸福な瞬間――に対する関心は低い。
　子どもの頃の養育者との愛情に満ちた体験は，きわめて困難な状況下でさえ保護的な力となる。こうした体験が記憶に蘇ると，治療過程における強力な変容因子となりうる。無条件に愛され受け入れられ理解されたというイメージは，たとえ短いものであっても，心の底からの幸福感を引き起こし，「赤ちゃん部屋のお化け」がもたらす無力感や絶望と戦いこれに対抗する「天使」の役割を果たす。多くの親は，こうした肯定的な体験を記憶していない。失われた何かを想起する辛さを避けるため，無意識にそうした記憶を追い払っている場

合もあれば，現在の状況に圧倒され，目先の課題以外のものに注意を向ける活力が親から奪われている場合もある。セラピストは時に，問題の処理に取り組むことが改善への近道だという誤った想定に基づき，気づかぬうちにクライアントと共謀して，辛い体験にばかり関心を向ける。親は，セラピストのこのような態度から，治療では良い気分になる事柄について語る必要はないと思いこみ，「マイナス面を強調」する相互強化的なプロセスが生じることもある。

　アセスメント中に子ども時代の幸せな思い出について質問することから始めて，愛情と支援を感じるのは重要な体験だというメッセージを，治療当初から伝える必要がある。過去と現在を関連づけるという意味で，葛藤に満ちた記憶だけでなく，愛情にあふれた体験も同じように重要である。愛情いっぱいに育てられたエピソードを思い出すことで，同じ体験をわが子に与えたいという親の気持ちが後押しされ，自分が再認識した安心感や自尊心を次の世代に伝えたいという気持ちがおそらく初めて生まれる。

情緒的サポート

　セラピストの情緒応答性は，あらゆる効果的な治療介入に欠かせない要素だ。この情緒応答性は，治療目標の達成は可能だという現実的な希望を言葉や行動で伝える，個人的目標や発達の目安を達成した満足感を共有する，効果的な対処戦略を続けられるよう協力する，進歩を指摘する，自己表現を促す，現実検討を支援するなどの形をとる（Luborsky, 1984; Wallerstein, 1986)。思いやりと尊重の念に満ちた人間関係は，親子治療の目標であると同時に，親，子，セラピストの関係の中でこの目標を追求する際の手段でもある。セラピストは，相互性と調律を促すだけでなく，情緒支持的な治療姿勢をとることでこうしたあり方を体現する。

　共感的な臨床アプローチは常に重要だが，外的，内的環境のせいでクライアントの自己価値感が損なわれている場合，とりわけ欠かせないものとなる。親への移行は，得てして親の手腕が試される発達段階であり，自分にうまく子どもを育てられるかという深い自己不信を呼び起こす。特に女性は私生活の中で，母親業をめぐる解決のつかない社会的葛藤を経験する。子どもに何か問題があれば，それが発達の遅れであれ精神衛生上の問題であれ，単に対人スキル

が低いという問題であれ，たいてい母親に最大の原因があるとみなされる。母親はたしかに否定しがたい心理的な影響力を持つが，そこには母親があらゆる影響力を及ぼすという誤った思いこみをもたらす嘆かわしい影の側面がある。多くの母親はこの誤った考えを真に受け，子どもに完璧な人生や完璧な人格を授けられないのは自分のせいだと責める。子どもが母親のこうした視点を内面化すると，次の世代にも新たな母親非難の連鎖が生まれる。

　セラピストは，子どもの問題に関し親を，特に母親を責めるこうした圧力に屈しないよう，断固たる姿勢を示す必要がある。子どもの問題と親の行動の間に明確な因果関係があるように見えても，その親自身も子どもだった過去があり，因果の連鎖はおそらく何世代も前に遡ることに留意しなければならない。個人の変容を何よりも促すのは，非難ではなく，親子が互いにもっと満足できるあり方や関わり方を自身の手で見つけられる，またセラピストの役割はこの取り組みを手助けすることにあるという確信である。

　貧困や差別，無力感などの条件によって自己価値感が損なわれた親子を治療する上で，情緒的支持の重要性はいくら強調してもしすぎることはない。こうした状況では，共感的な姿勢が治療ツールとなるだけでなく，人間の尊厳の確認につながる。臨床像の中にトラウマが含まれる場合，セラピストの情緒的支持と共感的な理解が，個人の機能を高め将来への希望をもたらす強い自我の形成を促す。

　セラピストが情緒的支持と共感的なコミュニケーションに携わると，並行していくつかの有益なプロセスが生じる。セラピストが思いやりを持って親を治療する様子を目にすることは，子どもにプラスとなる。親も，セラピストの子どもに対する態度を見ることで，学べる。家庭環境内に，愛情に満ちた保護的な影響力が不足している場合，役割モデルとしてのセラピストの影響がとりわけ貴重となる。

現実への関心：危機介入，ケースマネジメント，具体的支援

　現実は重要だ。家族の危機やストレスを生む状況の帰結を防止し修復するため，セラピストは適切な措置を講じてできるかぎり現実に対処しなければならない。危機介入，ケースマネジメント，生活上の問題への具体的支援は，本章

の最後で触れるとは言え，ストレスを生む社会経済的・環境的状況に置かれた家族と接するセラピストが，最初に行う介入のひとつであることが多い。差し迫った生活上の問題に直面した親は，セラピストが積極的に関わり自分たちの苦境を理解してくれると感じた場合，メンタルヘルスサービスを受け入れやすくなる。この種の介入法として，さまざまな機関に家族の主張を訴える，不適切な行動のせいで子どもが排除されないよう保育事業者と相談する，虐待やネグレクトの疑いが生じた場合，児童保護サービスと親の仲立ちをする，または必要とする他のサービスを紹介するなど，幅広い活動が挙げられる。

危機介入は，事故や虐待，家庭内・地域社会内での暴力の目撃，親の死といったトラウマ的な状況を経て子どもが紹介されてきた際，得てして最初に行う介入法である。こうした場合，最初の手順として，子どもが顔見知りのいちばん適切な大人の看護下に置かれて安全な状態にあり，養育の連続性と予測可能性を保証できる環境にあることを確認する。危機につきものの混乱の中では，事態の説明を求める子どもの欲求は見過ごされがちであり，子どもの感情的混乱を忘れ，知らぬうちにトラウマとなるストレス因子が子どもに及ぼす影響を悪化させやすい。セラピストは，時間と機会を見つけて子どもが何を知っているか探り，出来事に対する子どもの理解を引き出し，誤解や歪みを正して，年齢に応じた説明を与える必要がある。おもちゃやお絵かきは，未熟な言語能力やショックのせいで子ども本人が言葉で表現できない出来事を表現する上で，役に立つツールとなる。

危機介入，ケースマネジメント，具体的支援を治療法に含めることで，時間配分に大きな影響が生じる。一般的な状況ではCPPのセッションは週1回，1時間実施するが，危機時や差し迫った必要がある場合，このスケジュールは重要視されなくなる。セルマ・フライバーグは，赤ん坊を守り家族を支援するため，セラピストは時計を見ずにやるべきことをやるという文化を確立した。CPPの実践家の間では，この伝統が続いている。ただプログラム管理者にとっては，この習慣は困難な要求となる。というのも，緊急事態に柔軟に対応しようとすれば，セラピストはケースロードを増やせなくなるからだ。だが現実問題として時間とエネルギーには制約があり，対応範囲に限界があることを情緒支持的な方法で説明しなければならない。ジェリー・ポール（Jeree Pawl）

は，セラピストが家族に割ける時間と他の用事にあてる時間とのバランスについて，ひとつのモデルを提示している。彼女のクライアントのひとりは，子ども時代に長期にわたり激しい虐待を受けた過去があり，わが子に同じことをくり返さないよう奮闘していた。この若い母親は，絶望に駆られるとよくポール博士のオフィスを何の前触れもなく訪れ，少し言葉を交わすと気分が良くなって帰宅した。他方で彼女は，セラピストの日常生活を「邪魔」することを深く恥じ入ってもいた。ポールは彼女に言った。「用事があって面会できない時は，そう言います。でも私が大丈夫な時は，何も問題ないんですよ」（Pawl, 1995）。このメッセージの素晴らしい点は，セラピストの「境界」は人間味のない恣意的なスケジュールで決まるのでなく，クライアントのニーズとセラピストのニーズ双方を受け入れる人間的な配慮によって導かれるものだと明確にしているところにある。

入口：治療対象の選定

　治療セッションでは，いろいろなテーマをめぐり次々にやりとりを交わすが，セラピストは介入の対象をどのように選定するのだろう。ダニエル・スターンは，乳児期のさまざまな形の関係論的介入に関する統一的見解を説明する中で，セラピストが真っ先に注意を向けるべき親子システムの要素として，「入口」という概念を提示した（Stern, 1995, p.119）。入口とは，言い方を変えれば介入の理論的標的へとつながる道である。スターンは入口を，親子の相互作用または親の心的表象から成るときわめて狭く定義したが，乳幼児期の関係論的療法への統合的アプローチを促す上で欠かせない要素として，もっと多様な入口を想定できる。何らかの種類の関係論的介入を行う熟練セラピストは，たとえ自分の治療法を説明するのに各々異なる理論的用語を用いたとしても，臨床的には互いに区別できないほど似通っている可能性がある。

　人間は，表情や運動，身体症状，具体的な活動，言葉のやりとり，象徴的表象など幅広い方法で意味を表現するため，CPPのセラピストは入口を選定する際，意識的に多様性を求める。最初の入口が，現時点で何に注意を向ける必要があるという，セラピストの臨床判断によって決まる場合もある。セラピス

トがそこに注意を向ける理由は，情緒的に意味が大きいから，あるいは親子のメンタルヘルスに重要な長期的影響を与えるからだ。逆に親子自身が，セラピストにかわって最も成果をもたらしそうな入口を選ぶこともある。たとえば親が，自分や子どもの内的体験について話せない場合，最初の治療対象を心的表象にするのは得策ではない。もっとも，治療が進むうちにこうした状況が変化する場合もある。3歳児がセラピストに対し，挨拶がわりに「ぼく，あかちゃんのおとうとをぶったんだ」と告白した場合，セラピストは実質上，この相互作用を内的変容への手がかりとするよう頼まれているに等しい。つまり，CPPのセラピストは，相互作用か心的表象のいずれを治療介入の入口にするか，先験的に理論に基づき決めつけるのではなく，子どもに望ましい変化をもたらす上で最も有望な入口を受け入れるのだ。

　いったん最初の入口が選定された後，そこから何がもたらされるかはまったくわからない。新たな入口と考えられるものが，相次いで見つかることもあれば，ひとつの入口を追って努力しても，何の結果も生み出さないように思える場合もある。親子の相互作用の変容を目指す治療アプローチと，親の心的表象の変容を目指すアプローチには数多くの共通点がある。なぜなら一般に，相互作用は心的表象の外的表現であり，逆に心的表象は相互作用をもたらすからだ。乳幼児期は，子どもが親の心的表象に反応し，それを内面化して子ども自身の心的表象を作ろうと積極的に関わる時期であるため，加えて乳幼児の心的表象を治療に組みこむ必要がある。その意味で入口は，同時にいくつかのレベルで展開し，意識的な要素と無意識的な要素，言語的な要素と非言語的な要素を含む，本来きわめて流動的なコミュニケーション・プロセスを体系化する上で有益な概念であり，それ以上でもそれ以下でもない。介入機会としてのさまざまな入口の例を，次に紹介する。

親子それぞれの行動：泣き叫ぶ赤ん坊，対応できない母親
　3か月の女児が大声で泣き叫ぶのを，母親は何もせず，けだるげに見ている。セラピストは子どもの行動を最初の入口にして，母親にたずねた。「何が嫌で泣いていると思いますか？」母親は肩をすくめて答える。「わかりません，いつもこうやって泣くんです」母親に赤ん坊を思いやるつもりがないのを

3章 子ども-親心理療法の実践——治療の目標と戦略

感じて，セラピストは母親の経験に注意を向けた。「赤ちゃんがこんなに泣いていて，あなたはどう感じますか？」母親は腹を立てて答えた。「この子はいつも，何か気に入らないことがあるんです。こっちも疲れます」セラピストは，赤ん坊に注意を向けさせるための架け橋として，母親の経験に共感し，同情をこめてこう言う。「赤ん坊の世話は重労働ですよね。今この子が何で泣いているか，考えてみてもいいですか？」母親がうなずくと，セラピストは赤ん坊を抱き上げ，こう話しかけながら優しく揺すった。「ママは，あなたの機嫌が悪いってわかってるの。でもママはとっても疲れているのよ，あまり眠れなかったの」セラピストは，母親に視線を向けて微笑む。赤ん坊が泣き続けている。欲求の表現である泣き声の意味を探ろうと，セラピストは母親にたずねる。「なかなか泣きやんでくれません。お腹が空いているのかしら？」母親が時計を見て答えた。「時間のことを忘れてました。ミルクの時間です」母親はまだ，うつ病がもたらす無気力と倦怠感にとらわれていたが，かばんから哺乳瓶を取り出しセラピストに手渡した。セラピストがそれを赤ん坊にくわえさせると，すぐに泣きやんだ。セラピストは，哺乳瓶を母親に返してこう言った。「たしかに頑固な赤ちゃんね。まるで目覚まし時計みたいに"ミルクの時間だよ"って泣いて教えていたのね」母親が，赤ん坊を腕の中で揺する。セラピストは軽い口調で言う。「ミルクをもらったとたん，びっくりするほどおとなしくなりましたね」うなずく母親に，セラピストは少し黙った後でこう言い添えた。「私たちは今，あることを学びました。あなたは気分が落ちこんで時間を忘れることがあるということ，そしてそんな時には，赤ん坊がなぜ泣いているのかわからなくなるということです」

　セラピストはこの例で，子どもと母親それぞれの行動を，彼ら各々の経験の意味を探る入口として，また赤ん坊が泣く意味を母親に説明する機会として活用した。彼女は，親子両方の苦境に共感し，赤ん坊の気持ちを母親に伝える言葉を見つけ，最初に母親に赤ん坊の面倒を見て良いか確認して後から母親に戻すという行動を通じ，母親の養育者としての優位性を維持しながら，赤ん坊の当面の欲求に対応した。母親は，ミルクを飲ませる仕事をセラピストにかわりにやってもらったが，お腹が空いているのではないかと言われて，やる気を奮い立たせて時間を確認し自分で哺乳瓶を用意した点は，特筆に値する。セラピ

121

ストは，母親が疎外感を覚えないよう短時間だけかわりにミルクを飲ませ，赤ん坊が泣くのは，自分の欲求に注意を引くための有意義なコミュニケーションなのだと説明してから，赤ん坊を母親に返した。そして赤ん坊が無事に泣きやんだことが，一連の経緯を振り返り，母親のうつ病と，赤ん坊が泣く理由を理解できず対応することもできない状態とを関連づけるための土台として役立ったのだ。

親子の相互作用的交流（Interactive exchanges）：
母親の知覚の肯定的リフレーミング

　10か月の赤ん坊が子ども用の高い椅子に座り，スライスした桃を一切れずつ床の上に落として，体を倒してどこに落ちたか観察している。台所から戻って来た母親が，桃が散らばった床を見てこう叫ぶ。「悪い子ね！　何てことしたの」母親は，桃を拾い集める。赤ん坊はいっこうにこたえず，母親の方に身を伸ばして「アー，アー」と言いながら桃のスライスをつかもうとする。セラピストが，赤ん坊になったつもりでこう言う。「ママ，わかってないなぁ。僕は悪い子なんかじゃない！　桃が床に落ちたらどうなるか，見たかったんだよ」母親の怒りが和らぎ，セラピストにこう訴える。「先生はいつも，この子に都合良く解釈するんですから」セラピストは，いたずらっぽく返事をした。「この子に都合良く考える時もあれば，あなたと同じ見方の時もあります。ただこの月齢では，赤ん坊は物が見えたり隠れたりすることに夢中になります。だから，あなたと"いないいないばあ"をするのが大好きなんですよ」母親は，我慢ならないふうを装って言う。「じゃ私はどうすればいいんです？　一日中この子が落とした物を拾って歩くんですか」セラピストは，笑って答えた。「それはあなた次第よ。難しい判断ね」母親は，落ちた桃を洗って赤ん坊の隣に座り，赤ん坊が喜んでキャッキャと叫びながら桃をつかもうとするのを避けながら，一切れずつ食べさせた。セラピストは，こうコメントした。「自分で食べられるけど，食べさせてもらうのも好きなんですよ」

　この介入でセラピストは，子どもを叱る母親と，母親の手にある桃を必死で取ろうとする赤ん坊のやりとりを，親子それぞれに異なる発達課題の例としてとらえた。「悪い子」という母親の表現を，否定的な解釈の反映とみなすかわ

りに，セラピストはその時の赤ん坊の動機という観点から表現できる発達学的な情報を教えることから始めた。これは「簡単な介入から始める」というアプローチの成功例である。母親は，自分のわが子に対する知覚を，セラピストが「悪い子」から，物が現れたり隠れたりする因果関係を学ぼうとしているというふうに，肯定的にリフレーミングしたのを受け入れた。セラピストは，赤ん坊の人生で自分が重要な存在だという自信を母親が高められるよう，赤ん坊が食べさせてもらうのを喜んでいることを指摘した。

親どうしの相互作用的交流：子どもの経験に対する親の意識を育む

18か月の女児の両親が子どもの前で，互いに思うような子育てをできていないと相手を責めている。言い争う声が大きくなると，子どもは不安げな表情で自分の髪を引き抜きはじめた。セラピストは両親の話に耳を傾けて，こう言った。「おふたりが，夫婦の間で何が問題か探ろうとしているのはわかります。ただ，おふたりのやり方がお子さんを怖がらせているのではと心配です」父親が質問する。「なぜそんなことを言うんです。別に喧嘩はしてません」セラピストはこう答えた。「私は喧嘩でないとわかります。でもこの子にはわかりません。不安げな様子を見てください，それに髪を抜いているでしょう。まるで両親の仲が悪いのは自分のせいだと，罰を加えているようです」父親は半信半疑の様子だったが，母親が口をはさんだ。「この子，とても悲しそうよ」そして娘を抱き上げた。緊張感をはらんだ静けさの中で，母親は子どもを膝に抱き上げ優しく揺すった。

この介入でセラピストは，両親の間の緊迫したやりとりを，不安の原因である，両親の関係に関する子どもの内的表象を探る入口として活用した。その過程で，子どもが自分自身を責め，自分が両親の不和の原因だという心的表象の土台を築いている可能性をも指摘したのだ。

自己または親に関する子どもの心的表象：自己を映す窓としての子どもの行動

3歳半の男児がパズルを解こうとしているが，うまくいかない。子どもは突然，自分の体を嚙む。母親が「どうしてそんなことするの？」とたずねると，子どもは答える。「だってぼくがわるいから」母親が続けてたずねる。「ど

うして，あなたが悪い子なの？」子どもは肩をすくめて答えない。沈黙が降りた。セラピストが，親子両方に向かって話しかけた。「パズルを解けないから，私たちが怒るんじゃないかと心配なのね」子どもは返事をしない。母親がセラピストの言葉を引き取って，こう子どもに語りかける。「私たちは怒ってないわよ。何か知らないことがあっても，別にかまわないの」子どもが，とても小さな声でこう言う。「ぼくがピースをなくしたとき，ママはぶったじゃないか」

　この心の痛むやりとりから，子どもの自分自身に関する心的表象と，母親が自分をどう見ているかという知覚の間の複雑な関連性が明らかになった。母親を批判しているように見えないよう，セラピストは，自分は悪い子だという子どもの信念を，母親とセラピストに怒られるかもしれないという不安という観点から解釈して説明した。母親は驚くほど察しが良く，たとえ間違えることがあっても私はあなたが大好きよ，と子どもを安心させた。だが子どもは，すぐには納得しなかった。自分がパズルを1ピースなくしたとき，母親にぶたれたことを改めて訴えた。今パズルを解けないという状況に置かれたことで，彼はその時の光景を思い出し，以前は母親にぶたれたため，今回は自分の体を噛むことで母親の非難を内面化していたことを示したのだ。

自己または子どもに関する親の心的表象：父親の動機の子どもへの投影
　父親が2歳の娘について「うちの子はとてもセクシーなんです」と言う。セラピストが「どういう意味です？」とたずねると，「誘うような目で私を見るんです。25歳くらいの若い女の子みたいに，腰を振って歩きますし」と父親は答える。セラピストは驚きつつも，父親のわが子に対する性的な知覚を深く理解しようとして，こう質問する。「その様子を見て，何か思い出すことはありますか」父親は一瞬考えてから，返事をした。「ええ，私の姉を思い出します」そこでセラピストは，姉はセクシーかどうか質問してこの糸口を追求した。父親は笑いながらこう言った。「そりゃもちろん！ 同じ部屋を使っていたので，姉が寝る前に着替える時は，眠ったふりをしていました」

　このやりとりを通じて，セラピストは，父親の娘に対する発達上不適切な知覚の原因を探ることに対する当惑を克服することができた。父親がセラピスト

の質問に率直に答えたことで，有意義な探索の領域が表れ，最終的にこの父親は，自分が娘に性的興奮を覚えるのではないかという不安を告白した。

治療関係に対する親子の知覚：
子どもの行動が，母親の否定的な原因帰属を生むきっかけとなる

　家庭訪問が終わりに近づいた頃，3歳の子どもがセラピストに言った。「ぼくも，せんせいのおうちにいきたい」母親がピシャリとたしなめる。「そりゃそうでしょうよ。先生が優しいのは，1時間しかあんたを見てないからだよ」このやりとりに，セラピストは居心地悪さを感じ思わず言葉を失ったが，しばらくして考えを整理し，母親にこう言葉をかけた。「息子さんに，私の家に行きたいなんて言われたら，傷つきますよね」母親は返事をせず，セラピストの方に目を向けようともしない。セラピストは，なおも続ける。「息子さんにそんなふうに思わせた私に対しても，たぶん少し腹を立ててらっしゃいますよね。おっしゃるとおり，週1時間訪問するのと，一日中一緒に暮らすのは大違いです」母親が，いらいらした様子で言葉を返す。「そのとおり。この子は，自分の家以外ならどこだっていいのさ。パパと一緒がいいとか，先生と一緒がいいとか，でも毎日毎日この子を育ててるのは，私なんだから。私なんて，この子にすれば履き古した靴も同然なんだ」セラピストは，子どもの方に向き直って言う。「ママは，あなたと一緒にいたいんだって。あなたがいないととってもさびしいから，先生のおうちに行かないでほしいって」子どもはおもちゃに夢中で，返事をしない。セラピストは，母親にこう告げた。「実は息子さんは，あなたがいつも，私の訪問を受けている時みたいでいてくれたらなぁと思っているんです。つまり一緒に遊んで，今どんな気持ちか話して，ただ自分に関心を向けてほしいのです」母親は答えない。セラピストは，もう一度子どもに向かって言った。「あなたは，みんなで一緒に遊んでママが相手をしてくれるの，楽しいでしょ」

　この介入でセラピストは，この子は母親より自分と一緒にいたがっていると知ることで感じた後ろめたさから，何とか立ち直ることができた。セラピストは，自分が子どもにとって理想的な転移対象になっていて，そのせいで母親が取り残され必要とされていないように感じていることを理解した。この力学

は，子どもが父親を恋しがる気持ちを反映したものだった（両親の離婚以来，この子は毎月1回だけ週末を父親と過ごしていた）。子どもは絶えず父親の家に行きたいとせがんだが，いったん父親の家に行くと今度は母親を恋しがり，ほんの2～3時間で母のもとに帰りたいと訴えるのだった。セラピストの介入は，拒絶されたという母親の感情や，その結果として生じた子どもへの怒りを，セラピストに対する幻想とは反対に，揺るぎなく持続する母子のつながりという大きな文脈の中でとらえることを目指していた。母と子それぞれの通訳をすることで，この重要なテーマをめぐり母子間のコミュニケーションを促すことを目指したのだ。

　以上の例はどれも，親または子が，楽しい対人関係や安全な親密さから逸脱する視点を提示する独自の方法を示すものだ。治療の構成にあたっては，子どものメンタルヘルスに最も資するような介入を重視する。この目標達成に向けて，親自身が緊急に助けを必要としていると親もわが子を受け入れることができないため，親子それぞれのニーズのバランスをとるべく絶え間ない努力が求められる。

　人間関係は相互に影響を及ぼし，この影響が多様な形で現れて数多くの介入の可能性を生み出すため，治療の入口を選択する際の幅は広い（Emde, Everhart, & Wise, 2004; Lieberman & Van Horn, 2005; Sameroff & Emde, 1989）。具体的な入口は，子ども-親心理療法士の理論的嗜好，親の文化規範・人格構造・教育水準，子どもの発達段階・受容言語／表出言語の能力，親とセラピストの治療同盟の質などの要因によって決定される。中には，わが子の思考や感情に重点を置くことは承諾するが，セラピストが親自身の育児習慣に立ちいると深く気分を害す人もいる。他方，主に自分のことを語りたがり，子どもの個人的体験に無関心に見える親もいる。さらに別の親の場合，自分の子ども時代の体験がわが子への感情に及ぼす影響を探求することに深い意味が存在することもある。ただしこのテーマを探る際は，子どもが親の臨床テーマに不用意にさらされることがないよう，子どもを守ることをあわせて重視する必要がある。これらすべての理由から，この関係論的治療アプローチに良好な反応を示す典型的なCPPの事例というものはなく，幅広い臨床症状が存在するにすぎ

ないことがわかる。

　治療の進行につれて治療関係が次第に深まれば，治療当初は踏みこめなかった領域も徐々に探求できるようになることが多く，妥当な質問の焦点として新たな入口が現れる。総じて個々の入口は，治療結果に影響を及ぼすものというよりむしろ，セラピストの治療戦略と，そのアプローチへの親子の受容性の相性だと言える。この受容性を育むには，質問や提案，解釈のタイミングが非常に重要な要素となる。セラピストは，関係する臨床課題に対処すると同時に，親子がその介入を受け入れ活用できるかどうかに如才なく目を光らせ続け，両者の間で慎重にバランスを維持しなければならない。

結論

　親子関係におけるトラウマは，関係性障害の一連の病因の中で最も極端な形のものだ。幼い子どもがトラウマ的な人生経験をすると，すべての発達領域で危険にさらされる。さまざまな場面で子どもの症状がおのずと現れることもあるが，その症状は必然的に養育関係における障害と密接に結びついており，こうした障害が，子どもの発達の軌跡に克服しがたい変化をもたらすおそれがある。子どもの養育は，親のあらゆる感情資源の動員が求められるきわめて複雑な仕事である。たとえトラウマ体験がなくとも，子どもに発達上のリスクが生じるような形で親子関係が変調をきたすこともある。こうした変調は，長期的な場合もあれば短期的な場合もあり，その激しさもまちまちだ。親自身の子ども時代のトラウマ体験に，問題の根を見いだせる場合もあれば，原因がそれほど明確でも劇的でもないこともある。原因が何であれ，行き詰まった親子関係に効果的に介入するためには，問題の原因を理解しなければならない。行動面の問題の現れ方を記述できる必要があるが，それだけでは十分ではない。問題を引き起こした力，その問題を持続させている原因，およびその問題と戦うため活用できる強みを理解した上で問題を定式化することが，アセスメントにおける複雑な課題となる。次章では，この課題に向き合う。

4章

アセスメントのプロセス

　最初の包括的なアセスメントは，原因因子，リスク，親子の強み，彼らが置かれた環境的背景を明らかにすることにより，治療計画作成を促す（Lieberman & Van Horn, 2004）。アセスメントでは，できれば親や他の主な養育者と子どものやりとりの観察，構造的な認知・感覚運動評価，子どもの発達歴・育児習慣・子どもに対する知覚に関する親の報告，環境的状況，文化的ニッチを含め，さまざまな情報源から情報を集めるべきである。ギリアム（Gilliam）とメイエス（Mayes）（2004）は，「アセスメント」という単語の起源はギリシャ語の assidere にあり，これは文字どおり訳せば「横に座る」こと，つまり相手を知ることを意味すると指摘している。現在のメンタルヘルスサービスには性急に答えを求める風潮があるが，たとえそうした圧力があっても，自由回答型の質問を投げかける姿勢を育むのが理想である。

アセスメントの原則

　すべてのアセスメントにあてはまる4つの重要原則が存在する。第1に，アセスメントは子どもの発達段階に合わせたものでなければならず，表面化した問題のみに焦点をあてるのでなく，子どもの主な機能領域（身体，情緒，社会，認知）を包含すべきである。第2にアセスメントを，単に情報収集の時間でな

く，病因や予後に関し貴重な手がかりをもたらし得る予備的介入の機会としてとらえる必要がある。特に家庭環境のせいで長期的介入が行えず，アセスメント中に確立したコミュニケーション・プロセスを通じ，子どもの苦境に対する親の理解が変化した場合，優れたアセスメントが同時に最高の短期治療になることが多い。第3に，親や養育者は，客観的な情報源として，また子どものメンタルヘルスを形作る媒介者として，アセスメントに欠かせないパートナーである。幼い子どもは認知能力が未熟で自分の口で十分に伝えられないため，親はしばしば最大の情報提供源となる。加えて，親の機能状況もアセスメントの対象にする必要がある。なぜなら親の人格構造や支配的な動機づけ，社会・情緒・認知機能，子どもに対する知覚，養育の質が，子どもの自己意識や人間関係能力，学習レディネスを大きく左右するからだ。第4に，アセスメントを行うには，新たな情報を常に受け入れ代替的な概念に心を開く姿勢が求められる。しっかりとした最初のアセスメントは，効果的な治療の基盤を形作るものだが，アセスメントから生まれた臨床定式化や治療計画は，治療を進める中で随時修正していくべきである。子ども本人や子どもが置かれた環境に関する知識が増えるにしたがい，新たな理解がもたらされ，治療計画の変更につながる可能性があるからだ。

発達的観点

　ストレスやトラウマへの反応は，子どもの発達段階に応じたリスクと危険の認知的評価や，顕著な不安によって形作られるため，発達的な観点が重要となる。アセスメントを通じて，困難な外的状況への子どもの反応を理解しようとする際には，乳幼児期に一般的に見られる不安——離別や愛情喪失，身体的損傷，超自我の批判に対する不安——が果たす役割も考慮する必要がある。発達的観点なしには理解不能に見える行動が，発達的な文脈をふまえることで理解可能になったり，当然とさえ感じられることもある。たとえば3歳の男児の母親が1年前に突然失踪し，里親がその子を養子にしようと考えていたとする。里親養育に措置されてから約半年経ち，保育園に通い始めたある日の午後，この子が手がつけられないほど攻撃的になった場合を考えてみよう。子どもの

年齢と遺棄された過去から，アセスメント担当者はこの子が，夕方になっても里親が迎えにきてくれないのではないかという深刻な不安を克服しようとしたのではないかと仮説を立てた。アセスメントの中で，アセスメント担当者は里親に対し，お昼寝の前にその子に電話して，「あなたのことを忘れていない，ちゃんと後で迎えにいく」と伝えてはどうかと提案した。この介入後まもなく，昼下がりに激しく感情を爆発させることはなくなった。この一連の出来事が，子どもの攻撃性の原因を知る貴重な情報源となり，それ以外の情報と総合することで，この子に器質的な障害はなく，攻撃的な行動は不可逆的なものではないと里親や保育者を説得する上で役立った。

　発達するのは，子どもだけではない。生涯にわたり発達は続き，親も子どもよりペースは遅いとは言え，発達プロセスに関わっている。スタンリー・グリーンスパン（Stanley Greenspan）（1997, 1999）は，自己制御，対人関係への関与，意図，他者の意図と期待の理解，感情的概念の生成と精緻化，感情的思考という6つの基本的な発達課題を中心として構成される，前象徴的な精神構造を伴う精神内機能のモデルを考案した。自己の前象徴的構造には，制御と安全，人間関係の深さ・範囲・安定性，情動パターン，安全・承認・受容・自己主張・怒り・離別・喪失といった基本的な感情的テーマの折り合いといった課題が含まれる。子どもが成長して象徴と言葉を獲得すると，こうした領域を拡大し，内的世界と対人関係の世界の間に結びつきを生み出すことができる。象徴的な思考が可能になると，概念を用いてさまざまな感情を表現し，空想と現実を十分に区別できるようになり，思考が（理想としては）論理的，抽象的かつ柔軟になる。また他者の視点を感情的に認識しつつも，強い感情の影響で逸脱することがなくなる。

　こうした面には親による個人差が見られ，親がわが子の発達を促す能力は，親自身の発達能力に左右される。自己制御，親密さを育む能力，意図，他者の意図と期待への理解力，感情的概念の形成，柔軟な象徴的思考への関与などの分野における親子の発達段階を理解することで，アセスメントの作業を非常にやりやすくすることができる。コミュニケーションの内容だけでなく，そこにこめられた感情に注目することで，親子の発達段階に対するアセスメント担当者の理解が広がる。

発達は対人的文脈と環境的文脈の中で進行するため，アセスメントでは，親子それぞれの個別事情や背景状況をできるかぎりカバーすべきである。たとえ特定のトラウマ的出来事がアセスメントのきっかけであるとしても，アセスメント担当者は，そのトラウマ自体を越えて情報収集の網を張り巡らさねばならない。愛着関係は，幼い子どもが自己制御や人間関係への信頼，探求などの基本的能力を発達させる土台となるため，ストレスやトラウマを与えた個々の出来事が生じる以前の親子関係の機能の様子を理解することが重要である。トラウマ的な出来事が，愛着の質に影響を与えることもある。なぜならトラウマ的な出来事とは，親が危険から自分を守ってくれるという，幼い子どもの発達的に妥当な期待が裏切られたことを意味するからだ。だが，こうした信頼が裏切られた状態でも，安定的な愛着関係が，子どもがトラウマの影響からより早く回復する上で役立つ場合もある。愛着とトラウマ反応というふたつのレンズを使うことで，このふたつのプロセス間の交流的影響を評価し，両者の錯綜した関連性を考慮に入れて介入計画を策定することができる（Lieberman, 2004b; Lieberman & Amaya-Jackson, 2005）。

介入機会としてのアセスメント

最初のアセスメントは，単に事例定式化に向けた情報収集のための時間ではない。出会いの瞬間から，セラピストは重要な治療同盟を築き，極力早期の状況改善に向け一から取り組む協力的なパートナーとして，自身の立場を確立することができる。特に子どもが，トラウマ的な出来事や喪失体験を経て紹介されてきた場合，家族の危機の渦中で治療に回された可能性がある。こうした事例では，たとえセラピストが望むすべての情報をまだ入手していなくても，ただちに治療介入を実施しなければならない。たとえば，深刻なドメスティック・バイオレンスの事件を目撃した直後に，子どもが治療に回されることがある。被害者側の親は，非常に混乱していたり虚脱状態にあったりするため，子ども中心のアセスメントに参加できない。こうした状況では，親の情緒的ニーズに焦点をあてた個別セッションを交えた，情報収集と最初の介入を組み合わせた柔軟な形式が推奨される。親のウェルビーイングの向上が子どもにも影響

を及ぼし，子どものために親と治療同盟を築く上で役立つからである。何らかの形で即時に感情的な救済を与えられるような，発達上適切な介入を通じて，「心理学的な応急措置」を提供することができる（Pynoos & Nader, 1993）。またアセスメント担当者は，危機対応型介入から入手した情報を活用し，事例概念化および初回診断の定式化の指針とすることもできる。こうした最初の介入に対する家族の反応から，強みと弱み，サポートシステムの有無，治療への協力能力，さまざまな治療戦略に対する結果（改善，悪化，変化なし）などの分野について豊富な情報を得られる。

親を巻きこむ

　有益なアセスメントにおいて最も重要な唯一の要素はおそらく，アセスメント担当者がタイミング良く正確で完全な情報を引き出せるよう，親と早期に協力的な人間関係を築く能力である。この目標達成のためにはたいてい，巧みな機転と，親はさまざまな理由から意識的，無意識的に情報を隠したり歪めたりしたがるという認識が求められる。親自身の子ども時代の辛い体験のせいで，わが子の苦痛に目を向けるのが難しい場合もある。子どもの苦痛を認めることで，親自身の過去の体験が呼び起こされたり，悪化したりするのではないかと不安を感じるからだ。子どもが親の否定的感情の投影対象になると，親による報告内容は，わが子への相反する感情から意図的に歪められてしまう。親の育児に過失があるとか，危険な状況で親が子どもを守れなかった，あるいは実際に子どもを傷つけてしまったなどの理由から，親が，自分が提供する情報のせいで子どもの問題に巻きこまれるのではと不安を覚える場合もある。こうした事例では，親は罪悪感や恥の意識や怒りから，あるいは法的措置を講じるのを避けるためや，子どもを取り上げられることへの不安から，重要な情報を隠したり，不正確な説明をしたりする可能性がある。こうした筋書きから，アセスメントに欠かせない要素として，親の幅広い動機づけに注目することの重要性が強調される。

　アセスメント担当者は，アセスメントの最大の目標は，子どもを助ける手段として親子関係を守り，強化することにあることを冒頭で明確にして，親の協

力的姿勢を促すことができる。特に親にストレスやトラウマがある場合，アセスメント担当者が親の個人的体験や子どもの経験にはっきりと関心を示すことで，協力を促せる。こうした態度を通じて親に対し，単に子どもに関する情報提供者としてではなく，個人として相手を尊重しているというメッセージを伝えられるからだ。児童虐待が疑われる場合，アセスメント担当者は，児童虐待・ネグレクトを通報する法的義務を明確に認識しつつ，通報に至る状況の改善に向けて親と積極的に協力するという大きな文脈の中にこの義務を位置づけ，共感を持って両者のバランスをとるよう努める必要がある。

継続的プロセスとしてのアセスメント

　最初のアセスメントは，通常2～3回のセッションで終了するが，アセスメントのプロセスは介入を通じて続く。幼い子どもは急速に発達し，新たな能力を獲得する反面，おそらく新たな脆弱性も身につける。こうした要素を治療に含めなければならない。子どもの発達が人間関係の質に影響し，逆に人間関係の質も子どもの発達に影響を及ぼす。たとえば，乳児との治療で良好な反応を示していた親が，子どもがよちよち歩きを始め親のそばから離れられるようになると，拒絶されたと感じて問題が再発することもある。反対に，親の育児習慣によって，特定領域における子どもの発達が妨げられる場合もある。たとえば親が赤ん坊に話しかけを行わないと，表出・受容言語の発達が遅れる可能性がある。家庭環境の望ましい変化や新たな苦難も，親子関係の変化に反映されることが多い。たとえば，失業した母親が養育放棄したり，子どもを厳しく罰したりするようになるなど。こうした理由から，セラピストは介入期間を通じて，変化し続ける状況に対し活発な好奇心を保ち，新たな能力や新たな課題が浮上するに伴って，方向性を変えたり新たな治療目標を組みこんだりする必要がある。これは，親がアセスメントや治療の初期段階で情報を隠したり歪めたりしたがる場合，特に言えることである。信頼が芽生え効果的な同盟関係が育つにしたがって，新たな情報が判明することが多く，この新たな情報を事例定式化と治療計画策定に取り入れなければならない。

　子どもがトラウマや喪失を経験している場合，アセスメント中の臨床的な柔

軟性が特に重要になる。ひとつには，トラウマ体験の後には感情制御がうまくできなくなるため，もうひとつには，トラウマ的な状況を想起させるものや，問題の出来事から派生した2次的なストレス因子に対する子どもと養育者の反応には，大きなばらつきがあるために，そうした出来事を受けて子どもの機能状態が大きく変動することがある (Pynoos et al., 1999)。たとえば，家庭や地域社会での暴力，親の死などを受けて，子どもが今までと違う家や違う地域，児童養護施設などに移されたり，極端な事例では，親の元を離れ里親養育に措置されたりする場合もある。これらの変化すべてが，もともとのトラウマによる影響を悪化させるため，アセスメントおよび治療過程の全期間を通じて，注意深く見守る必要がある。

アセスメントの領域と方法

臨床的・構造的なアセスメント手法を組み合わせることで，子どもの機能と家族の機能のさまざまな領域について知る機会が得られる。

顕在的な問題

顕在的な問題は，それが紹介を受けた明らかな理由であり，紹介元や親が子どもをどう見ているかを示す重要な指標であるため，アセスメントのプロセスを整理する上で役立つ。顕在的な問題に十分な注意を向ける必要はあるものの，その問題がアセスメントの中心を占めてはならず，子どもの問題に寄与している可能性がある体質上，対人関係上，環境上の要因を継続的に探求する必要がある。

特定のストレス因子やトラウマ的な出来事が紹介を受けた主な理由である場合，アセスメント担当者は，その出来事の間に子どもが見聞きし，感じたことをくわしく調べなければならない (Pynoos, Steinberg, & Aaronson, 1997; Pynoos et al., 1999)。この情報は，自身の経験を言葉でしゃべったり遊びで再現したりできる子ども本人から直接引き出さねばならない。とは言え，子どもによる出来事の叙述や再現が，必ずしも事実として正確とはかぎらない。子どもの表現

は，彼らの願望や不安，表象能力や言語能力の限界および親の全能性や偏在性に対する彼らの認識を含む，子どもの考え方と発達段階に左右されるからである。その結果，子どもが出来事の意味や重要性を誤解する可能性もある。たとえば，倒れた母親に蘇生処置を施そうとする父親の姿を目にした4歳の男児が，後になって，父親が母親を何度も殴りけがを負わせたと報告した例がある。母親のはさみをつかんで指を切った2歳半の男児は，どうしたのかと聞かれて「ママがやったんだ」と答えた。子どもは自分を筋書きの中心に据えることもある。たとえば，自分が後部座席に乗っているとき交通事故で父親を亡くした5歳の男児は，「ぼくがシートベルトをはずしてたすけてあげなかったから，パパはしんじゃったんだ」と語った。重要な事実が漏れることも多く，ある4歳児は，ティーンエイジャーの姉と一緒に道を歩いているとき，姉が銃で脅され物を奪われるという経験をした。だがその子が報告した内容は，姉がボーイフレンドと電話で話していると，うるさいと言って別の男性が携帯電話を取り上げたというものだった。歪みや漏れの可能性はあるものの，子どもの発言は，起こった出来事に対する子どもの心的表象や，その中で自分が果たした役割に関する理解を伝えるものとして重要である (Gaensbauer, 1995)。

　子どもの経験に関して他の人に話を聞くことで，幼い子どもの報告者としての限界を補うことができる。ストレスやトラウマを与えた出来事の場合，主な質問内容として，子どもや周りの人が何を見聞きし，どう感じたか，親やその他の愛着関係のある人物がそばにいて子どもを助けたか，その出来事の直後に何が起こったかなどが挙げられる。驚くほど短い時間のうちにトラウマ的な出来事が起こることもあり，何が起こり，何がいちばん危険だったか，いちばん恐ろしかったかについて，居合わせた人の意見が異なる場合もある。アセスメント担当者は，すべてのストーリーに耳を傾け，情報提供者それぞれの出来事に対する説明を考慮しつつ，子どもへの影響を評価しなければならない。どの視点も重要であり，それらすべてが，子どもがその出来事に付与した意味や，子どもにトラウマを想起させる感覚・情動的な反応を理解する上で役立つ。

　トラウマ的な体験のアセスメントには，子どもが言われた言葉，小耳に挟んだ可能性がある言葉も含める必要がある。大人はしばしば，子どもの状況理解力や，大人の会話を聞き取る能力を過小評価するが，こうした情報が恐ろしい

心的イメージを生み出す可能性がある。経験豊富なアセスメント担当者なら「この子は，何と言われたのですか」「事件について家族同士で話す際，どんな会話をしていますか」とたずね，子どもが漏れ聞いた内容を評価するだろう。可能であれば，警察や児童保護サービス，医療関係者，マスコミへの通報内容を調べ，子どもが見聞きしたと言っている内容を確認すべきである。こうした情報を総合することで，子どもの体験を理解するための可能なかぎり十分な基盤が得られる。

情報提供者としての親

　親への非構造的な臨床面談が，おそらく子どもに関して知る上で最も一般的な情報源である。優れた情報提供者として，子どもの行動や発達歴，情緒的体験をさまざまな側面から自発的に話してくれる親もいれば，わが子に関する知識をわかりやすく説明できない親もいる。サリー・プロバンス（Sally Provence）は，一般論ではなく具体的なやりとりや出来事を交えてわが子のことを説明できるよう，親に対し子どもの一日の様子を話してもらうよう提案している（Provence, 1977）。親が話している間，アセスメント担当者は一日のさまざまな場面を振り返る際の親の感情の動きを観察し，両親それぞれ，あるいは養育者の子どもの受け止め方や対応の仕方を見て，互いの類似点や相違点を比較する。

　構造的な臨床面談と自己報告は，親がわが子の機能に関し重要な点を想起して記述するのに役立ち，特にアセスメント担当者が定量的手法で介入効果を評価したい場合，有用な補足情報も得られる。これらの手法について説明し心理測定的データを示すのは本書の範囲を越えているが，デルカルメン・ウィギンス（DelCarmen-Wiggins）とカーター（Carter）（2004）の名著でこうした手法について検討を実施している。有用な手法の例として広く使用されている「児童行動チェックリスト1.5〜5歳用」（*Child Behavior Checklist for Ages 1½ to 5*, Achenbach & Rescorla, 2000），「乳幼児社会情緒評価」（*Infant-Toddler Social and Emotional Assessment*, Carter & Briggs-Gowan, 2000）が挙げられる。どちらも，同年齢の他の子どもとの比較を行える手法である。これらの手法は，内面化・

外面化した行動面の問題を評価する上位尺度と，上位尺度の中に含まれる範囲の狭い下位尺度を備えている。

　親から得られるのは，子どもに関する情報だけではない。親の感情体験は，子どもの機能を形作る重要な要素であり，アセスメントに組みこむべきである。親の幼少期の体験や現在の状況が子どものメンタルヘルスの問題に及ぼす影響を確認するため，親の生活史もある程度くわしく聞き出す必要がある。親にとって，子どもが親自身の辛い子ども時代を想起させるきっかけとなり，不適応的な反応の引き金となっている可能性もある。親が，適切な育児を妨げる精神的問題を抱えている場合もある。臨床面談や構造的な自己報告，あるいは両者の併用により，親の情緒機能を評価することもできる。

　家族の環境的文脈から，リスクの原因や子どもの健康な発育に向けた支援に関して重要なキューが得られる。貧困や差別，失業，教育の欠如，社会的支援からの孤立，地域社会での持続的な暴力などは，自己強化的に困難を持続させる背景要因となりうる。これらのリスク因子を確認しその影響を十分に理解しなければ，アセスメント担当者は，子どもの問題の原因や効果的な治療戦略について，誤った結論に達するおそれがある。

　家庭状況や子どもの状態に関する親の解釈を，親の文化的背景に即して理解する必要がある。文化は，個人がストレスやトラウマを生む出来事や困難に対しどのような意味を付与するかに影響を及ぼすとともに，回復プロセスを通じた子どもへの効果的な支援に関する信念や伝統の基盤ともなる（Lewis & Ghosh Ippen, 2004）。育児上の価値観や子どもの発育，家庭内での子どもの役割に関する文化的信念に基づいて，苦しむ子どもを助けるために，家族が祈り，まじない，悪魔払い，身体的な介入といった儀式を執り行うこともある。アセスメント担当者が，家族の信念や慣習を完全に理解しようと積極的に努力すれば，家族にとって敬意が感じられる効果的な方法で，伝統的介入と現代的介入を巧みに統合することができるだろう。

親子関係

　乳幼児は，たとえ自分の経験を説明する表現力や言語能力がなくても，養育

者と関わる中で自分の強みや弱みを示す。紹介の内容に応じて，セラピストは両親それぞれと個別に，一方の親のみと，あるいは両親とともに子どもを観察することができる。自宅で子どもを観察できれば，とりわけ有用である。そうすれば環境ストレスの内容や深刻度，家族の対処戦略など，日常的な環境について情報が得られるからだ。観察法を構造型にするか非構造型にするかは，通常，アセスメント担当者の理論的・臨床的な嗜好や研究上・財政上の懸念事項に基づいて決定される。どちらを選ぼうと，アセスメント担当者は台本のない親子のやりとりに注意を払い続けなければならない。自然な相互作用や身ぶりから，人間関係の情緒的な質について最も鋭い洞察が得られることが多いからである。

　半構造型の観察手法を使えば，治療前後の親子の相互作用を体系的に比較したり，治療予後の研究において標準化した集団同士を比較したりできる。この目的のため，研究者とセラピストが幅広い方法を考案している。自由遊び，構造化課題，離別－再会エピソードを巧みに組み合わせた，親子相互作用をとらえる手順のひとつとして，ジュディス・A・クロウェル（Judith A. Crowell）らの研究（Crowell & Feldman, 1989）に端を発し，のちにチャールズ・ジーナ（Charles Zeanah）らが修正を加えた手法が挙げられる（Heller, Aoki, & Schoffner, 1998; Zeanah et al., 1997）。この手順は，自由遊び，清掃課題，一緒にシャボン玉を吹く，4つの指導課題（うちひとつは，子どもにはおそらくできないと思われる難易度に設定），それに短い離別後の再会といった一連のエピソードから構成される。この手順を通じてセラピストは，子どもの基本的な気分・情動の範囲，情動抑制，象徴的表象のレベル，親に感情的支援を求め難い課題で助力を求めているか，短期間の離別という年齢相応のストレスへの対処戦略，再会後に親との感情的つながりを再構築する能力などを観察することができる。親子がひとつのエピソードから次のエピソードに移るのを見守る中で，セラピストは，子どもがどうやって協力を求め活用するか，さまざまな状況下で親子関係がどのように機能するか——親子の互いに対する快適度や愛情のレベル，協力し意見の不一致を解決する能力，親の限度設定能力，親が定めた指針への子どもの対応力などを含め——を観察することができる。

個々の子どもの機能――情緒・社会・認知領域

　アセスメントには，子どもの発達歴だけでなく現在の機能も含めるべきだ。子どもの情緒・社会・認知機能は，子どもの人間関係の質を反映していることが多く，養育関係に問題があれば機能が損なわれていると想定できる。トラウマ的な体験は，トラウマを受けた時点で最も発達が目覚ましい機能領域を阻害する（Marans & Adelman, 1997）。たとえば生後1年間で最も重要な発達課題のひとつは，神経生理学的な調節の確立である。この時期のストレスやトラウマは，摂食や睡眠に問題が生じる，イライラしやすくなる，泣きやまない，なだめられないといった形で現れることが多い。問題となる出来事が起こる前は，十分に自己調節できていた乳児が，子どもの対処資源に負担を強いるような外的状況に直面すると，変調を来たす。そのため，子どもの発達経過と，混乱を引き起こすストレス因子の存在を確認することが重要である。正常な発育をたどる子どもの間でも能力の大きなばらつきは見られるものの，発達は予測可能な順序で進行する。ブラゼルトン（Brazelton）(1992) やリーチ（Leach）(1989)，グリーンスパン (1999) をはじめ，早期発達の過程と目安を示した資料は多数存在する。発達について学ぶのは継続的な取り組みであり，この人間の基本的なプロセスに対する理解を広げ深めようと努力を続けることにより，アセスメント担当者およびセラピストとしての臨床家の職業的アイデンティティが強化される。

　子どもとセラピストの関係の質（ふたりきりの時と，親が同席している時の双方）から，子どもの自己制御，積極的に関わる能力，表現力に関する情報が得られる。おもちゃなどの小道具を慎重に選んで，さまざまな機能領域のアセスメントを促すべきである。子どもがトラウマ体験を受けて紹介されてきた場合，子どもの行動や遊びの中に，トラウマの引き金や，それ以外にトラウマの再現と思われるものがないか評価する必要がある。幼児や就学前児童は，人形の家族や医療キット，救急車などの緊急車両，動物の家族，指人形，子どもの生活上の特定のストレス因子をほのめかすその他のおもちゃなどの感情を喚起する小道具を使って，トラウマ体験を再現する（Gaensbauer, 1995; Pruett, 1979; Scheeringa & Gaensbauer, 2000）。

言語，推論，行動などで子どもが年齢相応の発達の目安を達成しているか疑問がある場合，構造化認知アセスメントを推奨する。徹底したアセスメントの一環として，少なくとも認知・発達障害のスクリーニングを行うべきである。そのための有益な手法のひとつが ASQ（Squires, Potter, & Bricker, 1999）であり，4〜60か月の子どもを対象とする19種類の質問票から構成される。各質問票には，コミュニケーション，粗大運動，微細運動，問題解決，対人－社会の5つの領域で子どもの発達を評価する30の項目が含まれており，カットオフスコアを用いて発達遅延のリスクの有無を判断する。スコアがカットオフ値を下回れば，ベイリー乳児発達尺度（Bayley, 1993）やマレン早期学習尺度（Mullen, 1991）などのより包括的な指標を使ってくわしいアセスメントを受ける必要がある。

　副次的な情報源も，さまざまな場面での子どもの機能の理解に役立つ。こうした副次的な情報源に接触するに際しては，請求する情報の内容やその情報の使用法について，臨床的な情報に基づく説明を記載した依頼を行い，書面で親の許可を取得して親の秘密保持の権利に対処しなければならない。アセスメントの中で，小児科医に必ず情報を請求するよう強く推奨する。医学的な問題が，発達遅延や行動異常につながる可能性があるからだ。子どものかかりつけの小児科医が，その子の生育歴や体の発達，身体症状，健康状態，定期的で適切な健康管理の有無などに関する情報を提供し，アセスメントプロセスの協力者になってくれる場合もある。妊娠中の問題や出生後の栄養不足など，子どもが健康に悪影響を及ぼすような胎内環境または外的環境に置かれていた場合，医学的観点がとりわけ重要である。保育園や幼稚園の教師は，子どもの友達や大人との関係，集団での機能レベル，家庭外での人間関係の質について情報を提供してくれる。教室で子どもを観察するのも，こうした副次的情報を補うのに有用である。児童福祉士は，子どもの保護や法的問題に関する貴重な情報源である。

トラウマを想起させるもの

　トラウマを想起させるものは，トラウマを引き起こした体験に伴う具体的な

特徴に関連し，トラウマの身体的記憶，得てして前象徴的な記憶を呼び起こして，煩わしいイメージや強烈な感情，その他トラウマ的な瞬間を蘇らせるような感覚体験で子どもを満たす（Pynoos et al., 1999）。トラウマを想起させるものにとらえられた子どもは，まるでその瞬間にトラウマが再び生じたかのように振る舞い，何もできず体を強ばらせたり，他人は気づかない刺激に対し戦ったり，養育者や教師，友人には不可解に思える行動をとったりする。子どもが説明できない行動をとっているように見えたら，アセスメント担当者は，子どもが今起きていることを，辛い体験やトラウマ体験の何らかの側面と結びつけていないか検討するべきである。子どもの生活中の出来事に関し徹底した事実報告を集める重要な理由は，ストレスやトラウマを想起させると思われるものを明らかにし，そうしたものが呼び起こす情動的・生理的な調節異常に子どもが対処できるよう支援することにある。

親も子どもと同じように辛い出来事を経験していることが多く，子どもと同様に，そうした経験への反応として調節異常を示すことがある。実際，親子両方がトラウマの原因となる現場に居合わせた場合，双方が互いにトラウマを想起させるような行動をとることもある。親子双方にトラウマを想起させるような刺激を発見することが，アセスメントの重要な要素である。

診断上の問題

アセスメントで得た情報から，子どもに診断可能な臨床症状があるかどうか判断できる。ただ，たとえ精神疾患の正式な診断基準を満たしても，幼い子どもに精神病の診断を下すには概念的にも倫理的にもジレンマがつきまとう。乳幼児期は発達速度が速いため，行動の安定性が疑わしく，心理的な成熟や環境・人間関係の変化に対応して，子どもが自分の情緒・社会・認知面での振る舞いを再編していくにつれ，そうした行動が消失したり，頻度が減ったり，あるいは変容を遂げたりすることもある（Emde, Bingham, & Harmon, 1993）。加えて，幼い子どもは行動レパートリーがかぎられるため，同じ行動が子どもや状況によって違う意味を持つこともある。背景状況に応じて，幼児の苛立ちや攻撃的な行動が，年齢相応の自立への努力である場合もあれば，抑うつや全般

的な不安,あるいはトラウマ的なストレスへの反応である場合もある。大人と同様,子どもにも併発障害が広く見られる。また最後になったが,重要なこととして,既存の診断マニュアルには方法論的な問題があり,マニュアルが提示する診断分類の妥当性と信頼性に疑問が提起されている(Greenspan & Wieder, 1998)。こうした状況下で診断を下すことの倫理性から,多くのセラピストや親がためらいを感じ,診断ラベルを貼ることで周囲が子どもを色眼鏡で見るようになる結果,本当に精神病になってしまうのではないか,また診断ラベルが子どもの発達の長期的な軌跡に影響を及ぼすのではないかと懸念している。

こうした課題はあるものの,必要に応じて診断名を付与するのには,臨床的にも実際的にも理由がある。正確な診断像は,具体的な治療計画の基盤となり,異分野の専門家同士のコミュニケーションを促す。また,保険会社や連邦政府・州のプログラムから治療費の償還を受ける上でも役立つ。

幼い子どもの発達障害・精神疾患を分類した診断マニュアルとして,『精神疾患の診断・統計マニュアル』(DSM-IV および DSM-IV-TR)(高橋三郎,大野裕,染矢俊幸訳,医学書院,2003 年),「精神保健と発達障害の診断基準——0 歳から 3 歳まで」(*Diagnostic Classification of Mental Health and Developmental Disorders of Infancy and Early Child hood Revised*, DC:0–3R; Zero to Three: National Center for Infants, Toddlers, and Families, 2005)[3],ICDL 臨床実践ガイドライン(発達および学習障害に関する学際評議会,2000)の 3 つが存在する。最後の ICDL の分類法では,小児期早期の機能的な発達・処理の問題に焦点をあてており,トラウマ的な人生経験を原因として特定してはいないが,トラウマ後に生じうる感覚運動障害,感覚運動処理障害への介入法の策定に有用である。

DSM-IV-TR の診断分類の記述には,乳児期・幼児期・就学前に各症状がどのような形で現れるかに関し発達的な視点での説明は行われていない。対照的に DC:0–3R は,特に乳幼児への使用を想定して作成されたものだ。両マニュアルの提案を統合し拡充したものが PAPA(就学前精神疾患アセスメント,

---

3 邦訳版は『精神保健と発達障害の診断基準——0 歳から 3 歳まで』(本城秀次,奥野光訳,ミネルヴァ書房,2000 年)がある。

Egger, Ascher, & Angold, 1999)であり，PAPA では構造化インタビューを通じて親から症状・障害に関する情報を集め，経験的に得られた就学前の精神症状・精神疾患の実情に基づく診断プロセスの構築を目指している。現在，PAPA は主に研究手段として使用されているが，モジュール構成になっていて，対象となる特定の障害に関連するセクションだけを選べることから，臨床場面でも活用できる。

　子どもがトラウマ的な出来事を目撃または経験した後に症状が現れた場合，通常 PTSD という診断名が好まれる。DSM-IV-TR と DC:0-3R の PTSD の記述には，大きな相違が見られる。DSM-IV-TR では，PTSD と診断されるには，「実際にまたは危うく死ぬもしくは重傷を負うような出来事を，一度または数度，または自分もしくは他人の身体の保全に迫る危険を，その人が体験し，目撃し，または直面した」ことが必要とされる（医学書院，2003, p.446）。他方，DC:0-3R では，実際にまたは危うく死ぬもしくは重傷を負う，または子どもや他人の**精神**もしくは身体の保全に迫る危険を伴う，一度または数度の出来事を経験した後に PTSD と診断される（強調筆者）。この違いはきわめて重要である。乳幼児は，親の養育のリズムやパターンを中心として自己意識を確立する。親のメンタルヘルスへの脅威は，幼い子どもの安全と生存への意識を揺るがすれっきとした脅威になる（Scheeringa & Zeanah, 1995）。DSM-IV-TR には，小児期早期のこうした精神的現実が欠落しており，生後5年間によく見られるトラウマ的なストレス反応が含まれていないことから，この分類法を使用した場合，トラウマ経験がある就学前児童を対象にこれらふたつのマニュアルを使用して比較した研究で報告されているように，トラウマがある子どもの PTSD が過小に診断されるおそれがある（Scheeringa, Zeanah, Drell, & Larrieu, 1995）。

現在の PTSD の概念は適切なのか？

　現在の PTSD 診断は，一度のトラウマ体験を経た後の機能の変化を反映しているが，トラウマ体験が反復的，慢性的で広範囲にわたる深刻なものである場合や，加害者が子どもを養育する役割を担う人物である場合，この診断基準

に限界があるという認識が高まりつつある。研究者やセラピストは，こうした慢性的なトラウマのパターンが幼少期に始まると，子どもの発達の軌跡が，PTSDに伴う限局的な症状を越えて数多くの機能分野において変化する可能性があると指摘している。特定不能の極度ストレス障害（DESNOS）という新たな診断分類は，元来は複雑で慢性的なトラウマに苦しむ成人を想定して生まれた概念であり，30件以上の臨床試験データによって裏づけられている（Herman, 1992a; van der Kolk & Courtois, 2005）。DESNOSは，(1) 感情の制御能力，(2) アイデンティティと自己意識，(3) 継続的な意識と記憶，(4) 加害者との関係，(5) 他者との関係，(6) 身体状況，医学的状況，(7) 意味体系という7つの機能領域の変化を伴う（van der Kolk, Roth, Pelcovitz, Sunday, & Spinazzola, 2005）。

この概念は，親子関係における慢性的なマルトリートメントが子どもの発達に及ぼす影響への理解を深めるのに役立ち，発達性トラウマ障害という新たな診断分類の誕生につながった（van der Kolk, 2005）。単独のトラウマ体験がPTSD診断に反映されるような特徴的な症状パターンを生むことがある一方，慢性的なマルトリートメントは，心と脳の発達や，感覚・感情・認知情報を処理し統合する能力に広範な悪影響を及ぼす。ヴァン・デア・コルクら（2005）は，幼少期の反復的トラウマの事例で発達の混乱を引き起こすメカニズムは，愛着に問題がある，親が子どもの情動制御を促せない，信頼性と予測可能性のある保護体験が欠落している，などの点にあると提案している。発達性トラウマ障害の症状は，次の4つの基準に集約される。

1. 遺棄，裏切り，身体的暴力，性的暴力，身体保全への脅威，強制的習慣，情緒的虐待，暴力または死の目撃など，怒り・裏切り・恐怖・断念・敗北・恥辱の客観的体験を伴う発達に悪影響を及ぼす，複数回または慢性的な形での対人的トラウマの体験。
2. 情動，身体，行動，認知，人間関係，自己帰属の各領域で経験するトラウマのキューによって引き起こされる，反復的な調整不全のパターン。
3. 否定的な自己帰属，保護的な養育者への不信，社会福祉機関による自

己や他者の保護能力への信頼喪失，社会的正義の訴求の欠如，将来的に被害をこうむるのは避けがたいという確信などを含む，帰属および期待の持続的な変化。
4. 教育，家族，仲間，法律，職業面での機能障害。

広範囲にわたる早期トラウマは発達障害をもたらすという考え方は，小児期の不幸な体験が成人後の心身の健康に与える長期的な幅広い影響を記述した，近年増加しつつある実証的証拠（Felitti et al., 1998）や，小児期に慢性的なマルトリートメントを受けた人は，医療サービス，更生サービス，社会サービス，メンタルヘルスサービスの使用頻度が高いという証拠（Drossman, Lesserman, Nachman, Gluck, & Tooney, 1990; Teplin, Abram, McClelland, Dulcan, & Mericle, 2002; Windom & Maxfield, 1996）によって裏づけられている。DESNOSと発達性トラウマ障害はどちらも，今のところ確立された診断分類には含まれない。だがどちらの診断分類も，幼い子どもが反復的なトラウマやそれに伴う2次的な困難を経験した後に示すさまざまな症状や問題を整理する上で，PTSD診断以上に有益である可能性がある。こうした新しい分類は，現時点では保険償還時の正式な診断名として使用することはできないが，子どもの機能を理解し定式化するのに役立てることができる。

人間関係を診断する

子どもの機能は，情緒的な人間関係をふまえて理解すべきだと広く認識されているにもかかわらず，診断分類は必ず子ども個人のみに着目するという事実には，本来的に矛盾がある。DC:0-3Rでは，親子関係の質に注目したⅡ軸を設定してこの不自然さを改善している（Zero to Three: National Center for Infants, Toddlers, and Families, 2005）。Ⅱ軸では，親子双方の全体的機能レベルや苦痛のレベル，適応的柔軟性，親子の間の葛藤と解決のレベル，および関係の質が子どもの発達的進歩に及ぼす影響（p.41）を含め，「臨床家は，主要な人間関係をアセスメントの対象として考慮し概念化し，必要に応じて診断を行うべきである」（p.41）との前提に立つ。Ⅱ軸は，関係性を分類するふたつのツー

ルを提供している。ひとつ目のツールは，100ポイントから成る親子関係総合評価尺度（PIR-GAS）で，適応良好を示す最も高い指標から，動揺，阻害，障害と徐々に適応関係の質が低下し，最も深刻な指標としてマルトリートメントの確認まで幅広い評価を実施できる。ふたつ目のツールは，関係性の問題チェックリスト（RPCL）であり，人間関係の質の記述的特徴を，過干渉，干渉不足，不安／緊張，怒り／敵意，言葉による虐待，身体的虐待，性的虐待などに分類する。これらの関係の質はそれぞれ，相互作用の行動面の質，感情の調子，心理的な関与レベルという3つの領域から記述される。II軸の分類基準では，関係性の障害はその人間関係に特異的なものであると明記されている。これはつまり，主な養育者ひとりひとりと子どもとの関係性を，アセスメントの過程で個別に評価する必要があるということである。また，子どもと両親の三者関係が，機能の重要な予測因子であり，できるかぎりアセスメントに不可欠の要素として組みこむべきである点も，強調しておく必要がある（McHale, 2007）。

愛着関係の問題・障害の特定

　親子関係には，さまざまな側面がある。個々の状況の特徴に応じて，親は子どもにとって遊び仲間，教師，しつけを施す人，あるいは心身の安全の保障者といった役割を果たす。親子関係では，役割の境界線の流動性が，例外というより基本的な原則であり，しばしば混乱を引き起こす原因となっている。なぜなら親は，ひとつの役割から別の役割へと突然切り替えるよう求められがちだからだ。たとえば荒っぽい遊びに興じる中で興奮した幼児が親を噛んだ場合，親はすぐさまふざけたやりとりをやめ，やって良いことと悪いことを教え，子どもの社会性を養うという仕事に移らねばならない。とは言え，相互強化的な親としての役割の根底にあるのは，危険に満ちた生後最初の数年間に子どもを守り確実に生き延びさせるという，何よりも重要な責任である。愛着という概念は，保護と安全確保を含む親子関係に特有の要素を記述するため，ボウルビィ（Bowlby）（1969/82）が考案したものだ。この前提に立つと，愛着の問題や愛着障害は，子どもが，親的人物への接近や親的人物との相互作用を通じて

保護と安全を得るためのレディネスや，これらを得る能力に混乱があることと定義できる。愛着の問題は普通は，養育状況の問題が原因で発生するが，子どもはこうした状況に大きな犠牲を払って心理的に適応し，その適応が自己意識に不可欠な要素として内面化されることで，親密な人間関係を築く能力に影響が生じる。

　主な愛着障害は，次の3つの状況が原因で生じる。すなわち(1) 一貫した養育者がいないため子どもが愛着を抱けない，(2) 親側の矛盾，予測不可能性，感情的引きこもり，懲罰的態度のせいで，子どもの愛着が不安と恐怖を交えたものである，(3) 離別や死亡により子どもが愛着の対象を失い，悲嘆と哀悼をもたらしている。これら個々の状況に対して生じる感情障害は，それぞれ無愛着，安全基地の歪み，崩壊性愛着障害と名づけられている（Lieberman & Zeanah, 1995; Zeanah & Boris, 2000）。

無愛着（non attachment）

　常に一貫した養育者と基本的な情緒関係を育む機会を得られない乳幼児は，感情的引きこもり，または無差別的な社交性というまったく異なるふたつの行動パターンに陥りがちである。感情的に引きこもる子どもは，養育者に近づいて接触を持とうとせず，人間関係の中で愛情や喜びをほとんど示さない。このパターンは，施設に暮らす子どもに多く確認されている（Tizard & Rees, 1975; Smyke, Dumitrescu, & Zeanah, 2002）。他方で無差別的な社交性は，年齢相応の人見知りがないという形で現れ，甘えたり助けを求めたり面倒をみてもらったりする相手を選ばず，見知らぬ相手でも極端に心を許しなついているように見える。このパターンは，虐待を受けた後，里親養育に措置されたばかりの子ども（Zeanah et al., 2004），施設に入所した幼い子ども（Chisholm, Carter, Ames, & Morison, 1995），施設から養子にもらわれた子どもに認められている。養子にもらわれた子どもは，養父母と選択的愛着を築いた後も，相手を選ばず表面的な社交性を示し続けることが多い（O'Connor, Marvin, Rutter, Olrick, & Brittner, 2002）。

　DSM-IV-TRでは，無愛着を反応性愛着障害（RAD）に分類し，RADは抑

制型と脱抑制型というふたつのタイプに分けられる。この診断分類の基本的特徴については広い意見の一致が見られるが，RAD に関係する感情的引きこもりの評価法，抑うつ性障害との区別，無差別的な社交性が愛着形成後も持続することを考えると，これを無愛着に固有の特徴とみなすのが果たして正しいのかをめぐり，議論が交わされている（Luby, 2006; O'Connor & Zeanah, 2003; Stafford & Zeanah, 2006）。

安全基地の歪み（Secure-Base Distortions）

この現象は，主な養育者と選択的に感情的な絆を築いているが，養育者が物理的，心理的に常にそばにいてくれるとあてにできない子どもに観察される。愛着に関係する不安は，幼少期において，安全基地活動を規定する愛着行動と探索的行動とのバランスの歪みとして現れることが多い。歪みが見られる子どもは，たとえば大部分の子どもが養育者のそばにとどまり接触を保とうとする馴染みのない状況で，安全性を犠牲にして探索活動をとり，養育者の元から走り去って離れたりする。あるいは逆に探索行動をとらず，親との接近と接触を望み，探索に適した見慣れた安全な状況でも，頑なに養育者にしがみついて離れないこともある。安全基地活動の 3 つ目の歪みとして，親子の養育に関する役割が転換し，子どもが早熟で自分のことは完全に自分でこなし，親のウェルビーイングに異常に気をつかうといった例もある。どのパターンも，自分のニーズに親が気づき反応してくれる可能性を最大限に高めることで，子どもが親の非応答性に適応しようと努めていることを示すものだ（Lieberman & Zeanah, 1995）。

正式な分類がくり返し改訂されたため，それに応じて安全基地の歪みの定義も何度か書き直されてきた。最も新しい呼称はジーナとボリス（Boris）（2000）が考案したもので，ふたりはこのパターンが時折見られる場合は愛着の問題とみなし，頻繁にまたは恒常的に認められる場合に愛着障害とするよう提案している。下記の行動パターンは，それぞれ別個のカテゴリーとして示されているが，異なる状況下で同じ子どもに複数の行動パターンが共存することもある。そのため，次のカテゴリーは絶対的な概念でなく，観察の指針とみなすと良いだろう。

自己破壊を伴う愛着障害 子どもは馴染みのない状況や危険な状況で、常に親から離れて探索活動をとり、こうした行動が、不慣れな状況や危険の恐れがある状況で親への接近・接触を求める正反対の傾向によって抑制されることがない。例として、人混みの中で何度も駆け去る、車の前に飛び出すなど、まるで親に対し、決然たる行動で自分を守り、それによって愛情を示してほしいと懇願しているかのような行動が挙げられる。特におびえた時や動揺した時、自分や養育者に攻撃性を示すのも頻繁に見られる特徴である。幼児や就学前児童の場合、愛着障害の現れであるこの行動パターンを、過活動や衝動性、認知力が未熟なための潜在的な脅威への認識不足などと区別することが重要である。

しがみつき／探索抑制を伴う愛着障害 このパターンでは、見慣れた安全な状況でも、子どもは探索せず頑なに親のそばにとどまろうとする。親が同席していると、親がいなくなることへの強い不安がしばしば認められるが、親がいなくなるとこの不安は和らぎ、親が戻ってくると不安も再発する。親と一緒に見知らぬ大人の前にいる時、探索活動の抑制がひときわ顕著に見られる。このパターンの有無を確認する際は、子どもが人見知りで刺激に萎縮しやすいのか、それとも愛着に関わる問題なのか見極める必要がある。性格的に内気な子どもは、環境に慣れると打ち解ける傾向があるのに対し、親がいるか絶えず気にする子どもは、たとえ見慣れた状況でもそばを離れず親の居場所を確認しがちである。

役割転換を伴う愛着障害 このパターンの子どもは、親のウェルビーイングに心を砕き、親の顔色をうかがって大人びた様子で機嫌をとるなど、過剰な配慮や気配りを示す。ふさぎこんだ親の気持ちを盛り上げようと、わざと陽気に振る舞ったり、特に不安材料がない状況で親に気分は良いかとしつこくたずねたりする場合もある。このパターンを愛着障害ととらえる前に、子どもが適応的な共感能力を示している可能性や、文化的な期待に応えているだけではないかなどを確認する必要がある。

　こうした安全基地の歪みに該当する行動の判別には、自然な環境で十分な観

察を行う必要があり，年齢相応の傾向や気質的な個性と慎重に区別しなければならない。どんな子どもも，時には向こう見ずになったり，内気だったり，親のウェルビーイングを異常に気にかけたりするものだ。こうした傾向が，不安をかき立てるほど硬直的なもので，発達上適切な活動が阻害されている場合に限って，問題になる。時間に制約がある構造型アセスメントでは，安全基地の歪みを確実に判別するのは難しいことが証明されており，そのためこの歪みは，正式な診断分類法に含まれていない。だが，こうしたパターンは有用な観察の指針として，親子関係の精神力動を概念化するための基盤として活用できる。

崩壊性愛着障害（Disrupted Attachment Disorder）

離別や死亡により，子どもが愛着対象を突然失う経験をした場合，この分類に該当する。幼い子どもの基本的なウェルビーイングは心身ともに親に左右されるため，生後数年間に愛着対象を失うと壊滅的な影響が生じる。子どもを慰め，失った親が占めていた感情的地位を部分的にも補完できるような他の愛着対象がいない場合，特にこれが問題になる。DC:0-3Rには，次の症状のうち少なくとも3つを特徴とする，長期的な死別／悲嘆反応と呼ばれる分類が含まれる。その症状とは，いつまでも悲しみ失った親を探す，他者の慰めを受け入れない，感情的引きこもり・悲嘆・無気力，摂食・睡眠障害，発達退行，感情の幅の減少，喪失を思い出させるものへの強い反応などである。リーバーマンら（2003）が，悲嘆・死別のアセスメントと治療のための指針を策定している。

事例定式化（Case Formulation）
（ケースフォーミュレーション）

事例定式化では，異なる手法やツールで得た所見をひとつの概念にまとめ上げ，子どもの親および重要な他者との関係や，環境的条件をふまえて，子どもの機能を一貫した全体像に統合する。事例定式化を通じて，生物学的，心理学的，対人的，社会文化的領域における素因となる脆弱性，引き金となるストレス因子，維持的な環境，保護的な強みを統合した生物心理社会的な枠組みの中で，子どもに関する情報を整理する。世界を理解しようとする子どもの努力に

照らした行動および症状の意味が,事例定式化と治療計画を策定する際の手がかりとなる。

　正確な診断はひとつの構成概念として役立つが,診断を下すこと自体は,せいぜい事例定式化の第一歩に過ぎず,多くの事例で辛うじて役に立つにとどまる。アセスメント担当者が一目見てきわめて明白と思えた診断分類が,子どもの症状に最も一致する診断名でない場合もある。たとえばアセスメント担当者は,トラウマ体験を経て受診した子どもはPTSDの可能性が高いと想定するかもしれないが,これは必ずしも,虐待・ネグレクトの履歴がある子どもにいちばん多い診断名ではない。被虐待児364人を対象としたある調査では,最も多く見られた診断名は頻度順に,分離不安障害,反抗挑戦性障害,恐怖症,PTSD,注意欠如／多動性障害だった（Ackerman, Newton, McPherson, Jones, & Dykman, 1998）。また診断のみに注目すると,潜在性の症候群に伴って大きな苦痛や機能不全が生じるという反復的な所見を見逃すことにもなる。加えて,現在の分類学の定義の狭さから,幼い子どもの場合でも,問題を記述するのに複数の診断名が必要とされることが多い（Brown, 2005; Kendell & Jablensky, 2003）。

　治療計画策定における事例定式化の役割については,本章冒頭で指摘した点をくり返すことになる。子どもを理解し,介入に向け適切な提案を行うため,アセスメント担当者は子ども本人と周囲の環境の強み,弱みを把握しなければならない。診断は重要で有用でもあるが,事例を定式化する際はもっと視野を広げ,手元にあるすべての情報を活用して必要に応じ診断分類にあてはめるだけでなく,臨床的に早急に注意を向ける必要がある問題のいくつかは,既存の分類にきれいに収まらない可能性もあると認識する必要がある。事例定式化は,常に未完成の作業であり,新たな展開に応じて訂正する余地が求められる。

　事例定式化の鍵となる要素は,子どものメンタルヘルス上のニーズに最も効果的なのは個別心理療法か,それとも子ども－親心理療法なのか判断することである。私たちは,子どもが6歳未満の場合,子ども－親心理療法による介入が,最も持続的な効果を得られる可能性が高いと考えている。なぜなら幼い子どもの自我の発達は,親との関係や受ける養育の質と分かちがたく結びついて

いるからだ。セラピストだけでなく，親が子どもの恐怖と不安，それらへの最も効果的な対処法を理解することが大切である。とは言え，親に精神障害や発達障害があり，親としての役割を果たせない場合は，少なくとも当面は個別療法を行うのが子どもの最善の利益になるだろう。こうした状況で子ども‐親心理療法を行うと，子どもの現実検討能力が損なわれメンタルヘルスに深刻な影響が生じるおそれがある。後の章で，こうした結果を避けるため親子それぞれに個別セッションを実施した事例について検討する。

定式化の共有：フィードバックを与える

　アセスメント自体と同様，フィードバックもアセスメント担当者と親の共同作業である。アセスメント担当者が親に対し，最初にアセスメントの過程で自分自身や子どもについて，何か新しいことを学んだかどうかたずねると，フィードバックのセッションを非常に効果的に行うことができる。この質問により，親の印象もアセスメント担当者の視点と同じように有意義で有用であることを明確にできる。また，親とアセスメント担当者の共通の理解に基づいて治療目標が設定されるという期待を抱くための土台も生まれる。

　アセスメント担当者が，アセスメントで得た結果に対する自分の意見を述べる際は，一般に良い知らせから始めると良い。親は基本的に，わが子のことや親としての自分の能力に不安と心配を感じている。子どもや親，家族関係の強みを述べれば，親も不安が和らぎ，残りのフィードバックに耳を傾けやすくなる。セルマ・フライバーグは，目の見えない赤ん坊とその両親を対象にしたアセスメントを振り返り，可愛い，強いなど自分が赤ん坊を褒める発言をすると，両親は驚くことが多かったとコメントしている。親は，赤ん坊の目が見えないせいで悲嘆にくれているため，子どものことを，目が見えない以外にさまざまな特徴を持つひとりの人間として考えることができなくなっていた。赤ん坊を褒めることが，両親に有益で積極的な態度を育む第一歩になることが多かった（Fraiberg, 1977）。

　アセスメント結果の難しい側面にも，同じように率直になる必要がある。アセスメント担当者は，親にとって望ましくない辛い結果を控えめに話したり，

結果を伝えるのを尻ごみしたりしてはならない。ただし，その情報がもたらす感情的影響を考えて伝え方を決めなければならない。こうした結果を伝えるには，親がアセスメント中にわが子や自身について学んだことを語る際，その話に組み入れて伝えたり，先に伝えたプラスの側面を引き合いに出して，不安な結果の影響を埋め合わせたりすることができる。

　アセスメント結果を提示する際は，治療計画や，特別なサービスの紹介や視覚・聴覚・言語などの追加的な評価を含め，改善できるという希望を親に与えるような他の提案をふまえて伝えるようにすべきである。多くの場合，親はわが子について口に出せない不安をかかえて受診しているため，こうした提案を聞いても驚かない。むしろ専門家がこうした懸念の正しさを裏づけることで，親が安堵することもある。たとえば，あるアセスメント担当者は，5歳の男児に重い言語遅滞と認知障害があり特別支援教育を受ける必要があると母親に告げるのをためらっていた。この母親に対し，アセスメント中にわが子と自身について何か新しい気づきはあったかと質問すると，母親は静かに「いいえ，全部私が前から思っていたとおりでした」と答えた。母親はこれまで子どもに対する不安をまったく見せず，むしろ小児科医からアセスメントを薦められて腹を立てていたようだったので，アセスメント担当者はこの答えを聞いて，母親にすれば自分の子に問題は見当たらないという意味だと解釈した。息子は認知障害だと聞かされれば，母親が身がまえるのではないかと恐れたが，いざ結果を伝えると母親はこう言った。「私が家で見てきたとおりだとわかって，ほっとしました。今まで，怖くて言えなかったんです」アセスメント担当者が，子どもの問題を思慮深く率直に説明したことで，母親も自分の不安を打ち明けることができた。もしアセスメント担当者が懸念していたように，この母親が守りの姿勢に入ったら，フィードバックの焦点は，情緒的サポートや子どもに役立つ有望な介入法に関する具体的情報といった，母親の不安の探索に移っていただろう。

　正式なアセスメント結果のフィードバックは，できるかぎり親が口にした不安に絡めて行うべきだ。基本的には，診断ラベルを使うより，親や子の機能上の具体的問題について議論し，親子関係に重点を置く方が親に対して有用である。そうした方が親が子どもの問題を理解しやすいなら，別々の問題をひとま

とめにしても良いだろう。

事例

 4歳のサラは，両親が何度も喧嘩するのを目の当たりにしてきた。母親のバーチさんによると，サラは乱暴な人形遊びに興じていて，いつも人形同士で殴り合いをさせるという。母親はこう語った。「あの遊びをされると，すごく動揺するんです。この子も父親みたいに乱暴になるんじゃないかと心配で」アセスメントの結果，サラも母親もPTSDの診断基準を満たすことがわかった。フィードバックのセッションで，アセスメント担当者は母親に，娘の乱暴な人形遊びを見てどう感じるかくわしく語らせた。母親は，娘が他人に暴力を振るう子に育ちそうで不安だと答えた。「それが，遊びを見ているときあなたが考えていることですね。その時，体の方はどんな感じですか。何か反応があるのに気づきますか？」母親は，心臓がドキドキし，時々びっしょり汗をかいて両手の拳を固く握りしめることがあると答えた。「そんなふうに感じたら，あなたはどうしますか？」母親は，特に何もせず，ただ無力感と不安を感じながら立ちつくしていると語った。アセスメント担当者は，こう告げた。「あなたも娘さんも，たくさんの暴力や喧嘩を経験し恐怖を感じてきました。おふたりには，そんな経験をした人にありがちないくつかの問題があります。サラは人形遊びを通じて，いつも喧嘩のことを考えていると伝えているのです。喧嘩のことが，頭を離れないんです。あなたから聞かされる遊びの様子は，いつも変わらず同じように聞こえます。だからそんな遊び方をすることで，たぶん彼女はさらに不安を募らせているんだと思います。サラは罠に陥っています。抜け出せない恐ろしい考えにとらわれていて，それを遊びにすることで，ますます不安になるから止められない。一方，あなたの問題は別のものです。あなたは逆に暴力を記憶から消し去りたいようですが，サラの遊びで，嫌でもすべてを思い出させられる。そうすると，当時と同じ感情が蘇ります。そうではないですか？」バーチさんは，サラの遊びを見ると，夫と喧嘩した頃のように恐怖と無力感を感じるのを認めた。アセスメント担当者は続けて，母親とサラはともに罠に陥っていると説明した。サ

ラは，自分の経験の意味を理解し心の平静を取り戻すため，母親の助けを必要としている。それを自分ひとりでやるには，彼女はまだ幼すぎるからだ。だがサラの遊びを見て，母親は不安のあまり凍りつき助けられなくなる。この事例定式化は，サラの遊びに対して，バーチさんがいう「乱暴」という属性とはまったく別の説明を与えるものだった。サラの遊びを，それが母親に呼び起こした感情の認識と結びつけて説明することで，アセスメント担当者は，サラが父親のように暴力的になるのではという母親の不安を和らげることができた。バーチさんとアセスメント担当者は，治療目標のひとつが，サラの乱暴な人形遊びに対し母親が抱く感情を処理できるよう支援することであると同意した。母親はいったん精神的に落ち着くと，喧嘩の恐ろしい記憶について娘に話し，喧嘩はもう終わって今は自分も娘も安全なのだとサラを安心させた。アセスメント担当者は，こうしたフィードバックを与える一方で，夫人が対処法を身につけられるよう何度も確認を行った。

もうひとつのフィードバック法は，過去にうまくいった問題解決法を親にたずねるというものだ。この方法を使えば親の強みを積極的に取り入れ，親が重視する問題解決法を知ることができる。アセスメントでは通常，対処すべき問題はひとつではないことが判明する。こうした事例では，親に協力を依頼し，治療の中で最初に取り組みたい問題を選んでもらう。

他の専門家へのフィードバック

　CPPモデルは本来的に，治療の進展には家庭の環境が深く関わり，子どもや家族と接するさまざまなサービス提供者のネットワークとの連携も，セラピストの役割のひとつであるという考え方に立っている。他のサービス提供者が，業務の指針として子どもや家族に関する情報を請求してくることも多い。こうした要望にどう対応するかは，通報義務に関係する場合以外は親の裁量にゆだねられる。アセスメント担当者は，情報公開によって想定されるリスクとメリットについて親と話しあわねばならない。たとえば，家族が訴訟に関わっ

ている最中に法律の専門家にフィードバックを与えるのは，大きなリスクを伴う。その情報が，文脈を無視して，係争中の裁判手続きで家族に不利な形で利用されるおそれがあるからだ。他方，感覚統合治療のため作業療法士に情報を公開する場合，子どものトラウマの履歴を知り，感覚統合上の問題の原因因子としてのトラウマの役割を評価することで，作業療法士の治療が進展するだろう。時にはセラピストが，他の専門家に有用なアドバイスを提供し，子どもにとってストレスが多かったり刺激が強すぎたりする学校や保育園などの場で，これらの専門家が子どもの機能を支援できるよう協力することもできる。

事例

　ベッカの父親は，感謝祭の3週間前，すなわち彼女自身の4歳の誕生日の5日前に殺された。翌年の10月，幼稚園に馴染めないということで母親がベッカを治療に連れてきた。母親によると，父が死んだ翌年のベッカは悲しみに暮れ泣いてばかりで，お父さんはどこと何度もたずね，もう父親が帰ってこないことをわかっていないようだったという。だが幼稚園に入るまで，一度も腹を立てたり攻撃的になったりすることはなかった。それが今は，娘が怒って喧嘩したといって頻繁に園に呼びだされる，と母親は訴えた。

　アセスメント担当者は教室でのベッカを観察し，彼女の行動について担任教師と話をした。教師によると，ベッカは友達をからかっていじめ，その行動は年々悪化しているという。教師はプロとしての態度を保とうと努力していたが，ベッカのせいで彼女が消耗しており，この子と良い関係を結ぶ方法を見つけられずにいるのは明白だった。

　セラピストは，この情報について母親と話し合った。ふたりは父親の命日が迫っていることを考え，大人も子どもも一般に命日が近づくと苦悩が増すことを論じた。母親は，彼女自身も辛い時を過ごしているため，娘の悲しみにうまく対処できず，幼稚園から電話で呼び出されるとつい腹を立ててしまうと告白した。母親は，あまりに頻繁に呼びだされるため仕事を失うのではないかと恐れていた。

　幼稚園の教師はベッカの父親が殺されたことを知っているのか，とセラ

4章　アセスメントのプロセス

ピストがたずねると，母親は，娘が入園早々「問題児」扱いされるのを避けるため，何も伝えていないと答えた。ベッカの態度の理由がわかれば，教師ももう少し理解を示すのではないかと提案すると，母親も同意し，どのみち娘は問題を起こしているのだから，事情を説明した方が良いだろうと言い添えた。そこでセラピストから教師に事情を説明できるよう，母親は承諾書に署名をした。

　事情を伝えると教師は感謝し，友達に対して攻撃的なベッカの態度を理解する手がかりになると述べた。教師によると，ベッカのクラスは父親たちが運営に積極的に参加しているという。母親と同じように父親がお迎えに来たり，自分の仕事の話をクラスの子どもたちに聞かせるとのことだった。教師は，父親の命日と感謝祭が近づいているのに加え，大勢の父親がしょっちゅう顔を出すことがベッカのトラウマの引き金になっているのではないかと考えた。そこで，他の子の父親が教室にいる時は，ベッカに普段以上に注意を払い手を差し伸べようと決めた。園の状況を知ったのは，セラピストにも母親にも有用なことで，母親はこの情報を活かし，ベッカが園で感じたことを口で表現できるよう協力した。

　教師は事情を知ったとたん，ベッカの回復になくてはならない協力者になった。彼女は，ベッカを元気づけ心を落ち着かせるような活動に参加させ，他の子の父親がいても不安にならないよう策を講じて，有意義な学習体験を促した。セラピストが，ベッカの園での現実的問題に関わったことが，さまざまな役割を果たした。母親に対し，セラピストに具体的改善をもたらす力があるという証拠を示せたし，母親もセラピストも，教室でのベッカの苦痛を増幅しているさまざまな要因について貴重な洞察を得られた。母親も，ベッカの苦境にこれまで以上に共感し子どもを積極的に支援できるようになった。教師も，自分が知った情報を活用して，ベッカが園で不安や苦痛を感じずにすむよう協力できた。結果的には，セラピストと教師の協力が子どもの改善を促す転換点となったのだ。このことは，セラピストの専門的認識を周囲に伝え，治療セッション外での子どもの福祉の向上につながる活動に影響を及ぼすことの治療的価値を示すものである。

総合的なアセスメントの臨床事例

　ガブリエルとその母親の事例を見れば，アセスメントのプロセスの概要がわかる。3歳半のガブリエル・タナーは，いつも汚れた格好できちんと世話を受けておらず，ひとりで路上をうろついているのを何度か目撃したという近所の住民の通報を受けて，児童保護職員に紹介されてきた。19歳の母親は，児童保護サービス（CPS）の任意サービスを受けることに同意し，アセスメントに参加すると告げた。

　当初，母親はやる気を見せず，面会の約束を2回破ってからようやく3回目の日取りを決めた。母親の希望に従い，アセスメント担当者は初回面談のため一家の自宅を訪れた。アパートは汚く散らかっていたが，母子が快適に暮らせるだけの広さはあった。アセスメント担当者が，アセスメントのプロセスを説明し，参加はあくまでも任意である点を強調する間，母親は物静かで控えめな様子だった。彼女はアセスメントを進めることに同意し，アセスメント終了時に提案を受ければ治療を検討することにも納得した。母親はこう述べた。「児童福祉職員から，息子のために何か支援を受けるべきだと言われました。でも私が望まなければ，特にしなくて良いのだと思います。自主的なものなので，向こうから私に強制はできません」最初は，アセスメントでの質問に一言で返答するだけだったが，次第に積極的になっていった。5週間のアセスメントの一部は自宅で行ったが，評価期間が終わる頃には，母親も質問に応えてかなり自由に意見を述べるようになった。

家庭背景

　ガブリエルは，母親と一緒に公営アパートに暮らしていた。母親の両親はヨーロッパ系で，母親自身は米国生まれだった。母親は14歳の時からガブリエルの父親と付き合っていたが，一緒に暮らしたことはなかった。母親の話によると，父親は息子が生まれる前から「シャバより少年院で過ごす期間の方が長かった」という。彼はコカインの売人で自身も薬物依存症者であり，逮捕

歴はすべて薬物関連のものだった。母親は，コカインや他の違法薬物の使用を拒んだが，「たまに」ビールを飲んでいた。飲酒量をたずねると，「時々友達とパーティーを開くんです。息子は叔母に預けて。だいたい2～3か月に1回くらい。酔っぱらうこともあるけれど，毎回ではありません」と返答した。妊娠中は飲酒していなかったという。

　母親自身の子ども時代も悲惨なものだった。父親は，彼女が生まれる前に家を去り，兄弟姉妹もなく，彼女は母親とともにギャングの抗争で知られる公営住宅地に暮らしていた。タナーさんは，母は社会福祉に頼らず自分を育ててくれたと誇らしげに語ったが，それはすなわち，母親が長時間働いている間，彼女ひとりで留守番したという意味だった。母親の指示は簡単なものだった——ママが仕事している間，学校からまっすぐ家に帰り，誰もアパートの部屋に入れず，誰にも見つからないようドアに鍵をかけ電気を消しておきなさい。この言葉を守って，タナーさんは毎晩，母親が午後7時に帰宅するまで真っ暗な部屋でひとり待っていた。その後は，夕食をとり宿題をして寝に行くだけの毎日だった。

　タナーさんは16歳でガブリエルを産み，母親と同居しながら学校に通い続けた。平日は近所に住む叔母に息子を預け，週末には母親と暮らす実家に連れ帰った。だが母親が別の州に引っ越したため，17歳からタナーさんはひとり暮らしを始めた。息子が2歳近くになった頃，タナーさんはガブリエルを引き取り終日自分で面倒をみるようになった。その頃には高校を中退していたのだ。とは言え彼女は後に，高校卒業資格（GED）を得るのに必要な4つの試験のうちふたつに合格している。母親が転居した後，タナーさんはいっそう孤独を感じた。ひとりっ子で父親の顔を知らず，近隣に住む唯一の親戚である叔母とは，喧嘩が絶えなかった。社会的サポートもほとんど受けず，宗教的な集まりにも参加せず，息子の父親である男性と付き合ったり別れたりをくり返す以外は，安定した友情もその他の人間関係もなかった。

子どもの機能

　タナーさんと児童福祉職員，ガブリエルの幼稚園の教師はみな，ガブリエル

の行動は手がつけられないと口をそろえた。母親が報告した行動上の問題は，標準的な計測手法で同年齢の子どもの基準値を大きく上回るものだった。非構造型面談で母親は，ガブリエルを「心が広い可愛い子」と評したが，反抗的で自分の言うことを聞かないとも述べた。教師によると，ガブリエルはじっと座っていられず，サークルタイムなどの秩序立った活動に参加せず，園庭に出れば必ず喧嘩を始めるという。ただ教師は長所として，非常に頭が良く言語表現が豊かで，大人に優しくできると言い添えた。

　赤ん坊の頃は週末しか世話をしなかったため，母親は，ガブリエルの乳児期の感情・行動面のパターンについて確実な情報を提供できなかった。だが母親が言うには，叔母の家を離れて実家に泊まるのを嫌がりはしなかったという。また週末面倒をみた際も，いつからそうだったか覚えていないが，1歳の誕生日前あたりまではあまり泣かず，食欲旺盛で一晩中ぐっすり眠っていた。1歳前に歩けるようになったという。母親はガブリエルを「明るい小さな子」と表現し，こう付け加えた。「一緒にいるのが楽しかったので，いつも週末が楽しみでした」2歳前に息子を一時引き取った時も，まったく抵抗せず叔母を恋しがる様子は見せなかったそうだが，母親はこれを「私が本当の母親だとわかっている」証拠だととらえたため，問題視しなかった。

　母親は，息子がトラウマ体験をした経緯をくわしく報告した。一家の住む界隈は治安が悪く，少なくとも週一度は発砲事件があり，ガブリエルはビクビクして神経質になっていたという。銃声が聞こえるのはたいてい夜間で，眠っているガブリエルがその音で目を覚ますことが多かった。だが日中の撃ち合いも何度かあり，2歳になる頃，ガブリエルは近所の店の前に死んだ男性が倒れているのを目撃した。父親が母親を殴り，首をしめる様子も2回目にしている。1回目は，セラピストを受診する1年ほど前に起こった出来事で，こちらの方が状況は深刻だった。ガブリエルは当時2歳半，両親と一緒に公園に行った際，母親が用意した食べ物が少ないという理由で父親が怒りだした。父親は，母親を「怠け者の尻軽女」と罵り頬を平手打ちした。「私がたたき返そうと手を出したら，向こうは私の首をつかみ木に押しつけたんです。もうだめだと思いました。彼が手を離した後，私は地面に崩れ落ちました」と母親は振り返る。ガブリエルは，この罵り合いの一部始終を黙って見つめていた。母親が

倒れた後，父親はすたすたと歩み去った。誰も警察を呼びはしなかった。2回目は，受診の3か月ほど前に自宅で起こった出来事だった。母親は言う。「たいしたことなかったんです。ただあの人が私を突き飛ばしただけなのに，この子は大泣きして。落ち着きなさい，何でもないのよ，と言い聞かせたけれど，ずっと泣いていました」母親によれば，父親が息子に手を出したことはなく，ガブリエルの問題の多くは公園でのいさかい以後に生じたものだという。「それまでは，本当に愛らしい子でした。今は一日中手がつけられません」

母親は，ガブリエルに心配になるほど数々の外面化型問題行動が見られることを認めたが，トラウマ体験後に問題行動が始まったにもかかわらず，PTSDの診断に該当する症状は報告されなかった。母親によると，ガブリエルには再体験症状（侵入的思考）が認められ，バスの中で見知らぬ人に近寄り「ぼくのパパは，いじわるなんだ」「パパはママをなぐったんだよ」といったことを言う癖があった。また，強い驚愕反応，易興奮性，集中力低下などの過覚醒症状も報告された。だが母親によれば，回避・麻痺症状はなかった。

ガブリエルはクリニックを訪れ，アセスメントのセッションを2回受けた。1回目では，認知評価を行った後に，アセスメント担当者と短時間の自由遊びを行い，続いて母親と自由遊びを行った。2回目のセッションでは，物語作りの課題に参加した。アセスメント担当者がありふれた家庭内のいさかいに関する8つの物語の粗筋を聞かせ，冒頭のいさかいの場面を説明した後で，「この後どうなるか，考えてみてちょうだい」と促して物語の続きを子どもに想像させた（Bretherton, Ridgeway, & Cassidy, 1990; Emde, Wolf, & Oppenheim, 2003）。

ガブリエルは，認知評価の課題に我慢して取り組むことができず，質問に答えるのを拒み検査資料を部屋にまき散らした。彼は十分な数の下位検査をこなせなかったため，スコアを算出できなかった。他方，アセスメント担当者が場を仕切るのをあきらめ，ガブリエルに導かれるまま自由遊びに興じたところ，楽しく過ごすことができた。ガブリエルは，自分だけに注意を向け，主導権を握らせてくれる物わかりの良い大人と一緒だと，生き生きとした。トラックやフィギュアを使って一貫性のある遊びをし，暴力的なテーマばかりではあったが，簡単なストーリーを作って披露しさえした。

2回目のセッションで，ガブリエルは物語の粗筋を語るのに人形の家族を選

んだ。驚いたことに，自分自身を表すために大人の人形を，両親役に子どもの人形を選び，彼が超人的な努力をして自身を自立した人間とみなし，両親には助けてもらえないと感じていることが示唆された。物語作りの課題を与えると激しい感情に圧倒され，続きを語ることができなかった。ガブリエルは，椅子を部屋の反対側に放り投げ，ついでポケットの中に入れていたフルーツパイを投げた。アセスメント担当者は，彼の攻撃性を抑えられなかったため，セッションを終わらせるしかなかった。

母親の機能

　タナーさんには大きな夢があったが，息子とクリニックを初めて訪れた時，彼女は抑うつ状態に陥り，夢を実現する現実的な計画を立てていなかった。19歳の時に第2子を身ごもったが，幼い子どもふたりの面倒をみる自信がなく，児童福祉職員の勧めに従って，赤ん坊が生まれたら「大学を出るまで1年かそこら」実母に預けるつもりでいた。アセスメント担当者が，高校卒業資格も取っていないのに，「1年かそこら」で本当に大学を卒業できるのかとたずねると，タナーさんは，赤ん坊が生まれたら自分ももっと動けるようになり，ガブリエルが幼稚園に行っている間に「たくさん授業を」とれるだろうと答えた。その計画に従うと，お腹の赤ん坊がどんな経験をするかということも，共感的に考えることができなかった。赤ん坊にとって，1年以上一緒に暮らした末に祖母から引き離されるのはどんな経験になると思うかとたずねると，タナーさんはこう言った。「別に大丈夫。私が本当の母親だってわかるでしょう」
　構造化検査で，タナーさんには重度のうつ病の症状が認められた。PTSDの診断基準も満たしていた。彼女には，夫に暴力を振るわれるという侵入思考や悪夢が見られた。彼女は，暴行を思い出させるものを避け，事件が起こった公園には決して足を向けなかった。自分の身に起こったことを，あまり考えないようにしているとのことだった。彼女によると，幸せな気分になるのはまれで短時間しか続かず，ガブリエルと赤ん坊を育て上げるまで自分は長生きできないだろうと語った。よく眠れず集中できず，ほぼずっとイライラしていた。こうした症状の一部（不幸感とイライラ，集中困難，睡眠障害）は，思い出せるか

ぎる以前から続いており，公園で夫から暴行を受けた後に悪化したものもあった。

母子関係

　ガブリエルは，アセスメント担当者と関わる中では楽しく一緒に遊ぶ能力が十分に発達していることを示したが，母親が自由遊びに加わると状況が変化した。ガブリエルは，アセスメント担当者と遊ぶのは楽しんだが，これまでの経験から，母親は自分と遊びたがらないのではないかと予想していた。アセスメント担当者が部屋を出る支度を始めると，ガブリエルは残って一緒に遊んでくれるよう訴えた。アセスメント担当者は，今まで一緒に遊んでいたおもちゃをママに見せて，どんな遊びをしていたか話してあげてちょうだい，と促した。アセスメント担当者が部屋を出てドアを閉めると，ガブリエルは小さな声で泣いた。息子の涙に母親は明らかに気分を害し，悲しむガブリエルに対し腹を立てた。ドアが閉まるか閉まらないかのうちに，アセスメント担当者の背後で母親が怒鳴るのが聞こえた。「しっかりしなさい！」泣き声が大きくなり，興奮したむせび泣きになった。母親は椅子に座ったまま，息子が視界に入らないよう体の向きを変えて告げた。「泣くのはやめなさい。いいかい，ひとつだけ言うよ。今日は動物園に行くのはなし。まっすぐ家に帰るからね。早く帰りたいわ，本当にもう待ちきれないくらい」そう言うと，息子に背を向け胸の前で両腕をくんで，ガブリエルが傍らですすり泣く中，2分ほども黙って座っていた。

　すると，ガブリエルが状況を打開した。彼は鼻をすすると，泣きやんで赤ん坊じみた声で（アセスメント担当者と話していた時とは違う声音で）話しはじめた。彼は母親に，おもちゃをとってほしいと頼んだ。母親は皮肉っぽく，「あら，やっと私と遊ぶ気になったの」と返した。ガブリエルがもう一度，相変わらず赤ん坊じみた声でたどたどしくおもちゃをとってほしいとねだると，母親は，自分でとりなさいよと言いながら，床にあったおもちゃの箱を足で引き寄せた。

　それから10分かけて，母子はゆっくり互いの距離を縮め，床に置かれたおもちゃの皿が入った箱を一緒に整理した。母親は，息子の鼻水に気づき机から

ティッシュの箱をとってこさせた。ガブリエルが箱を持ってくると，母親は子どものあごに優しく手を添えて，鼻をかんでやった。ガブリエルはポケットからりんごを取り出し，母親にひとくち食べさせた。母親は，他のおもちゃも見せてちょうだいと声をかけ，ふたり一緒に部屋を横切り棚の中のおもちゃを調べた。

　何分かすると，親子は皿のところに戻った。「今日の夕食には何を作ってくれるのかしら」と母親がたずねると，ガブリエルがチキンを料理すると答え，母親がプラスチックの皿をテーブルに並べる間におもちゃのオーブンで料理する真似をした。ふたりは食べるふりをし，その後一緒に食器を片づけておもちゃの流しに運び，洗うふりをした。母親が1枚の皿を床に落とし，それを拾おうとふたり同時に身をかがめると頭と頭がゴツンと音をたててぶつかった。親子は身を起こすと互いの目を見て，心から楽しそうに声を上げて笑った。アセスメント担当者は，この自由遊びのセッションがそれなりに円満に終わったことで，母子それぞれの機能改善や，治療結果としてのより調和のとれた発達的に妥当な母子関係の構築に向けて，慎重ながら楽観的な予後が期待できれば良いと願った。

ケースフォーミュレーション

　アセスメント担当者は，事例定式化にあたり数多くの要因を検討した。第1に，ガブリエルと母親はともに危険に囲まれていた。明らかに，危険の原因はガブリエルの父親の暴行と自宅近隣の物騒な環境にあった。母子ともに，家庭と地域社会の暴力におびえていた上，それ以外に多くのストレス因子に耐えていた。親子は貧しく，タナーさんは教育を受けておらず職がなかった。祖母は遠くの州に暮らし，父親はおおむね不在で，まれにいる時はストレスの原因になった。母親自身が暴力に極端に神経質になっていたため，息子が就学前の主な発達課題のひとつである情動制御を身につけるよう手を貸すことができなかった。ガブリエルは，自分の心を静めることができなかった。これは一般に，3歳までに原始的な形で現れる自己制御スキルだが，おそらく母親がスキル習得に協力しなかったせいで，ガブリエルにはこの能力が完全に欠け

ていた。恐怖を感じると，彼の興奮はいっそう高まった。発達のきわめて早い段階で，ガブリエルの情動制御能力の習得は頓挫していた（Greenspan, 1997, 1999）。強烈な負の感情を感じると，彼は普段は揺るぎない言語能力や遊ぶ能力を失った。激しい感情を象徴的に表現したり，自分の感情や思考と対人経験を関連づけることで，負の感情を調整し制御することができなかったのだ。

　自分が経験する強い感情を調節できないというのも，ガブリエルにとってもうひとつの危険要因だった。彼は，恐怖に対し無力感を覚えないよう，自分を守るため攻撃的になった。そんな態度に，ガブリエルに関わる母親や保育者，友達が必ず腹を立てるため，彼の行動のせいで発達上のリスクが増大していた。母親は，息子をたたいたことはないと断言したが，自由遊びのセッション冒頭で傷ついたタナーさんが示した怒りや脅しの言葉を考えると，どう見ても時には思わず手を上げそうになっているのは明白だった。

　ガブリエルは，小児期早期の発達課題をこなすのに非常に苦労しており，母親は，息子のニーズを考えた上で共感的な支援や指示を与えることができなかった。情動制御の問題に加え，母親との関係に極度の不安と混乱が見られた。母子関係に亀裂が生じた場合，それを修復するのはガブリエルの役目だった。彼が物語作りの課題で役割を転換し，自分の役として大人の人形を，両親役に子どもの人形を選んだのは，ふたりの関係のこうした側面を象徴するものだ。父親がしばしば危険の原因となり，母親はその危険から自分や息子を守れなかったため，ガブリエルははたして自分を守ってくれる人がいるのか不安に感じ，心細さから自信を持って世界を探索できずにいたため，認知発達が危険にさらされていた。

　タナーさんとガブリエルの葛藤には，世代間連鎖の要素もあった。タナーさんは子どもの頃，母親から十分な食べ物と住居を与えられていたが，母親に関する記憶には親密さや優しさ，理解などが欠けていた。彼女のかつての子ども部屋，そして現在のガブリエルの赤ちゃん部屋には，「お化け」ばかりで「天使」の姿はなかった。子ども時代の惨めな孤独のせいで，タナーさんは親密な関係を頑なに拒む一方で，夫の愛情を求め，暴力や薬物濫用にもかかわらず夫との関係にしがみつくようになっていた。自分自身が誰かにあやされた経験がないため，タナーさんは息子をなだめられず，わが子の苦痛に気づくことさえ

できなかった。彼女は，主な愛着の対象を失うことが子どもにとってどんな意味を持つかに思いを馳せられず，かわりに，母親が子どもの世話に深く関わるかどうかに関係なく，子どもというものは抽象的かつほぼ原型的な母親という存在を求め，頼るものと信じていた。母親に育てられていないため，彼女自身も子どもの世話をできないように見えた。

　診断上，タナーさんはPTSDとうつ病両方の基準を満たした。加えて，発達的観点から見た複雑なトラウマ反応の記述的な基準にも合致していた。情動制御の能力がきわめて低く，人間関係が不安定で判断力に問題があった。彼女は他人を信頼できず，（息子との関係を含め）大部分の人間関係において被害者意識が強く，自分を助けられる人がいるとは，はなから信じていなかった。母親の情緒発達レベルは，ガブリエルの水準に不安になるほど近かった。象徴を使って情動を制御する能力や，自分と他者の感情をくわしく説明する能力はある程度身につけていたが，その能力もストレスを受けると退行しがちだった。自分の内面的な感情状態と対人関係を関連づける能力は，ガブリエルのかんしゃくや，母親自身の激しい感情，日常生活のストレスにより絶えず損なわれていた。

　アセスメント担当者には，母親の飲酒も少し気がかりだった。激しい感情に襲われるのを避ける手段として，アルコールを利用しているのかもしれないが，19歳という年齢を考えれば，思春期にありがちな行動として単に友達とにぎやかに騒いでいるだけの可能性もあった。アセスメント担当者は事例定式化の中で，想定される強みのひとつとして，母親がパーティーに出かける際，叔母に息子を預けると正直に告白し，また若くても自分は親として何とか責任を果たせると断言したことを挙げた。さらに別の強みを示す証拠もあった。母親はアセスメントプロセスを通じて非常に積極的で，介入を素直に受け入れているように思われた。息子にとって良い母親でありたいという強い意欲があり，自分の子育てに誇りを持っていた。母親は明らかに人間関係に飢えており，アセスメントが進むにつれ次第に警戒心を解いた。セラピストの共感と理解を母親が受け入れ，それらを内面化して，わが子への理解を深める可能性は十分あるように見受けられた。

4章　アセスメントのプロセス

ケースフォーミュレーションを目標に転換する

　アセスメント担当者は，アセスメント・データ全体を評価していくつかの治療目標を策定した。母親と協力してそれ以上にたくさんの目標を設定する予定だったが，まずはアセスメント担当者が設定した治療目標が，そうした会話を導く指針となるだろう。

　最初の目標は，心身両面での安全だった。タナーさんが夫との関係を続ければ，母子双方が危険にさらされる。アセスメント担当者には，夫との関係を終わらせるよう薦めることはできなかったが，安全を訴えることはできた。治療内容としては，タナーさんが夫との関係に何を望むか考察し，今の夫婦関係で実際にそれが得られているか考えるよう促すという方法をとった。さらに母親と一緒に，夫がまた暴力を振るった場合に身を守るための具体策を検討するという計画も立てた。

　心の安全（安心）は複雑な目標である。子どもは，自分を守ってくれる親に頼れれば安心を感じる。そこでアセスメント担当者は，母親が父親の暴力から母子の身を守るプランを考えているところをガブリエルに見せれば，もっと安心感を得られるのではないかと考えた。安心には，抑えのきかない感情による内面的な危険から身を守ることも含まれる。ガブリエルと母親はどちらも，心を悩ませ抑制力を奪う侵入思考に苦しんでいた。苦悩や怒り，打ちのめされた気持ちに駆られた際，自分の心の静め方を学ぶことが，母子双方にとって重要な目標になるだろう。

　もうひとつの目標は，母子関係における相互性の増大だった。ガブリエルは，守ってもらうため母親に頼る必要があるのと同じように，彼自身が子どもでいられるよう，母親に大人でいてもらう必要があった。母子関係の亀裂や調律の乱れを修復する上で，少なくとも時には母親に主導権をとってもらわねばならなかった。16歳という若さで母親になり，協力や支援をほとんど受けず幼い息子を育てていたタナーさんは，自分と子どもの日々の生活運営や現実的な目標設定について，アドバイスを受ける必要があった。ガブリエルの年齢の子どもや新しく生まれる赤ん坊に対し，現実的にどの程度の期待を抱くべきかについても教わる必要があった。

さらにアセスメント担当者は，母子が一緒に楽しめる活動をする時間を設ければ，双方に有益だろうと考えた。そうした時間を持つことで母子の関係が強まり，過去の苦悩にとらわれるのでなく，年齢相応の活動に取り組み将来へ向けた計画を立てる能力が高まるだろう。

最後にアセスメント担当者は，ガブリエルが体験したトラウマ体験を理解し対処するのに役立つような物語を，母子で一緒に考えるという目標を定めた。母子ともに今は非常に興奮しやすく，物語を紡ぐ中で引き起こされる複雑で痛みを伴う感情を管理できないため，これは直近の目標ではなく，長期的な目標になるだろう。

フィードバックと共同での目標設定

フィードバック・セッションで，アセスメント担当者は母親に，アセスメントを通じ自分と息子について何を学んだかとたずねた。母親は膝に目を落として言った。「私はかなり大変な人生を送ってきたと思います」どういうことかと問いただすと，タナーさんは続けた。「子どもの頃はほとんどひとりぼっちでした。先生にお話するまで，私自身はそのことを深く考えたことがなかったんです。私はさびしかったんだと思います。それにこの子の父親も，私をずっとほったらかしにしています」彼女は悲しげにほほ笑んで，言葉を継いだ。「一緒にいる時は，暴力を振るいますし」アセスメント担当者はこのテーマを続け，彼女があまりにさびしかったのは確かだと認めた。そして，思い出せないほど以前から悲しい気持ちを抱え，夜眠れず物事に集中できないという話をしてくれたのが，記憶に残っていると語った。さらにアセスメント担当者は，タナーさんは非常に長い間悲しみと抑うつを感じていたかもしれず，その気持ちのせいで子どもに寄り添えず，高校卒業資格をとるとか大学に進むなどの自分の目標もなかなか達成できなかったのではないか，と付け加えた。

タナーさんから，ガブリエルの物語作りの課題を撮影したビデオを見たいと頼まれたので，アセスメント担当者は，フィードバック・セッションを使って母親と一緒にビデオを見た。ガブリエルの人形の選び方を見て母親がどう思うかわからず，アセスメント担当者は心配していた。母親は，息子が自分役に大

人の人形を選ぶのを見て爆笑し，母親役に子どもの人形を選ぶ様子にさらに笑い続けた。アセスメント担当者が笑った理由をたずねると，タナーさんはこう答えた。「うちの母はいつも，この家族で大人なのはガブリエルだけだね，と言っていたんです。私と夫はお子さま夫婦だって。あの子も，それをわかっているんだと思います」

だが物語作りの途中でガブリエルが手のつけられない状態になるのを見ると，タナーさんは悩ましげになった。映像を見て恥じ入り，明らかに気分を害した様子で，たしかにわが子の本当の姿を完全にとらえられていると苦々しげにつぶやいた。「どうしようもない，あの子は誰の言うことも聞きません。自分で自分を抑えられず，どこへ行ってもトラブルを起こします」アセスメント担当者は，「ほとほと困りはてているようですね」と言った。母親が同意するのを受けて，こう続ける。「自分で自分を抑えられないと言われましたが，問題の一端をとらえた言葉だと思います。子どもは自己管理を覚えねばなりませんが，それには親の助けが必要です。問題は，あなたが悲しみにくれふさぎこんでいるせいでお子さんを助けられていない点にあります。あなたもガブリエルも，ご主人からの暴力や近隣の治安の悪さにおびえきっています。つまりガブリエルは，抑えるには大きすぎる感情を経験している。けれどあなたもおびえているので，あなたも彼を助けられなくなっています」タナーさんは話を聞きながら悲しげにうなずいた。アセスメント担当者は，この段階では，「家族の中の大人」というタナーさんの息子に対する認識と，ガブリエルがこの認識を自己防衛のため内面化する一方で，実年齢を越えたイメージに応えられずにいる状況との矛盾にはあえて触れなかった。この矛盾を強調すれば，タナーさんが傷つき心を閉ざして治療計画策定に協力してくれないかもしれないと恐れたからだ。この判断は，臨床的に正確ではあるが，治療段階として時期尚早な可能性がある解釈を，フィードバック時に伝えるのを控えることの重要さを示す例である。

タナーさんとアセスメント担当者は，協力して3つの治療目標を定めた。第1の目標は，うつ病治療を支援し，暴力の記憶がよみがえった時に感じる強い感情に対処できるようにすることだ。第2の目標は，ガブリエルが心を静め自分をコントロールできる手段を見つけられるようにすることだった。アセス

メント担当者は，最初に母子両方に対し，もっと巧みに困難を切り抜けるためできることをいくつか教えたいと述べた。母親の精神状態がいったん改善すれば，今度はガブリエルの支援にいっそう積極的な役割を果たすことが，タナーさんの目標になるだろう。第3の目標は，明らかに最も単純ながら，タナーさんが最も懐疑的だった目標だった。すなわち，母子ふたりが楽しんでできることを見つけるというものだ。この目標を提案すると，彼女はこう答えた。「私はあの子と遊びません。私は面倒をみて，あの子が遊ぶんです」アセスメント担当者は，たしかに遊ぶなんて子どもっぽいことをやりたくないのはわかる，と認めつつ，ふたりが両方とも好きなことを考えてみる気はないかとたずねた。こうして見方を変えて説明すると，タナーさんも納得した。

アセスメント担当者は，第4の目標，つまり夫が再び暴力を振るった際にガブリエルと自分の身を守る方法を考えるという計画に賛同してもらえるか，とたずねた。タナーさんは，そんな目標を立てる必要はないと軽く考えていた。夫はまだ服役中だし，出所しても家に入れるかどうかわからないと言う。とは言え，安全性について話し合いを続けることには同意した。

治療目標が介入戦略になる

母親から治療計画への同意を得ると，アセスメント担当者——今やCPPセラピスト——は治療アプローチを検討し始めた。ガブリエルと母親が毎回のセッションで提起する臨床的なテーマに即して戦略を決めることになるが，セラピストが介入法を選び，治療目標をいちばん実現しやすい入口を見極める。参加率をできるかぎり高め，治療の継続性を維持するため，自宅訪問を伴う治療になるだろう。ガブリエルはすぐ感情にのまれてしまうため，セラピストはストレス耐性を教えるのに適したおもちゃ（簡単なボードゲームやブロック）や，心を落ち着かせる遊び（シャボン玉，リラックス用のマット，簡単な絵本，床に転がせる大きなボール），母子が一緒に日常生活の場面を再現して楽しめるようなおもちゃ（食器，人形，動物の家族）を選んだ。恐ろしい経験と，抑えのきかない感情とを関連づけるのが，治療に必要不可欠な側面になることはわかっていたが，セラピストは当初から，楽しい相互作用の中で母子を支援し，

遊びのリズムを使ってガブリエルが心をなだめ，興奮状態から落ち着いた状態に戻る方法を学べるよう，遊びを治療の中心に据えたいと考えていた。またセラピストは，最初のセッションから発達に関するガイダンスと情緒支援を用いて，タナーさんが母子双方が安全を確保する必要性を理解できるようにしようと計画した。

治療開始

　フィードバック・セッションの後，セラピストは，タナーさんがセッションの間中いたずら書きをしていた紙が置き忘れられているのを見つけた。その紙のいちばん上に，母親は「私の好きな人たち」と書いていた。その下に，ガブリエル，夫，自分の母親の名前が整然と書かれていた。そして残りの紙面いっぱいに，ガブリエルの名前が何度も何度も書かれていた。初めての自宅訪問の際，セラピストがその紙を持参してタナーさんに見せると，彼女は顔を赤らめて微笑んだ。セラピストは言った。「この紙を残して行ったことで，あなたは私に大切なことを伝えてくれました。それは，たしかにガブリエルにはいろいろな問題があり，頭にくることもあるけれど，それでもあなたは息子さんを心から愛しているということです。私もあなたも，そのことを胸に刻んでおく必要があります」実際，その思いがあったからこそ，母親もセラピストも複雑で苦労の多い波乱に満ちた治療の過程を乗りきることができたのだ。

5章

「ほど良く」でなくなるとき
早期関係性の動揺

　本章で扱うのは，子どもの問題が長引いて悪化し，親の自信が揺らいで，専門家の支援がないと解決できなくなったような場合の治療である。問題が限定的で，発達に関するガイダンスや情緒的サポートによって比較的すみやかに解決するものもあるが，問題がかなり固定化し，親の個性や育児方法が子どもの問題の原因や継続に与える影響の分析など，一歩踏みこんだ介入略が必要なものもある。とは言え定義によると，「動揺」は発達的な性質のもので，総じて健全な発達を推進する力や親子関係の肯定的特質によって克服されていく。問題の範囲と重症度を正しく見きわめてふさわしい治療を行うには，周到なアセスメントが不可欠である。

　人は誰でも理想的な子ども時代を送りたかったと思うものである。その願望は，苦しみも痛みもなくすべての願いがかなう完全調和の世界への深い憧憬として表れている。かつて理想世界が実在したという普遍的な信仰と，それが失われたことへの嘆きは，楽園喪失の文化的神話の中に表現されている。他者との完全な交わりへの切ないほどの願望は，すべての危険から守りすべての願いを満たす力のある完璧な母親というモデルに具象化されている。だが，そんな母親などありえないと悟る対人面での楽園喪失を，私たちは幻滅というかたちで何度も思い知らされる。エリック・エリクソン（Erik Erikson）(1950) は，完全に愛されていないと感じる体験は避けられないことや，基本的信頼の状

態を達成しようとする心理的葛藤について，この精神構造を明快に説明している。

　しかし，もっとも好ましい情況のもとでさえ，この段階は，精神生活の中にはじめて内的な分裂感や，失われた楽園への万人共通の郷愁を導入すると思われる。(この内的経験は分裂感や郷愁の原型となる)。基本的信頼が人の一生を通じてそれ自身を守らなければならないのは，この剝奪されたという感覚，分裂したという感覚，捨てられたという感覚の強力な集合体に対してである。(『幼児期と社会Ⅰ』p.320-321)

「ほど良い」母親

　D・W・ウィニコットは，現実にはありえない完璧な母親への憧憬に翻弄されないように，彼がいみじくも「ほど良い」母親と名づけた程度の母親でも十分であることを示した。「ほど良い」母親とはごく平凡な献身的な母親のことで，子どもの誕生後の数週間は，子どものあらゆるニーズを理解し対応することに専念し，子どもが成長して満足の遅延ができるようになると，だんだん子育てのみに没頭しなくなる (Winnicott, 1958)。子どもの成長と母親の世話のトランザクショナル（交互的）な相互作用によって，母親の個人的課題を不当に侵害しなくても子どものニーズが満たされ，母親が他の役割に伴う義務と満足を追求しながらも子どもをよく世話することができるような柔軟性のある，過渡的な対人空間が徐々に作り上げられていく。

　この対人空間では，主観的認知と客観的現実が接続している。そこは，他者には知りえない保護されたプライベートな空間としての自己感覚と，かけがえのないパートナーと深い関係を結ぶ自己の一部が出会う場所である。プライバシーと情緒的関与の間には本来，緊張関係があるので，「ほど良い」とは，複雑な関係をおおまかに表現した相対的・抽象的概念である。その関係に不和があると最も深いニーズが満たされず，はらわたが煮えるような否定的体験をする。絶望感と怒りにとりつかれて愛を見失い「おまえなんかだいきらい」と叫ぶのは，何も幼児の専売特許ではない。大人もまた長期的な親密な関係のどこ

かの時点で憎しみを感じることがある。ただ，それを口に出さないですむだけなのである（まさしく社会化の成果といえよう）。人は対立を大きな情緒的文脈の中に位置づけることができたときに初めて，その関係の満足できる部分を再認識して，パートナーやふたりの関係を「ほど良い」と結論できるのである。

　ジョン・ボウルビィは，プライベートな自己と親密な関係の中の自己との間にある対人空間の特徴の説明として，早期の安定した愛着の第1段階は，母親が乳児の欲求のサインに敏感に反応して，乳児が認められ満たされる体験をすることであるとした。成長につれて自己制御のスキルが向上すると，安定した愛着は徐々に調整の相互性が目立つようになり，やがて適切な目標を持つパートナーシップに発展し，母子は互いの計画やニーズへの共感的認識に基づくギブ・アンド・テイクを通して，個人的課題の対立を解消できるようになる（Bowlby, 1969/1982）。安定した愛着の成熟の特徴は，互恵性である。それは互いの体験を理解して順応し，共感の欠落を修復し，対立の後で相互の調律を回復できる能力と定義される。これらは人生のどの段階においても，満足感のある親密な関係に欠かせない要素である。

　ほど良い母親は，ほど良い子どもを愛することができる。自分の空想と現実の子どもの個人的特徴とのずれを受け入れることができ，相手を破壊しかねないような憤りを抱かずに，その子が必要とするケアを提供することができる。ほど良い親は，人間が不完全なものであることを理解し，調律を誤ったときも破滅的な罪悪感には陥らない。同じように，ほど良い子どもは，母親が自分のすべての願いに同調してくれるわけではないことを受け入れ（その時々で程度の差はあるが），挫折や失望は避けて通れないことや，いつまでも憎しみや絶望感に固執せずに対処できることを理解して，発達過程を前進することができる。十分安定した愛着の達成は，子どもの個性，気質のタイプ，変化する発達能力と，親が内的・外的ストレスに左右されながらも十分に機能し，愛情を注ぐ能力とを調整する作業のくり返しである。その過程で，親子間の緊張が高まり同調性が失われる時期が必ずある。

良好な状態を回復する努力

「ほど良い」という概念はセラピストにもあてはまる。セラピストの仕事は，手ぬかりや誤解や歪曲と無縁ではいられない。時には強烈な感情が健全な判断力を曇らせ，セラピストの言動が治療の足を引っ張ったり台無しにしたりすることもある。ほど良い治療介入の要は，セラピストが自己吟味を習得して，家族のメンバーに対する強い肯定的あるいは否定的感情を適度に自覚できること，失敗したと思ったときにフィードバックを受け入れられること，治療上のミスの修復に取り組めること，臨床上の失敗について自分を許せることなどである。治療上の紆余曲折と親密な関係の浮き沈みは同時並行の関係であることが多く，作業の指針として有効に活用できる。

トランザクショナル・プロセス（交互的相互作用過程）としての動揺

2章のアンダース（1989）の定義によると，「動揺」は，発達のマイルストーンを達成しようとするときの限定的ストレスである。より深刻な「阻害」とは異なり，期間は短くてひとつないし2〜3の機能領域に限定されている。動揺は，環境ストレスや成熟のストレスと明確に関連づけられない場合もある。また，子どもが新しいスキルを習得しようとするときに体験する困難の副産物ということもある。その場合，マイルストーンが達成されれば，望ましくない情動も消えることが多い。子どもが新しいバランスを身につけ，親子関係が子どもの発達のスパートとその結果生じる親の期待の変化に応じて再編されるからである。

とは言え，情緒的バランスのとれた期間はつかの間にすぎない。幼い子どもは一度に複数のマイルストーンにそれぞれ異なるペースで取り組んでいるし，発達のマイルストーンは順序正しく紆余曲折なしに達成されるわけではない。子どもは同時に複数の機能領域で新しいスキルを習得しようとするので，ひとつの動揺が解消したと思ったら，また新しい動揺が始まることもよくある。親も子も発達過程で浮き沈みがあり，それぞれの発達目標で不適合が再発するこ

ともあるので，動揺を避けて通ることはできない。動揺は子どもの方に原因があることもあれば，父親や母親の方に原因があることもある。また人生の岐路での親子の願望・不安・努力の特定の不適合に端を発することもある。

原因は何であれ，動揺は対立や，自分及び相手に対する葛藤や信頼の低下を招き，親子関係を悪化させることがある。だがこうしたストレスがあっても，親が自分のストレスや疲れについて平静さとユーモアを保ち，子どもの発達過程の努力を支え，家庭生活や親子関係に楽しい部分を作り続けるならば，動揺の只中でも「ほど良い」関係を維持することはできる。セラピストは，その時点のストレスや苦労を発達の観点から支援的に位置づけ，家族の希望を保つことにおいて，きわめて重要な役割を担える。

動揺の解決は，発達のマイルストーンの達成，親子が互いに状況に適応する，親の問題理解が深まり子どもが良い方向に変化するなど，さまざまなかたちでもたらされる。動揺の解決は単なる「卒業 (outgrowing it)」ではなく，必ず発達上の変化が伴う。「卒業」という言葉を使うこと自体，科学的ではなく，なぜどのように問題が解決したのかわからないと言っているようなものである。とは言え，ストレスの期間は，より成熟した機能を習得するまでの一時的困難にすぎず，いつまでも続いたり悪化したりするものでもないというメッセージが伝わるとすれば，便利な表現だろう。

親はしばしば動揺を「子どもの問題」だと思いこみ，環境が問題の発生に寄与しているのを認識していないことがある。そのためだろうが，おそらく乳幼児専門のセラピストが最もよく受ける質問は「これは正常な行動ですか」なのである。例を挙げるときりがないが，たとえば8か月の乳児が床に頭を打ちつけるのは正常か，15か月の子どもが，保育園で母親から離れるときになだめても泣きやまないのは異常な分離不安か，22か月の子どもが隠れて排便するのは心配すべきことなのか，2歳児がフラストレーションのたびに嚙みつくのは過剰な攻撃性の現れなのか，4歳児が自分の性器をいじるのは性的虐待を受けている証拠なのか，などなど。

親，保育者，教師，児童福祉の専門家，裁判官など，子どもに関する決定を下す立場の人は，子どものある特定の行動が，時が来れば解消するような一時的問題なのか，それとも発達のつまずきや虐待を示唆しているのかを知りたが

る。だが質問されたセラピストがたいてい思うのは「それはこっちが知りたい」である。発達過程を予言したり，特定の行動の原因を断言したりするのは危なっかしい。断定は，専門家の英知ではなく個人の思い上がりの表れにすぎない。行動は，生物的・発達的・環境的文脈の中で生じる。この文脈を知ることが，その子どもの機能の展開が想定内のものなのか憂慮すべきものなのかを判断する最初の一歩なのである。

　「これは正常な行動ですか」と質問されたとき，最も賢明な最初の答えは「場合によります」である。まずは行動の文脈を知らなくてはならない。親の不安を和らげようと焦るあまり，詳細な情報のないまま，特定の質問に「イエス」あるいは「ノー」と答えると，2種類の過ちに陥りやすい。誤った励まし（「そのうち卒業しますよ」）と，誤った病理化（「障害があるようです」）である。セラピストが明快な回答をしないと，あいまい，あるいは無能に見えるかもしれない。だが同じ行動でも文脈によって意味は異なるし，結果も異なることがある。子どもの機能の未来を診断したり予言したりするのは，よく言っても蓋然的なものにすぎない。前章で明らかにしたように，それなりに正確な答えを出すには，子どものさまざまな領域の機能を理解することが不可欠である。

　「これは正常な行動ですか」という質問は，「この行動は本人や他の人に害を与えているか，苦痛となっているか，子どもの発達や家族機能の重要な側面の支障となっているか」という質問に置き換えると良い。その視点に立てば，将来どうなるかを予言することなど，現在の苦痛と機能不全を緩和するために行動することに比べれば，さして重要でないことは歴然とする。その有害な行動が長期的問題だろうが一時的混乱だろうが，子どもと家族に安心感を与え，すべての関係者が前向きな気持ちで関わり合えるようにする必要があることに変わりはない。

　小児科医T・ベリー・ブラゼルトン（1992）は，行動の退行は発達課題の達成のスパートの前に起きやすいという，よく知られた原則を強調するために「タッチポイント」という用語を作り出した。タッチポイントでは，子どもの資源に負担がかかるような大きなエネルギーを消耗する。たとえば歩行を習得するには膨大な努力が必要で，その時期には，頻繁に夜中に目が覚めたり，よく泣いたり，分離不安が出たり，ごくささいなフラストレーションでかんしゃ

くを起こしたりすることがある。いったん歩けるようになれば，子どもと家族の情緒的状況は変化する。子どもは新しいスキルを使う喜びにはちきれんばかりで，親はわが子の成長に胸を躍らせる。移行期にはフラストレーションと発達の劇的な進展が同時進行する。だから，この傷つきやすい時期には希望も潜んでいることを親と話し合うチャンスにもなるのである。子どもの能力は，親の反応によって強化もすれば萎縮もする（Brazelton, 1992; Brazelton & Sparrow, 2001）。タッチポイントの概念は，健全な発達には葛藤がつきものであるのを親が理解する助けになる。

　動揺もタッチポイントと同じように，対処できるストレスから発達の萎縮や歪みまでの連続体を成している。ただタッチポイントが特定の発達の移行期間に関連するのに対し，動揺はさまざまな状況の中で生じ，新たな発達段階に進むたびに新たな装いで再燃する持続的な問題の核心でもある。反復する基本的葛藤は，子どもだけの問題ではなく，子どものニーズと親や環境の対応能力の不適合を反映していることが多い。発達精神病理学は，発達の動的で相互作用的な性質について理解を深化させることにより，臨床実践を洗練させてきた（Cicchetti & Sroufe, 2000）。正常な機能から病理的行動へ，あるいは病理的行動から正常な機能への移行することはある。また，たとえ精神病理があっても，多くの領域で能力を維持していることもある。以下の臨床例は，そのような適応のばらつきが共存する例である。

事例：育児能力はあるが，子どもに喜びを感じられない母親

　ある4か月の乳児の母親は軽度の抑うつがあり，子どもに少しも喜びを感じられないと悩んでいた。それでも子どもが泣き出せば，すぐに抱き上げて授乳していた。母親はうつのために，子どもに対して楽しい気分で調律ができないため，自分は良い母親ではなく子どもを傷つけているのではないかと，絶えず気に病んでいた。だが子どもの苦痛のサインを察知するとか基本的な食欲に応えるなどの能力に支障はなかった。

　一方，子どもはいつも表情が硬く，母親やセラピストが関わろうとすると，しばしば視線を逸らした。自然に微笑むことはほとんどなく，この月齢の大きな特徴である楽しそうな大笑いがまだできなかった。それでも泣

いたときに母親や父親がなだめれば，すぐに反応した。食欲は旺盛で夜もよく眠り，生体リズムの制御は良好だった。体重・身長・頭囲も月齢相応だった。

　介入の第1段階では情緒的サポートと発達に関するガイダンスを行うことにし，母親が子どもが泣いたときに適切な対応をしていることや，子どももそれで落ち着きを取り戻していることに母親が気づけるよう支援した。このアプローチは，母親の自尊感情を高める臨床的効果があり，だんだん子どもにうまく応答できるようになるという希望を母親に与えた。治療が進むにつれ，子どものさまざまな感情表現に対する母親自身の内的体験を意識させるようにした。母親は，子どもがうれしそうにはしゃいでも，その状態を抑うつのせいで保ってやれず，子どもがすぐに重苦しい引きこもった状態に戻ってしまうが不安で身がすくむのだと言った。セラピストは，子どもがはしゃいだときは，ためしに微笑んだり笑ったりしてみるように指導した。母親がそのようにすると，不安とは裏腹に，子どもは手に負えなくなるほどの興奮状態にならなかった。これをきっかけに，母親は少しずつ子どもの種々のサインに応答できるようになった。子どもは表情が豊かになり，大きな声を出し，体の動きや表情で気分や願いを表現するようになった。それに応えて母親の気分は明るくなり，治療終了時（子どもは8か月）には，うつは解消していた。この事例では，母親の改善へのモチベーション，子どもの応答性，効果的介入の3つの要素の相乗効果で，2～3か月の治療で成果が挙がった。

　親やメンタルヘルスの専門家は，問題が解決した後で，それが動揺だったと気づくことが多い。未来を正確に予測することなどできるものではないし，動揺の只中では，親は強烈な感情に支配されているので長期的視点に立てないものである。だが，もし子どもの標準的な発達には情緒的プレッシャーがつきものだという知識があれば，動揺に伴う激しい情動や自己反省に苦しみながらも，ある程度の客観性は保てるだろう。発達に関するガイダンスをすると，親は通常のストレスと治療を必要とする葛藤領域を区別できるようになる。発達上，想定される動揺と持続的な葛藤領域の区別がつくと，親は動揺にうまく対

処できるようになる。

　不安定な精神状態や問題行動が一時的な逸脱なのか，それとも持続的問題なのかを判断することは，決して容易ではない。サメロフと共同研究者は，発達過程における環境要因の重要性を実証する画期的な縦断的研究を行い，生後1年間の乳児の個人機能は4歳時点での認知機能やメンタルヘルスの機能の予測因子にはならないことを示した。個々の乳児の機能と環境の質の関係を分析すると，能力が高く高リスク環境で生活する乳児は，4歳時点では，能力が低く低リスク環境で生活する乳児よりもスコアが低いことがわかった。この研究では，誕生から14か月までの早期の能力についての13の堅実な指標（乳児の誕生前後の身体的条件，「4か月及び12か月時点でのベイリー乳児発達尺度（Bayley Scale of Infant Development at 4 and 12 months）」の精神発達と精神運動発達の指標，乳児の気質とストレス反応の観察など）によって個人機能を計測しているので，研究結果は注目に値する。サメロフらはこの研究結果から，乳児の認知・情緒の発達過程を予測するには，子どもの個人的特徴よりも環境リスクに注目する方が有用だと結論している（Sameroff, Bartko, Baldwin, Baldwin, & Seifer, 1998）。とは言え，個人的資質は，子どもが環境にどう反応し，環境が彼らにどう反応するかを決定づける。発達の結果は，子どもと環境との持続的・動的・相互依存的な交互的相互作用から生まれたものとして理解するのが最も適切である（Sameroff, 1983; Sameroff & Fiese, 2000）。

　この視点は介入にも重要な影響を与える。というのは治療の焦点が，個々の子どもを変えることから，子どもに悪影響を与える環境要因を突き止めて対処し，発達に良い影響を与える条件を強化することへと移るからである。

　それはどのように実行されるのだろうか。何より肝心なのは，親の協力を得ることである。関係中心の治療がとりわけ得意とするのは，子どもの治療のために，最も親の関心を引きそうなボキャブラリーを使用することである。有能なセラピストは実に変幻自在に，親の感覚に最もしっくりとくる用語で子どもや家族の苦境を表現することができ，たとえセラピスト自身が好む理論的枠組みが反映されないボキャブラリーであっても使いこなしてしまう。たとえば精神力動理論のパラダイムに立つセラピストでも，もし気質研究に由来する概念が親の思考と最も相性が良いと思えば，それを用いて親子の情緒的スタイルの

不適合を説明する。認知行動療法や社会学習理論のセラピストでも，親のスタイルと合致するなら，精神力動理論の用語で介入を表現することがある。現在，「感情制御」「感覚処理」など理論的に中立的な用語が広く使われているが，おそらくそれは内的体験よりも脳構造や脳機能に基づく心理学的解釈を好む時代精神に由来しているのだろう。CPPは，親子が自らの体験に付与する意味を中心にして構成され，さまざまな理論的アプローチに根ざした介入方略を取り入れている。

発達の過渡期と親子関係

動揺は，しばしば子どもの成長のタイムテーブルに沿って始まる。発達のマイルストーンを達成するために努力しているときは，過敏になりやすく，子どもの自立の要求と親の支援の必要との間で予期せぬ変動が起きるからである。生後数か月間では，頻繁に泣く・夜中に目覚める・授乳の困難・その他の神経学的未熟さの兆候が，気質の難しさの兆候と誤解されることがある。幼児・就学前児童期に入ると，社会化としつけが最重要課題になり，運動・トイレのしつけ・性への好奇心・共有・許可と禁止にまつわる無数の日常的交渉において，親子は「誰が，いつ，どのように」という問題に直面する。その絶え間ない葛藤の中で，子どもは「いやいや」を連発したりかんしゃくを起こしたりし，往々にして親の方も似たりよったりの反応をする。だが子どもを責めて，怒ったり，内に閉じこもったり，懲罰的なしつけをしたりしても，子どもの発達のニーズに合っていないので，かえって裏目に出てしまう。子どもの好ましくない行動は，親が一方的に禁止しようとすると，むしろ固定化することがある。たとえば，親指をしゃぶる，おしゃぶりや安心用の毛布など移行対象の使用，人前で性器をいじるなどは安心感を得るための行為であり，もっと固定化された問題の反映や親子の権力争いの前段階でないかぎり，概して一過性のものにすぎない。

精神生物学的リズムの動揺

乳児は生後数か月間で，睡眠・摂食・排泄の定期的サイクルを身につける。この過程にまつわる生理的覚醒から，不可解な激しい泣き方をすることがあるが（疝痛とも言われる），これは生後4週間から4か月の多くの健康な乳児に見られるものである。この早期の泣き行動の原因と効果的ななだめ方について科学的な結論は出ていないが，この泣き行動が親を苦しめ，乳児はか弱い存在であるという親の認識を持続させ，極端なケースでは，親の有害な反応や児童虐待のきっかけにさえなることは，広く認められている（St. James-Roberts, 2001）。

早期の激しい泣き行動は，発達の「タッチポイント」の典型的な例である。一時的なストレスで後遺症を残さずに解消することもあれば，親子関係の持続的動揺に至ることもある。生後3か月までに，健康で順調に発達している多くの乳児が，夕方をピークとする，なだめても泣きやまない執拗な泣き方をすることについては，どの文化にも証拠がある。この普遍的な早期の泣き行動のピークの原因をめぐってはさまざまな解釈があり，進化論や神経生理学の立場からは生存上の機能に関する仮説があるが，まだ結論は出ていない。また親がこの泣き行動をどう解釈するかについては，文化が色濃く反映される。欧米先進国の中産階級の親は嫌がる傾向があるが，ブラジル北部の貧困層の母親は，子どもの丈夫さと自己主張の表れと解釈する傾向がある（Scheper-Hughes, 1993）。早期の泣き行動のピークは「泣き行動のパラドックス」を生むことがある。泣き行動は親や社会の状況によってさまざまな結果を招き，親の手厚い世話を引き出したり医者通いをくり返すことにもなれば，乳児揺さぶり症候群や他の児童虐待の直接的きっかけになることもある（Barr, 2001）。同じ行動でも，状況によって違う意味を帯びる。

母親の認知傾向は，どの結果を招くかを決定する重要な要因である。地域社会の標本による縦断的研究では，「早期に激しく泣いた乳児」の母親は育児行動の感受性の点で他の母親と差はなく，生後2年目の愛着の質や他の尺度でも差異は認められなかった（Stifter, 2001）。一方，臨床サンプルによる研究では，なだめても泣きやまないような泣き方は，親の強いストレス・無力感・攻撃的妄想・罪悪感を誘発していた。気難しい赤ちゃんのためのクリニック（fussy baby clinic）に紹介された乳児は，その時点ではうまく治療できたように見え

5章 「ほど良く」でなくなるとき——早期関係性の動揺

ても，幼児期に入ると，地域社会の対照群よりも行動の問題が多く見られた（Papousek & Papousek, 1990）。こうした激しい反応をする乳児には体質的な脆弱性があり，幼児期に入って，親が新たな育児の問題に対処する用意ができていないときに，他の領域でそれが出現すると考えられる。こうした研究結果は，介入をひとつの個別的行動だけに狭めないことの重要性を示唆している。

母親の自己効力感は予後の重要な予測因子である。なだめにくいタイプの子どもの母親は，無力感を学習することがある。子どもの泣き行動に適切に対応できなかったと母親が感じると，その認知はその後の母親の反応に負の影響を与える。こうした連鎖の存在は，実験環境の作業で母親の成功または失敗の期待を操作し，期待がその後の行動に及ぼす影響を調べた研究で実証されている。その実験では，テープに録音された乳児の泣き声を止めるために一連のボタンを押すという作業が，母親に課せられた。作業の条件は「非常に簡単」「難しい」「ほとんど不可能」のいずれかに設定された。最初に「ほとんど不可能」のレベルにあたった母親は，その後，簡単なレベルにあたっても成功率が低かった。最初の実績に基づく認知が，その後の対応能力に影響していたのである。一方，母親に最初の条件での成功は次回の成功とは無関係だと説明すると，失敗の期待は消えた。また2回目では成功を期待するよう励ますと，1回目で失敗していてもかなり成功率が上がった（Donovan & Leavitt, 1985）。乳児の泣き声をうまく静められるかどうかは，育児スキルに関する母親の自己認知や社会の判断の基準になりやすい。こうした研究結果は，行動変容の本質的要素として，親のモチベーションへの働きかけが重要であることを示している。

ディンフナ・ヴァン・デン・ブームは，過敏な乳児を育てる社会経済的地位の低い母親を個別的に支援する介入を設計した。この介入では母子相互作用に焦点をあて，1回2時間，3週間に1回の家庭訪問を3か月にわたって行う。研究では，生後6か月の時点で介入を開始したが，その月齢を過ぎると，極端に激しい泣き行動は自然におさまるか，自律的な母親は自分なりの対処方法を発見する。介入グループの乳児と母親の個人行動及び母子相互作用は，子どもが9か月になった介入終了時と，2歳と3歳時のフォローアップで肯定的な結果が出た（van den Boom, 1994, 1995）。

この研究から，臨床の対象にならない程度の問題についても，個人に特化した発達のガイダンスは子どもと親の機能を向上させることがわかる。ヴァン・デン・ブームの研究に参加した母親は，子育ての支援を求めていたわけではなかったが，提供された支援を受け入れて有効に活用した。介入のタイプや子どものターゲット行動が母親の治療へのモチベーションと合致する期間に介入を行うと，長期間持続する有益な結果が得られる。このことは福祉政策にも重要な示唆を与える。つまり社会の長期的安寧を望むなら，臨床介入が決定的に必要になる前の段階で，子育てへの支援を通して未来の市民となる子どもたちに対応すべきなのである。

　小児科医療に従事する人は，生後数年間の子どもの健康と発達を観察しているので，問題の早期発見と専門家への紹介に重要な役割を担っている。彼らは動揺を和らげ効果的な育児実践を指導することで，有効な早期介入ができる。また小児科の介入では緩和できない問題があるとき，小児医療の専門家として小児精神医療の専門家に紹介を行うことができる。次の事例では，リスク因子が重なって悪い方向に向かいかけたときに，1次医療が早期発見と専門家への紹介に重要な役割を果たした。

事例：よくぐずる乳児への支援

　アダムズさんと生後2か月のアレクシスは，小児科医の紹介で治療に訪れた。小児科医が乳児のいる家庭への定期訪問で「調子はいかがですか」とたずねると，母親はいきなり泣き崩れたという。小児科医はその後の会話を通して，母親に夫との対立によるストレスと精神不安感があるのに気づいた。また子どもが頻繁に激しく泣くので，自分自身を責めていた。母親の感情は母乳を通して乳児に伝わると何かで読んだことがあって，自分は悲しみや怒りを抱えたまま子どもの世話をしているから，「酸っぱいお乳」や「筋肉の緊張」のせいで子どもが「変になって」いないか心配なのだと言った。小児科医は，早期の疝痛について発達のガイダンスをしたが母親の不安はおさまらず，精神科で抑うつの診察を受けるよう提案しても断られたので，乳幼児－親心理療法を紹介したのである。

　アダムズ夫妻は中流層に属する大卒の20代半ばのヨーロッパ系アメリ

5章 「ほど良く」でなくなるとき——早期関係性の動揺

カ人で，奨学金の返済が終わって経済的に少しゆとりができたときに子どもを生めるように，周到な計画妊娠をした。妊娠は彼らが期待していたような牧歌的なものではなく，母親は絶えず腰痛に悩まされ，出産も大過なくすんだとは言え長時間痛みに苦しんだので，裏切られたような気分になった。若くたくましく有能で思いどおりの人生を歩んでいるという，それまでの彼らの自己イメージとはおよそかけ離れた体験だったのである。

　最初の2回のセッションで，アレクシスは母乳をよく飲んで順調に成長していること，一度に3時間続けて眠り，夜間は授乳で2回起きることがわかった。両親の動きを目で追い，珍しいものにはすぐ目を向ける，とても目ざとい子どもだった。ほとんど仏頂面で，上手にあやさないと笑わなかったが，笑うとかわいいえくぼができて，両親をたいへん喜ばせた。アレクシスはひどく音に敏感で，眠りが浅く，ちょっとしたことで目が覚めた。日中，長時間ぐずることがあり，いったん泣き出すとなだめるのは大変だった。母親によると，一日数回，1回につき15分ぐらい泣き，一日に1回「まる2時間」泣き続けるという。特に夕方はなだめてもなかなか泣きやまなかった。父親が仕事から戻ると，母親はとげとげしく「あとはあなたが見てよ」と言って，寝室にこもってしまうことがしばしばある。このような出迎えは，家庭では心身ともに安らいでその日の出来事を妻と語り合いたいという夫の幻想を打ち砕いた。最初のセッションでの会話には，夫と妻の見解の違いがくっきりと現れた。母親は涙ながらに「良い子のときもあるんですけど，いったん泣き出すと何をやっても機嫌が直らないんです」と言い，父親は「赤ん坊は泣くものだろ。君がすぐオロオロするから」と容赦なかった。

　この食い違いに拍車をかけたのは，昼間の生活の違いだった。父親はコンピュータ業界でのキャリアの追求に夢中で，長時間働いている。一方，大学の事務職だった母親は半年の産休中で，職業生活での対人的・知的刺激がなくなってさびしさを感じている。ふたりは2年間，幸せな結婚生活を送ってきたが，今では対立し，完璧な親になろうという意欲と，子どもが生まれる前のような気楽なライフスタイルに戻りたいという願望の板ばさみになっている。ふたりは友人たちの中で子どもが最初に誕生したカッ

プルだった。友人たちはアレクシスの誕生を祝ってくれたが，後はこれまでどおりパーティーやコンサートに出かけている。ふたりは，夜に幼い子どもをベビーシッターに預けて外出するのは気が進まなかったし，かわりに面倒をみてくれる親戚も近くにいなかったので，気がついたときには，友人たちと何となく疎遠になっていた。

　最初の2回のセッションでは，精神科的問題や他のリスク因子の兆候は見られず，主に両親と子どものアセスメントと，親の治療への意欲や受け入れ方を見るための試験的介入を行った。1回目のセッションでは，父親は母親がアレクシスの泣き方に過剰反応していると思っており，母親は育児の質を批判されることに自己防衛的になっていることがわかった。母親は父親にも治療に参加してほしかったが，父親は仕事のスケジュールに差し支えるからと拒んだ。セラピストは，そうやって仕事漬けになっているから夫婦関係が危なくなるんです，まず大切にすべきなのは家族でしょうと忠告したい衝動にかられたが，思いとどまった。自分の価値観が認知に影響しているのに気づいたし，父親から押しつけがましいとか煩わしいと思われそうな行動を勧めるのは，時期尚早と思ったのである。父親は都合がつくときには必ずセッションに参加するということで，両親とセラピストは合意した。

最初の介入方略の選択

　セラピストは前述のような状況を考慮し，最初の介入方法として，ベビー・マッサージを提案した。子どもをなだめる特別なテクニックを習得して母子間にフィードバックのループができれば，母親は自信をつけ，彼女が子どもの泣き声に過剰反応しているという父親の認識に自己防衛しなくなるかもしれないと，セラピストは考えた。母親はこの提案を受け入れた。彼女はアセスメントで最新の育児法を学びたいと話しており，この提案はその願いと一致していた。

　マッサージは，母親とセラピストが一緒にアレクシスを観察し，彼の反応に，発達に即した意味づけをする機会になった。あるときセラピストがアレクシスのお腹に触るとむずかったので，セラピストは「お腹はとても

感じやすいんだよって言いたいのね。それじゃ先に腕をマッサージしましょうね」と言った。するとアレクシスがむずかるのをやめたので，母親は「なるほど，わかりました。子どもに教えてもらうんですね。いいですね。良い方法だわ」と言った。この後，母親は自信を持ってアレクシスに触れるようになり，いろいろな抱き方を試すようになった。

　またセラピストはセッションで，母親にアレクシスと接するときの自分の感情や心の状態を説明させたり，彼女と父親の子どもへの接し方の共通点と相違点を質問したりした。こうしたやりとりの中で，母親は父親に対する矛盾した感情を打ち明けることができた。父親が子どもの苦痛に敏感に反応しないことへの非難，ふたりの感情的隔たりに対する怒り，子どもが生まれる前の幸せな新婚時代に戻れないさびしさ，父親に捨てられてひとりぼっちになることへの不安など。セラピストは母親の体験に共感しながら支援的に傾聴し，発達に関するガイダンスとして，子どもの誕生による変化に対する母親と父親の適応の違いを説明した。

介入方法の追加

　治療開始から1か月経った頃，母親は自分が太ってみっともなくなったと感じており，赤ちゃんと家にいるだけではおしゃれをする気にもなれず，2～3日どこにも出かけないことがままあるのを，セラピストは知った。食料や日用品を買いに行っても，そそくさと家に帰るのだという。セラピストは，母親が「産後うつ」と解釈している状態はキャビンフィーバー[4]が大きな要因かもしれないと指摘し，彼女がアレクシスと一緒に外出できるような活動を提案した。母親は子どもが大勢の人の前で泣きやまなくなったらお手上げだと不安がって，気乗りしない様子だった。セラピストは，家庭訪問の最初の20分はベビー・マッサージをして，その後，セッションの一環として一緒に外出するのはどうかと提案した。だが母親が言葉を濁すので，セラピストは，いつでも喜んで対応するつもりであり，もしかしたら気持ちが変わるかもしれないので，またあらためて提案

4　狭い場所に閉じこもっていることにより情緒不安定になること。

すると言った。2週間後，もう一度セラピストが切り出すと，母親は仕方なさそうに「来週試してみる」と言った。ところが，いったんそう決めると，母親の身なりがガラリと変化した。セラピストが昼すぎに訪問すると，彼女はいつもの寝巻き姿ではなかった。シャワーをすませ，普段着だがこぎれいな服装をし，アレクシスも入浴をすませていつでも出かけられる準備ができていた。一緒に近所の図書館や食料雑貨店や公園を巡り，ウィンドウショッピングをしながら，セラピストは，アレクシスが周囲の世界に興味を示していることや，道行く人がアレクシスに声をかけたり母親に親しみをこめて話しかけたりするなど好意的な反応をしていることを指摘した。アレクシスは途中で何度か泣いたが，時折まどろみながらも積極的に周囲に関わる様子に，母親は一時的な大変さなど吹き飛ぶような気持ちになった。

　セラピストと外出するうちに，子どもを連れて長時間出かけることへの不安は解消し，母親はセッション以外でもアレクシスと一緒に外出するようになった。そのうち彼女は，保育サービスのあるジムを見つけた。そのジムではエクササイズルームの隣に保育室があって，必要なときにはすぐに駆けつけられるようになっていた。彼女は毎日のエクササイズを再開するステップとして，そのジムに通うことにした。

　母親が子どもの反応に対する不安にとらわれなくなってきたので，セラピストは夫婦関係について率直に質問し始めた。やがて母親は最大の不満は性生活だと打ち明けた。夫婦とも疲労がたまり，互いへの反発もあって性生活はまだ再開しておらず，ふたりともこれが夫婦関係に何をもたらすのか不安になっていた。彼女の話によると，父親は彼女が赤ちゃんにしか関心がないと責めるくせに，自分は夜遅くまで仕事をしたりテレビを見たりしているし，週末も彼女がベッドに入ってからもずっと音楽を聴いているという。セラピストは，それは子どもが生まれた夫婦にありがちな普通のことであり，夫は妻の愛情を赤ちゃんに奪われそうで不安なのだと説明した。そして，週末はひとりがジムに行っている間にもうひとりがアレクシスの世話をするというのではなく，子どもを連れて一緒にハイキングをしたらどうかと提案した。また，たまには夫婦ふたりで，あるいは友人た

5章　「ほど良く」でなくなるとき——早期関係性の動揺

ちと一緒に外出できるようにベビーシッターを利用することを勧め，ベビーシッターを雇うときの面接の方法や信頼できる人かどうかを判断する目安についてアドバイスした。こうした提案は受け入れられ，効果をもたらした。父親に対する辛らつな批判や見捨てられ不安は薄らいだ。そして子どもの誕生以来初めてのデートの後，父親はセッションに参加し，赤ちゃんが泣くときに放っておくか対応するかをどこで判断するのかと質問してきた。この質問から，個人のスタイルの違いや赤ちゃんが両親の異なる関わり方に適応する能力があることなどについて，有意義な話し合いをすることができた。

　この介入例からわかるように，行動変容を促す介入と，防衛機制やその他の内的体験への臨床的留意との統合は有用である。セラピストは，最初に外出の提案を拒まれたとき，その理由を分析して，母親の訴える内的障害を回避できるように介入を調整した。また一緒に外出したときには，母親が予想していたような外出先での対処しがたいストレスは実際には起きないことを指摘して，情緒的サポートと現実検証を提供した。最も直接的で顕著な関心領域が改善し，母親のセラピストへの信頼が深まると，結婚関係という感情的にデリケートな話題に治療の焦点を移した。ここでもまた，共感的傾聴，発達に関するガイダンスとリフレーミングによる否定的な帰属の正常化，積極的な行動変容の提案がすみやかな改善をもたらした。

予後

　週1回の治療を3か月続けるうちに，アレクシスにも母親の内的体験と育児行動にも目覚ましい変化が現れた。母親は行動的で積極的になり，気分も明るくなり，勤めていた頃は全然知らなかった場所を街で見つけたとうれしそうに報告した。アレクシスが泣くのは苦痛のサインであって，怒りっぽく拒絶的な性格の表れではないと認識が変わると，アレクシスへの否定的な帰属はぐっと少なくなった。母親が子どもの反応に敏感になり自信を持って対応できるようになったこと，また子ども自身の成長もあって，泣くことは減り，かわいらしさが増して，母親はいっそう子育てに自

189

信をつけた。父親の感情の起伏を，父親という新しい役割に自信がないことの表れと理解できるようになると，父親に完全な受容を求める強い欲求や心の支えになってくれないという怒りは薄らいでいった。最後にとても大事なことだが，ふたりの性生活は再開した。母親がそれを恥ずかしそうに，だが心から安堵したように報告したとき，治療のゴールが見えてきた。その2週間後が最後のセッションになった。

この事例では，ベビー・マッサージという最初の介入によって母子の相互作用がすみやかに改善し，母親は，子どもや夫婦関係の対立を内省的に振り返ることができるようになった。子どもがよく泣くのは永続的な個人的資質ではなく内的状態のストレスへの反応だとわかると，すぐにアレクシスを泣きやませることができなくても，あまり自分を責めなくなった。そうした理解から，夫との対立は，自分が夫の行動にどう反応するかによって改善もすれば悪化もするというように，改めて自分の力を認識するようになった。こうした変化を目指して，セラピストはこの若い夫婦の結婚生活と育児の困難を，初めての子どもが生まれたときの標準的ストレスという枠組みに位置づけた。発達の枠組みに位置づけることによって，母親の自己防衛は薄れ，希望を持って新しい対応を試そうと思えるようになった。身体的運動や外出が非常に具体的に母親の気分の改善に貢献したことも，過小評価してはならない。さらに，母親と乳児の関係の改善が夫婦関係にプラスの影響を与えたことは，「関係が関係に及ぼす効果」というロバート・エムディ（Robert Emde）の重要な考察を例証している（Emde, 1991）。

この介入では，母親の子ども時代の体験には焦点をあてなかったことも言及しておかなければならない。母親はセッションで，父母やきょうだいとの関係で孤独感や怒りや不適切感を覚えたと話したが，セラピストは，この母子は現在に焦点を合わせたまま十分に進歩しているので，過去の体験の連想の連鎖を追求する必要はないと判断した。もし選択した介入方法で期待する成果があがらなかった場合は，次の介入として，過去の「お化け」が現在に与える影響を探ることを考えただろう（Fraiberg et al., 1975）。

5章 「ほど良く」でなくなるとき——早期関係性の動揺

自己制御をめぐる葛藤

　親子のコミュニケーションは初めて出会った瞬間から始まる。コミュニケーションの多くには，この関係で誰が何をすることを期待されているかという問いが関わる。そしてその答えは，授乳・睡眠・なだめる・排泄などの日課や，危険からの保護，親密性，愛情表現，社会化，しつけ，探索，遊びなど，その時々の相互作用の中で提供される。親・教師・臨床家・児童発達の専門家など，子育てに強い関心のある人々の間で最も意見が分かれるのは，子どもを苦痛から守ることと対処能力の増進のためにフラストレーションに耐えさせることとのバランスをどうとるかだろう。たとえば，泣いている幼い子どもをそのままひとりで寝つかせて良いのか。良いとすれば何歳からか。子どもがあるスキルを習得できなくて苦痛や怒りやフラストレーションを示すとき，どう対応すべきか。注目や甘やかしによってスポイルされるのは何歳からか。かんしゃくにはどう対応するのが適切か，年齢によって，どのように対応を変えるべきか。親が一息つきたいときに，子どもの気を逸らしたり紛らわせたりするのにどんな方法が適切か。こうした問題に対しては，実に多様な見解がある。

　これらの問いの根底にあるテーマは，文化や子どもの発達段階に照らし合わせて適切な範囲で，どのように自己制御を促進するのが最善かということである。野放しにされた激しい興奮は，自己管理，満足感のある関係を形成し維持する能力，学習のレディネスなど重要な領域で適切に機能する妨げになる。新生児は生理心理的作用の制御をほとんど母親に依存しているとは言え，見つめる，目を閉じる，顔を向ける，親指を吸う，そっくり返る，すり寄る，その他刺激を引き出し，あるいは締め出すさまざまな行動をとることができ，ことの初めから能動的なパートナーなのである。乳児は成長につれて，生理的リズムの同調や，ネガティブな情動を最小化しポジティブな情動を最大化するように母親の行動を誘導することで，だんだん自己を主張できるようになる（Schore, 2003）。この母親と乳児の相互調律は，愛着の発達の重要な基盤である。母親の応答性は，子どもの愛着の安定や年齢相応の発達課題の遂行能力の予測因子となり，愛着は二者による感情制御とも解釈できる（Sroufe, 1996）。

　自立をめぐる葛藤は，しばしば親と子どもの自己制御の課題の不適合を反映

する。親の方は，子どもが何をどれだけ食べるか，いつベッドに入り何時間眠るべきか，いつトイレのしつけを始めるか，その他さまざまな状況で子どもがどう応答すべきかは，親が決定するもので，そうすることにより子どもの発達を導くのだと思っているかもしれない。だが一方の子どもは，何を安全で快適と感じるかについて親とは異なる主観的評価を持っているかもしれないし，親の一方的な指示に対して拒絶，不服従，情緒的引きこもりという反応をすることもある。

　親子の相互作用での（他の親密な関係でも）不適合や誤調律はままあることで，コミュニケーションの不全の修復は，成長を促進する関係に不可欠である。コミュニケーションの失敗がまったくないというのは，実は，発達過程に何か歪みがあることを示唆していることがある。母親と乳児が互いに声を出すとき，あまりに相互に協調しすぎているのは，愛着の混乱のリスクを示す初期の指標である。警戒や過剰な監視，用心，それらの懸念を打ち消すために相手を喜ばせようとする過剰な努力のサインということもある。協調が非常に弱いことも，愛着の不安定を予測させる。相互協調のどちらかの極端の固定化は，親子の安全な親密性の特徴である互恵性が脅かされる兆候である。対照的に，ほど良い協調は安定した愛着を予測させる。種々の要因に応じて，柔軟かつ容易に相互作用の同調性を調整していると考えられる。母親のほど良い応答性は子どもの良好な成長の予測因子である。またそれは，親子関係の動揺の原因が親の不関与や過干渉にある可能性を示唆している（Jaffe, Beebe, Feldstein, Crown, & Jasnow, 2001）。

　不関与から過干渉まで，また寛容主義から権威主義まで，非常に広い幅がある中で，具体的に何が「黄金の中庸」かと問えば，どちらの極端も子どもの能力を損なう可能性があるという点ではおおむね意見が一致するにしても，その人の文化的背景，個人的価値観やスタイルによって実に答えは多様である。親は「自分の子どもについては専門家」なのだから自分の直感に従うべきだという指導もよく見受けられるが，もし親が子どもの発達の原理や基準やタイムテーブルを知らず，子どもの行動を解読不可能な暗号のようにしか思えないのであれば，そう言われても困惑するだけだろう。問題に当惑している親にあなたは「専門家」だと言っても，自分は他人の期待に応えられないという証拠を

5章 「ほど良く」でなくなるとき——早期関係性の動揺

ひとつ増やすだけで，さらにストレスを与えることになりかねない。むしろ，親とセラピストが一緒に子どもの行動を観察し，ともに考え，可能な解決策を試みるような活動計画を提案するほうが有効であるし，セラピストが発達の豊かな複雑性を尊重していることや，問題解決のパートナーシップの感覚が伝わる。

　以下の事例は，乳児期に最もよく見られる問題のひとつ，摂食の自立をめぐる動揺の介入例である。摂食の問題は，通常の発達をしている乳児の約25パーセント，また発達に障害のある乳児の80パーセントにあると推定されている。摂食の問題は，後日の摂食障害や行動の問題，認知の問題と関連する（この問題のレビューとふたつの代替的な理論定式化についてはChatoor & Ganiban, 2004, Maldonado-Duran & Barriguette, 2002を参照）。摂食の自己制御は，乳児が空腹と満腹のサインを体験し，伝達し，応答するコミュニケーションシステムを養育者との間に形成するにつれて，発達相応に達成される。乳児と養育者との二者間のサインの協調から，子どもがひとりで食べられる段階へと移行するプロセスでは，どの段階でもトラブルは起こりうる。子どものサインが弱々しくあいまいなことが原因の場合もあれば，親が食に関する自分の先入観や葛藤を子どものサインに重ね合わせて解釈している，あるいは，広範囲に及ぶ葛藤が摂食という領域で展開されている場合もある。

事例：アメリアの摂食トラブル

　以下は，生後10か月のアメリアと母親の摂食をめぐる動揺の治療例である。母親は，アメリアが頑として固形食を食べないので，貧血になるのを心配して強制的に食べさせようとしていた。それを見た小児科の特定看護師（訳注：一定の医療行為が行える上級の看護師）は，セラピストを紹介した。母親の報告によると，摂食の問題が始まったのは2か月前で，アメリアが8か月になり離乳を開始したときだった。以来，アメリアは食べ物に興味を示さなくなり，母親が食べさせようとすると顔をそむけ，スプーンを手で押しやるようになった。それでもアメリアの体重は増え順調に成長していたが，食べ物をめぐる対立は激しくなり，今では母親が食事のためにベビーチェアに連れていこうとしたとたん，泣き叫ぶという。

アメリアは両親であるサンチェス夫妻の第3子だった。夫妻はエルサルバドルの奥地の村の出身で，3年前に米国に移住してきた。ふたりとも30代前半で，アメリアの他に12歳の長男と10歳の長女がいた。第3子の妊娠は予定外だったが，両親とも，アメリアは神からの贈り物で米国への移住を神が認めたしるしだと受け止めていた。皆がアメリアを「ラ・ヤンキシータ（小さな米国人）」と呼び，特にアメリアが抵抗したり興奮したりするとき，そう呼んだ。アメリアが快不快をはっきりと表現することは，女の子は自分を抑えて従順であるのが良いとする両親の母国の文化的期待とは対照的な，米国人的な特徴とみなされていた。ときにはアメリアの激しい気性に手を焼くことがあるものの，両親は上の子どもたちとアメリアの違いを面白がりもした。「ラ・ヤンキシータ」というニックネームには，アメリアは両親やきょうだいが望んでもかなわないようなかたちで，出生国の米国に属しているという両親の感覚が反映されていた。このことは両親の誇りであると同時に，アメリアに対するある感情的隔たりともなっていた。アメリアは第二の母国への架け橋であると同時に，彼らの目にはどこか外国人のようにも映っていたのである。

　妊娠も出産も正常でこれといった問題はなかった。ラテンアメリカ出身の患者が多い地域病院で出産し，母親はそこでの医療に大変満足していた一方で，故郷のエルサルバドルで上の子たちを取り上げてくれた助産師を懐かしがってもいた。アメリアは健康で，よく母乳を飲み，よく眠り，家族の日常生活にスムーズに溶けこんだ。アメリアの泣き方は両親の言葉を借りると「エネルギッシュ」でわかりやすかった。あれこれ世話をしても泣きやまないときは，母乳を与えた。それがアメリアをなだめる主な方法だった。

　父親は建設業で定職につき，母親はアメリアが4か月になるとウエイトレスのパートタイムの仕事に戻った。母親が働いている間，アメリアは，3歳の孫の面倒を見ている隣家の老婦人に預けられた。両親は老婦人と付き合いがあり信頼していたので，彼女に預かってもらえることを喜んでいた。以前から家族で老婦人の家に遊びに行っていたので，アメリアも彼女を知っており，数時間，預けるようになったときも，両親は特に目立った

変化を感じなかった。彼らには不法滞在で国外退去になる不安が常にあったが、家庭生活は順調だった。

最初の家庭訪問

初めて家庭を訪問したとき、両親はセラピストを丁重に迎えたが、しばらくぎごちないやり取りを交わした後で、小児科の特定看護師がセラピストを紹介したことに驚いたと打ち明けた。彼らは、自分たちの食べさせ方はどこも間違っていないと思っていた。母親は、乳児健診で子どもの食生活についてたずねられたとき、アメリアはあまり食べないので、片手でアメリアの顔を抑えつけ、もう片方の手で食べ物を口に押しこんでいると答えた。母親は、栄養をつけることは大切なので、食べ物に興味を示さないからといってあきらめてはいけないと思っており、アメリアの抵抗を特に辛いとは感じていなかった。両親は、故郷の村ではとても乳児死亡率が高いということを感情的に語った。彼らは、自分たちの子どもは必ず健康で強い子に育てると堅く決意していた。

この時、セラピストはジレンマに陥っていた。特定看護師の懸念と、アメリアの抵抗は栄養不良と貧血の危険に比べればささいな問題にすぎないという両親の確信の間には、大きな隔たりがあった。両親の祖国では栄養不良が蔓延し、幼くして亡くなる子どもたちが身近にいたことを思うと、両親がそう考えることも理解できた。また彼らはすでにふたりの子どもを育て上げた経験のある親だった。もしここでセラピストが、アメリアの発育は順調ですぐに貧血になる危険はないと説得しようとしたら、乳児期に適切な栄養をとることの大切さをわかっていないと思われて、信頼を失う可能性があった。さらに拍車をかけているのは、両親が、子どもを「いちばんよくわかっているのは親」で、子どものために方針を決めるのも親だと固く信じていることだった。親の権威の優位性を強調する彼らの文化と、親が子どものサインに応答し子どものリードに従うときに順調に発達するという、米国で主流の専門家の思潮とでは水と油のようだった。

最初の家庭訪問での観察で、この両親は子育てについて明確な考えを持った、思いやりのある有能な親であることがよくわかった。上の子ども

たちは学校に行っていたので観察できなかったが，アメリアは健康な乳児で，よく這い回り，表情豊かに喃語を発し，感情表現も適切だった——初対面のセラピストには警戒心を抱いて母親に社会的参照をし，アメリアが落ち着かなくなったときに父親が膝の上でぴょんぴょん跳ねさせると満足げに笑い声を立てた。だが一方で，母親の膝の上に座っているとき，これといった理由もないのに母親の顔や胸を何度もぶった。セラピストは両親と話しながら，委託してくれた特定看護師への職業的忠誠心と，食べ物の強制は子どもに悪影響を及ぼすことがありアメリアが突発的に母親をぶつのはそのせいだろうという自分自身の確信と，勤勉で思いやりのある両親への強い共感や彼らの考えを支持して喜ばせたくなる気持ちとの狭間で揺れ動いていた。自分自身，ラテンアメリカからの移民であるセラピストは，自分が思いがけなく両親に強い一体感を抱き，アメリアの摂食の問題に単刀直入に取り組むのをためらっていることに愕然とした。

介入の入口を探る

　セラピストはこうした内的葛藤に折り合いをつけるため，少し間を置いてから，摂食の問題へのアプローチを決定することにした。そのかわりに，両親との共通基盤となり介入者としての自分の正当性を確立するのに役立ちそうな介入の入口を探した。セラピストは両親と雑談しながら，米国とラテンアメリカの違いについて，特に移民が新しい国に適応するときの共通体験を話した。それを糸口として，家族の中でアメリアだけに米国の市民権があることや，彼女の誕生によって起きた変化に話が及んだ。セラピストは，アメリアが離乳と同時に食べ物に興味を失くしたことを思い出し，離乳の時期はどのように決めたのかとたずねた。すると，仕事に復帰して母乳が出にくくなったので離乳することにしたと彼らは答えた。母親はアメリアが怒りっぽくなったことを空腹のサインと解釈し，固形食の量を増やす時期だと考えた。母親はアメリアがこの変化を受け入れず，固形食を喜ぶどころか頑なに拒むことに驚いたが，両親とも，新しい食べ物に慣れるまでの一時的なトラブルにすぎないと考えた。当面は無理にでも食べさせるしかないと思ったのである。

5章 「ほど良く」でなくなるとき——早期関係性の動揺

　特定看護師は強制的な食べさせ方に真っ向から反対していたので，両親がセラピストに向かって，無理にでも食べさせるつもりだと言ったのは，暗黙の挑戦だった。慇懃で間接的にではあるが，自分たちは親であり，自分たちのしていることをわきまえているし，今のやり方を変えるつもりはないと言おうとしたのである。セラピストはこの発言には直接答えず，上の子どもたちの離乳も同じようだったのかとたずねた。母親は，上の子どもたちはエルサルバドルで育ち，子どものそばで仕事ができたので，もっと大きくなるまで授乳していたと答えた。
　昔を思い出したことをきっかけに，両親はひとしきり，米国の都会の生活のせわしさとエルサルバドルの田舎のゆったりとした日々との違いをしみじみと話した。セラピストは「こちらの方が大変なものもあれば，あちらの方が大変なものもありますね。米国には富があるけれど，私たちの母国にはもっと家族の時間がある」と言った。両親ともうなずいた。祖国の日常生活や米国の生活に適応する難しさについてしばらく話すうちに，しんみりとはしているが肩の力が抜けた雰囲気になってきた。会話が途切れたとき，セラピストは離乳の話に戻して「母乳をやめたときのアメリアの反応はどうでしたか」とたずねた。母親は笑いながら「泣くわ，わめくわで大騒ぎでしたよ。私の胸をぶつし，ブラウスを持ち上げようとするし，哺乳瓶を床に落とすし」と言った。母親と父親はかわるがわる，アメリアがどんなふうに不快を表現したかを——不眠や日中，苛立ちやすくなったことも——話した。その間，アメリアは大人たちのやり取りを神妙な顔で見つめ，母親は無意識のうちにアメリアの髪をなでたり背中をさすったりしていた。セラピストはアメリアの方を向き，気持ちをこめてこう言った。「おかあさんのおっぱいが恋しいのね。あんなにおいしいものはないもの。他のものはほしくなくても，しかたないよね」一瞬，沈黙が流れた。両親はハッとして，アメリアは実際そう感じているのかもしれないと思ったようだった。セラピストは，ここからは自信を持って，特定看護師と両親の相互理解のために努めたいという思いをはっきり打ち出すことができた。「アメリアはとてもよく育っているし，おふたりは子育てをよくわかっていらっしゃいます。ただ特定看護師は家庭を訪問できませんし，

197

私たちの祖国の子育てもあまり知らないのです。おふたりの考え方を看護師に説明できるように，もっとおふたりを知りたいし，診察で看護師とぶつからないように，看護師の考え方もお伝えしたいと思います。来週，アメリアの食事の様子を見せてくれませんか」とセラピストはたずねた。両親は翌週にセラピストがアメリアの昼食時間に合わせて訪問することを承諾した。

結果

　翌週，セラピストが訪れたとき，食べ物をめぐる親子の格闘はすでに始まっていた。母親は小さく切ったチキンをアメリアに食べさせようとしたが，アメリアは口に入れられたとたんに吐き出した。親子の緊張が高まるのを，セラピストはしばらく黙って見ていたが，「アメリアは頑固だし，お母さんの方は食べないと大きくなれないのが心配なんですよね」と言った。母親は苛立たしそうにため息をついた。疲れと屈辱感が垣間見えた。母親がアメリアに牛乳の入った子ども用コップを差し出すと，アメリアは取っ手を握ってすぐに飲んだ。セラピストが「もう自分で上手にコップを持って飲めるんですね……」と言うと，母親はうなずいたが，関心は牛乳よりもチキンを食べさせることにあるようだった。セラピストはさらに続けて「アメリアは，エルサルバドルではなく米国の子どもみたいなので，ラ・ヤンキシータと呼ばれるんですよね。米国の子どもはまだほんの赤ちゃんの頃から何でも自分でやりたがるんです。アメリアはコップから牛乳を飲むのがとても上手ですよね。子どもがあまりに自立心が強いと親は大変ですが，アメリアに自分で食べさせるようにしたら衝突が少なくなると思いませんか」と聞いた。母親は，アメリアの好きなようにさせたら固形食は食べないだろうと答えた。セラピストは言った。「先週，アメリアを観察していて，手や口を使うのが大好きなことがわかりました。アメリアは，プラスチックのさいころをつまんで口に持っていったりします。たぶんブドウとか切ったバナナとか，アメリアが手でつまめるような，健康によくて，甘みのあるものを与えたら食べるのではないでしょうか」母親は，夕食でアメリアの兄がアメリアに食べさせるときにはちゃんと食べ

るのだと言った。兄はからかい半分にアメリアの食べ物を自分が食べるそぶりをし，アメリアが手をのばしてきたら，それをてのひらにのせてやると言う。するとアメリアは自分で口に入れるのだ。その場面を思い浮かべて，母親もセラピストも笑った。セラピストは母親にそれをどう思うかとたずねた。「あれは子どもだからできるんです。私は母親なんですから，言うことを聞いてもらわなくては困ります」と母親は答えた。セラピストは「それはそのとおりですね。アメリアもそうしたいのだと思いますが，まだおかあさんのおっぱいが恋しくて苦しんでいるようです。子どもによっては離乳がとてもこたえるのですが，アメリアもそのひとりだと思います」と言った。

　次のセッションで，母親は恥ずかしそうに微笑みながら「あの子，私たちの話を聞いていたんでしょうか。食べるようになったんです」と言った。セラピストは驚いて「何があったのだと思いますか」と聞いた。「アメリアがおっぱいを恋しがっていると言われて，考えてみたんです。あの子は，離乳が早すぎたことに怒ってたのかもしれない。息子や隣のおばさんの手からは食べるんだから，たぶん問題は私にあったんです」セラピストは優しく「アメリアがいちばん大好きなのはお母さんですよ」と言った。母親は「アメリアがあまり頑固なので，私は怒っていたんです。でも言われたとおりにしてみました。アメリアをうんと空腹にさせて，バナナとブドウとゆでたチキンをトレーに置いて，あの子の方を見ないで別のことをしているふりをしたんです。そうしたら全部，自分でたいらげてしまいました」と言った。

　初等教育しか受けていない母親が自分と子どもを深く洞察しているのを目のあたりにして，セラピストは感動を覚えた。母親は環境的プレッシャーから唐突に離乳を始めてしまい，年齢相応の母乳と幸福感の結びつきを壊してしまった。それで子どもはかわりの食物を拒んだのだ。母親は，仕事に復帰してからのアメリアの苦痛の反応を，空腹で固い食物をほしがっているサインと誤解し，摂食手段でもあり気分をなだめる手段でもある親密な授乳を取り戻そうとするアメリアの切実な訴え（胸をぶつ，ブラウスを上げようとする，哺乳瓶を拒否する）を無視してしまった。アメリ

アは実質的にふたつの喪失を体験したのである。ひとつは以前のように，まる一日母親から世話を受けられなくなったこと，もうひとつはその後まもなく始まった離乳である。母親はアメリアにとってこのふたつの情緒的ストレスがどういう意味を持つのか理解していなかったが，セラピストがアメリアの喪失感を共感的に指摘しただけで，内的態度が大きく変化した。権威を振りかざして服従を期待することをやめ，子どもの辛さを理解したのである。母親は，アメリアは反抗しているのではなく，自分を求め恋しがっていると感じるようになった。この内的変化によって，母親は比較的すみやかに，娘との力関係へのこだわりを否認することをやめて，自分に対する娘の怒りを理解し認めるようになった。また，今のアメリアにとって必要な摂食の自立を認められるようになったのである。

　精神分析の観点からは，母親がアメリアの苦痛を分離と離乳への反応として認識できなかった原因は，とりわけ彼女に子育て経験があることをふまえると，予定外に生まれた子どもに対するアンビバレントな感情にあると仮定できるかもしれない。また食事の強制や，アメリアを「ヤンキー」（ラテンアメリカでは明らかに侮蔑的ニュアンスの言葉）ととらえていることに，母親の攻撃性が表出されていると推測することもできよう。だが精神力動的構造に取り組まなくても食にまつわる動揺が解決したという事実は，母親のアメリアへの愛情と献身は，彼女が子どもに抱いていたかもしれない怒りを大きく凌いでいたことを示唆する。

　この介入では，文化的要素が成功を大きく左右した。セラピストは，治療の紹介など余計なお世話だという両親の感情から出た緊張を，両親の能力や権威を率直に肯定することによって和らげた。そしてアメリアの自立へのもがきが両親にとって受け入れやすくなるよう，彼らがアメリアを「小さな米国人(ヤンキー)」（両親が米国の属性とみなす自己主張と独立の体現）ととらえていることに関連づけて説明した。セラピストは母親の食べさせ方には異議を唱えず，両親の価値観や見解について知り得たことを考慮して，別のアプローチを提案した。そしてそのアプローチは功を奏した。3回のセッションでアメリアの食べ物の拒絶はほとんど解消し，1か月後と2か月後の電話によるフォローアップでもそ

れが確認された。

乳幼児期に予想される不安

　子どもは，より高度な行動，思考，感情へと漸進的に後成的発達を遂げるのと並行して，発達上，予想されるような不安を体験する。1 章で述べたように，原初的不安には，見捨てられ不安，親の愛を失うことへの不安，身体を傷つけられることへの不安，悪い子になる不安がある（Freud, 1926/1959c）。この 4 つの不安は生後 4 年間で順次，表面化してくるが，たいてい重複して展開する。子どもが適応的な対処のメカニズムを習得するのと並行して，それぞれがある期間に前面に出たり背景に退いたりする。どの不安も一生涯，永続的に存在し，内発的な脆弱さや外的なストレスやトラウマに反応して表面化する。

　どの不安も，危険を理解し，人間関係を支配する感情の役割を理解する能力が新たな段階に入る前兆である。見捨てられ不安（分離不安として表れる）から親の愛を失うことへの不安（承認されないことへの不安として表れる）への移行は，保護の手段や安全の供給源としての親の物理的存在に対する具体的依存から，心理的互恵性の価値の理解への前進を示唆している。この段階になると，子どもは自分の行動や感情が親の感情や行動に影響を与えることを理解し，そこにどのような関連があるのか解明するために膨大な努力を捧げる。幼児の因果関係の理解は原始的で，自分がこの世界を動かしていると思っている。ピアジェ（Piaget）はこの自己中心的な認知の枠組みを「自己中心性（egocentric）」（Piaget, 1959）と呼んだ。幼児や就学前児童には，論理的関連性はなくても自分にとっては意味のある出来事を因果関係で結びつける傾向があるが，その意味というのは自分自身の不安の反映であることが少なくない。たとえば保育園に最後まで残っていた 3 歳の男児は，母親が迎えにくると「ぼくのこと，わすれちゃったのかとおもった」と言った。また別の 3 歳の男児は父親が仕事に遅刻するまいとあわただしく走り回っているのを見て，「パパはぼくのこと，おこってるのかな」と母親にたずねた。幼い子どもにとって親の行動は非常に重要な意味を持つので，それが自分以外の要因の影響を受けるとは思えないのである。

　親の愛を失うことへの不安は，幼い子どもは矛盾する感情が共存することを

なかなか理解できないことからくるのかもしれない。幼児は親に腹を立てるとき，自分が親を愛していることをすっかり忘れている。たいていの幼児は遅かれ早かれ，親なら誰でも恐れるあの「ママ（パパ）なんか，だいっきらい！」という言葉を叫ぶ。親が彼らを怒っているときもやはりそうだと幼児が思うのは無理からぬことで，憎んでいても愛するというアンビバレンスは，実体験と親の安定した支援なしには習得できない大仕事なのである。

　身体的ダメージへの不安が最も赤裸々に表現されているのは，精神分析理論の去勢不安である。この概念はよくけなされるが有用であるのは変わりなく，狭い限定的意味以上の含蓄がある。言語習得以前の乳児のあらゆる情動体験には身体的基盤があり，まさに「はじめに身体ありき」なのである。身体は乳児の成長しつつある精神に，身体の最も緊迫したニーズや幸福な状態について重要なメッセージを伝える。ジョイス・マクドゥーガル（Joyce McDougall）（1992）は「情動を架け橋とした精神と身体の密接な相互浸透」という概念を打ち出した。この情動の架け橋は，身体的自己を表す将来の象徴的構造の基盤になる。心身の統合性は，身体を基盤とする乳児の情動体験に対する母親の認知と応答を土台にして形成される。このプロセスは子どもの中に徐々に内面化され，自立的自己統制として表現されていく。逆に言うと，心身症はこの認知－応答の情動過程での著しい失敗や歪みの結果と言える。マクドゥーガルは，感情の基盤が身体にあることは言語にありありと反映されていると指摘する。たとえば「胸がつぶれる思いがする」「引き裂かれるような悲しみ」「怒りで息が詰まる」「失望して心が重い」，裏切りにあって胸が「刺し貫かれ」たり「焼ける」ような思いをしたりするといったたとえがある。強烈な感情体験は，大人ならたとえとして表現することによって距離を置くことができるが，幼い子どもは言わば五臓六腑で体験するので，非常に恐ろしいことなのである。

　身体的ダメージへの標準的不安が激化する原因として，少なくとも4つの要因が挙げられる。どの要因が特に顕著かは，その子どもの個人的体験によるが，どの要因も快と不安の両面で身体体験に寄与する。第1の原因は，エリック・エリクソン（1950）が「乳歯の発生による怒り，筋肉や肛門部の無力さに因る癇癪，すぐ転倒するという失態」（p.94）と如実な描写をした強烈な身体感覚であり，皮膚・口腔・肛門・性器の心地良い感覚の満足も含まれる。第2の

原因は，幼い子どもは，尿や便の排泄や，髪やつめを切るなど，しっかりとした世話が必要な身体現象がいろいろあるのを理解できないことである。第3の原因は，転倒したり切り傷を作ったり，病気になったり事故に遭ったりするなど，日常生活のさまざまな身体的健全性への攻撃を通して，また何らかの障害のある子どもや大人との出会いを通して，自己と他者の痛みを自覚することである。第4の原因は幼児性欲で，性的な身体感覚への没入だけではなく，なぜ男の子と女の子では性器が違うのか，なぜ母親や父親の性器は子どもの性器と違うのか，赤ちゃんはどうやって母親の体から出てくるのか，そもそも誰が赤ちゃんを母親のお腹に入れたのか，男でも女でも妊娠と出産ができるのか，といった謎を解こうとする努力も含まれる。

　こうしたことは子どもの自己感覚（良い子か悪い子か，愛されているか愛されていないか，受け入れられているか拒絶されているか）を反映する。身体や性に関する子どもの好奇心に親がどう反応するかは，子どもの自己認識，自由な探索，自分の思考や感情に対する罪悪感や羞恥心に影響を与える。身体に対する態度は，見捨てられること・愛情の喪失・身体的ダメージ・悪い子になることに対する原初的不安と重複しながら形成され，やがて，葛藤のある，あるいは葛藤のない機能領域を形成していく（Hartmann, 1939）。

　悪い子になる不安は，自尊感情の喪失への不安や超自我の非難への不安とも言われ，幼い子どもが社会の善悪の基準を道徳心の出現というかたちで徐々に内面化する兆しである。ジェローム・ケーガン（Jerome Kagan）(1981) は，2歳児は難しい作業を遂行できずに大人の観察者の期待に応えられないと感じると，泣き叫んだり興奮したりすると報告している。逆に，その同じ子どもが，難しいパズルが解けたとか6個の積み木で塔を建てることができたなど，自分に課した基準を満たしたときには，自発的な喜びを見せる。道徳心の形成と維持は長い時間を要し，自己イメージと，期待と，実際の行動の間には多くの矛盾がある。幼児は「だめ！」「いけない！」とつぶやきながら，まさに自分が非難しているその行動をすることがある。3歳から4歳にかけては，子どもは自分の攻撃的な行動だけではなく攻撃的な感情についても後悔するようになり，そのせいで悪いことが起きたと思ったりする。この年齢の子どもは，自分がコントロールできない両親の喧嘩，親の不機嫌，病気，そして死までもが，

自分のせいだと思うこともある。彼らは独特の論理によって，自分の思考，感情，空想には，現実を引き起こす力があると思いこむのだ。暗い子ども部屋にモンスターや魔女や野獣が潜んでいるという，この発達段階で非常に多く見られる不安の起源は，そこにあるのかもしれない。

　乳幼児期の不安は，言葉で明確に表現できないかわりに，大人の観点からは理解しにくい非合理的な行動によって再演される。そうした不安の表出を，親は操作や反抗や無作法と誤解してしまうことがある。それで懲罰的な対応をして，かえって望ましくない行動を固定化させることもある。治療者の役割は，子どもの行動の言語を言葉に置き換えて，親に子どもの内面生活を理解してもらい，親子の情緒的コミュニケーションを向上させることである。次の例は，子どもの身体的ダメージへの不安と悪い子になる不安，子どもの行動に対する母親の怒りの反応が重なって生じた動揺の治療例である。

事例：メイシャとトラ

　3歳4か月のメイシャは，保育者の勧めで，両親とともに治療に訪れた。メイシャは夜中に何度も目覚めては大泣きし，ベッドの下にトラがいると言いはるのだ。また闇をひどく怖れ，日中もイライラしやすく，すぐに泣き，保育園で他の子どもを攻撃するようになった。そうした行動が始まったのは約2か月前で，日によっては比較的落ち着いているものの，まったく治まる気配がなかった。メイシャの両親は睡眠不足で疲労困憊し，娘の状態が心配で，切に助けを求めていた。

両親の問題認識

　最初のセッションは，両親の現状認識，メイシャの発育歴，両親の機能と社会的背景，家庭の環境を把握するために，両親のみと行った。メイシャの両親であるレスター夫妻は中流階級で大卒の20代後半のアフリカ系アメリカ人だった。ふたりともホワイトカラーの職業につき，自分の仕事，経済状態，結婚生活にはそこそこ満足していた。彼らは教会の集会で出会って「一目で恋に落ち」，5年前に結婚した。実は彼らの祖母たちは幼なじみで，ずっと孫同士を引き会わせたがっていたのだが，当の彼らは

5章 「ほど良く」でなくなるとき──早期関係性の動揺

それぞれ家族に干渉されずにパートナーを見つけたかったので，祖母たちがブラインドデートを勧めても断っていたのだと，妻は笑いながら話した。彼らの両親は祖母たちのもくろみが思いがけないかたちで成就したことを，心から喜んだ。メイシャは計画出産で誕生し，喜んで迎えられた。両家にとって初孫で，実家がよく子育てを手伝ってくれるので夫妻はありがたく思っていた。メイシャは，母親が仕事に復帰した生後6か月から近所の保育園に通っている。今回のことが起きるまでは，発達や行動の問題はまったくなかったという。

メイシャの行動をどうとらえているかと質問されると，にわかにぎごちない雰囲気になり，ふたりとも相手に口火を切らせようとした。戸惑いを察したセラピストは両親を安心させるために，メイシャの行動は就学前児童によくあることだと説明し，それでも親にとっては，子どもが夜中に目覚めて架空の動物を怖がり保育園で暴れるというのは大変なことなので，よくあることだと言われてもあまり慰めにはならないものだと，さりげなく付け加えた。両親が少し安堵したように見えたので，セラピストは，これまでメイシャの行動を変えるためにどんなことを試みたかを質問した。彼らが挙げたのは，子どもを愛する親が同じような状況でだいたいやりそうなことだった。ベッドに入る前にお祈りをする，メイシャをお守りくださいとキリストに祈る，ベッドの下やクローゼットの中を一緒に見て，トラなど隠れていないのを確かめる，メイシャの部屋の廊下に常夜灯をつけておく，夜中に目覚めたときは両親の寝室から話しかけて安心させるなど。それでもだめなときは，母親か父親がメイシャの部屋に行き，少しの間，体を軽くたたいてやりながら，優しく話しかけ，もう眠りなさいと言う。あとは寝つくまで泣かせておく。

まるで教科書に載っているようなやり方だったので，セラピストがそう言うと，母親は，育児書を読みあさって，メイシャがこの問題を乗り越えられるように「自分なりに勉強した」のだと言った。だが何をやっても効果が出ないので，何かとても悪いことが起きているのではと不安になり，他人の力を借りることにしたのだという。

セラピストが「すごく悪いこと」とは何を指すのかとたずねると，また

ばつの悪い雰囲気になった。長い沈黙の後，セラピストは，誰かがメイシャを傷つけたのではないかと心配しているのかと聞いた。母親はためらいがちに「保育園の性的虐待の話って，いろいろ聞きますよね。男の先生がひとりいるんです。とても感じのいい先生なんですけど，だから大丈夫とは……」セラピストが，その教師の行動に何か不適切なものを見たことがあるかと聞くと，両親とも，そういうことはないと答えた。彼は保育園の子どもたちに好かれているようだし，メイシャが帰宅後にその教師のことを話すときと他の女性の教師のことを話すときでは，特に違いは思い当たらないという。

メイシャの悩み

　2回目のセッションはクリニックのプレイルームで行われ，メイシャと両親が出席した。メイシャは，ピンクのハート模様のベルベット風のセーターを着てピカピカのピンクの靴を履いた愛らしい少女だった。セラピストは年齢にふさわしいさまざまなおもちゃを与えた。アフリカ系アメリカ人の母親と父親と女の子の人形，哺乳瓶と赤ちゃんの人形，家具付きのドールハウス，キッチン・セット，家畜や動物のぬいぐるみなど。セラピストはメイシャに，お父さんとお母さんがあなたをここに連れてきたのは，私が，子どもが怖がったり怒ったりするときに助けてあげるお仕事をする人だからだと説明した。またメイシャがベッドの下のトラが怖くて夜によく眠れず，保育園ではお友達と喧嘩してしまうと，両親から聞いたと話した。

　メイシャはセラピストの説明には知らんふりをして，ひたすらおもちゃをひとつひとつ確認しては，注意深く元の場所に戻していた。その後，床に座ってため息をつくと「それで次は？」と言いたげな目で母親を見た。それは皆が思っていることのようで，両親は指図を仰ぐように黙ってセラピストの方を見た。セラピストは床に座ってメイシャと向かい合い「ここでは何でも好きなことをしていいのよ」と言った。

　メイシャは無言で（彼女は部屋に入ってきたときから，一言も発していなかった）まわりを見渡すと，ためらわずに赤ちゃん人形を手に取り，よく

見て，服を脱がせ始めた。下着を脱がせるのに少し手間取り，母親に人形を渡して「ぬがせて」と頼んだ。母親が下着を脱がせると，メイシャは人形の陰部のあたりを注視した。陰部はおおまかな造りだったが，メイシャは一瞬ためらったのち，用心深く指で触った。それから重々しく「このおんなのこに，おようふくをきせてあげて」と母親に言った。メイシャはこの人形は女の子だと思ったようだが，それは自分の性を帰属させたからなのか，男性性器がなかったからなのかはよくわからない。メイシャは母親が人形に服を着せるのをまじめな顔で見ていたが，今度は人形の家族を取り出して，服を一枚一枚脱がせ，陰部をじっと見つめた。そこでセラピストは「男の子と女の子はどこが違うのか知りたいのね」と声をかけた。メイシャはうなずいたが，下を向いたまま人形をいじっていた。さらにセラピストが「男の子や女の子がおしっこやうんちをするところを保育園で見たのかな」と言うと，メイシャはまたうなずき，今度はセラピストの方を見上げた。セラピストは「すごく違うでしょ。男の子と女の子ではおしっこが出る場所が違うみたいだよね」と言った。

　両親はこの会話に耳を澄まし，時々，視線を交わしていた。セラピストは「メイシャちゃんが男の子と女の子の違いを知りたいんだって，お父さんとお母さんは知らなかったのよ」と言った。母親はそれをひきとって，少しぎごちなく，それでもごく明快に「お人形はただのおもちゃで，本物そっくりではないの。男の子にはペニスがあって，女の子にはヴァギナがあるのよ」と言った。耳をそばだてて聞いていたメイシャは「あたしはペニスある？」と聞いた。母親は，メイシャは男の子ではないのでペニスはなく，女の子なのでヴァギナがあると答えた。するとメイシャは母親の腕をたたいて，不機嫌そうに言った。「あたし，ペニスがほしいの！」

　この反応には，皆が意表を突かれた。母親が後で話したところによると，いつかメイシャから性の違いについて質問される日が来ることは，本で読んで予想していたという。だからペニスがあるのは誰でヴァギナがあるのは誰かという質問に答える準備はできていたのだが，まさかメイシャが自然の摂理に異を唱えるなどと思いもしなかったので，呆然とした。沈黙が流れる中，メイシャは部屋をぐるりと見渡し，動物のぬいぐるみの中

からキリンを取り出した。そしてそれを股にはさむと「あたしもペニスがあるよ！」と叫んだ。

　両親は苦々しそうな不安げな表情を浮かべた。セラピストは言った。「ペニスのまねはできるけど，本物のペニスはキリンみたいにつけられないのよ。女の子は絶対に本物のペニスを持てないし，男の子は絶対に本物のヴァギナを持てない。ペニス『ごっこ』ができるだけだよ」メイシャはキリンを股にはさんで「ペニスだよ！　ペニスだよ！」と言いながら部屋中を跳ね回った。ふとメイシャは父親の前で立ち止まり「おとうさんはペニスがあるの？」と聞いた。父親は「……まあね」と答えた。「みてもいい？」とメイシャがたずねると，母親が「いいえ，だめよ。人には見せないところなの」と助け舟を出した。メイシャはキリンを下に置いて床に座ると，母親の手を借りながら人形に服を着せ始めた。セッションが終わり，別れの挨拶をするとき，セラピストはメイシャに言った。「今日は，とても大事なことを勉強したね。わからないことがあったらお母さんやお父さんに聞いていいのよ」と言った。そして両親には，その後の経過を電話で話すことを提案した。

　その後の電話では，母親はメイシャが自分にペニスがないことをひどく悩んでいることにショックを受けていた。セッションからの帰り道で，両親は性の違いについてさらに話そうとしたが，メイシャは興味を示さなかったと言う。セラピストは，メイシャは当面はこれで満足しており，また気が向いたら自分から話し出すだろうとアドバイスした。そして，しばらくはメイシャの行動を観察し，何かわかったことがあったら教えてくださいと言った。

　次のセッションの前に，母親から電話があった。先日，メイシャは父親がトイレで用を足すのを見たいとせがんだが，それは両親の価値観にそぐわないことだったのでだめだと言ったという。セラピストは，性の違いを教える方法はいろいろあるが，両親が納得できる方法をとることが大切だと言って，彼らの姿勢を支持した。母親は，メイシャは相変わらず小物を股間にはさんで「ペニスがある」と言っていると報告した。また保育園では友達のジョシュアに，おしっこのときにペニスを見せてと言ったので，

5章 「ほど良く」でなくなるとき——早期関係性の動揺

ジョシュアは困ってしまい，それを聞いていたまわりの子どもたちがはやし立てた。保育者はこの機会をとらえて，子どもたちに男の子と女の子の違いを客観的に説明した。その後は当然ながら，誰にペニスがあって誰にヴァギナがあるのかという質問になった。メイシャはこのやり取りに加わらなかったが，黙って耳を傾けていた。

　セラピストは次のセッションでは，性器まで本物そっくりに作られた男の子と女の子の人形を用意した。メイシャはクリニックに来ると，すぐにその人形のところに行って服を脱がせ始めた。そして裸の人形をふたつ並べて，ひとつひとつ見比べた。メイシャは女の子の人形を指差して「どうしてこのこはペニスがないの？」と母親にたずねた。「女の子だからよ。女の子は大人になったら，お腹の中で赤ちゃんを育てられるようにヴァギナがあるの」と答えた。メイシャは「おとこのこだって，おなかであかちゃんをそだてられるよ」と反論した。母親は答えた。「いいえ，できないのよ。ペニスがあると，お腹の中にお部屋ができないから，赤ちゃんを育てられないの」するとメイシャは「あたしにも，おへやができるの？」と聞いた。母親は答えた。「ええ，そうよ。大きくなったら体の中に赤ちゃんのお部屋ができるように造られているのよ」母親はポーチからペンを取り出し，セラピストから紙をもらうと，きちんと性器をつけた男の子と女の子を絵に描いた。そして自分が子どもの頃に習ったフレッド・ロジャースの『エブリバディ・イズ・ファンシー』[5]を歌った。「女の子は体の中にすてきなものがあって，男の子は体の外にすてきなものがある」

結果

　このセッションの後，メイシャの行動は見違えるほど改善した。トラがいるという不安は，ベッドの下をちょっとのぞいて確認すれば気がすむようになった。夜中に一〜二度，目が覚める日もあるが，親が少しだけ介入すればひとりで寝つけるようになった。保育園で暴れることもめっきり

5　"Everybody is Fancy" の作者ロジャースは米国の教育者で牧師。子ども番組の司会や制作をした。

減った。妊娠や男女の違いに相変わらず興味があったが，父親の後についてトイレに入ろうとしたり，友達がおしっこするのを見せてほしいとせがんだりすることはなくなった。翌週と2か月後のフォローアップの電話では，メイシャは車に乗っているときやテレビを見ているときやお話を聞いているときに，しばしば性器の上に手を置いて夢見心地になることがあり，入浴のときに石鹸で股間をすみずみまで洗いたがると，母親は報告した。たまに外陰部の横に小さな物をはさんで，立ったままおしっこをしようとしたが，尿が足を伝うので嫌になり，すぐに座って用を足したという。シャツの下に人形を入れて「おなかにあかちゃんがいるの」と言うことも何度かあった。両親はこうした行動を，メイシャが女性であることにまつわる感覚や可能性を学習している兆候として，冷静に受け止めた。

この治療過程で，動揺の解決に決定的な役割を果たしたのは親のサポートだった。母親は子どもの性差の気づきについてあらかじめ本で読んでいたので，最初のセッションでメイシャの質問に的確に答えることができた。母親が男性器と女性器を俗語的表現ではなく大人の言葉で正しく表現できたことは，特に注目に値するが，それも本のおかげだという。だが周到な準備にもかかわらず，メイシャが自分の性を拒否するという予想外の反応をしたとき，母親が柔軟性と情緒的バランスを維持するには助けが必要だった。ペニスがないことへのメイシャの失望は，両親や保育者が支援的でない反応をしていたら，もっと後を引いた可能性が高い。父親が自分の価値観に従ってきっぱりとした態度でプライバシーを守ったことは，この家庭では何が適切で何が適切でないかという明確なメッセージをメイシャに伝えた。母親が描いた性器のある男の子と女の子の絵によって，メイシャは過度な刺激なしに好奇心を適切に象徴化することができたので，父親や保育園の男児の性器を見たいと思わなくなった。長期化していた行動の問題がこのようにすみやかに解決したことを思うと，子どもの問題の原因を正確に突き止めて，発達に関するガイダンスと情緒的サポートを提供することの重要性を教えられる。

アフリカ系アメリカ人の両親とアジア系のセラピストの文化的背景の違いは，円滑なコミュニケーションの妨げにはならなかった。親は2回目のセッ

ションでセラピストの英語の訛りはどこのものなのか何気なく質問した。セラピストは事実をそのまま伝え，文化の違いのために問題を話しにくいということはないかとたずねた。母親は，かかりつけの小児科医もアジア系なので，文化的背景の違う人には慣れていると答えた。セラピストは，文化の違いによるものも含め，何であれ彼らの言いたいことが通じていないと感じたときには指摘してほしいと言い，両親はそれに同意した。その後，文化の違いが話題になることはなかった。文化の違いは，あらゆる介入の必須要素として，コミュニケーションの問題が生じないうちに扱っておくと良い。だが臨床的な意味がないかぎり，話題の中心にする必要はない。

外的出来事が動揺に及ぼす影響

　子どもは環境の出来事に対してさまざまな反応をするが，その反応は出来事の性質や規模，子どもの個性や発達段階，親やその他の重要な人物からの支援などの影響を受ける。環境の変化に対する反応は，行動・対人関係・情緒などすべての範囲に及ぶ。得てして起こるのが発達のマイルストーンの一時的後退で，年齢相応に話せた子どもが赤ちゃん言葉に戻ったり，離乳したはずの子どもが乳をほしがったり，トイレット・トレーニングが後退したりする。気分や生体リズムの変化もよく見られ，感情の抑制，引きこもり，食欲の減退，睡眠の問題が生じたりする。また，かんしゃく，攻撃性の増大，反抗的行動なども見られる。

　DC:0-3R には，環境的変化（引っ越し，養育者の交代，母親の職場復帰，家族の病気，弟や妹の誕生）との関連が明らかで，4か月以上持続しない軽度の一時的・状況的な動揺について，適応障害という診断カテゴリーが設けられている (Zero to Three: National Center for Infants, Toddlers, and Families, 2005)。大人の目にはいたって平凡な出来事でも，子どもにとっては心配や苦痛の重大な原因になりうるので，治療を委託されたときは，子どもや家族の生活の変化についてごく具体的に質問するのが良い。一見ささいな変化であっても，子どもが人々や日課に付与している意味に影響を与え，子どもの安全や予測可能性の感覚を大きく混乱させているのかもしれない。

環境の変化と，子どもがことにストレスに弱くなる発達のタッチポイントが重なると，動揺は激しくなり長期化する。そうした過渡期では，できれば子どもの日課を乱すような変化は先に延ばす方が望ましい。たとえば分離不安が非常に強くなっているときは，収まるまで育児の日課を変えない方が良い。また反抗期の最中は，トイレット・トレーニングを延期する方が賢明である。より良いタイミングを待った分，子どもは新しい状況にすみやかに円滑に適応していくだろう。

　環境の変化による動揺に対する介入は，その出来事の個別的特徴に即して調整しなくてはならないが，介入の目的は，成熟からくる変化による動揺への介入と同じで，子どもの自己制御の向上と発達の前進を図ることである。子どもが移行期を乗りきるには，(1) 大きな変化の前に新しい環境や新しい養育者に徐々になじませる，(2) 慣れ親しんだ状況と新しい状況の橋渡しになるような移行対象を与える，(3) 家庭の日課を新しい環境に組み入れることなどが望ましい。言葉の使用や象徴遊びが始まった子どもなら，その変化について話してやる，遊びを通して反応を表現する機会を与える，言葉で感情を表現させることなどは，難しい移行期を乗り越えさせるのに役立つ，実績ある方法である。

6章

■

赤ちゃん部屋のお化けと天使
関係性の阻害と障害を治療する

　関係性の「阻害」と「障害」は，環境ストレスと個人的な脆弱さが子どもの発達の自己復元的傾向を上回ったときに生じる。阻害と障害は動揺に比べて広範囲に蔓延し固定化しており，子どもの発達と親子関係を複数の領域でリスクにさらす。いつ阻害が障害に移行するのかを見極めるのは容易ではない。このふたつの状態を区別する実用的な境界線とされるのは，精神障害の診断の有無である。障害には精神障害の診断基準を満たすような症状があるが，阻害の方は著しい機能の混乱があるものの，診断基準は満たしていない。だが症状の数や重症度が正式な診断基準を満たしていなくても，現在の状態が子どもの発達を著しく妨げることもあるので，臨床の場では，往々にして主観的に阻害と障害が区別される（Carrión, 2006）。本章では，強いストレスを与えるトラウマ体験にさらされて，子どものメンタルヘルスに阻害や障害が生じた場合の介入を取り上げる。

どこから始めるか──ストレスとトラウマへの対処

　従来，精神力動的な治療では，自由連想によって，介入すべき葛藤領域を特定してきた。精神力動的アプローチのセラピストは，子どもが遊びや言葉やその他の手段によって，子どもの生活に生じた有害な出来事を自分から表現する

ようになるまで，その出来事を取り上げないことが多い。その理由は，子どもが，治療過程を信頼して他人に話すことによって生じる感情に耐えられると思えたときにはじめて，自分のペースで悩みを打ち明けるからだとされる。たしかに子どもの方から開示するまで待てば，治療の回避や抵抗のリスクは減る。子どもの内的リズムを尊重し，すみやかで効果的な回復というプレッシャーで犠牲にすべきではないとされている。

　だがこうした非構造的アプローチは，親や子どもが非常にストレスの強いトラウマ的な体験をしている場合には，修正する必要がある。トラウマを想起させるものを回避することはトラウマ後反応の主要な特徴であり，セラピストがトラウマに言及せずに親子の行動をそのまま反射していると，かえって悪化することがある。またクライエントとセラピストが互いに相手の方から切り出すまで待っていると，その間の沈黙は，トラウマ体験を話してはいけないとか，口にできないほどおぞましいことだというメッセージとして誤解されることがある。親か子どもがトラウマ的なストレス因子に言及するのを待つよりも，単刀直入に対処した方が効果的だという臨床証拠や研究証拠もある（Cohen & Mannarino, 1996; Cohen et al., 2006; Lieberman, Van Horn, & Ghosh Ippen, 2005; Lieberman et al., 2006）。

　トラウマを受けた親は，そのストレスやトラウマについて具体的に質問されると，得てして安堵するもので，逆に，話せと言われていないのに口にするのは怖い，あるいは恥ずかしいと言う人が少なくない。子どももしばしば同様の反応をする。顕著な例をふたつ挙げよう。あるセラピストは10歳の少女の治療を開始して数か月後，思いきって継母による身体的虐待について質問してみた。すると少女は「どうして，いままできいてくれなかったの」と言ったのだ。またある8歳の少年は治療開始からほぼ1年経った頃に，セラピストから父親の死について聞かれた。父親の死体を発見したときの状況を再現する，感情を喚起するような一連の遊びの後，少年の表情は目に見えて穏やかになり，彼はセッションの最後にそっとこう言ったのだ。「もっとまえにやっておけばよかったね」こうした年長の子どもたちの言葉は，自分の苦しみの理由を話したくても明確に表現できない多くの子どもたちの気持ちを代弁している。

　言葉にしなかったために癒しのチャンスを逃すこともある。残念ながら遅き

に逸した例だが，ある7歳の少女の言葉に秘密を守らなければならない苦しみがにじみ出ていた。この少女は，障害のある人や車椅子の人を極端に怖がるという理由でセラピーに紹介された。高名な外科医を父に持つ少女は外出を怖がり，障害のある人を見ると隠れたり逃げ出したりした。父親は少女がセラピーを受けることに反対しており，付属セッションにも顔を見せなかった。アセスメントでの母親の報告では，少女の症状はこの件に限られており，原因となるような環境的ストレス因子はないとのことだった。そして4か月間，毎週，少女の知性と学業成績にはおよそぐわないような機械的で想像性のない遊びを中心としたセッションを続けた後，父親は症状が改善しないことを理由に治療を打ち切らせた。最後のセッションで別れの挨拶をした後で，少女は入口のところでセラピストの方を振り返り「おうちであったことは，はなしちゃだめって，パパからいわれていたの」と小声で言うと，去っていった。セラピストは，もっと早く少女が家庭生活をどう思っているかを聞き出して，より直接的に症状に対処すればよかったと，長く後悔することになった。

　トラウマについて話すことを嫌がるのはよく知られた現象で，大人が子どもの苦痛に気づかなかったり無視したりしていると，日常的に強化されていく。虐待や不当な仕打ちを受けている子どもの場合，口外したらひどい目に遭わすと虐待者に脅されるために，話すことへのタブーがいっそう強くなることがある。もしセラピストがトラウマ体験を話題にしなければ，子どもはこれは言ってはならないことなのだと思って秘密を抱えこむ。そして，口にすることへの怖れと，もしかしたらセラピストが話して良いというサインを出してくれるかもしれないという期待との間を揺れ動く。

　トラウマ体験を語ることがクライアントのトラウマになるという懸念は，しばしばトラウマを話題にしない理由にされる。だがそれは，抑圧されたトラウマではなく意識的に記憶されたトラウマへの対処の心理的作用に対する誤解である。意識的に記憶されたトラウマ体験にまつわる羞恥心，罪悪感，不安の原因は，たいてい次の3つである。(1) 自分がトラウマの原因であるとして直接的に責められたか，自分のせいだと思っている（「お前が悪い」「こうなったのは僕のせいだ」）。(2) 誰かに打ち明けたらひどい目に遭わすと脅されている。身体的虐待や性的虐待に多い。(3) 話すことが引き金になって，トラウマ時のよ

うな耐え難い強烈な身体的・情緒的反応が起きることへの不安。この場合，未治療のために残存している病的な信念体系によって，セラピストの沈黙を解釈する可能性がある。もし情動制御が崩れ始めるときの身体感覚や情動に順応し，自分で統制して克服できるようにセラピストが支援するなら，トラウマを語ることはトラウマにならない。大切なのは，御しがたい情動に対処できるように，セラピストが積極的に支援することである。

　どんなセラピーにも秘密を語るという側面があるが，痛みや葛藤ばかりを臨床的関与の対象とすべきでない。むしろ親子が過去の心の安らぐ親密な瞬間を思い出し，現在にそうした瞬間を作りだせるよう支援することにより，情緒的健康が促進される。愛と喜びには抑うつや不安や絶望を打ち払うような生命力がある。「赤ちゃん部屋のお化け」の破壊的影響を相殺するような「赤ちゃん部屋の天使」を呼び出すことにより，親子は自分自身や相手，互いの関係の可能性を信じられるようになり，活力を取り戻すのである（Lieberman, Padron, Van Horn, & Harris, 2005）。

子どもに治療の理由を説明する

　子どもに治療の理由を説明することは，子どもの受容言語が説明を理解できるレベルに達しているならば，大切な要素である。どのような言葉で説明するかをセラピストと両親が話し合うことで，協力的な雰囲気が生まれる。親は感情や家族の問題を子どもに話すことに戸惑うことが少なくないが，セラピストの支援によって自信をつける。また親が最初のセッションに先立って子どもに治療の理由を説明し，セラピストがそれを土台にして治療を進めれば，子どもは，大人が協力して事態を改善しようとしているのを感じるだろう。

　通常，子どもの個人セラピーでは，治療は気持ちを話す場と位置づけられている。症状がストレスやトラウマと関連している場合，子どもの問題とその出来事を関連づけることは，扱いがたい感情にも意味がありトラウマは対処できるものであるというメッセージを親子に伝える。ジョン・ボウルビィ（1988）は，「わからないはずのことをわかり，感じていないはずのことを感じている」子どもの内的ジレンマに言及している。子どもは自分が目撃したこ

6章　赤ちゃん部屋のお化けと天使——関係性の阻害と障害を治療する

とを理解しながらも，まだ「わからない」はずだという大人の期待に応えようとして，自滅的な防衛方略に走ることがある。乳幼児期は，虐待を受けた就学前児童の解離の発症と強化の決定的時期になるという研究証拠がある（MacFie, Cicchetti, & Toth, 2001）。わかっていることはわかっていて良いし，感じていることは感じていて良いと伝わるようなセラピストの開かれた態度は，解離を未然に防ぐことがある。だがまた心の痛むテーマには臨機応変な取り組みが肝要である。以下の例が示すように，セラピストは子どもや養育者の傾聴する能力に応じて，トラウマを話題にするタイミングをはからなくてならない。

事例：わからないはずのことをわかっている子ども

　ある日，5歳のグウェンが母親の寝室に入ると，母親はクリスマスにグウェンと叔母がプレゼントした長いスカーフをひもがわりにして首吊り自殺をしていた。その後，グウェンはかかりつけの小児科医からセラピーを紹介された。グウェンを引き取った叔母は，アセスメントの際，グウェンは幼すぎて自分が目撃したことを理解できず，母親は眠っているだけだと信じていると主張して譲らなかった。セラピストは，グウェンが怒りを爆発させたり死んだ母親について話すのを嫌がったりするのは，母親が自殺したことがわかっているからだと叔母に説明したが，納得してもらえなかった。叔母はグウェンの怒りの激しさは「母親譲り」だと言って，母親の自殺についてグウェンと話し合うことを拒んだ。

　これでは埒が明かないので，セラピストは妥協案を出した。母親はただ眠っているのではなく死んだという事実はただちにグウェンに話すべきだが，どのような死に方をしたかについては「様子を見る」ことにしようと提案した。セラピストはグウェンの行動を観察するために幼稚園を訪問したが，そこでグウェンが友達に「おかあさんがじさつしちゃったから，すごくかなしい」と言うのを耳にした。そのものずばりのこの発言がきっかけとなって，叔母は母親の自殺をCPPのセッションで話題にするようになり，グウェンとの普段の会話でも話すようになった。

　トラウマ体験の治療に誠実に取り組んでいるセラピストの心中にも，悲惨なトラウマ体験をオブラートに包みたくなるようなプレッシャーがいつ

217

も存在する。あるときグウェンと叔母とのセッションで，セラピストが「お母さんが死んでしまったことで，叔母さんもとても悲しいのよ」と言うと，グウェンはおもちゃをセラピストに投げつけて「おかあさんはしんだんじゃない！　じさつしちゃったんだよ！」と叫んだ。グウェンは，自分は母親が死を思いとどまるほど愛されていなかったという過酷な認識に苦しんでいたのだと，セラピストは瞬時に察した。セラピストは間違った言い方をしたことを謝り，母親は自殺してもういないとグウェンがわかっているのは正しいことだと確認した。叔母はワッと泣き出した。グウェンは叔母にすり寄って「どうしておかあさんは，あのスカーフをつかったのかな」とたずねた。叔母は一瞬虚を突かれたようだったが，「きっと本当に死んじゃうとは思っていなかったのよ」と答えた。グウェンの質問によって新たな介入の領域が開かれた。グウェンは自分のプレゼントのせいで母親が死んだという罪悪感に苦しんでいたのだ。自分が悪い子だから，罰としてあのスカーフを使って自殺したのではないかという不安にさいなまれていたのである。

初回のセッションでは，治療の進行につれて取り組むことになる顕著な問題の端緒が見えることが多い。治療の理由を子どもに説明するとさまざまな反応が返ってくるが，そこに子どもの対処スタイル，防衛機制，親の治療への協力態勢の最初の兆候がうかがえる。次のふたつの事例は，そうした反応とセラピストの対応の例である。

事例：混乱をコントロールするための支配欲

　3歳のジャニーヌが母親に連れられて治療に来たのは，薬物濫用の父親が度重なる言語的虐待や身体的暴力の末に家を出ていった後だった。母親はアセスメントで，毎日お酒とマリファナで抑うつを紛らわしていると言い，セラピストが薬物依存治療を勧めても受け入れなかった。母親の話では，ジャニーヌは母親に対して横柄で攻撃的で，いつも自分が主導権を握ろうとするという。最初の治療セッションで，セラピストはジャニーヌに「お母さんがね，お父さんがいなくなって，ジャニーヌちゃんもお母さ

んもさびしいけれど、これから良くしていきたいって言っているのよ」と言った。ジャニーヌはそれを聞いて、人形を何度も椅子の背に打ちつけた。セラピストは「何度も喧嘩があって、怖かったのね」と言った。するとジャニーヌは「あたしがボスよ」と言って、母親とセラピストにおもちゃの遊び方を指示し始めた。治療の最初の段階では、ジャニーヌはセッションの主導権を絶対に譲ろうとしなかった。

　人形を椅子の背にぶつけるというジャニーヌの最初の反応には、母親やセラピストの行動を含めて、自分が支配権を握らないとどうしようもない混乱が起き身体を傷つけられるかもしれないという不安が見え隠れしているように思えた。その解釈に基づいて治療は進められた。治療のプロセスは、ジャニーヌと母親が自分の感情に注目する、その感情に名前をつける、相手と距離を置く・回避する・行動を支配することは情緒的混乱・悲しみ・破壊的な怒りを回避するための行為であることを理解する、という順序で展開された。6か月の治療を終えるとき、ジャニーヌは「もうボスはやめる。ボスはいらないから」と言った。母親の報告によると、母親とジャニーヌは家で、父親に対するさまざまな気持ち（いなくなったさびしさもあるが、怒ったときの父親が恐ろしかったなど）についてよく話すようになったという。ジャニーヌの象徴遊びは豊かになった。遊びの中で保護者を演じる傾向は残っていたが、母親への支配的・懲罰的態度は大幅に減り、身体で愛情を表現し、母親に世話されることを受け入れるようになった。

事例：真実を話せる安心感

　2歳6か月のアルドは、裁判所の命令によって母親と一緒に治療に訪れた。父親は不法入国で国外退去になったが、アルドはそれまでに両親の激しい争いを目のあたりにしていた。父親が本国に送還されてから、アルドは自分や母親を嚙むようになった。セラピストは「お父さんに戻ってきてほしいのね」とアルドに言った。すると彼はセラピストのそばに来て「ぼく、なくよ」と言った。セラピストは「お父さんがいなくなって悲しいのね。お母さんはね、アルドくんの力になりたいと思っているのよ」と答え

た。母親は「この子がそこまでわかっているとは思いませんでした」と言った。治療の初期には，アルドはおもちゃの動物で何度も喧嘩を再現し，必ず一方を投げ飛ばした。母親は，息子がそこまで親の暴力を意識していたことに狼狽と恥ずかしさと驚きの混じりあう気持ちで，遊びを見ていた。

治療の展開：ある事例より

人生の軌跡は，臨床的問題があろうとなかろうと，フロイト流に言えば，「終わりのある終わりなき（terminable and interminable）」治療のようなものである（Freud, 1937/1959a）。満足と不満，苦しみと喜び，断念と回復という対極の要素が，個人の人生のどこかの時点で優勢になり，全体を特徴づけるように見える。治療終了時やいずれかのフォローアップ時点での個人機能を切り取るだけでは，正しく全体像をとらえることはできない。発達には紆余曲折があるし，一時的な外的環境が個人の機能や自己報告に一過性の影響を及ぼすこともあるからである。本章の後半では，ひとつの事例を通して，肯定的変化を生み出す臨床メカニズムを明らかにし，臨床的改善の後でも見られる機能の変動について述べたい。

3歳4か月のイーサンは，保育者の紹介で治療にやって来た。教室であまり暴れるので出席停止になり，退園処分の瀬戸際にいた。保育者や他の子どもをしょっちゅうぶったり噛みついたりし，保育者の指示にもクラスの日課にも従おうとしない。ある日，保育者が「タイムアウト」をしようとしたとき，イーサンはカッとなって教室の窓に椅子を投げつけた。窓ガラスは粉々に砕け，教師も子どもたちも恐怖で青ざめた。それで退園の話が持ち上がったのである。イーサンは2歳半からこの保育園に通っていた。保育者によると，もともとイーサンは我慢したり，自分の思うようにいかないときに他のことで気をまぎらわさせたりするのが難しい子だったが，両親の別居後はますます手に負えなくなったという。それでも両親が子どものために協力しようとして，治療の紹介に同意し，最初のアセスメントのセッションに一緒に出席できたことは，良い兆候だった。

アセスメントの過程

 アセスメントには，イーサン，母親のアレンさん（34歳），父親のハーリドさん（29歳）が参加した。母親と父親はイーサンが3歳のときに別居し，その後まもなく離婚した。両親とも法的監護権と身体的監護権があり，イーサンは隔週で父親か母親のもとで暮らしていた。当初，母親は息子が自分の方に長く滞在することを望んでいたので，監護権の協議が長引いた。裁判所が両親に平等な接触を認めたことに，母親は初めは憤慨していたが，イーサンが父親をとても好きだったので，だんだん受け入れるようになった。だがイーサンが父親のもとで1週間過ごして帰ってくると，彼女に対して攻撃的になることにひどく動揺していた。イーサンは帰宅後1～2日は母親を「ブタ」と呼び，ぶったり蹴ったりし，ささいな不満で「おまえなんかだいきらいだ」と叫ぶという。

母親の見解

 母親は，イーサンの行動は父親の模倣だと考えていた。彼女の話によると，父親はコンピュータ・プログラマーで，長時間労働のストレスを解消するために週末に飲酒していた。そういうときには攻撃的になり，カッとして物を投げつけたり，彼女を何度も壁に押しつけたり，イーサンが見ている前で平手打ちしたりした。ある日，ひどく酔った父親は母親の頭を壁に打ちつけた。彼女が警察を呼んだので，彼は逮捕されて一晩留置所で過ごした。事件の間，母親はイーサンのことは眼中になく，後になって，イーサンがダイニングテーブルの下で身を縮めていたのに気づいた。当時，イーサンは2歳9か月だった。事件後，母親は父親の古風な男女観をばかにしたことを謝り，父親の方は自分が何をしたか全然覚えていないが酒はやめると約束し，ふたりは涙ながらに和解した。父親は酒をやめたが，母親はもはや彼に愛情を感じられなくなり，1年後に離婚を申し立てた。父親は離婚を断固として拒否したが，彼女はこの反応を意外に思った。彼は留置所に拘束されたことに屈辱を覚えて，彼女をさんざん非難していたからである。母親は，イーサンが「ママがパパをおいだした」とくり返し彼女を責めるのは，離婚の原因は母親にあると父親に教えこまれているせいだと思っていた。

母親は自分自身の話になると，自分や自分の子ども時代を理想化しているように見えた。両親は愛情深く，両親と3人のきょうだい（彼女が末っ子）の家族関係も円満で，平穏な子ども時代だったと言っていた。人間心理の複雑さには気づいていないようで，感情や内的体験に関する質問には戸惑っているように見えた。品行方正を重視し，父親のような「野獣」と結婚したことを恥じていると言った。

人生のストレス因子として挙げたのは，ドメスティック・バイオレンスと全面的監護権を得ていないことで，子ども時代のストレス因子は挙げなかった。子どもの頃の全面的に愛され受容されていると感じたエピソードについては，毎晩，ベッドに入る前に母親が一緒にお祈りをしてくれたことを挙げた。彼女が幸せに暮らし危険な目に遭わないよう，母親が彼女のために神にとりなしてくれるから大丈夫だと感じたという。

父親の見解

父親の方は，母親の説明とは逆に，結婚生活で暴力を振るったことは一切なかったと主張した。「どこの夫婦もしているように」大声で喧嘩することはあっても，暴力は振わなかったという。そして離婚は人生最大の失敗だったと，涙を浮かべて訴えた。彼はまた妻に利用されたと感じていた。「生物学的なタイムリミットが来る」前に子どもを作り，イーサンが誕生してから数年間は彼に養わせ，やがてイーサンが3歳になって自分がファイナンシャル・プランナーに復帰する見通しが立つと，彼を「お払い箱にした」と解釈していた。フランスでアルジェリア系イスラム教徒の家庭に生まれた父親は，職場でも妻との関係でも文化的疎外感を強く感じていた。米国人は家族の絆を大切にしないし，目先の利益のために利用し合うだけで長く関わり合うことができないと思っていた。彼と一緒にいるときのイーサンには何の問題も感じておらず，なぜ保育園にいるときや母親といるときにそんなに暴れるのか「さっぱりわからない」という。また自分の飲酒の問題も否認した。イスラムでは飲酒が禁じられているし，自分はさほど信心深くなく母国フランスの習慣にも影響されているとは言え，普段はせいぜい週末にワインやビールを2～3杯飲む程度だったと強調した。例の事件の直前に普段よりもたくさん飲んだことは認めたが，

6章　赤ちゃん部屋のお化けと天使——関係性の阻害と障害を治療する

自分のしたことへの後悔よりも，よりにもよって自分の妻に警察に通報され，「ろくでなしのチンピラ」のように拘置されたことへの憤りの方が勝っていた。

　彼がストレス因子として挙げたのは，米国への移住，一晩，拘置所に入れられたこと，離婚，子どもと過ごす時間が限られていることである。子ども時代の愛された体験については，幼い頃，母親の膝の上で長い髪の匂いに包まれながら本を読んでもらったことだと答えた。「いつまでも母の膝の上にいたかった」が「いつも父がやってきて，何か食べるものを出せと命令したり，私を甘やかしていると母を叱ったりした。父が帰ってきた物音だけで震え上がったものだ」という。不安に関する質問では，自分の母親との親密な時間に父親が侵入したことへの憤り以外に，原因は思いあたらないと答えた。

子どもの機能

　イーサンは多様な側面のある子どもだった。言語能力はよく発達し，話しているときには，しばしば年齢よりも上に見えた。落ち着きのある礼儀正しい態度も，その印象をいっそう強めた。母親や保育者が訴えるイーサンの攻撃性は誇張なのかとセラピストがいぶかしく思ったほどだった。アセスメントの遊びのセッションは，イーサンと母親，イーサンと父親に分けて行った。セッションは別々の日に行い，ビデオ撮影して見直し，治療計画を作成するために点数化した。遊びの場面では，父親も母親も温かい態度でイーサンによく応答し，適切な親子相互作用の見本のように見えた。親との分離場面では，イーサンはほんの少しの間，ドアのところで親が戻ってくるかどうか聞き耳を立てていたが，おとなしくひとりで遊んだ。父親が部屋に戻ってくると，イーサンは彼を見上げて「どこにいってたの」とたずねた。父親はアセスメント担当者と話していたのだと答え，父子は遊びを再開した。

　母親との再開場面では，もっと身体的接触が多かった。イーサンはうれしそうに母親に声をかけ，そばに近づき，何気なく母親に寄りかかりながら，おもちゃを見せたり使い方をたずねたりした。こうした行動は，イーサンが少なくとも短期の分離では，両親がいつでも対応してくれると信頼していることを示唆する。これは早期の安定した愛着の基本的要素である。イーサンはそれぞれ

の親と1週間分離する生活を続けなくてはならないので，このことは両親との関係において非常に大きな強みだった。

　イーサンの肯定的適応の負の側面は，おもちゃの片づけの場面ではっきりと現れた。父親とのセッションでは，最初，イーサンは父親の指示に従っておもちゃを片づけていたが，途中で気が逸れて，目を引いた恐竜のおもちゃで遊び始めた。父親が最後まで片づけるように強く要求すると，涙を浮かべて帰りたくないと訴え，抵抗した。父親は来週またここに来て遊べるからと言い聞かせ，息子の手をとっておもちゃをかごに入れさせた。イーサンは不承不承ながらも父親に従った。父親が穏やかながらも権威ある態度で，息子との潜在的対立を如才なく解決したことは，父親が適切な養育行動をとれるという歓迎すべき兆候だった。

　むしろ母親との片づけ場面の方が難航した。イーサンは後片づけを拒否し，母親が哀願しても，無視して遊び続けた。母親の要求－子どもの拒否－母親の哀願－子どもの無視という約6分間の流れを唐突に断ち切ったのは，「やりなさい！」という母親のすごみのある怒鳴り声だった。イーサンは母親の怒りにうろたえ，おどおどしながら黙っておもちゃを片づけた。その間，母親は彼をじっとにらんでいた。母親の無力感が瞬く間に怒りに転換したという事実は，自分はいつも他人の怒りを受け止めてばかりだという母親の自己説明や怒りの体験の否認とは，まったく相容れなかった。母親は無力感と怒りのバランスをうまくとれないようで，母子の願望の対立を調整する方法が見つからずに，いつも行き詰まってしまう。とは言え，イーサンがクリニックのプレイルームという不慣れな環境で母親を攻撃しなかったことは，ソーシャルスキルが育ってきているという良い兆候であると思われた。アセスメントではさまざまな行動や情動が見られるが，子どもの機能の強みや弱みについて正確な情報を把握するには，時間をかけて，多様な状況で子どもを観察する必要がある。

　WPPSI知能診断検査では，イーサンの言語性知能尺度と動作性知能尺度に著しい差が認められた。言語性知能尺度の標準偏差は平均をほぼ1ポイント上回っていたのに対し，動作性知能尺度は5ポイント下回っていた。ビデオ撮影された知能検査の様子を見ると，イーサンは周囲の物音で気が散りやすく，動作性検査ではすぐに答えが出ない項目を早々にあきらめていた。また侵入思考

がはっきりと見て取れ、ある下位検査でナイフは何に使うものかと質問されると、それには答えずに、心配そうに「ママとパパがけんかするんだ」と言った。その後、よそ見が始まり、なだめすかしてやっと検査に戻ることができた。

ケースフォーミュレーション

　このアセスメントから、母親や保育者や友達に対するイーサンの攻撃は、父親について報告された攻撃性や母親の調節できない怒りの爆発（おもちゃの片づけの場面で、思いがけなく発覚した）との一体化の表れであるという仮説が立てられた。イーサンの攻撃は、彼が恐れる両親の特徴を自ら身につけることによって危険を撃退しようとする行動と解釈すると、最もよく理解できた。おもちゃを片づけるときにイーサンが父親の指示にすぐに従ったのは、父親の暴力を恐れているためかもしれないし、その一方で、父親に対する怒りを母親、保育者、友達など比較的安全なターゲットに向けているのかもしれない。またイーサンは父親の行動から、母親や他の女性に暴力を振るったり軽蔑したりして良いと学習したのかもしれないという仮説も立てられた。

　父親も母親も、イーサンは宵っぱりでなかなか寝つかず、夜中に二〜三度目を覚まして「いやだ」と泣き叫ぶことがあると報告していた。睡眠の問題は、攻撃性と共存する不安を示唆していた。認知テストでイーサンがナイフの絵から母親と父親の争いを連想したときにも、この不安は表面化した。両親の争いや自分の安全への不安が学習のレディネスに悪影響を与えていることは、言語性知能尺度が高いのに動作性知能尺度は非常に低いという点に明白に表れている。

　睡眠の問題は、イーサンの行動について父親と母親の見解が一致する唯一の領域だった。父親は、イーサンには他の行動の問題はないと見ている。一方、母親の報告では、イーサンは父親の家に出かける時間になるとひどく動揺し、父親の家から戻ってくると怒りっぽく反抗的になって、なだめても泣きやまなかったり、怒って床にひっくり返ったり、母親を攻撃したり侮辱したり「ブタ」と呼んだり、車に乗せるため抱き上げようとすると抵抗したりした。また

イーサンは両親の別居後に元気がなくなり，探索や学習に関心が薄れたという。

　両親の報告が一致しないので，イーサンが精神疾患の診断基準にあてはまるかどうかが問題になった。父親の報告を額面どおりに受け取ればあてはまらないことになるが，母親の報告と私たち自身の観察によれば，イーサンの状態はDC:0-3RのPTSDに該当した。PTSDの診断基準は，**トラウマ体験への曝露**（度重なるドメスティック・バイオレンスの目撃。とりわけ父親が母親の頭を壁に打ちつけ，逮捕されて，警察に連行されたという恐ろしい事件），**トラウマの再体験症状**（父親の逮捕や両親の離婚を想起させる，別離に関する悪夢や極度の動揺），**遊びや探索への関心の減退，覚醒の亢進**（怒りの爆発，かんしゃく，睡眠の問題）である。友達や大人に対する攻撃もPTSDに関連する特徴と解釈できる。

　親の個人アセスメントからは，両親とも前向きな変化を作り出しにくいような性格的問題と感情制御の困難があることがわかった。とは言え，両親ともイーサンの幸福のために心を砕いていたし，イーサンと愛情ある相互作用をすることができ，子どもの頃に愛され守られた記憶をすぐに想起することができた。セラピストは，こうした強みが，愛され守られる体験をイーサンに与える力になることを期待した。

フィードバックと治療計画の提案

　アセスメントの結果を話し合う両親との合同面接で，セラピストはまずイーサンの機能の肯定的側面を話し，そうした強みと心配な行動を関連させて位置づけた。またセラピストは両親の子どもに対する認識の違いを受け入れ，子どもは状況と相手によって違う行動をとるものなので両親の報告が一致しないのは珍しいことではないと標準化した。さらに両親の報告の違いは，イーサンが自分や世界に対して抱く多様な感情の反映として意味があることを強調した。セラピストはPTSDの予備的診断には言及しなかった。それが両親のイーサンへの理解や治療のモチベーションの向上につながらないと考えたからである。かわりにイーサンの攻撃性，抑制のきかない行動，睡眠の問題，両親の争いに対する不安の深刻さを指摘し，イーサンがもっと安心して，彼の知的潜在

能力に見合ったソーシャルスキルを習得するには支援が必要であることを強調した。

両親はこの説明を受け入れたが，父親はイーサンの不安と行動の問題を過小評価する発言をくり返した。最初，セラピストは，イーサンと母親のセッションを週1回，イーサンと父親のセッションを週1回とし，合計週2回のセッションを行うことを提案した。この治療計画は，イーサンの行動の問題の要因は両親との関係における不安，怒り，不信であるという前提に基づいている。イーサンが一方の親のもとで過ごしながらも，それぞれの親とセッションで会えるようすることにより，ふたつの家庭の区分化（compartmentalization）の緩和に役立つとセラピストは考えた。だが，両親とも自分のスケジュールに合わないと言うので，父親または母親との週1回のセッションという彼らの要望を受け入れ，イーサンのスケジュールを親の都合に合わせることにした。資源（モチベーション，時間，金など）の利用性に制約があるときには，妥協も避けられない。

治療目標

両親とセラピストは，治療の主な目標を，イーサンの母親に対する攻撃行動や保育園での攻撃行動の緩和と，睡眠の問題の改善とすることで合意した。この目標を達成するためには，母親はもっと自信を持ってイーサンに期待する行動を実行させ，自分が無力感と怒りの間で揺れているのを自覚する必要があり，父親の方は結婚生活での暴力の否認やイーサンの行動の問題を矮小化する傾向を減らす必要があると，セラピストは考えた。だがふたりとも少しでも批判されそうな気配を感じると身がまえてしまうので，彼らがもっと治療に安心感を抱き，セラピストの意見を信用できるようになるまで，この考えは明言しないことにした。

父親からの思いがけない依頼：治療への抵抗を未然に防ぐチャンス

合同のフィードバック面接の翌日，父親が電話で，最初の親子セッションの

前に個人セッションをしてほしいと依頼してきた。治療フォーマットの合意にはないことだったが，セラピストはこの要求を受け入れることは治療関係の強化に重要だと感じた。彼は緊張した様子で個人セッションに現れると，イーサンの治療が始まる前に「ステレオタイプ」や「レッテル」がないかどうか確かめたいのだと早口で言った。セラピストがくわしい説明を求めると，彼は，自分や息子が治療で「立ち入ったことを詮索されないか」心配だと答えた。セラピストは「気がかりな点を話してくださり，ありがとうございます。アセスメントの際，私がお父さんやイーサンくんに立ち入った詮索をしているような印象を受けましたか？」とたずねた。彼は少し口ごもって，アセスメントではそういう印象は受けなかったが，治療に入るとどうなるかわからないので，と答えた。セラピストは再度，気になる点を言ってもらえて助かると言い，治療は共同作業だと考えているので，どんなことであれ積極的に関与してほしいと伝えた。すると父親は，アセスメントでイーサンを誰と比較したのか知りたいと言った。彼はイーサンが欧米の白人の基準——自分の育った文化よりも抑制された行動が要求されていると彼は思っていた——で判断されることを懸念していた。セラピストは，文化的基準は非常に重要な問題で，白人女性である自分はアセスメントの過程で彼の文化的観点を十分に理解していなかったかもしれないと言った。すると彼はそれを言いたかったわけではなく，これまで何度となく母親から男女関係に関する彼の伝統的価値観を蔑視されてきたのだと話した。また息子は「何ものにも束縛されずに」感情を表現すべきだが，社会のルールに従わなくてはならないことは，自分はわきまえていると言った。父親はイーサンのエネルギッシュで活発なところが大好きで，イーサンを制止するのに罰を与える必要はなく，何かをやめさせたいときは「キスするぞ」と脅せばすむのだと言った。

　セラピストは，イーサンの話になるとお父さんは笑みがこぼれて目が輝いていますよと言った。すると父親は，息子の姿が「あまりにも」自分と重なるのだと言った。それをきっかけに，彼は生家の思い出を語り始め，彼の父親が母親に相当な暴力を振るっていたことを初めて打ち明けた。彼自身，父親が妊娠中の母親を階段から突き落としたために未熟児で生まれたのだという。「暴力はうちの家系の遺伝だと思うかもしれませんが，そんなことはありません。私

6章　赤ちゃん部屋のお化けと天使――関係性の阻害と障害を治療する

は暴力的な人間ではない。16歳のとき，父が母を殴ろうとするので間に割って入りました。階段の踊り場で父に押されましたが，父を敬うべきだと思って抵抗しないで階段から落ちたんです。母は，幼い私と兄弟たちを連れて逃げようと何度も思ったが，離婚したら私たちの不名誉になるので思いとどまったのだと話してくれました」

　このセッションで，父親の内的葛藤について多くのことが明らかになった。彼は不幸な結婚生活という秘密を抱えた自分の母親に深く同情していた。母親の苦しみを知ったことは彼に重くのしかかり，母親を守りたいという願望と父親の権威を尊重することとの板ばさみになって無力感にさいなまれた。彼は母親をかばおうとしたとき，父親に抵抗して自分を守るより階段から落ちることを選んだ。だがその一方で，彼が内面化した父親の暴力は，自分の妻への暴力となって現れた。また妻がいとも易々と彼のもとを去ったことは，子どものために虐待的な夫のもとに留まった母親の自己犠牲が体現する彼の出身文化と家族の伝統に対する侮辱だと思っていたのである。

　セラピストは話を聞きながら，実のところ父親は，息子が母親や保育者や友達を攻撃することに代償的満足を覚えており，その快感を，息子は「何ものにも束縛されずに」感情を表現してほしいという願いとして合理化しているのではないかと考えた。この精神力動的定式化は，彼の文化的視点からの体験の理解と矛盾していなかった。こうしたテーマの重なり合いは，無意識的な心理的ニーズにかなう特定の文化的属性を差別的に選択して重視していることなど，文化的作用と精神力動的作用の複雑な共存を反映している。イーサンが白人の基準で判断されることへの懸念は，民族的偏見に対する無理からぬ懸念の表明ではあるが，他方では，治療によってイーサンの攻撃性が薄らぐと，元妻や第二の祖国米国への自分の怒りを，息子を通して安全に発散する機会を失うという不安でもあると解釈できた。だがセラピストが彼の体験を関心を持って受容したおかげで，この不安はそれ以上発展しなかったし，彼は自分の父親の暴力によって体験した苦しみを話すことができた。この予定外のセッションは父親の抵抗を和らげ，イーサンの治療を促進するのに非常に重要な役割を果たすことになった。

イーサンと父親の最初のセッション

　最初の治療セッションは，監護スケジュールの都合上，イーサンと父親のセッションとなった。セラピストはまずイーサンに，父親も母親もイーサンにとってふたつの家で生活するのは大変なことだとわかっていること，またイーサンが時々怒りや動揺から，人をぶったり噛みついたり，物を投げたり，夜に眠れなくなったりすることもよくわかっていると話した。そして「お母さんもお父さんも，イーサンくんがすごく頭にきたり心配になったりしたときには力になりたいと思っているのよ」と付け加えた。セラピストは両親に，家でイーサンに治療の理由をそう説明するように勧めていたのだが，父親はこの説明に納得しているようだった。

　するとイーサンはそれを受けて，衝撃的な事実を曝露した。「ぼくがゲロをはいたら，おとうさんがおかあさんをぶったんだよ」重い沈黙の後，父親が「そんなことしてないだろ」と声を荒げた。イーサンはそれに答えないで，おもちゃの動物のところに向かった。そして，サイの赤ちゃんとサイの親，キリンの赤ちゃんとキリンの親というように，親子をペアにするのを手伝ってほしいと父親に頼んだ。ところが父親は息子の求めに反して，ライオンとトラをペアにした。イーサンはあわてて，種類が違うと言った。だが父親はそれを無視して，ライオンの赤ちゃんの隣にヘビを置いた。イーサンは「どうなっちゃうの？」と心配そうにたずねた。父親はイーサンの不安そうな様子を無視するかのように，「種類が違ってもかまわないさ。一緒にいたいんだ」と答えると，ヘビをライオンの赤ちゃんの体にぐるっと巻きつけて，「ヘビは別に何もしないよ。ライオンの子と友達だから」と言った。イーサンはおびえているようだった。ここでセラピストは「イーサンくん，ヘビがライオンの赤ちゃんを傷つけそうで心配なんだね。ヘビは噛みつくことがあるし，ライオンの赤ちゃんはまだ小さくて戦えないから」とコメントした。父親はそれをおとなしく聞いて，「ヘビがライオンの赤ちゃんをいじめるのが心配なら，安全な場所に置くよ」と言った。父親がヘビを離れたところに置くと，イーサンは安堵したようだった。セラピストは「お父さんはイーサンくんの言うことを聞いてくれたね。お父さんはヘビがライオンの赤ちゃんをいじめるかもしれないとわからな

6章　赤ちゃん部屋のお化けと天使——関係性の阻害と障害を治療する

かったんだよ。でも教えてあげたら，ヘビをどけてくれたね」と言った。それからしばらく親子は動物の赤ちゃんと親をペアにする遊びを続けた。動物がすべて親子のペアになると，セラピストは言った。「赤ちゃんはお母さんやお父さんと一緒にいたいんだよね。イーサンくんのお父さんとお母さんが同じおうちに住んでいたときのように。今は一緒に暮らせなくなって，きっと悲しいんだね」すると父親が言った。「私だって，もう一度，家族一緒に暮らせればと思いますよ」

　次にイーサンは，おもちゃの戸棚の扉を開き，開いた扉のへりの上に，注意深くバランスをとりながら動物たちを並べた。それから動物たちが落ちないかどうか確かめるように扉を前後に揺らしたが，慎重に動かしたのでひとつも落ちなかった。次にイーサンは，赤ちゃんライオンを指で押して下に落とすと，拾い上げて，元の位置に置いた。その作業を4回くり返した。セラピストは「赤ちゃんライオンは落ちてばっかりだね。どうしたら危ない目に遭わずにすむのかな」と聞いた。するとイーサンは動物をひとつ残らず下に落とした。セラピストは「あーあ，みんな落ちちゃった！　これからどうなるのかな」と言った。イーサンはもう一度，動物をへりの上に並べた。「誰も落ちないようにしたいのね」とセラピストは言った。イーサンは「おとうさんもやってよ」と言い，隣の戸棚の扉を開くと，もっとたくさんの動物をへりに乗せた。動物を並べては落とすという遊びがしばらく続いた。

　父親は息子の遊びに付き合いながら，監護権の交渉が終わって清々したが，母親は自分をできるだけ息子に近づかせないようにしていると不満そうに言った。するとイーサンは唐突に父親の腹を思いきりこぶしでぶった。そして何事もなかったかのように，また動物を並べ始めた。父親はイーサンの行動をまったく意に介さないようだったが，セラピストはここで介入した。「イーサンくん，今のようにぶつことを，お母さんとお父さんは心配しているんだよ。人をぶつことはやめなくてはいけないんです。イーサンくんはそのためにここに来てるんだよ」と言うと，父親に向かって「今，何が起きたと思いますか」とたずねた。彼は肩をすくめて「何も。痛くなかったし」と言った。セラピストは「痛くなかったのは結構なことです。でも，これは何でもないことではありませんよ。ああいう行動は，イーサンくんにとってもお父さんにとっても良い

ことではありません」と言った。父親は「まだ子どもじゃないですか。そのうち卒業しますよ」と言った。セラピストは穏やかに「卒業するには私たちの助けが必要なんです。お父さんはイーサンくんに立派に成長してほしいと心から願っているでしょうが，イーサンくんはそれを自分の力だけではできないんです」と言うと，イーサンに向かって「今，あなたがぶったのはどういうことなのか，お父さんとお話ししているの。たぶんイーサンくんは今まで何度も，人が人をぶつところを見てきたので，なかなかやめられないんだね」と言った。だがイーサンは聞いていない様子だったので，それ以上追求するのをやめた。その後，セッションが終了するまで，親子は扉の上に動物を並べる遊びを続けた。その間のセラピストの介入は，ふたりとも上手に動物が落ちないようにしているとコメントしたことだけだった。

臨床テーマと介入方略

　初回のセッションには，イーサンと父親を苦しめている親子関係の重要な臨床テーマが如実に表れていた。セッションの冒頭の，自分が吐くと父親が母親を殴るというイーサンの発言は，いみじくも彼の心の苦しみの核心をついていた。この濃縮された短い言葉から，イーサンが多くの子どもがそうであるように，父親が母親に暴力を振るうのは自分に原因があるととらえていることがわかる。他の重要なテーマも次々と出てきた。異種の動物が共存できるかという問題（両親の文化的アイデンティティの違いによる緊張の象徴的表現）。父親が最初は息子の要求を拒んで（あえて残酷さを楽しむかのように）ヘビをライオンの赤ちゃんに巻きつけるなど異種の動物を組み合わせたこと。その後，自分の行動によってイーサンをおびえさせているのを理解し，ヘビを遠ざけて息子を安心させることができたこと。離婚に対する悲しみと親子がバラバラにならないで一緒に暮らしたいという願望。おもちゃの戸棚の扉のへりの上に，バランスを崩さないように動物を並べては落とすという遊びに如実に表れているように，別居と離婚が子どもの情緒的バランスを脅かしていること。イーサンは内的バランスを保つために父親の助けを必要としていること。だが父親が子どもの前で母親を批判して，それを与えそこなったこと。その後，唐突に父親をぶったことに表れたイーサンの怒り。そしてまた不安定なへりの上に動物を並

6章　赤ちゃん部屋のお化けと天使——関係性の阻害と障害を治療する

べるという象徴的作業の再開は，親子が関わり合い感情を制御しようとする努力が復活したしるしでもあった。

　セラピストは最も顕著な情緒面のテーマを強調し治療目標を伝えるために，種々の介入様式を駆使したが，セラピストが**しなかったこと**もしたことと同じぐらい重要である。たとえばセラピストは，父親が母親を殴るというイーサンの冒頭の発言には対処しなかった——ただしそれは臨床理論に基づいて慎重に判断したからではなく，ままあることだが，不意を突かれて有効なコメントを思いつかなかったからである。著名な小児科医で精神分析医のサリー・プロバンスは「間に合わせで何かをするよりも，ただそこに立ち会う」ことをアドバイスしている。この知恵深い言葉は，何が支援になるか確信できないときは，行き当たりばったりの介入をするよりも，見守りながら時を待つ方が治療として有効であることを教えている。

　セッションの中で，セラピストは，イーサンが同種の動物をペアにした遊びを，両親と一緒に暮らしたいという願望の表れと解釈した。それはイーサンの体験の明白なテーマなので，当然の解釈である。イーサンが，ヘビがライオンの赤ちゃんをいじめるのを不安がったとき，セラピストはその不安を言葉で表現することによって情緒的サポートを与え，父親に対しては，ヘビを遠ざけてイーサンを守る姿勢を見せるべきだという発達のガイダンスをした。

　臨床的に非常に重要な場面は，イーサンが怒りを抑えきれずに父親をこぶしでぶった場面である。ここでセラピストは，その行為は父親が母親を批判したことへの反応だと解釈を述べるのではなく，人を殴るのは許されないことだとイーサンと父親の両方に語りかけることによって，それぞれに必要な発達のガイダンスをした。この介入は，イーサンのその場面の行動だけではなくセッション冒頭の発言への対処でもあった。「ぼくがゲロをはいたら，おとうさんがおかあさんをぶったんだよ」とイーサンが言ったときのセラピストの内的反応は，およそこんな感じだった。「ああ，これではっきりした。イーサンくん，お父さんがお母さんをぶったのはあなたのせいなんかじゃない。お父さん，わかりますか。お子さんはあなたが母親を殴るのを見て，自分のせいだと思っているんですよ。お子さんに謝って，二度と誰にも暴力を振るわないと約束してください！」この心中の声は，親が子どもをないがしろにしていると感

じたセラピストの強烈な逆転移である。それでもセラピストは感情をあらわにせず，父親の反応を待った。父親が躍起になって否定したときも，対決しないでセッションの展開を見守った。後になってイーサンが父親をぶったとき，セラピストはリスクも計算した上で「人をぶつことはやめなくてはいけない」と発言した。一般論的に表現することによって，直接的にはイーサンの行動について，間接的には父親が関与を否認している暴力について，父親を責めて対決することなく指摘しようとしたのである。

このセッションは，親子関係の重要な問題点を明らかにしながらも，最後は親子の仲むつまじい共同作業で終わった。セッションの円滑な展開は，セラピストが暴力に対して断固とした姿勢をとりつつ，攻撃者への非難ではなく殴るという行動を変える必要性に的を絞ったのが正しい判断であったことを裏づけている。

イーサンと母親の最初のセッション

安全と保護にまつわるイーサンの不安は，母親との初回セッションでも再演されたが，表現のかたちはまったく違っていた。イーサンは床に並ぶ動物のおもちゃには目もくれず，飛行機で遊びたいと言った。セラピストが飛行機やヘリコプターのおもちゃが入ったバケツを与えると，イーサンは小さな赤いヘリコプターを母親に手渡し，パイロットになって「いっしょに，そらをとぼうよ」と指示した。そして自分は緑色の飛行機を手に持ち，「キーン」と言いながら空中を上下させた。母親はイーサンの真似をしたが，彼の飛行機とはかなり距離をとっていた。1分ほどすると，イーサンは母親に男性の人形をパイロットにしてヘリコプターに乗せるように言い，遊びを再開した。次にイーサンは「こんどは，しょうとつするよ」と言ったが，母親は不安そうに後ずさりし，ヘリコプターをイーサンの飛行機とは反対の方向に運んだ。だがイーサンは母親の方に突進し，膝をつくと，自分の飛行機をヘリコプターにぶつけた。そして「しょうとつ！　ヘリコプターはついらく！」と叫びながら，母親のヘリコプターを床に押しつけた。「もえてるよ！」とイーサンは叫んだ。「まあ大変！」と母親も叫んだ。イーサンは「どうする？」と母親に聞いた。母親

は「救急車を呼んで，パイロットを救い出そうよ」と答えた。母親はピンクの服とヘアバンドをつけた少女の人形を手に取り，「この人は看護師さんよ」と言った（アセスメントでの報告によると，母親は10代の頃に赤十字のボランティアをしていた）。母親は墜落したパイロットに人形を近づけて「元気になれるようにキスしてあげます。でも気をつけて飛んでください。けがをしないでくださいね」とささやきかけた。

この飛行－墜落－救助というパターンは，セッションが終わるまで，まったく同じやり方で8回くり返された。一度，母親が墜落させるのが嫌になってイーサンの飛行機を避けようとしたが，イーサンは「このひこうきには，じゅうがついてるんだ。ほら，うってるよ」と言った。母親が「ヘリコプターは何ともないよ。パイロットに弾はあたりません。何ともないよ」と言うと，イーサンは飛行機をさらに近づけ，脇から攻撃するふりをした。「ほら，もえた！」

母親は観念してヘリコプターを墜落させ，「またです。早く，急いで，急いで。救急車と看護師さんを呼んでください。パイロットは大けがをしてます」と言った。

セラピストはセッションの間，この遊びのテーマ（危険にさらされ，恐怖を感じ，墜落し，最後は親子で負傷したパイロットを無事，救出する）を強調するコメントを時折さしはさんだだけだった。イーサンの遊びには一貫性があり，テーマが明快だったし，心から夢中になって母親を遊びに引きこんでいた。だからセラピストはこの勢いを尊重し，早まった介入はしないことにした。そのかわり，遊びのテーマを言葉にして表現することや，子どもが遊びを通して何を伝えたいのかを理解することに専念した。この最初の母子の治療セッションで，母親が息子の遊びに積極的に関わっていたことは，非常に歓迎すべき発見だった。

セッション終了時にイーサンは帰るのをしぶったが，母親がもう時間だからときっぱり言っても攻撃的にならなかった。セラピストが，来週，まずお父さんと，その次はお母さんと一緒にまた来られると言うと，イーサンは一緒におもちゃを片づけた。帰り際に，母親はセラピストに小声で「どうしてあんなに何度も飛行機を墜落させたんでしょうか」とたずねた。セラピスト自身は，傷ついたパイロットはおそらくイーサンの父親の象徴だと思っていた。父親は，

子どもの目の前で手錠をかけられて連行され，後には離婚した悲しみをイーサンの前で口に出していた。だがセラピストはここで母親の質問に答えずに，「それぞれ考えて，電話で話すことにしましょう」と言った。このときは初回セッションの終了時で母親の見解を引き出す時間もなく，またこの時点で，具体的な答えを言うのは賢明ではないと直感したからである。

その後，セラピストはなぜ自分が答えを先延ばしにしたかをじっくりと考えたが，いくつかの理由に思いあたった。それらは他のさまざまな臨床場面にも共通し，治療の基本原則となるものだった。(1) 希望を持って子どもを見られるような解釈に母親と一緒にたどりつくため，まずこの遊びに対する母親の反応を知りたかった。(2) イーサンの目の前で，まるで彼が部外者であるかのように，大人同士で彼について話したくなかった。(3) 子どもをまだよく知らないうちに，遊びの意味を解釈するのは早計だと思った。(4) 子どものコミュニケーションの意味について，セラピストだけが決定的な答えを持っているかのように思われたくなかった。これらは総じて，イーサンの遊びには大切な意味があり，ある答えに落ち着くまでには考える時間が必要であるという態度のモデルを，母親に示した。

翌日の電話では，母親はイーサンが破壊的な遊びをしたことを心配していた。セラピストは「まず易しいことから」という原則にならい，発達に関するガイダンスから始めて，飛行機の墜落に興味を持つのは3～4歳児によくあることだと説明した。またイーサンがパイロットを救うために何ができるかに興味を示していることは，パイロットを殺すのではなく救いたいという気持ちの現れだと付け加えた。母親がここまで受容的だったので，セラピストは思いきって，イーサンは何か壊れたものを修復することを通して，家庭の中で壊れたものを埋め合わせようとしているのかもしれないと切り出した。すると母親は，自分の方から離婚に踏みきったやましさがあるのか，いぶかしそうな口ぶりになった。「あの子が大人になったとき，父親みたいに暴力的になるんじゃないかと心配なんです。あの子は乗り越えられるのでしょうか」と母親はたずねた。セラピストは「イーサンの年齢になると，自分のためにならない行動をやめられるようになります。お母さんは今，そのためにイーサンに必要な手助けをしているのですよ」と答えた。最後は前向きな雰囲気で終わった。イーサ

ンは必ずしも父親のように暴力的になる運命とはかぎらないと母親がすぐに思えたことは，彼女が息子の攻撃性に頑固な否定的帰属を抱いているわけではないという，良い兆候だった。

治療開始から3週間

　治療開始から3週間後の母子セッションで，セラピストはイーサンに，イーサンが保育者や友達となかよく過ごせるよう手伝いたいので，保育園を訪ねるつもりだと言った。イーサンは「ともだちなんか，いないもん」と答えた。セラピストが「どうして？」とたずねると，イーサンは肩をすくめて向こうへ行ってしまった。セラピストは男の子の人形をふたつ取り出して，「いっしょにあそぼうよ」「おまえなんかとあそぶの，やだよ」と会話させた。イーサンは戻ってくると黙って見ていた。セラピストは彼に人形を渡して「この後どうなるかな？」と聞いた。イーサンはふたつの人形を部屋の隅へ放り投げた。セラピストは気持ちをこめて「お友達からお前と遊びたくないと言われたら嫌だよね。それでぶちたくなるから，お友達は怖がるのね」と言った。イーサンも母親も無言のまま固まってしまった。セラピストは言った。「イーサンくん，あなたはまだ小さくて，これからお友達との遊び方を身に着けていくところなの。すぐにはできないかもしれない。でもどうすればぶたないですむか勉強しようね」イーサンは目を逸らし，心ここにあらずといった様子でおもちゃの動物をいじっていた。

　しばらくして，母親は積み木でイーサンの注意を引き，塔を作ってごらんと促した。イーサンは塔を作ると，てっぺんに父親と男の子の人形を置いた。それから恐竜にふたつの人形を襲わせて，下に落とした。イーサンは母親に別の恐竜を手渡すと「いいきょうりゅうが，すくいにくるんだよ」と言った。母親は「良い恐竜」を使って，父親と男の子の人形を塔の上に戻した。

　この遊びは5回くり返された。次にイーサンは母親に「みんな，おとして」と言った。母親が恐竜の頭で塔を揺らしたので，人形も積み木も崩れ落ちた。イーサンは「だめ，だめ，ちがうよ！」と悲鳴を上げた。母親がイーサンの言ったとおりにしたよと言うと，彼は塔じゃなくて人形を落としてほしかっ

たんだと叫んだ。母親は狼狽した。そこでセラピストは介入して「お母さんはね，イーサンくんが人形と積み木を落としたいんだと思ったの。私たちは時々，お互いに言いたいことが通じないことがあるんだよ」と言った。イーサンは深く息をついた。母親は「もう一度，塔を建てようよ。さあ，手伝って」と促した。セラピストは「どんなにめちゃめちゃになったように見えても，もとどおりにできるのね」と言った。母親と子どもは，塔を崩さないようにして父親と男の子の人形を落とし，また塔に乗せるという遊びを，さらに5回くり返した。セラピストは「お父さんと男の子は落っこちたけれど，もう一度塔に戻れたんだね」と言った。セラピストは，この遊びと現実の父子の状況を直接関連づける必要を感じなかった。遊びそのものが，自分のどんな言葉よりもイーサンの気持ちを雄弁に語っていると思ったからである。転倒というテーマは，幼児や就学前児童が危険の感覚を表現するときによく出てくる。そう遠くない過去に，何度も転倒を体験しながら運動に習熟したという発達過程に由来するのかもしれない。

　セラピストはスーパーバイザーとともにこのセッションを振り返った。セラピストが保育園を訪問することをイーサンに伝えた後で遊びが豊かに展開したことは，たいへん印象深かった。訪問という情報が刺激になって，イーサンは家庭と保育園の両方で体験している不安を表出したのかもしれない。

保育園でイーサンを観察する

　保育園への訪問は，介入の重要な要素だった。この訪問には主に3つの目的があった。保育環境の質を評価すること，保育者と協力関係を築くこと，イーサンと保育者・友達との関係を観察することである。

　訪問の間，イーサンはセラピストがいることに戸惑い興奮しているようだった。長い間，他の子どもから少し離れたところでひとり遊びをしていたが，グループ活動には積極的に参加した。ひとりの男の子がイーサンのすぐそばを通ろうとしたとき，イーサンは反射的にその子を押しのけた。だがほんの軽くだったので，男の子は反応せずに通りすぎていった。小さな出来事で保育者も気づいていなかったが，イーサンが他人の中立的な行動にも脅威を感じやすい

ことを示唆していた。

　その後まもなくイーサンは保育者に呼びかけたが，保育者は他の子どもの世話に忙しく，聞こえていなかった。イーサンの声がだんだん大きくなったので，保育者は「おうちの中で話す声でね，イーサン」と言った。イーサンはずっと室内の声の大きさで呼んでいたのだが，保育者はそれに気づかなかったのだ。イーサンは保育者の言葉を聞いて，力まかせにおもちゃを床に投げつけた。保育者がやってきてたしなめると，イーサンは「うるさい！」と叫んで逃げようとした。雲行きが怪しくなったところで，ひとりの女の子が緊張を和らげてくれた。女の子は床に落ちたおもちゃを拾うとイーサンに手渡した。イーサンはそれを受け取ると，また遊び始めた。

担任の教師に介入を提案する

　保育園での観察から，イーサンは潜在的危険を過剰に警戒していることや，拒否されたと感じやすいこと，自己防衛的傾向が強いこと（自分を強いと感じることで無力感に対処しようとして，怒りで反応をする）などが，はっきりした。観察したエピソードを保育園の教師と話し合う際，セラピストはふたつのテーマに的を絞った。第1のテーマは，イーサンは友達の中立的な行動にも脅威を感じる傾向がある——つまり，ソーシャルキューを危険の兆候と誤認していることである。第2のテーマは，自分のサインが気づかれなかったり，ただちに反応が返ってこなかったりすると，すぐに拒否されたと感じてしまうことである。

　この観察結果によって，イーサンは攻撃的な乱暴者だという保育者の見方は軟化し，保育者は3種類の介入を行うことに同意した。ひとつ目は，イーサンの他の子どもの行動に対する認識を再構成するため，その子の動機をイーサンに説明すること。ふたつ目は，イーサンのフラストレーションの初期段階に注意し，攻撃的行動にエスカレートするのを防ぐこと。3つ目は，イーサンが攻撃的な行動をしたとき，それを彼の苛立ちや不安と関連づけ，彼が自分自身や他人を傷つけずにすむよう支援することに重点を置くことである。

　保育現場におけるメンタルヘルスのコンサルテーションの難しさのひとつは，保育者は，特別な問題のある子どもを支援する一方で，集団全体のニーズ

にも気を配らなくてはならないところにある。このコンサルテーションの際，セラピストは，イーサンのニーズに焦点を合わせながらも，保育者の立場を尊重していることを示すよう心がけた。そして保育者は多くの子どもの世話をしなければならないので，いつもイーサンだけを見張っているわけにいかないことを理解していると伝えた。保育者はそのとおりなんですと言い，クラスの運営はセラピーのようなわけにはいきませんからと付け加えた。保育者の言葉に悲しそうな響きがあったので，セラピストは，毎日たくさんの子どもを一日中相手にすることは，週に1回1時間だけひとりの子どもを相手にするのとは比べものにならないほど，体力や気力を消耗するでしょうねと言った。そして「他にもたくさんやることがあると思いますが，イーサンから目を離さないようにすれば，イーサンが切れてしまったときの後始末をしないですむと思いますよ」と付け加えた。また保育者のリソースとして自分を活用してもらうため，何か相談したいことがあれば電話をくださいと伝えた。

　約1か月後，保育者は電話で，イーサンの支援プランをどのように実践したかを報告した。「『一緒に遊びたくないとアンドリューに言われて，悲しくなったのね。でも悲しくなってもぶつのはいけないよ』とイーサンに話しました」と彼女は言った。この説明は，暴力と悲しみを直接的に並列し，悲しみの怒りへの転換を飛び越して，友達に遊びたくないと言われたときのイーサンの拒絶感に直接対処している。保育者は，子どもの攻撃的行動の原因を怒りではなく悲しみと名づけたことをとても気に入っていて，他の子どもの問題行動の対処にも自信がついたと報告した。「子どもは自分が怒っていることはもうわかってるんです。でも悲しい気持ちもあるのをわかっていないんですよね。それを教えてあげればいいんだとわかりました」と。セラピストは，子どもは自分の怒りに気づかない場合もあると心の中で思ったが，知識をひけらかして保育者と張り合うつもりはなかった。むしろ保育者と一緒に喜んで，いろいろな感情について話すことは，子どもがその感情に気づき制御するのに役立ちますね，と一般論的なコメントをした。これは，セラピストと保育者が，自分たちが関わる子どものために，それぞれの専門領域をうまく組み合わせて良い実りを結んだ例である。

親のテーマと子どものテーマを結びつける：親子の間を通訳する

　隔週の母子・父子セッションは，約2か月間，順調に進んだ。セッションではイーサンの遊びのテーマを媒介にして，危険とそれに付随する不安・怒り・改善への願いや，保護とそれに付随する信頼・喜び・幸福・愛情について話した。片方の親がもう片方の親について，まるでイーサンには聞こえていないかのように不満を訴えることがしばしばあった。その場合，セラピストはイーサンが大人の会話にどう反応しているかを親に指摘したり，親の発言の内容をイーサンのために再構成したりして，イーサンをコミュニケーションに引き入れた。以下は，とりわけ難航したセッションの例である。

　ある日，母親のアレンさんは険しい顔つきで診察室に入ってくると，ぶっきらぼうに挨拶した。イーサンは彼女の後ろでしょんぼりとしていた。セラピストは，ふたりとも動揺しているようだが何かあったのかとたずねた。母親が「ハーリドが電話してきて，来週は予定外の用事が入って出かけることになったから，イーサンを預かれないって言うんです。本当に自分勝手だわ。私だっていろいろ予定があるのに，どうしろって言うのよ。あの人は自分のことしか考えていない。まったく信用できないわ。たぶん女の人が一緒なんでしょう。いまさらスケジュールは変えたくないし，イーサンをどうしたらいいか，困ってるんです」と言った。イーサンは所在なさそうに動物のおもちゃをいじり，不安そうでさびしげだった。ふとイーサンはおもちゃを床に置くと，低いテーブルを踏み台にして，開いた窓によじのぼろうとした。

　母親は「こらっ！」と叫んだが，椅子に座ったまま動こうとしなかった。セラピストは椅子から飛び上がってイーサンを抱き上げ「イーサンくん。これは危ないことだよ。窓から落ちたら大変だよ」と言った。イーサンはセラピストを乱暴に押し返し抵抗したが，セラピストは彼の体に腕を回して，こんなことをすれば窓から落ちるし，けがをしてほしくないのだと言った。イーサンがなおも暴れてセラピストの腕をふりほどこうとするので，セラピストは母親に「助けてくれませんか。イーサンくんに窓にのぼってはだめと言ってください」と言った。母親は「イーサン，やめなさい！　窓にのぼってはいけません」と怒った。イーサンはセラピストの腕の中でうなだれているように見え

た。セラピストは「ありがとう，イーサンくん。本当にびっくりしたよ。お母さんの言うことを聞いてくれてよかった」と言った。セラピストはイーサンが落ち着くまでしばらく抱き，その後，動物のおもちゃを彼のそばに置いた。イーサンは床に座り，また動物で遊び始めた。

　セラピストは母親に「たった今，何が起きたと思いますか」とたずねた。母親は「保育園でもこうなんですよ。この子，たぶん多動なんだと思います。今度，かかりつけの小児科でリタリンを処方してもらって，落ち着かせようと思います」と言った。セラピストはこの答えに唖然とし，思わず叱責したくなった。だが親だけではなくメンタルヘルスの専門家ですら，幼児のトラウマによるストレス症状を多動と混同することがあることを思い起こして，何とか自制した。一呼吸置いて気持ちを静めると，セラピストは落ち着いた声で「イーサンくんが手のつけられない状態のとき，そういうふうに思うのはわかります。でも今の場合，イーサンくんはお母さんがお父さんについて言ったことに反応したのだと思いますよ」と言った。母親は憮然として「あの子はまだ小さいから私の言ったことはわかりません」と答えた。セラピストはイーサンの方を向いてこう言った。「今，お母さんと一緒に，どうしてイーサンくんが窓によじのぼろうとしたのか考えているところなの。お父さんがいなくなって，それにお母さんがお父さんのことを怒っているので，悲しくなったの？」イーサンは下を向いたまま，かすかにうなずいた。母親がきつい口調で「何で窓にのぼろうとしたの？」と聞いた。イーサンは母親の方は見ずに「ぼくのこと，きらいなんでしょ」ともぐもぐと言った。母親はイーサンの方にかがみこんで「今，何て言ったの？」とたずねた。イーサンは消え入るような声でもう一度「ぼくのこと，きらいなんでしょ」と言った。「何？　聞こえない」と母親が鋭い声で言うと，イーサンは彼女を見上げて「ぼくのこと，きらいなんでしょ」と大声で言った。母親はそっけなく「愛してるに決まってるでしょ。おバカさんね」と言った。それからセラピストの方を向いて「いつもああいうふうに，私があの子を愛していないとか言って，私を操ろうとするんです」と言った。

　セラピストは，いったいどうしたら，この怒ってばかりで自分のことしか考えられない母親に，母親に愛されていないかもしれないという子どもの無理からぬ不安に気づかせ共感させることができるのか，頭を抱えた。どうしたら説

6章　赤ちゃん部屋のお化けと天使——関係性の阻害と障害を治療する

教くさくならず，小難しくならずに，また彼女の自己防衛を刺激したり治療から疎外したりしないで，この難題を克服できるのだろうか。セラピストはさっきと同じように，少し間をとって内的バランスを取り戻してから，こう言った。「**お母さん**は，自分がイーサンくんを怒っているときでもイーサンくんを愛していることがわかっています。でも**イーサンくん**には，それがわからないのです。もっと成長しないと理解できないことだからです。お父さんが出かけている間，イーサンくんをどうしたらいいのかわからないとお母さんが言ったのを聞いて，イーサンくんはお母さんが自分をいらないのだと思ったのです」この指摘は，母親がもともと持っていたイーサンへの共感を刺激した。母親は驚いたように「そうなんでしょうか」と言った。セラピストは「どんな親にも大人の時間が必要です。でも子どもにはそれがわからないのです。親と離れるのは子どもにとって辛いことです。イーサンくんはお母さんの言葉を聞いて，自分はお父さんにもお母さんにもほしがられていないと感じたのではないでしょうか」セラピストは，直接的には母親に話していたが，イーサンにもわかるように易しい言葉を選んだ。母親は動揺し辛そうな顔をした。「私はどうすればいいんでしょうか」と聞くので，セラピストは「何があったのか，イーサンくんに話してあげたらどうでしょうか」と答えた。母親は「イーサン，お母さんは，お父さんが出かけてしまうことに怒っているけれど，あなたのことを怒っているわけではないのよ」と言った。イーサンは心配そうに「おとうさんは，かえってくるの？」とたずねた。元夫への怒りがぶりかえしてきた母親は，目を逸らして天井をにらんだ。そこでかわりにセラピストが「お父さんは出かけるけれど，戻ってくるよ。お父さんがいない間はお母さんと一緒にいて，それからまたいつもどおりに，お父さんの家に行くんだよ」と答えた。母親は気を取り直して「イーサン，お父さんもお母さんもたとえ怒っているときでも，あなたを愛しているの。どこか出かけることがあっても必ず戻ってくるわ」と付け加えた。セラピストは言った。「でもイーサンくんはお父さんやお母さんと一緒にいたいから，待つのがとても辛いんだね。いなくなってほしくないんだよね」

このセッションには，親の感情状態と子どもの発達上のニーズに同時に対処する難しさが表れている。このセッションでのパーソナリティの構造，状況的

反応，防衛機制，母親と子どもの発達に特徴的な願望と不安——子どもへの純粋な愛情や献身と共存する，子どもに対するアンビバレンスと子どもから逃避したいという非常に現実的なほぼ無意識の願望など——の複雑な相互作用の展開をひとつひとつ説明すれば，一本の論文が書けるほどである。

　セラピストが1回のセッションで対処できるのは，最も顕著な個人的問題や関係性の問題のほんの一部である。どれかを選べば必然的に他の選択肢は閉ざされる。このセッションで介入を選択するにあたって，セラピストはあえて母親の息子に対するアンビバレンスには触れなかった。それを選ぶと子どもを傷つけることになるからである。かわりに，両親の愛を失うことに対するイーサンの不安を入口として，開いた窓によじのぼるという向こう見ずで自己破壊的な行動の意味を，母親が理解できるように支援した。親の愛を失う不安は発達上適切なものだが，父親と母親の不和や息子へのアンビバレンスがその不安を増幅させていたからである。セラピストの最初の介入は，母親がイーサンを窓から引き離そうとしなかったので，かわりにそれを行って保護行動のモデルを示すことだった。その次の介入では，イーサンの行動の意味を母親のために通訳し，母親の父親に関する発言をイーサンが自分に対する拒否と理解したことを示した。イーサンの愛されていないという不安を理解した母親は，それを和らげるように自分の行動を再構成した。セラピストが最後に，イーサンにとって父親や母親を待つのは辛いことだとコメントしたのは，愛していると言葉で言うだけで，別居と離婚にまつわる子どもの痛みが魔法のように消えるわけではないことを，母親に忘れさせないためだった。

危機：リスクとチャンス

　2か月後，父母の対立が再燃し，治療そのものの継続が危ぶまれるような事態が起きた。ある日の母子セッションで，父親の家から戻ったイーサンの上腕に大きなあざができていたと母親が報告した。母親がイーサンにたずねたところ，一緒に浜辺に出かけたとき，イーサンが砂を蹴ったことに父親が腹を立ててイーサンを地面に突き飛ばし，両腕をつかんで揺さぶったという。母親がそう話しているうちに，イーサンは床の上で父親の人形を揺すり始めた。セラピストはイーサンの方を向いて「お母さんは何があったかをお話ししているけれ

6章　赤ちゃん部屋のお化けと天使——関係性の阻害と障害を治療する

ど，イーサンくんはお父さんがしたことを見せてくれているのかな？」とたずねた。イーサンは「おとうさんがおこって，ぼくをゆさぶったの。こわかった」と答えた。セラピストは父親と男の子の人形を取り出し，何があったのかやってみせてほしいと頼んだ。イーサンは父親の人形で男の子の人形を何度もぶち，男の子の人形を空中に放り投げて床に落とした。また父親の人形は男の子をこぶしで殴った。エピソードの再現を求められたイーサンがだんだん混乱し始めたのに気づいたセラピストは「それで，最後はどうなったの」とたずねた。すると人形の動きはおとなしくなり，父親と男の子の人形は一緒に家に帰り，夕飯を食べた。セラピストは「お父さんは言葉を使うのを忘れてしまったんだね。砂を蹴るのはやめなさいと言うかわりに，ひどく揺さぶってしまった。お父さんは大きな間違いをしてしまったの。あざができるほど人を揺さぶるのは，やってはいけないことなのにね」セラピストはイーサンのあざにそっと触り「きっとそのうち消えて，よくなるよ。でもお父さんはしてはいけないことをしてしまったね」と言った。

　この事件によって，児童保護サービス（CPS）への通報を考えなければならなくなった。セラピストは，法的・倫理的責任として通報の義務があることを母親に説明した。母親は，父親はとても怒るだろうが，通報すべきだと思うと言った。そこでセラピストが，セラピストの立会いのもとで母親自身が通報するか，それともセラピストが後で通報するほうがいいかとたずねると，母親は後者を選んだ。自分が通報した場合の父親の反応が不安だったからである。

　残りの時間，イーサンは唐突に動物のおもちゃを喧嘩させたり，診察セットを少しだけいじったりしただけで，一貫した遊びのテーマはなかった。一貫性の欠如は，父親との体験の後遺症や，次に何が起こるかわからないという不安を反映していた。セラピストや母親が，父親の暴力や通報への反応を懸念している様子にも影響されたのだろう。セラピストはイーサンを安心させるため「イーサンくん，今度，お父さんと一緒に来たとき，そんなあざができるほど揺さぶってはいけないと，お父さんに言うからね。今，お母さんと一緒に，どうすればお父さんがちゃんと言葉を使うようになって，イーサンくんを傷つけたりしないようになるか，考えているところなのよ」と言った。イーサンはそれを聞いて幾分，落ち着いたが，まだとても不安げで動揺が見て取れた。セッ

ションの間，イーサンは折に触れて自分の腕に触ったりあざを見たりしていた。

イーサンと母親が帰った後で，セラピストは父親に電話をかけた。だが不在だったので留守番電話に，イーサンの腕のあざの件でCPSに通報しなくてはならないこと，今後もセラピーを継続したいと思っていること，通報する前に話し合いたいので24時間以内に電話してほしいということをメッセージとして残した。2時間後，激昂した父親から電話がかかってきた。父親は，セラピストが母親の味方についたと責め立て，母親は「イーサンの嘘を増長させて」，父親に虐待されていると思いこませていると訴えた。父親は何度か絶叫しかけたが，やがて怒りを抑えて冷静に話せるようになった。浜辺の出来事については，もう帰ろうと言ったらイーサンが彼に向かって砂を蹴り上げたので，イーサンを砂の上に押し倒し揺さぶったと事実を認めたが，イーサンは母親の家でわがままに暮らしているので自分がはっきり制限を加えてやる必要があると憤っていた。この態度は，以前，イーサンの行動には何の問題も感じないし，良くない行動をやめさせたければ「キスする」と脅すだけでいいと言ったこととはおよそかけ離れていることを，セラピストは後の介入のために心に留めた。

セラピストは父親に，動揺するのはよくわかるが，あざができるようなことをしたのは法的な通報要件なので，自分は専門家として通報する義務があると説明した。そして彼が望むなら，セラピストの立会いのもとで彼自身がＣＰＳに通報して，ことの重大さを自覚し息子への怒りの爆発を抑える努力をするつもりであると言うこともできると話した。最初，父親はまるで自分だけに非があると認めるような行為は考えたくもないと怒ったが，セラピストが，彼のかんしゃくが彼自身にもたらしている問題についてなだめすかしながら話していくと，彼はもう一度考えて1時間後に電話すると言った。

父親の電話を待つ間，セラピストはふと，CPSに通報するという留守電のメッセージは，かつて彼が逮捕され収監されたときの恐怖と屈辱の体験を想起させたのかもしれないと思いあたった。それが彼の文化的差別と迫害に関する強烈な意識をさらに悪化させたにちがいないと思った。だがそれは後の祭りで，今となってはもう，彼を責めずにCPSの調査でも力になると約束したこ

6章　赤ちゃん部屋のお化けと天使——関係性の阻害と障害を治療する

とが功を奏して，彼自身がセラピストの立会いのもとでCPSに報告して事態を収拾できるように祈るしかなかった。幸いなことに，そのように事は運んだ。翌日，父親はクリニックにやって来た。そしてセラピストがCPSのホットラインに事情を説明した後，電話をかわって，何度か口ごもりながらも，浜辺の出来事をほぼイーサンの話したとおりに説明した。ホットラインのスタッフは話を聞き取ると，児童保護担当の職員から連絡がいくと話した。たった10分足らずのことだった。

危機を肯定的体験に転換する

　父親が受話器を置いたとき，セラピストは今どんな気持ちかとたずねた。彼はためらいがちに「不安と……怒りと……少しほっとした気持ちです」と言った。ホットラインのスタッフは彼を侮辱するにちがいないと思っていたが，実際はプロに徹していて礼儀正しかったという。だが彼はまだセラピストが過剰反応したと思っており，母親はこの事件を利用してイーサンの単独監護権を裁判所に申し立てるに違いないと思いこんでいた。セラピストが，今後は通報される不安で，私を信用しにくくなったかもしれませんねと言うと，彼はそうだと答えた。セラピストは，もうここに来たくないと思うほどの不信感かとたずねた。彼は熱くなって「それどころか，やめるわけにはいかなくなりましたよ。今までは自分の意志で来ていたが，こんなことで首根っこを押さえられたおかげで，今後はいい子になって毎週きっちり通わないと，あの子を失うことになりかねませんからね」と言った。セラピストは「かつてあなたはお母さんをかばおうとして，お父さんに抵抗せずに階段から落ちたときも，必死に良い子になろうとしました」と言った。父親はむきになって「それとこれと何の関係があるんです？」と言った。「私に対して心底，怒りを感じているにもかかわらず，形だけ私に敬意を払ってセラピーを続けようとしています。それはあなたがちょうどお母さんをとても大切にしていたように，イーサンくんをとても大切に思っているからです」とセラピストは答えた。父親は「ええ，でもあなたは私の父ではない」と言った。「もちろんそうですよ。でも私はあなたをこの国の法律に従わせようとしている。かつてお父さんが，たとえあなたの気持ちがどうであろうと，自分があるじだと思い知らせたように」

セラピストは，父親のセラピストに対する反応に転移の要素があるのを気づかせようとして，この解釈を提供したのだが，支援というよりも批判し挑戦しているような印象を与えてしまったことに気づいた。長い張り詰めた沈黙の後，セラピストはいたわるように「留守電でCPSに通報するというメッセージを聞いたとき，あなたがどれほど動揺したか，ようやく気がつきました。突然，足をすくわれたような気持ちになったことでしょう。私はそのとき有色人種の移民というあなたの立場や，以前，逮捕されたときの気持ちにまで思い至りませんでした。直接お話できるまで待たないで，留守電ですませてしまったことを，とても申しわけなく思います」と言った。すると彼は少し態度を和らげ「そう言ってくれてありがとう」と答えた。再び長い沈黙が流れた。今度は彼が口を開いた。「私がどんな辛い人生を送ってきたか，とうていわかってもらえないでしょうね。あまりに疲れはて，好きなだけ眠っていいなら，もう二度と目覚めたくないと思うことがあるんです。奴隷のように働いたって，潜在的なテロリストとしか思われない。イーサンのことがなければフランスに帰ってしまいたいですよ。でもフランスにだって私のような人間の居所はないんだ。ヨーロッパ社会では私は危険なイスラム教徒だし，アルジェリアでは背教者なんです」

　セラピストは父親の発言に同情を覚えながらも，冷めた目で客観的に分析していた。文化的疎外感の切実さやどこへ行ってもよそ者でしかないという自己認識を理解するとともに，こうした無理からぬ不満には，自分の怒りや突発的な暴力まで正当化してしまう自己防衛の機能があることを鋭く見抜いていた。だが同時に，好きなだけ眠っていいなら二度と目覚めなくていいと思うほど疲れているという発言にはぎくりとした。彼が深い抑うつに陥っている可能性に，初めて気づいたのである。自分は彼の個人的なセラピストではなく子どもの治療のために関わっている立場なのに，こうした幾重にも重なる問題にどう対処したら良いのか。合同セッションは父子関係に焦点を置いているので，彼の心理的問題を深く探求する余地はなかった。

　セラピストは，まず移民としてのストレスに理解を示してから，彼の攻撃性という一触即発のテーマへと慎重に移行することにした。セラピストは「お話を聞いて，おっしゃるとおりだと思いました，私は有色人種の移民ではないの

で，お気持ちを完全に理解することは決してできないと思います」と切り出し，「イーサンくんが大人になったときに自分と同じ苦しみを味わうのを，とても心配しているという印象を受けました——やはり社会に受け入れられないのではないかと」と言った。彼はそうだと答えた。彼はまた，金髪碧眼で白い肌の母親は，彼女とは対照的なイーサンの浅黒い肌や黒い髪と目を恥じていると思っていた。セラピストは，それに思いあたるふしはないが，可能性として心に留めておくと答えた。次にセラピストは「私の思い違いだと思うかもしれませんが，あなたは肌の色の違いや移民であることや宗教的背景の違いだけではなく，幼い頃の体験に，今でも苦しんでいるのではないでしょうか。子どもの頃，心から慕っていたお母さんにお父さんが暴力を振るうのを見てしまって，その記憶が頭にこびりついている。お父さんがお母さんにしたことに，今でも怒りを感じているのではないでしょうか」と聞いた。彼がうなずいたので，セラピストは先を続けた。「おそらく，心ならずもお父さんから怒りを学んで，その怒りが無意識のうちに不意に表に出てしまうのだと思います。かつてお母さんを守ろうとしたときには怒りは良いものでしたが，今は自分自身にとって良くないものになっています。留置所に入るのも CPS に調査されるのも，自分にとって良いことではないでしょう。そのつもりはなくても，あなたは時々，自分の愛する人を傷つけてしまうのです。イーサンくんのあざは事故ではありません。あざにするつもりなどなかったでしょうが，そうなったのはひどく揺さぶったからです。今に本当にイーサンくんを傷つけてしまうかもしれませんよ。そのときどんな気持ちになると思いますか」

　父親は声を詰まらせながら「あの子の中に自分の分身が見えるんです。あの子が怒るのを見ると，怒りをたたき出してやりたくなる」と言った。セラピストは「それで効果はありますか」とたずねた。「私を怖がるようになったと思います。浜辺の一件から，私と遊ぼうとしないし，キスしようとすると逃げていく」と彼は言った。セラピストが，そこから何か連想するものがあるかとたずねると，彼は「昔，父が怖くて，よく逃げ出しました」と答えた。そしてしばらくむせび泣いた後，「イーサンに怖がられたくない」と言った。セラピストは「まだ間に合いますよ。イーサンくんは，今はお父さんを怖がっているかもしれませんが，お父さんのことが大好きでもあるのです。ふたりとも人を傷

つけたり怖がらせたりするのをやめるべきときですよ」と言った。

　最初のアセスメント直後の父親との個人面接がなければ，このような深い対話には至らなかっただろう。そのとき彼はセラピストの文化的偏見を懸念して個人セッションを要求したのだが，幼い頃に夫婦間暴力を目撃したことなど，多くのことで自己開示をした。このときふたりの間で信頼関係ができたからこそ，CPSへの通報によって生じた信頼と裏切りという難題に腹を割って向き合えたのである。

　親との個人セッションは，親のセラピストに対する信頼を強化し，子どもの前で探索するのが不適切な親の問題を発見して対処できるという点で，親子セッションの付属セッションとして大きな価値がある。この場合，自分の父親との関係と息子との関係に共通する攻撃性と不安を意識させることによって，自分自身と息子の中に，怖れていた父親の片鱗があるのを認識させることができた。そこに至るまでに，セラピストはアプローチの軌道修正をしている。彼の負の転移の解釈というかなり対決的なアプローチを途中でやめて，自分の行動が彼に与える影響に配慮が足りなかったことを心から認めたのである。

行動と遊びによる想起：最初のトラウマの物語

　このセッションは，その後の父親のイーサンへの関わり方に解放的な効果をもたらした。イーサンの攻撃性を矮小化することが著しく減り，子どもの行動について率直に話すようになった。通報直後の父子セッションで，セラピストはイーサンに，浜辺の一件について父親と話し合ったと話した。イーサンはおびえたような顔をして父親から遠ざかり部屋の隅に逃げた。父親は「イーサン，けがをさせてすまなかった。あざにしてしまって，ごめんよ。あんなにひどく揺さぶるつもりはなかったんだ」と言った。イーサンは「おとうさんはいじわるだった」と小声で言った。父親は顔をこわばらせたが，自制して「おまえの言うとおりだ。お父さんが意地悪だった。もう意地悪はしたくない。ごめんよ」と言うことができた。

　その後，父親がセラピストと共同監護スケジュールについて話していたとき，イーサンが「そのはなしは，やめて！」と父親に叫んだ。父親は「お母さ

んのことを話しているから怒ったのか」と聞いた。イーサンは父親に近づき，平手で彼の目のあたりをたたいた。痛みにたじろいだ父親は，痛かったぞと怒ったように言った。そしてもう一度「お母さんの話だから怒ったのか」とたずねた。イーサンは部屋の向こう側へ走っていき，テーブルの下に隠れた。父親は出てくるように言ったが，イーサンは頑として動かなかった。父親は考えこむように言った。「ようやくわかりました。イーサンはまだ私に怒っているんです。私がしたことをやり返したつもりなんだ——仕返しを」セラピストは黙ってうなずくと「ここからどうしますか」とたずねた。父親は「別のお手本を示さなくてはいけない」と答えた。セラピストは「実行するのは，とても勇気がいりますね」と言った。イーサンはテーブルの下から出てくると，大声で，出てきたよと言った。父親は「出てきてくれてありがとう。ぶったりしないよ。お父さんはぶたないし，おまえもぶたない」と言った。イーサンは厳かに「ぶたない」とくり返した。

　その後，イーサンは新しい遊びを始めた。前からプレイルームにあったが一度も触ったことのなかった消防車と警察官を取り出してきた。そしてお父さんカバを床の上に置き，残りのカバを消防車に乗せた。それから警察官を消防車の運転席に乗せ，お父さんカバを残して発車した。セラピストはお父さんカバを手にとって消防車の後を追いかけながら「悪いおまわりさんめ！　うちの子を連れて行くな！」と言った。イーサンはそれを聞いて消防車を止め，お父さんカバを家族と一緒に乗せた。それから警察官のピストルを引き抜いてセラピストに見せた。そしてセラピストの反応を待たずに，おもちゃの戸棚を開いて，カバの家族と2頭の赤ちゃんゾウを扉のへりに乗せた。セラピストは，カバの家族もゾウの子どもも落ちそうで危ないが，どうしてそこにいるのかとたずねた。イーサンは，あのお巡りさんが置いたと答えた。どうしたら安全なところに戻せるかと聞くと，良い恐竜が動物たちを下に降ろして，お巡りさんを殺してくれると言った。そして自分で恐竜を持ってきて，1匹ずつ慎重に床の上に下ろした。そして，良いお巡りさんが来て悪いお巡りさんを殺すんだと言うと，手に握ったピストルで警察官を撃った。セラピストは，悪いお巡りさんがこれ以上動物の家族を傷つけないようにしたんだねと言った。イーサンは気がすんだようで，別の遊びを始めた。

このセッションでは，父親はイーサンにあざをつけたことを謝り，お互いにもう暴力に訴えないことにしようと提案している。イーサンが父親をぶった後で怖れてテーブルの下に隠れたとき，父親はイーサンの攻撃に攻撃で報いるのではなく（通報のきっかけとなった浜辺の件のように），「ぶたない」という取り決めをした。その直後の遊びは，イーサンが父親の逮捕を目撃した体験を再演できるようになったことや，誰が善で誰が悪かについて混乱があることを示していた。問題解決の手段として迷わず「殺す」ことを選んだことから，イーサンは依然として危険と不安に対処する手段として暴力を選んでいることがわかる。とは言え，父親の逮捕というトラウマ的場面を想起させる警察官の人形を避けず，不安に対処するのに暴力を振るうのではなく，おもちゃを使った象徴遊びをすることができたことに，進歩のあとが見られた。

　その次のセッションでは，母親とイーサンが同じおもちゃで遊んだ。少し経ってから，イーサンは警察官の人形を手に取った。セラピストは「お巡りさんがおうちに来てお父さんを連れて行ったって，お母さんから聞いたよ」と言った。イーサンは無言でうなずいた。そしてお父さんカバを向こう側に放り投げた。セラピストは「お巡りさんがお父さんを連れて行ったのは，お父さんがぶたなくなるためだったのよ。もうお父さんは戻ってきて，ぶたないようになったでしょ」と言った。すると前回と同じように，イーサンは警察官のピストルを握った。だが前回と違って「ぼく，こわい」と言った。セラピストは「ピストルを見たとき，怖かったの？」とたずねた。イーサンは黙っていたが，母親が口をはさんで，警察はピストルを携帯していたがホルスターから引き抜かなかったし，イーサンも見ていないと思うと言った。セラピストはイーサンに言った。「お巡りさんはピストルを持っているけれど，本当にすごく悪い人にだけ使うの。お父さんには使わなかったんだよ」

　それからイーサンは動物の赤ちゃんを1列に並べ，その隣に親を並べた。次に恐竜を2匹取り出すと1匹をセラピストに渡し，「たたかい，やろうよ」と言った。2匹の恐竜は長い尻尾で威勢良く打ち合った。イーサンは大きなうなり声を立てながら，自分の恐竜の尻尾でセラピストの恐竜を勢いよくたたいた。2匹の恐竜の戦いは数分間続いたが，セラピストはこの遊びがイーサンのニーズに沿ったものとなるよう，時々「これでいいかな？」と声をかけて確

認した。イーサンは動物の赤ちゃんの列を親の列に引き寄せ，大きい動物は赤ちゃんを守るんだと言った。2匹の恐竜は戦いを続けた。セラピストはコメントをさしはさまずに，割り当てられた役を演じた。この遊びは，良い警察官と悪い警察官の遊びや，警察官が実際に何を父親にしたかがはっきりしたことを受けて，彼なりに善と悪を区別しようとする内的葛藤を，うまく抑制されたかたちで表現していると思ったからである。

　母親はこの遊びに不安を感じたのか，イーサンがまた悪い夢を見るようになったとセラピストに話しかけて遮ろうとした。イーサンは「はなしかけないで」と言った。セラピストは母親に微笑みかけて「イーサンくんは私たちに指示をしているようですね。夢のことは電話で話しませんか」と言った。母親はうなずいた。数日後，母親と電話で悪夢の話をしたが，その頃には心配はおおかた解消したようで，母親はどうすればイーサンをなだめて安心させることができるかわかったと言った。

治療結果

　イーサンはその後も治療に積極的に参加した。彼の遊びや言葉を通して，ドメスティック・バイオレンス，両親の離婚，双方の親が抱える怒りのマネジメントや共感的応答の問題の影響があらわになった。イーサンの遊びの暴力描写があまりに生々しいので，親が耐えきれずに別の方向に逸らそうとしたり否認したりすることが，幾度かあった。そういうときには，セラピストは両親を情緒的にサポートし彼らの感情を抑制しながら，イーサンに遊びを継続させた。

　付属的な個人セッション（多くは電話による）では，セラピストはイーサンが目撃した暴力を現実として擁護した。またイーサンの遊びについては，暴力を目撃したことによる不安や怒りに対処するための，年齢相応で成長を促進する性質の行動だと説明した。母親や父親，保育者，友達への攻撃が減ると，両親はセラピストのやり方に信頼を深め，息子の治療のために協力し合えるようになった。

　イーサンと両親の治療は1年間継続し，イーサンが4歳5か月の時点で終了した。治療終了時に，母親はイーサンの激しやすさや分離不安が期待したほど

改善されていないと感じていたが，自分については子どもへの怒りの爆発を以前よりも抑えられるようになったと感じており，イーサンが自己制御できなくなったときにうまく興奮を静めてやれるようになっていた。父親は以前と同様，母親に比べればイーサンの行動を心配していなかったが，イーサンの怒りや攻撃の問題を意識するようになった。父親とイーサンは，ふたりともすぐにカッとなってはいけないという共通認識に達した。また両親とも，イーサンがふたりの板ばさみにならないように，イーサンの前で相手を批判しそうになっても思いとどまれるようになったと報告した。保育園でのイーサンの行動は見違えるほど改善した。保育者はイーサンの暴力が減ったことに満足し，クラスの子どももイーサンを避けずに他の子どもと変わりなく接するようになった。治療の終了近くに実施したWPPSIでは，動作性知能尺度は言語性知能尺度と同程度で，標準偏差の平均を1ポイント上回っていた。イーサンは注意散漫ではなくなり，完成するのに努力が必要な課題も最後までやり遂げられるようになった。

　この治療にあたったセラピストはポストドクターのフェローで，年末に転出することになっていた。治療の終了が近づくと，母親は今後，イーサンの攻撃性が再燃しないかと懸念した。セラピストの退職の約4か月前に，他のセラピストへの移管の可能性を父親と母親と個別に話し合ったが，両者とも退職2か月前時点でのイーサンの行動を見て判断するということで合意した。そしてそのときが来ると，両親ともこれ以上の治療は必要ないと判断し，状況が変わったらクリニックと連絡を取るということにした。

　最後のセッションは父子セッションで，イーサンは『見えない糸』(The Invisible String) という本を選んで，セラピストに読んでもらった。たとえ離れていても，愛し合う人々は見えない絆で結ばれているという内容の本である。イーサンは両方の親とのセッションで，愛する人が目の前にいなくても愛は続くと教えるこの本を何度も読んだ。イーサンはセラピストに言った。「ぼくのこと，ずっとすき？」「もちろんよ。いつでもイーサンくんを思い出して愛を送るわ」イーサンは「せんせいとぼくがいっしょにいる，えをかきたい」と言った。絵が完成すると，イーサンはセラピストに手渡して言った。「これ，あげる。ぼくもずっとせんせいのことがすきだよ」

7章

■

子ども-親心理療法（CPP）の
バリエーション

　一般的なCPPでは親子関係に治療の焦点を置くが，親に子どもへの調律を粘り強く働きかけても，治療に協力しない場合は修正せざるをえない。そうした状況では，子どものメンタルヘルスに絶大な影響力がある親が，子どもの改善の媒体として一貫した協力をできないというパラドックスの中で，子どもを支援する方法を見つけなければならない。CPPの親子合同セッションの方式を変更せざるをえないのは，次の3つの場合である。親の心理的機能が損なわれ，子どもの治療すべき問題よりも親の問題の方が上回るような場合，またセッション中の子どもの遊びや行動によって，親が制御しがたいような有害な反応をする場合，そして別れた両親の激しい対立が子どもに悪影響を与え続けている場合である。本章は，こうした特殊な状況のために開発されたCPPのバリエーションを扱う。以下では，CPPを修正された治療方式に適用した事例が紹介されているが，治療過程のすべてを網羅しているわけではない。前章までと同じく，典型的な合同セッション・モデルの枠をはみだす要因となったテーマに焦点をあてている。

親との個人セッション：子どもは「第3の耳」で

　時には，最初のアセスメントの段階で，親が子どもの体験にどうしても集中

できないことが露呈することがある。また従来の親子合同の方式で治療を開始しても，子どもの情緒的問題に関わる病的環境を変えるには，親だけを対象とした相当量の付属セッションや長期的治療が必要なことが，すぐに判明することもある。こうした事例は，特定の問題の解明や，親子治療の中での個別的な動揺の解決のために，不定期あるいは短期的な親の個人セッションが必要になる事例とは大きく異なる。ここで取り上げる事例では，親は，トラウマを想起させる耐え難い事象に対処し，自己感覚への執拗な攻撃から自分を守ることだけで精一杯で，自分の感情を制御できず，ましてや子どもの体験を省みる余裕はない。親が自分自身のニーズしか眼中にないような状況では，セラピストがかわりに子どもを意識し続ける必要がある。

　CPP はこうした親に個人的苦境に的を絞った治療を提供するが，ひとつの点で個人セラピーとは決定的に異なる。個人治療をするセラピストは患者本人だけに目を向け，患者の感情，思考，行動に注目し，情動制御，メンタライジング，内省機能の強化を支援するが（Fonagy et al., 2002），CPP の親セッションでは，親の内的プロセスがどのように親子関係に再演され，子どもの感情体験に影響を与えているかに常に注目する。たとえ親しかセッションに来ない日が何週間，何か月と続いても，セラピストは子どもの体験を見失うことなく，親が語る体験に子どもがどのように登場しているかを探りあて，親の主観的な精神枠に子どもを組みこむ努力を一貫して続ける。セラピストは親子双方を心に留めて，親が自分自身や自分の感情だけではなく自分が子どもに与える影響について，より深く洞察できるよう慎重に働きかける。

事例：子どもが見ているのを忘れている母親

　ハリスさんという女性と娘のショーナの事例には，親の情緒的消耗が激しく，自分の決断や行動が子どもに及ぼす影響に気づかない場合の臨床的問題が現れている。

アセスメント段階

　アフリカ系アメリカ人女性のハリスさん（22歳）と娘のショーナ（19か月）は，ドメスティック・バイオレンス被害者用シェルターの紹介で治療

に訪れた。紹介の理由は，ショーナは食欲がなく体重も減り，一晩に何度も目が覚めて泣くこと，また母親のハリスは抑うつがひどくてショーナの世話ができず，しばしば放置していると思われることだった。

ショーナと母親がシェルターに入居したきっかけは，ショーナの父親が母親をナイフで刺し，首をしめようとしたという事件だった。ショーナはその光景を見て，おびえ，泣き叫んだ。父親は「黙れ，クソガキ！」と叫んで，ショーナを強く殴ったので，ショーナは転倒してキャビネットに頭をぶつけたが，そのはずみでキャビネットがひっくり返るくらいだった。警察と児童保護サービス（CPS）への通報で，父親は母子への暴行で逮捕され，不法入国者であることが発覚すると，母国へ送還された。

シェルターの職員は，父親が去った後も，なお母子の安全を案じていた。母親はアセスメントでは，抑うつでよく眠れず，活力なく，しょっちゅう悪夢を見ると報告した。自殺念慮や自殺企図は否定したが，攻撃に関する侵入思考があり，時々，頭の中の想念が「とても生々しく感じられ，自分がどこにいるのかわからなくなる」と言った。ところがショーナについては特に心配を口にせず，シェルターのスタッフがショーナの食欲や夜泣きを心配していることについては，自分にはショーナは元気そうに見えるし，たぶんシェルターに引っ越したことが原因だろうと気にしていなかった。

母親には家族も付き合いの長い友人もなく，社会的に孤立していた。ただしひとりだけ友人がいるという。それはショーナの父親の友人だった若い男性で，母親によると，彼は彼女を愛していて，ショーナの世話を手伝ってくれたりショーナに必要なものを買ってくれたりする。ふたりは結婚を約束していて，ショーナの父親が去ったので結婚する予定だという。

2回目のアセスメントから数日後，シェルターのスタッフからセラピストに電話があった。母親は，例の男友達から「妻のように」愛しているわけではなく，ただの友人でいたいと言われてから2日間泣き続けているという。彼女はパニック状態になって，私はこの世界でひとりぼっちで誰にも愛されていないと泣き叫んでいるということだった。この電話があった夜，母親は自分の手首を切った。傷は深く，縫合しなければならな

いほどだった。ショーナはこの一部始終——母親が泣き，手首を切って血を流し，それから大騒ぎになって救急車で運ばれていった——を目撃していた。ショーナはシェルターのスタッフに伴われて病院に行き，医者が診察と傷の処置をして現時点での自殺傾向を評価する間，スタッフと一緒に待っていた。母親は，もう自殺するつもりはないからと医師を説き伏せ，短期間の抗うつ剤を処方されて，精神科外来の予約をして病院を出た。

シェルターに戻ったショーナと母親は，CPPのセラピストとの面接を続けた。母親は予約した精神科外来に行き，処方された抗うつ剤を飲み始めた。セラピストは，彼女がセラピストに自殺思考はないと念を押したほんの数日後に手首を切ったことを思うと，彼女の安全がとても心配だと伝えた。またショーナと母親の回復のために力になりたいが，もし重大な感情の問題を打ち明けるほど信用してもらえないなら，役には立てないかもしれないと言った。母親はそれを聞いて泣き出し，自殺を試みたのは今回が初めてではないと明かした。10代の頃，ショーナの父親に出会う以前に二度，自殺未遂をしていたのだ。母親はみじめだった青春時代のことをくわしく話し始めた。彼女は両親が歳をとってから望まれずに生まれた末子で，子どもの頃はいつも親に殴られ，「デブ」とか「バカ」と呼ばれ蔑まれていたという。10代になると，彼女が異性に興味を示すたびに母親から殴られ，あばずれと罵られ，「男と目が合っただけですぐに身を任せる尻軽女」になるに決まっていると言われた。彼女は妊娠に気づくと家出をして，当時，32歳だったショーナの父親のもとに転がりこんだ。ふたりはほどなく結婚したが，結婚式からいくばくも経たないうちに，夫は暴力を振るうようになった。彼が逮捕され本国に送還されるまで，暴力がおさまる時期はなかった。彼女は何度も逃げ出そうと思ったが，「赤ちゃんが生まれれば，あの人も落ち着くはず」と期待した。「もともと，他に行くあてもなかった」のである。

母親は10代の頃，マリファナとコカインに手を出したことがあった。ただし依存症にはならなかったし，妊娠がわかってからはいっさいやっていないと言う。母親は抑うつになるとお菓子を過食する癖があった。そして過食すると，「それ以上太らないために」吐いた。アセスメントの時点

では，過食と下剤のパターンを少なくとも週3回くり返していた。

母親の自殺未遂の後，ショーナの苦痛は増し，さすがの母親も無視することができなくなった。ショーナは夜中に泣き叫んで，母親にしがみつき，母親が部屋から去ろうとすると痛ましいほどに泣いた。母親の手首の包帯に触れて「ママ，イタイ，イタイ。ママ，ないてる」と言って大泣きするのだった。母親はショーナのことが怖いと言った。どうしたら大泣きさせずにすむのか，どうやってなだめればいいのかわからないと言う。いずれショーナは「私みたいにさびしく孤独な女」になりそうで不安だと，母親は訴えた。

アセスメントのフィードバックと治療計画

セラピストはスーパーバイザーに相談し，CPP はショーナへの支援に有効だが，それだけでは不十分だという結論に達した。母親の問題は広範囲に渡るので，親子関係に焦点をあてた治療だけではなく，継続的な薬物治療，個人セラピー，グループセラピーが必要と思われた。セラピストとスーパーバイザーは，他の専門家の手を借りずに母親の自殺傾向を抑えるのは難しいと判断し，もし母親がグループセラピーに参加すれば，自分ひとりが辛い体験をしたわけではないことがわかるだろうし，孤独感に陥るのを防ぐような人間関係を築く機会になるだろうと考えた。

セラピストはアセスメントの結論として，CPP は母親とショーナに有益だがそれだけでは不十分だと思うと母親に伝えた。母親の自殺傾向と摂食障害が大変心配なので，この問題に一緒に取り組めるセラピストを探すように強く勧めた。セラピストは「CPP は，お母さんがお子さんを理解し，親子関係を良くする助けになります。でもお母さん自身のためのセラピストが必要だと思います。精神科の通院と薬の服用は必ず続けてください」と言って，個人セラピーのセラピストとドメスティック・バイオレンスを体験した女性のグループを紹介した。また紹介先と必ず連絡を取ることを約束するよう求め，母親はそれに応じた。母親とセラピストは，CPPでの当面の目標をふたつ決めた。ひとつは，ショーナが母親に関する心配を遊びによって表現できるような時間と空間を与えること，もうひとつ

は，ショーナが自分で不安を静め睡眠と摂食を調整するのを手助けする方法を，母親が発見することである。セラピストは，情動制御や摂食と睡眠のパターンの調節を学ぶことは，ショーナだけではなく母親にも役立つはずだと言った。母親は，シェルターや近日中に引っ越す予定の暫定住居プログラムの住宅ではプライバシーが保てないことから，クリニックでの治療を希望した。また母親とセラピストは，ショーナにクリニックに来て遊ぶ理由をどう説明するかについて取り決めた。

第1段階：母子合同セッション

　最初の8週間，母親は約束どおり，毎回ショーナとともにセラピーに来た。セラピストは，いろいろな種類のおもちゃを用意してセッションに備えた。おもちゃの食器セットや食べ物，赤ちゃん人形など，子どもの世話や育児というテーマを引き出し，ショーナの摂食と睡眠の調整に役立ちそうなもの，また救急車，男性と女性の人形，子どもの人形，ナイフ，診察道具など，ショーナが目撃したトラウマ的な暴力場面の再現を促すようなものなどである。最初のセッションで，セラピストは母親と打ち合わせた通りに，ショーナと母親は恐ろしいことを体験したので，セラピーに来ることになったのだと説明した。「お父さんがお母さんにけがをさせて，ショーナちゃんにもけがをさせたよね。ショーナちゃんは頭にけがをして，そのあと，お母さんが自分で手首を切った。これは子どもにもお母さんにも，とっても怖いことなの。ここに来るのは，ふたりがもっと元気になるためよ」とセラピストは言った。

　最初のセッションで，セラピストはシェルターでは観察する機会のなかった，あることに気づいた。ショーナはまったく見知らぬ人やほとんど知らない人にでも走り寄って抱きつくのだ。クリニックのドアを開けてくれた人，廊下にいた別のセラピスト，そして担当のセラピストに，次々と抱きついていたのである。セラピストは母親に，この行動が気になるかとたずねた。母親は「もちろんですよ。大人になったとき，誰かれかまわずついて行きそうで心配なんです。尻軽女になって男にいいようにされるんじゃないかって」と言った。セラピストは母親に，今，自分が何を言った

7章 子ども-親心理療法（CPP）のバリエーション

かわかっていますか，またそういう言葉をどこかで聞いたことがあるのですかとたずねた。母親は赤面して「母が私のことをそう言ってたんです。そう言われると，自分はけがれているんだと感じました。ショーナに同じ思いをさせたくないけど，あの子が傷つくのもいやだし」と言った。母親とセラピストは，ショーナが無差別に身体的な愛情表現をしなくなる方法を見つけることを，治療目標に追加することにした。

ショーナがかつて目撃し体験した暴力をすべて記憶しているのは明白だった。最初のセッションでセラピストが治療の理由を説明すると，ショーナは母親の首と腕を触って「ママはイタイ，イタイ」と言い，自分の頭にも手をやって「イタイ，イタイ」と言った。ショーナは大人の女性の人形と少女の人形を救急車に乗せ，男性の人形を向こうに放り投げて「あっちへ，いけ！」と叫んだ。セラピストは，お父さんはもういなくなったし，二度と会うことはないと話した。またショーナと母親がけがをしたことに触れ，「お医者さんに行ったのよね。お医者さんはショーナちゃんの頭の傷もお母さんの傷も治してくれた。でも今でも思い出して怖くなるのね」と付け加えた。ショーナは暴力の記憶の再現ばかり続けたくはないようで，おもちゃの食器セットを見つけると，母親とセラピストのために「お料理」することに熱中した。また赤ちゃん人形を寝かしつけたりした。セッションが終わると，ショーナはセラピストに抱きついた。セラピストはそれを拒まないで軽く抱き返すと「今日は会えてうれしかったわ。でもショーナちゃんは私をまだあまりよく知らないでしょ。ハグは，お母さんとか，いちばん好きな特別な人にするものなのよ」と言った。ショーナは母親に走り寄って抱きついた。ふたりは手をつないで帰っていった。

その後のセッションもだいたい同じような調子で進んだ。ショーナが赤ちゃん人形で遊んでいるとき，セラピストは，きっとお母さんがショーナちゃんの小さいときに上手にお世話をしてくれたから，今，ショーナちゃんは赤ちゃんのお世話の仕方がわかるのだとコメントした。母親とセラピストは，ショーナが赤ちゃんだった頃の話をした。母親が，ショーナが赤ちゃんの頃に歌った子守唄を思い出したと言うので，セラピストはベッド

タイムの日課として，もう一度子守唄を歌ったらどうかと提案した。母親はベッドタイムの日課という考えそのものに驚いていた。そういう習慣はなく，ベッドに入ってテレビを見ているうちに眠ってしまうのだという。セラピストは，就寝前のテレビは特に幼い子どもにとって刺激が強すぎることを説明し，それが親子ふたりの睡眠のトラブルの原因かもしれないと言った。それから，ふたりが穏やかな気分でベッドに入るために，どんなことができるかと質問した。母親は，一緒に温かいお風呂に入って，物語を読み，いつも決まった子守唄を歌うのはどうかと答えた。セラピストは，母親はショーナの安らぎに必要なことをよく理解していると褒めた。

　2回目のセッションで，セラピストは，先に紹介した個人セラピーのセラピストやグループセラピーのリーダーと連絡をとったかどうか確認した。母親は，時間がなかったし，「今は調子がいいんです」と言った。摂食の問題について質問すると，先週は2回しか下剤を使っておらず，フィアンセが戻ってきたので，とても調子が良くなったと答えた。母親は「あの人は私を愛しているんです。あの人が戻ってきてくれたから，これからはうまくいくと思います」と言った。それを聞いてセラピストは驚いたが，やはり抑うつと摂食行動が非常に心配だと伝えた。フィアンセとよりが戻って母親が喜んでいることには喜びを表したが，それでも特別な支援を受けることは大切だと付け加えた。母親は，紹介先のセラピストやグループのリーダーに連絡を取ると再び約束した。セラピストは，ショーナはその男性が戻ってきたことをどう感じているのかと聞いた。母親は，ショーナは上機嫌だと答えた。「あの人，ショーナにすごく優しいんです。一緒に遊んでくれるし，ショーナのための買い物を手伝ってくれるんです」セラピストは，子どもは時に親の男女関係に嫉妬することがあると説明した。親がパートナーと一緒にいれば，その分だけ，子どもに割く時間や注目が減るからである。だが母親はその心配はないと言った。「一緒に住んでるわけじゃないんです。だからショーナとの時間はたっぷりあるし」

　セッションの終わりに，セラピストはショーナに特別のハグは母親のためにとっておくように促した。母親はショーナに抱きつかれて微笑んだ。

7章　子ども-親心理療法（CPP）のバリエーション

「この子にとって，私は特別なんですね」だがふたりが去ってから，セラピストは嫌な予感にとりつかれた。フィアンセとの関係があまりに親密で性急すぎるように思えたのである。もしその関係にひびが入ったら，母親はまた深い抑うつに陥り，自殺傾向が現れるのではないかと案じた。セラピストは，親子合同セラピーという場で，これだけの強い否定的情動をショーナを怖がらせることなくコントロールできるのか不安になり，母親が個人セラピーやドメスティック・バイオレンス被害女性のグループなどのサポートシステムを広げるように，もっと働きかけることにした。

その後6回のセッションでは，母親とショーナの関係は充実しているように見えた。ふたりは一緒に遊び，赤ちゃん人形の世話をし，色塗り遊びをし，お互いやセラピストのために手のこんだ料理を作ったりした。母親によると，ふたりともベッドタイムの新しい日課を楽しみ，ショーナの睡眠の問題はかなり改善したという。母親はショーナの遊びを振り返りながら「きっと嫌なことは全部忘れたんですね」と言った。セラピストは，まだ心の中から消えたわけではないが，母親との関係によって恐怖を抑えられるようになっているのだと説明した。「ショーナちゃんはまだ幼くて，どんどん成長しています。遊びを見ていると，一所懸命お母さんのようになろうとしているのがわかります。お母さんに優しくしてもらったように，自分もしようと。お母さんにしてもらったように赤ちゃん人形の世話をしているのですよ。料理をしているときも，お母さんそっくりです」母親は笑って，ショーナは家では掃除まで手伝おうとするのだと答えた。セラピストは，小さい子どもは親を愛していて親のようになりたいと思うものだと，反射的な発達のガイダンスをした。そして，ショーナは母親と同じようになる方法を見つけたことで，精神的に落ち着き強くなっているのだと思うと言った。

穏やかにセラピーが進行する中で，不安材料は，母親が依然としてCPP以外の治療に二の足を踏んでいることだった。母親は「また別のセラピストと一から始めるのが嫌なんです。グループにも行ったけど，リーダーの人が好きになれなくて」と言った。また薬については，飲むと気分が悪くなるのでやめてしまったという。薬を飲むと感覚が麻痺するし，気

分は前よりずっと良くなったので必要もないと言った。セラピストは抑うつのレベル，自殺傾向，摂食パターンの評価を継続した。母親は自殺感情を否定したものの，相変わらず週に一度か二度は過食して下剤を使っていることを認めた。それでも回数は減っており調子は良いのだと譲らなかった。またショーナの食生活に気を配ることが自分のためにもなっていると言った。実際，ショーナは体重が増えたようだった。この段階でショーナは健康診断を受けたが，医師はショーナの状態にとても満足した。母親は，医師に認められたことが順調な証拠だとして，他のセラピストの診察を受ける必要はないと言い張った。

　セラピストは，フィアンセとのきわめて依存的な関係とひとりのセラピストにしか関わりたがらないことに，どこか共通するものを感じた。そしてこの関係の破綻が母親にもたらす影響を懸念したが，案の定，その不安は的中した。8回目の治療セッションの3日後，母親は泣きながら電話をかけてきて，フィアンセが再び去っていったと報告した。彼は，彼女とは友達にはなれるが，他に好きな女性がいてその人と結婚するつもりだと言ったという。これはまさに前回の自殺未遂の直前と同じ状況なので，セラピストは母親に，自傷行為や自殺をしたい気分になったかとたずねた。母親は「はい，なりました。4階の寝室の窓辺に立って，飛び降りようと何度も思ったんです。もうそれしかないって。私はまたひとりぼっちで誰にも愛されていない。どうあがいたって，こうなるんだって」セラピストがなぜ思いとどまれたのかと聞くと，母親はふたつの理由を挙げた。まずショーナだった。「娘をひとり残して死ぬわけにはいきません。あの子にとって私は特別な存在だってわかったから，そんなことをするわけにはいかないのです」もうひとつは信仰で，自殺は罪だという明確な意識があった。セラピストは，ショーナを誰かに預けてひとりでこちらに来られないかと聞いた。母親は，誰かにお願いして，明日，ひとりでクリニックへ行くと言った。また，もし自殺したくなったらセラピストに電話をかけると口頭で約束し，翌日にセラピストに会うまではいっさい，自傷行為をしないと言った。「心配しないでください。もう，そういう気持ちは乗り越えたから。大丈夫です」と母親は言った。

このような危機に瀕して，セラピストは母親の個人セラピーの必要性を痛感した。抑うつ，孤立感，絶望感，自殺念慮に対処するには，おそらく薬も必要だろう。また母親が今すぐ治療を求めたとしても，予約を取るにもセラピストと実質的な治療関係を築くにも時間がかかる。そうこうしているうちに，CPPのセッションでショーナが母親の自殺感情について耳にするのも有害だった。セラピストはスーパーバイザーと相談して，母親の精神を安定させるために，回数を限定した個人セッションと電話による支援を行いながら，個人セラピーを探す手助けをするのが最善策だと判断した。セラピストもスーパーバイザーも，母親が娘を思って自殺を実行しなかったことは，実は諸刃の剣であると考えていた。自分がショーナにとって大切な存在であり，どれほどショーナに必要とされているかを母親が理解し始めているのは，良いことだった。一方，彼女はフィアンセやセラピストなど他者との関係によって感情を制御していた。見捨てられるという脅威は，彼女にとって死にたくなるほどのことなのだ。彼女はこうした支援的関係なしに生きる自分を想像することができないでいる。セラピストが懸念したのは，母親の人間的絆への痛烈な欲求が，知らず知らずのうちに，ショーナにとって自分が母親の情緒的健康の責任を負うべきだというプレッシャーになっているのではないかということだった。そうなるとショーナは，いつも母親に寄り添い，母親の感情状態に目を配り，母親が落ちこむときには肯定的感情を取り戻す方法を探すことを強いられる。このような役割交代はショーナの母親への愛着の安定を妨げ，ショーナ自身が世界を探索する自由を奪うだろう。

治療の第2段階：母親だけのセッション

翌日，母親は約束どおり，ひとりでクリニックに来た。セラピストは彼女の風貌の変わりように息を呑んだ。彼女はそれまでいつも身だしなみよく，洒落た服に身を包み，きれいに化粧をして面接に来ていた。ところがこの日は化粧どころか髪もとかさず，憔悴しきった様子だった。セッションそのものは密度の濃いものだった。母親は終始，泣き続けていたが，自傷行為をしないことと自殺衝動にかられたら，ただちにセラピストに連絡

を取ることを，自ら進んで書面で約束した。セラピストはいつでも連絡が取れるように携帯電話の番号を教えた。セラピストが週末に一度，様子うかがいに電話して良いかと聞くと，母親は承諾した。入院しなくても大丈夫か，それとも自殺念慮が消えるまで入院するかと聞くと，自殺するつもりはないときっぱり言いきった。今はとてもひどい状態で，孤独で先が見えないが，教会に対して罪を犯したくないし，娘を残して死ぬわけにもいかないと答えた。セラピストは，母親がつい3か月前に深刻な自殺未遂を起こしたことに触れ，今回は何が違うのかとたずねた。母親は，自傷の衝動にかられるたびに，ショーナを思い，ショーナの顔を思い浮かべるのだと答えた。娘の姿を思い浮かべると，自滅的な考えが消えていくと言う。セラピストは母親に，以前紹介したセラピストとグループを訪ねるよう，また特にもう一度精神科に行って，別の効果的な薬がないかどうか聞くように強く促した。それから，今後4週間は彼女の感情の問題に対処するために，彼女ひとりの面接をすることを提案した。ただしそのセッションがあるからといって，個人セラピーの必要がなくなるわけではないと付け加えた。母親は個人セッションの提案を喜んで受け入れ，個人セラピーのセラピストと連絡を取り，精神科をもう一度受診することを考えてみると言った。

　セッションを終える前に，セラピストは，前回の自殺未遂との違いはもうひとつあると言った。「前回，フィアンセがいなくなったとき，お母さんは誰にも相談しなかったし，自分を傷つける前に助けを求めようとしませんでした。今回は，踏みとどまって助けを求めることができましたね。お母さんから電話をもらって必要な支援ができたことを，うれしく思います」母親も，たしかにその点が違うと認めた。そして「本当に力になってくれるのは先生だけです。先生と話すと落ち着くんです」と言った。セラピストは，この排他的ニュアンスのある発言に潜む危険を強く意識しつつも，母親がセラピストを自傷を防ぐリソースとして利用していることに慎重ながらも楽観的な思いを抱いた。

　それから数日間，母親とセラピストは毎日電話で話し，セラピストは頻繁にスーパーバイザーに相談した。母親は，もう自殺思考はなくなったと

報告した。初回の個人面接では，まだ悲しみや絶望感が残っているが，もう自殺は考えていないと言った。セラピストは抑うつレベルの評価と，感情制御のアイディアの提供に重点を置いた。また運動の抑うつに対する効果について，心理学的な教育をした。次の面接まで，毎朝，ベッドからきちんと起きて，朝食後最低30分間ショーナと公園で遊ぶことに母親は同意した。だが個人セラピーの話になると，またもや拒絶された。「新しいセラピストと一から始めるのは嫌なんです。だいぶ良くなったし。先生だけの方がいい」と彼女は言った。セラピストは，他にも支援を受けて薬も継続すればもっと回復が早まると説得したが，母親は頑として譲らなかった。それでも，この提案について話し合いを続けることには同意した。

　何週間か経つうちに，母親の気分は明るくなった。毎日ショーナを公園に連れて行き，1時間以上遊ぶときもあった。服装はこぎれいになり化粧もするようになった。だが過食と下剤の頻度は増し，週に三～四度というときもあった。セラピストは母親の抑うつと自殺念慮をチェックし続けたが，母親は一貫して否認した。母親が悲しみや絶望感を抑えるために過食し，太らないために下剤を使用していることを懸念したセラピストは，呼吸法とリラクゼーションのテクニックを教えた。母親は相変わらず，個人セラピーには踏み出そうとしなかった。

治療の第3段階：ショーナを捜して
　最初の合意では4回だったはずの母親の個人セッションは，5回となり6回となった。母親の気分が十分に回復したので，セラピストとスーパーバイザーはもうショーナをセッションに戻したほうが良いということで意見が一致した。母親の抑うつがショーナにとって恐ろしいものだった可能性は高いし，母親がショーナの不安や心配に気づいたかどうか疑問だったからである。母親は順調に回復していたものの，まだまだ不安定で，自分の気分がショーナに与える影響を自覚したときの罪悪感と羞恥心から逃れたくて，ショーナの苦痛を見て見ぬふりをしている可能性もあった。セラピストとスーパーバイザーは，ショーナが母親の感情状態を配慮する役割を負わされ，本当はそうでないのに元気なふりをしていないかと懸念し

た。ショーナをセッションに戻し，子どもの表現するすべての感情を受け止められるようになるために母親がセラピストの支援を活用することを，セラピストとスーパーバイザーは願った。

7回目の個人セッションで，セラピストは当初の合意では個人セッションは4回だったことに触れ，「お母さんのためには，回数を増やす必要がありました。でもそろそろショーナちゃんを連れてきたらどうでしょうか？」とたずねた。さほど議論するでもなく考えこむでもなく母親は同意し，次回はショーナを連れてくると約束した。それからすぐに母親は，「フィアンセ」との関係の紆余曲折についてしゃべり始めた。彼をとても愛し必要としていて，別の女性と結婚すると言われてもなお情熱は冷めないと言う。そもそも，他の女性と結婚するはずがないと言うのだ。「今も私たちに会いに来て，一緒にショーナを世話してくれるんですよ。あの人も私を愛してる。待つしかないと思うんです」セラピストは，最近，調子が良いのは，彼が戻ってきて結婚してくれると信じているからなのかとたずねた。母親は，彼が戻ってきてから調子が良くなってきたと言った。「こんなにあの人を必要としているのに，私たちを見捨てるなんてとうてい思えません」

セラピストは，母親の感情状態の脆さや，少なくともセラピストの目にはまったくあてにならないと見える男性に依存していることに危機感を覚えた。スーパービジョンでは，母親がほとんど自分に自信を持てず，自分ひとりでは空虚さや無力感に陥ってしまう点について振り返った。セラピストは，母親が子どもの頃，両親からいつもそしられ傷つけられていたことを思い出した。セラピストが「彼女が私を信頼して，何でも話してくれるのがうれしいです」と言うと，スーパーバイザーは，今や彼女にとってセラピストはまさしく命綱であり，これまで薬物や過食や自殺のジェスチャーによって抑えてきた感情を，治療関係を通して探索しているように見えると指摘した。「彼女はあなた（セラピスト）との関係を通して，激しい感情を調整しながら探索しているのです。いつか彼女が子どもに与えられるようになってほしいと私たちが願っているものを，今，あなたは彼女に与えているのです」

7章　子ども−親心理療法（CPP）のバリエーション

　翌週，母親はまたもやひとりでセッションに現れた。セラピストがショーナはどうしたのかとたずねると，ショーナの友達の母親が2〜3時間子どもたちを遊ばせてくれるというので置いてきたと母親は答えた。セラピストは，母親が必要な助けを得られたことやショーナに遊ぶ友達ができたのは良いことだと言った。その後の大半の時間は，ドメスティック・バイオレンス被害者のための一時的住居で知り合った女性たちとの付き合いについて話した。母親はごく最近まで女性の友人がいなかったと言い，こうしたつながりができたことに自分でも驚いていた。また最近出会ったばかりの「良い人だけど，退屈」な男性のことも話題にのぼった。

　セラピストはこうした人間関係について母親と話しながら，それがショーナに与える影響について質問した。さらに踏みこんで，母親の抑うつの期間がショーナに与えた影響についてたずねてみた。母親はしばらく考えてから，「私を心配しているみたいでした。いつも私を励まそうとしてくれた。あの子がいてくれて幸せです」と言った。セラピストはそれだけ子どもから愛されることは幸せだが，ショーナが不安そうなときに慰めてやったかとたずねた。母親は「時々，ただ抱きしめて揺すってやりました。あの子とぴったりくっついていると，とても安心で。たぶんふたりとも癒されていたんですね」

　その後の数週間で，母親がショーナを連れてきたのはたったの2回だった。ショーナはセラピストとまた会えたのがうれしそうで，プレイルームで遊べるのをとても喜んでいた。ショーナは母親にとても気を遣い，優しく頬をたたいて元気づけたり，おもちゃでおいしそうな食事を作ったりした。母親が涙するときはとても心配そうだった。セラピストは言った。「お母さんのことが心配なのね。ショーナちゃんはお母さんのお世話をしてあげようとしているけれど，あなたはまだ小さいのよ。お母さんは今は悲しくても，必ず元気になるわ。私がお母さんを応援するし，お母さんは自分のことは自分でできるのよ」これは，ショーナと母親の両方に向けた言葉だった。

　ショーナがセッションに参加しても，母親は相変わらず自分の問題しか眼中になかった。ショーナの働きかけに応えたり，時折，ショーナと遊ん

だりすることはできたが，関心の対象は自分自身であることは明白だった。セラピストはショーナに言った。「お母さんは，とても大変な大人の問題を抱えているので，お母さんと私で何とかしようとしているの。それは私たち大人がやることで，ショーナちゃんのお仕事ではないのよ」このメッセージは徐々に母親とショーナに浸透していったようだった。ある日のセッションで母親が泣いていると，ショーナが近づいてきて頬をなでながら「だいじょうぶよ，ママ。だいじょうぶ」と言った。母親はショーナを抱き上げてぎゅっと抱きしめると，こう言った。「今は悲しいの。でも心配しないで。すぐ元気になるから。さあ，遊んでらっしゃい。ちょっとしたら遊んであげるわ」セラピストはショーナに言った。「お母さんのお世話はショーナちゃんの仕事じゃないって，お母さんはわかってるのね。お母さんは親で，ショーナちゃんは小さな子どもなの。お母さんだって時々悲しくなって泣くことがあるけど，また元気になるのよ」

母親との個人セッションはCPPを逸脱しているように見えるかもしれない。だが，この個人セッションは，親子関係の治療を進めるのに必要な突破口だったのである。セラピストは個人セッションの間も常にショーナを意識していた。また母親にもできるかぎりショーナを意識するように求めた。母親はだんだんそれができるようになったようだ。母親の方からショーナの最近の様子や反応を知らせてくることがしばしばあったし，ふたりで楽しんだことを報告することもあった。セッションでショーナに会うと，順調に成長していることは明らかだった。摂食や睡眠の問題は解消し，徐々に象徴遊びができるようになった。また母親の悲しみを許容できるようになり，母親の気分に神経を尖らせることはなくなった。

残りの治療期間，セラピストはショーナがセッションに来ないときがあるのを受け入れるようになった。母親はひとりで来るときにはセッションを有効に活用していた。誰かひとり（フィアンセやセラピスト）に強く依存してしまう理由を深く考え，子どもの頃に切実に求めていた無条件的に愛されるという感覚を，現在の中に創り出そうとしているのだと理解するようになった。またなぜ自分を傷つけ失望させるような男性に惹かれ，頼りになる親切な男性を退屈に感じるのか自ら分析し，残酷な仕打ちをするか

7章 子ども−親心理療法（CPP）のバリエーション

疎遠になるかだった父親や兄弟へのアンビバレントな愛情との関連性を発見した。ショーナがふたりの男性に違う反応をすることを省みて、母親が退屈に感じる男性の方を好んでいるのを喜んでいるようだった。「あの子の方が人を見る目があるみたいです。大切にされたいんですね」セラピストは答えた。「お母さんはひどいあしらいを受けることに慣れていました。それでもお母さんはショーナちゃんを殴ったり罵ったりしなかった。だからショーナちゃんは世界が自分を大切にしてくれることを期待できるのです」

治療結果の振り返り

母親の状態は治療によって大いに改善した。しばらく摂食パターンについては話題にしなかったが、ある日、母親は誇らしげに　もう1か月以上過食をしていないと報告した。まだ抑うつは残っているものの、自殺思考はなくなった。精神科への通院を再開し、別の種類の抗うつ剤を飲み始めた。自分には良い治療を受ける価値があると思えるようになり、何度も彼女をないがしろにした「フィアンセ」とはついに決別した。まだあの「退屈な」男性と深く付き合う気持ちにはなれないと言うが、自立してショーナを世話するという点ではかなり進歩した。またドメスティック・バイオレンスの被害女性の会にも出席し始めた。当初は集会に出てもほとんど発言しなかったが、だんだん積極的な参加ができるようになった。

母親は治療を通して、ショーナのより所となるような親子関係を提供できるまでに成長した。CPPは母親の成長にきわめて重要な役割を果たしたが、それはセラピーの形式を修正して、母親がセラピストと密度の濃い作業同盟を形成できるようにしたからだった。母親はセラピストの持続的なケアを受けるうちに、自分からも他者からも愛され優しくされる価値のある自分を体験した。その一方で、セラピストはショーナを意識し続けた。何週間もショーナのいないセッションが続いても、ショーナは母親とセラピストの治療関係から決して排除されなかったのである。セラピストは常に、母親の報告と、母親の気分や行動の結果としてショーナが体験しているであろうことを頭の中で関連づけた。母親の個人セッションでは必

ず発達に関するガイダンスをして，最初の治療段階での取り組み（ショーナの情動制御，摂食と睡眠のパターンの調節，親子でリラックスして楽しい時間を過ごす大切さ）を強化し拡大した。母親が自分以外に目を向けられるまでに安定したとき，セラピストは母親と一緒にショーナの内的体験を振り返った。まとめると，最初の治療段階の親子合同セッションでは，母親は娘が自分を愛し必要としているという確信を得て，続く個人セッションの段階では，セラピストの安定した配慮ある態度を通して，自分自身をケアできる人間へと成長した。そうするうちに，最終的には子どものニーズを満たす母親になることができたのである。

子どもとの個人セッション：自己感覚の強化

子どもの方には自分の体験を伝えたいという切迫したニーズがあるのに，親がそれを受け止めることに耐えられない場合がある。そうした場合，CPPのバリエーションとして，子どもの個人セッションと親の個人セッションを並行して行うことがある。セラピストはどちらのセッションでも，子どもの個人的体験と相手の体験への調律の強化に留意した。以下の事例には，このアプローチの重要なポイントが現れている。

事例：親が子どもに耐えられない場合

3歳6か月の女児マーリーと母親のアンダーソンさんは，小児科医からCPPを紹介された。きっかけは，母親が小児科医に，マーリーが母親をぶったり胸をもんだりすると訴えたことだった。「もうこんな子，いやだって思うときがあるんです」と母親は言った。小児科医は，マーリーの表情の乏しさや無気力な様子も気になった。虐待があるとは思わなかったがネグレクトの可能性を懸念し，CPSへの通報ではなく予防的手段としてCPPに紹介することにしたのである。

最初のアセスメント

母親は20代の中流層のヨーロッパ系アメリカ人で，マーリーの父親と5年

7章　子ども-親心理療法（CPP）のバリエーション

間，結婚生活を送ったが，現在は別居している。最初のアセスメントでは，母親は小児科医との間でもそうだったように，歯に衣着せない話しぶりだった。「（マーリーが）ぶったり胸をまさぐったりするので，気が変になりそうなんです。同じ部屋にいるのも嫌なぐらい」いつからそのような行動が始まったのかと聞くと，「生まれたときから」攻撃的な子だったが，「あの子の父親が私をレイプするのを見てから，私の体を触るようになったんです」と答えた。レイプは一度では終わらず，とうとう警察を呼んで逮捕させたと母親は言った。マーリーは同じ部屋で寝ていたので，暴行を目撃した可能性があった。母親は羞恥心と怒りに震えながら，マーリーが「触る」のは彼女だけではないと打ち明けた。マーリーは幼稚園のトイレでのぞき見をすることがあり，男の子のジーンズとパンツを無理やり脱がせようとしたこともあったという。

　アセスメントで，母親とセラピストはふたつの治療目標を定めた。ひとつは，マーリーに自分が目撃したことにまつわる不安や心配を表現できるような落ち着いた場所を提供すること。もうひとつは，マーリーが攻撃や他人の個人的境界線への侵入をしないで，不安を伝える方法を見つけられるよう支援することである。母親はセラピストと一緒に，どんな言葉でマーリーに治療の理由を説明するかを考え，これで安心して最初のセッションの前にマーリーに説明できると言った。セラピストは，母親は積極的な協力者になってくれると確信して，治療段階に入った。

治療の第1段階：母親と子どもの合同セッション

　最初のセッションに備えて，セラピストはマーリーが目撃体験を話すのに役立ちそうなおもちゃを選んだ。ドールハウス，マーリーの家族と同じ人種の男性・女性・子どもの人形。また，人間よりも動物の人形を使う方が抵抗なく表現できることがあるので，動物の家族2組（大人のオスとメスと2匹の子ども）も用意した。幼稚園でも問題行動があったので，教師と子どもたちの指人形も加えた。最後に支援と修復というテーマを表現できるように，診察セット，パトカー，救急車をプレイルームに置いた。またトラウマとは直接関係のない日常の活動や発達の課題を遊びの中で自由に表現できるように，他のおもちゃや図画工作の材料も用意した。

最初のセッションで，マーリーは母親とプレイルームに入ったとたん，吸い寄せられるようにドールハウスに向かった。まだセラピストが治療の理由を説明している間に，マーリーは大人の男女の人形の服を脱がせ，ドールハウスのベッドの上で，一方の人形をもう一方に覆いかぶせると荒々しく揺さぶり始めた。母親はこれを見て蒼白になり，セラピストに背を向けてうつむき，両腕で体を抱えこみ身をよじらせた。セラピストは母親の苦痛に気づき，マーリーちゃんがしていることを見るのが辛いようですね，と声をかけた。母親は感情を爆発させ，マーリーの「いやらしい」遊びをやめさせてほしいと言った。

セラピストは母親と子どものニーズの隔たりがあまりに大きいことに，身を裂かれる思いがした。セラピストは，マーリーには目撃した暴行を遊びで表現する切迫したニーズがあると確信していた。ところが母親はそれを正視できない。この遊びは母親にトラウマを想起させ，羞恥心と怒りを喚起した。セラピストはふたりのニーズの違いを強調して，「マーリーちゃんはすぐに人形のところに行きました。マーリーちゃんにはどうしても訴えたいことがあるのですが，お母さんにとってそれを聞くことは，あまりに辛くて難しいのですね」と言った。母親に共感を示したことにより，心を開いてマーリーの問題に集中してくれるかと思ったのだが，そうはいかなかった。母親は，マーリーの遊びはいやらしい異常な遊びだと言い続けた。マーリーはワッと泣き出した。セラピストは，今度は母親の体験をマーリーに説明してみた。「お母さんは，マーリーちゃんが人形で遊んでいるのを見て，前にあった怖いことを思い出したので嫌な気持ちになったのよ」この解釈のコメントによっても母親の態度は和らがなかったが，マーリーはドールハウスから離れた。そして母親に歩み寄ると，母親の顔をなでながら「ごめんね，おかあさん。ごめんね，ごめんね」とくり返した。

セラピストは，マーリーがすぐさま母親の感情状態に責任をとろうとしたこと，また母親を慰めるために進んで自分のニーズを放棄したことを見逃さなかった。セッションの残りの時間では，マーリーと母親は静かに並んで座り，青空の下でお花畑の中に立つ幼い女の子の絵を描いた。セラピストは，ふたりは非常に激しい感情を体験したので，幸福感のある絵を描いて自分たちを癒しているのだと思った。セッションを終えるとき，マーリーはおもちゃを片づけ

るのを嫌がった。マーリーがやりたくないと言うと，母親はきつい口調で，来週また来るし，今は帰らなくてはいけないと言った。「言うことを聞きなさい。ほら，片づけて！」マーリーは母親のとげとげしい口調にびくっとしたが，言われたとおりにした。

　その後2回のセッションも，似たり寄ったりの内容と雰囲気だった。セラピストは，マーリーの遊びに対する母親の怒りと拒絶に有効な手を打てていないことを悟った。4回目のセッションではマーリーは初めから泣いていて，プレイルームに入室するのに激しく抵抗した。マーリーと母親の両方に理由をたずねると，母親は「今日こそ，良い遊び」をしなければ今週はテレビを見せないとマーリーに言ったと答えた。「あの人形に触ってはいけない」とも言っていた。

　セラピストは，今の治療がふたりにとってプラスになるどころか，ますます辛くさせているようだと言って，プレイルームで話をしませんかと誘った。母子が落ち着いた頃，セラピストは，アセスメントでの合意とは違う治療を提案したいと言った。「これから6週間，ふたり別々に面接してみませんか。マーリーちゃんにとって，自分が目撃したことを遊びで表現するのはとても大切なことだと思います。どうしても頭から離れないので，苦しんでいるのです。でもお母さんは，とても見ていられない。あまりにもそのときの体験が生々しくよみがえるからだと思います。そこで，分離セッションをお勧めします。6週間試して，その後また合同に戻して治療の効果を検討しましょう」母親は同意し，たった今からそうしたいと言った。彼女は安堵したように，マーリーを残して部屋を出て行った。

治療の第2段階：子どもと母親の個人セッション

　セラピストは，マーリーと母親の6週間の分離セッションにそれぞれ目標を立てた。母親のレイプ体験に直接対処することは自分の役割ではないと考えていた。それは個人セラピーの領域に思えたし，これまで母親はくわしい話をしたくないという理由から個人セラピーを拒んできたのである。そこでセラピストは，母親がマーリーの遊びを見たときの体験に的を絞ることにした。またいずれ母親が十分に感情を制御できるようになったときにマーリーの安全基地，

発達の導き手としての役割を担えるよう，マーリーの遊びの展開を報告し続けることにした。

マーリーの治療には別の目標があった。マーリーは何はさておき，母親のレイプにまつわる不安を，母親の逆上によって強制的に中断させられずに表現する必要があった。また自分のせいで恐ろしいことが起きたのではないかという不安や，母親を配慮するのは自分の役割だという思いこみから解放されることも必要だった。さらに，身体的境界線・他人の身体への接触・個人のプライバシーに関する文化的規範を，懲罰的にではなく優しく教えてやる必要もあった。

セラピストは毎週45分間，マーリーと面接し，その後，同僚にマーリーの付き添いを頼んで，母親との面接を行った。母親の仕事や保育の都合から週に2回通うことが不可能なため，このやり方になった。

個人セッションでのマーリーは，母親の安全についての心配や，不安の入り混じった性的興奮を思いきり表出した。あるセッションで，マーリーは股を広げて，何かにとりつかれたかのように人形を自分の性器に激しくこすりつけた。セラピストは止めたい気持ちを抑えて，できるだけ穏やかに「何が起きているのかしら」とたずねた。たちまちマーリーはしゅんとして動作を止め，肘掛け椅子の後ろに隠れようとした。セラピストは「私が怒っているのか心配なの？」と聞いた。マーリーはこわばった表情のまま顔をのぞかせたが，何も答えなかった。セラピストは「怒っていないよ。体を触るのは気持ちいいよね。でも強くやりすぎると怖い気持ちになっちゃうことがあるのよ」と言った。マーリーの表情は和いだが，まだ肘掛け椅子の後ろに半分身を隠したまま，無言でセラピストを見つめた。「マーリーちゃん，まだあなたは小さくて，これからいろんなことを覚えていくところなの。今は，自分の体を触ることが，どういうときなら気持ちよくて，どういうときなら怖くなるのか確かめているの」とセラピストは言った。すると「でもこれをやったら，おかあさんはぶつよ！」とマーリーが叫んだ。母親は子どもに手を上げたことはないときっぱりと否定していたので，これはセラピストには新たな発見だった。「お母さんにぶたれるのは怖いよね」とセラピストは言った。マーリーはとても悲しそうな顔をした。セラピストは「お母さんはマーリーちゃんをぶつのは良くないとわ

7章　子ども－親心理療法（CPP）のバリエーション

かっているけれど、どうすればぶたないですむか、まだわからないの。私はそのためのお手伝いをしているのよ。人をぶつのは良くないことだし、マーリーちゃんを怖がらせるのも良くないことだから」マーリーは椅子の後ろから出てきて、セラピストのすぐ隣に座り、自分の手をいじり始めた。セラピストはマーリーの手に自分の手を重ね、「お手々は遊んだり、気持ちいいと感じたりするためにあるの。ぶつためにあるんじゃない」そしてマーリーが性器にあてがった人形を手に取ると「お人形さん、マーリーちゃんと遊びたい？」と言って、マーリーに人形を手渡した。マーリーは少しだけ人形をいじった後、セッションの終わりまでキッチンセットで遊んだ。

　このセッションでは、子どもがトラウマ的な過刺激による未調整な性的感覚への不安に対処できるよう、発達に関するガイダンスと情緒的サポートを通して支援していた。マーリーはセラピストを信頼して、深い羞恥心と母親の愛を失う不安の原因となる行為をしてみせることができた。発達のガイダンスと母親の行動のリフレーミングは、母親がぶつのはマーリーに内在する「悪」に対する反応ではなく母親の未熟さの反映であると、マーリーが理解する助けになった。このセッションで、セラピストはマーリーの性的な遊びと彼女が目撃した両親の暴力的な性行為を明示的には関連づけなかった。またマーリーが性的快感を味わうことを許容し、母親のように「いやらしい」行動と直接結びつけることはしなかった。セラピストの一連の対応の選択は、マーリーの羞恥心、自己非難、性と攻撃にまつわる不安に修正感情体験を与えようとしたものである。

　さて次の関門は、マーリーのセッションのテーマを、続いて行われる母親の個人セッションで、どう持ち出すかだった。セッションが始まると、案の定、母親はマーリーの全般的な「いやらしさ」――幼稚園で性的な遊びをする、口答えする、母親の命令に従わない――を辛らつに批判した。セラピストはしばらく黙って聞いてから「マーリーちゃんの行動は、とてもお母さんの重荷になっているのですね。ただマーリーちゃんはお母さんを喜ばせたいのに、自分でも止められないのだと思いますよ」と言った。母親は不服そうに「どういう意味ですか。もちろん自分でも止められないんでしょうよ。だいたいその気がないんだし。自分や他人の体を触るのはやめなさいって何度も何度も言ったの

に，まったく聞く耳を持たないんだから」と言った。セラピストは今しがたのセッションでのマーリーの悲しげで絶望的な表情を思い出し，腹をすえて，穏やかな声でこう言った。「そうだったんですか。ただ人間はどんなに良いことをしよう，悪いことはやめようとがんばっても，すぐにくじけて元の木阿弥になることがありますね。私たち大人だってそうです。ましてやマーリーちゃんはまだ3歳ですから」それを糸口にして，強烈な感情を自己制御する難しさに話題を移した。セラピストは，自分の感情を制御できなくなることは，セラピスト自身も含めてどんな人にもあることだと言って，このような羞恥心や自責を喚起する行動を標準化し，母親の自己防衛を和らげた。足がかりを得たセラピストはさりげなく「たとえば多くの親は子どもをスパンクしたいとは思っていませんが，時には怒りにかられて自分を抑えられなくなることがあるのです」と言った。すると母親は「私にもそういうときがあります」と言った。セラピストは淡々とした口調で「驚きませんよ。大きな重荷を抱えているんですから。ただ問題は，スパンクはたいてい事態をこじらせるということなんです。子どもはおびえたり怒ったりして，期待されたことをしたくなくなるんです」と言った。母親は「あの子は怒るけどおびえたりしてませんよ。本当にいやらしい」と答えた。セラピストは言った。「マーリーちゃんの行動にとても困っているので，そう見えるのでしょうね。でも私の前では，マーリーちゃんはお母さんを喜ばせることをとても大切に思っていて，自分を抑えられないことが不安なようでしたよ」

　以上の介入では，マーリーが母親から報復を受けないように，セラピストはマーリーからの情報を利用するときは，どこで聞いたか明かさないようにした。セラピストは母親との個人セッションで，マーリーがふたつの人形を重ねて荒々しく揺さぶったときにどんな気持ちになったかと質問した。母親は，もう一度レイプされているような気がしたと答えた。この遊びが，耐えがたいトラウマを想起させたのは明白だった。またそれだけではなく，娘の前であまりにも弱い自分を露呈し，恐ろしくて「いやらしい」ものに娘をさらしてしまったという深い罪悪感と恥辱もかき立てていた。「いやらしい」という言葉について質問したとき，母親は，彼ら夫婦はレイプ以外でも，マーリーが眠っていると思って彼女のいるところでセックスをしたことがあったと打ち明けた。子

どもを大人の性行為にさらすまいという思いより性的欲求の方が勝っていたことを，母親は恥じていた。そうするうちに母親は，マーリーへの怒りは，夫や自分自身に対するもっと全般的な怒りの一端にすぎないことに気づき始めた。怒りと無力感と不安との複雑な相互関係がわかり始めると，母親はだんだんマーリーの遊びのテーマを許容し，関心を持つことができるようになった。

6週間にわたる分離セッションが終わりに近づいたとき，母親はもう合同セッションに戻しても大丈夫だと言った。マーリーの遊びを具体的に説明されても過度に興奮したり怒ったりしなくなったし，遊びを見ても耐えられると思っていた。はたしてそのとおりだった。マーリーはプレッシャーの減った中で，性的なテーマの遊びを継続した。母親は遊びを見て，マーリーの不安に共感できるようになった。また気分が回復したことを確信を持って言えるようになり，マーリーに対しては，あの頃はおびえ，怒っていたが，今はもう元気になり，マーリーと自分自身を必ず守ると言えるようになった。

残りの治療は，従来の合同セッション形式で行われた。やがてマーリーと母親は，父親が警察に連行された夜について物語を作ることができた。母親は，マーリーが両親に起きたことを怖がったり，父親がいなくなってさびしいと言ったりしても許容して耳を傾けられるようになった。親子関係のバランスは修復され，母親が子どもを慰め励ませるようになった。治療終了時には，母親もセラピストも治療の成功を心から確信できた。

ドメスティック・バイオレンス後の共同育児：
片方の親との治療のみでは不十分な場合

子どもが最もよく成長するのは，両親が子どもの最善の利益のために固く結束しているときである。健全な共同育児の同盟関係では，どちらの親も子どもに投資し，もう一方の親の子どもへの関与や判断を尊重し，子どものニーズを互いに伝え合う（McHale, 2007; Weissman & Cohen, 1985）。一方，この関係が敵対的で疎遠なとき，子どもの不安や抑うつは強まる（Katz & Low, 2004）。

子どものために両親が協力する必要が切実になるのは，ドメスティック・バイオレンスを経て別れた場合である。子どもは暴力的な場面にさらされて恐ろしい思いをし，それぞれの親と一貫性のある日常的交流ができなくなっている

ので，特にメンタルヘルスの問題が起きやすい。両親の対立が別離後も続くと，発達に大きなリスクを負うことになる。

　CPP の共同育児モデルは，両親が身体的・情緒的暴力を経て別れた場合の，幼い子どものニーズに対処する治療のバリエーションで，親が子どものために健全な共同育児の同盟を形成し維持できるよう支援するものである。以下の要素は，共同育児モデルに不可欠である。

1. ひとりのセラピストが毎週，父子・母子とそれぞれ別のセッションで面接する。この方式では，セラピストはふたつのセッションをつなぐ架け橋である子どもと堅固な同盟を結ぶことができる。この頻度で実行できない場合は，隔週で母子セッションと父子セッションを行う。
2. 共同育児の方式は，インテーク（初回）アセスメントの際に両方の親との合意によって決める。アセスメントはそれぞれの親と個別的に同一の手順で行い，フィードバックも個別に行う。どちらの親も治療過程の最初から参加することにより，互いが平等に治療に投資しているという意識が生まれやすくなる。
3. 親は，セッション中に浮上する問題について，もう一方の親への秘密保持を放棄することを承諾しなければならない。これは共同育児の合意の重要要素である。セラピストは，子どもの幸福を増進し両親の相互理解とコミュニケーションを促進するような情報を，臨床判断によって開示する必要がある。

　共同育児の治療方式での子どもとセラピストの体験には，似通った要素がある。セラピストは子どもと同じように，それぞれの親と堅固な作業関係を形成しなくてはならない。また子どもが親から受けるのに似た忠誠のプレッシャーも体験する。セラピストはそれぞれの親と定期的に面接する中で，両親の対立する願いやプレッシャーに対処することは不可能ではないことを，子どもに伝えることができる。だから，治療はひとりのセラピストが行うことが，このモデルの必須条件である。ふたりのセラピストが関与すると，自分が関わる方の親にくみしやすくなり，セラピスト同士の関係に親の転移のプレッシャーを再

現してしまうことがあるからである。

事例：板ばさみになる子ども

両親が8年間の結婚生活の末に別居したとき，エレン・スコットは4歳6か月だった。母親のポーラさんも父親のエドワードさんも，最初の4年間は幸せだったと口をそろえた。父親は「妻が妊娠したときは，大喜びしました。私たちは愛し合っていたし，一生，添い遂げるつもりだったのです。でもエレンは未熟児で体の弱い子だった。食べさせるのに苦労し，大きくなれないのではないかと心配でたまりませんでした」と言った。まもなくふたりの関係の良い面よりも不安の方が大きくなった。父親も母親も，エレンが1歳になる頃には毎日喧嘩ばかりしていたと言った。「罵りあって，手が出て。とうとう耐えられなくなって，別れることにしたんです」と母親は言った。

別居に際しても，ふたりは対立し激情にかられた。母親によると，別居の話し合いは，最初こそ理性的で友好的だったものの，すぐに暗転したという。エレンと同居する時間の割り振りを話していたとき，父親は母親を部屋の隅に追い詰め，怒声を浴びせた。母親の言い分では，必死に逃れようとして，彼をひっぱたき顔を引っ掻いたのだという。それを見ていたエレンは，ふたりを止めようとして泣き叫んだ。父親は警察に通報した。目に見える傷痕があったので，母親はドメスティック・バイオレンスの現行犯で逮捕され，起訴された。父親は家庭裁判所でエレンの全面的な身体的・法的監護権を獲得すると，刑事訴訟の告訴を取り下げた。だが最終的には，母親にも身体的・法的監護権が認められた。裁判所は，暴力を目撃したエレンの情緒をケアし，エレンが両親の激しい対立に対処できるよう支援するため，両親にセラピーを受けることを勧告し（強制ではない），彼らはそれを承諾した。

アセスメント期間

両親は別々にアセスメントの面接にやって来た。どちらも当初から，合同セッションで顔を合わせたくないと明言していた。ふたりともエレンを

心配していたが，その内容には大きな違いがあり，夫婦関係の破綻の原因に対する見解も，まったく異なっていた。

父親の物語

　父親は，結婚生活の破綻の直接的原因はすべて母親にあると考えていた。また乳児期のエレンが育てにくい子どもだったために，母親はノイローゼになり心配性になったと思っていた。母親にはエレンがどこか悪いのではないかという非合理的な不安がいつもあり，子どもへの心配が頭を離れず，他のことは眼中になかったという。エレンの誕生以来，夫である彼にも背を向けて，話をしようともせずに子どもにのめりこんでいったので，彼は疎外感を覚えた。父親が話を引き出そうとすると，母親はますます機嫌が悪くなって心を閉ざし，挙句の果てに暴力を振るうようになった。母親がしばしばエレンの目の前で「ヒステリー女のように金切り声を上げて」彼の腕を引っ掻き，物を投げつけたことが何度かあったという。彼自身は一度も暴力を振るったことはないが，大声で口論したことはあるので，それがエレンを怖がらせたかもしれないと，父親は言った。

　父親の話によると，彼の実家では何か問題があればオープンに話し合って解決したという。彼は自分の両親，ことに「愛と優しさそのもの」だという母親を理想化しているように見えた。また，妻の実家は問題が多く，妻は父親に虐待されて混乱した子ども時代を送ったと話した。そのために，妻がエレンの幼い頃に「ノイローゼ」になり，不安が高じて自分の殻にこもってしまったのだと考えていた。妻の幼少期を話すときの彼は同情しているようにも見えたが，どこか見下しているような印象も与えた。妻の子ども時代は自分のそれよりも欠けが多く，妻は欠陥のある子ども時代を送ったから欠陥のある大人になったのだと考えていた。

　父親のエレンに関する心配は，彼が母親の欠陥とみなしているものと直接，関係していた。「最近，エレンのすることが母親そっくりなんです。母親の真似としか言いようがない。足を踏み鳴らす，怒鳴る，殴ろうとする。母親がそうするのを見てたんですよ」と父親は言った。この模倣行動のほかは，特に心配していないようだった。エレンは頭の良い，想像力

7章　子ども－親心理療法（CPP）のバリエーション

豊かな愛すべき子どもで，両方の親になつき，自立的・自発的に行動できる子だと言った。幼稚園では，対人関係も成績も良好だという。友達も多く，「みんなエレンみたいだったらいいのに，と先生が言うんですよ」と言う。

父親は，暴力的で情緒不安定な母親からエレンを守るために単独監護権を求めたと言うが，彼女が全般的にはよく気がつく良い母親であることは認めていた。だが「母親の悪いところがエレンにうつったら困る。ああいうノイローゼの暴力的な大人になってほしくない。あまり長く一緒にいたら，そうなるんじゃないかと不安なんです」と心配した。裁判所が母親に共同監護権を与えることに積極的だったので，彼は非常に憂慮したが，エレンが母親と暮らす時間はいきなり増えるわけではなく，最初は週に1泊2日で，2か月かけて保護者責任をフィフティ・フィフティにするという点では，少し安堵していた。

父親はアセスメントで，自分自身には何の問題もなく，抑うつやPTSDの兆候もないと報告した。自己申告でも妻の報告でも，薬物の過剰な使用は認められなかった。定職につき仕事は順調で，助けてくれる友人もいるという。彼が治療を求める理由として唯一挙げたのは，「エレンが母親の怒りにくじけずに，前向きに生きられるようにする」ことだった。

アセスメント期間の父親とエレンの相互作用には，特に懸念すべき点はなかった。父親はエレンのニーズによく応じ，制限が必要なときにはよく言って聞かせ，温かい愛情を注いでいた。エレンは聡明で言語能力が高く，父親はエレンが物語を作るのが得意なことを喜び，彼女のアイディアに心から興味を示していた。父親は子どものリードに従って遊び，一緒に熱中することができた。ただエレンの想像遊びは，赤ちゃん人形の入浴や着替え，父親や人形や自分のために食事を作るといった日常の家事の再現に限定されていた。

全般的には好ましい雰囲気だったが，エレンが苦痛を感じると父親が落ち着きをなくす様子が見られた。父親はエレンが悲しみにしろ怒りにしろ否定的な感情からすぐに離れることを望んだ。エレンが悲しそうにすると，くすぐったり冗談を言ったりして気を逸らせようとした。特にそれが

顕著だったのは，セッションの最後に，エレンがおもちゃを片づけたくない，帰りたくないと言って泣き出したときだった。父親はエレンを抱き上げると，彼女が笑い出すまでくすぐり，「いいよ，片づけはしなくて。やらなくていいから，帰ろう」と言った。父親は自分を楽観的なタイプの人間だと思っており，エレンにもそうあってほしいと言った。

母親の物語

　母親が話したドメスティック・バイオレンスの経緯は，父親のものとは少し違っていた。彼女は言葉でも物理的にも父親を攻撃したことを認め，父親の話の大半を追認したものの，彼も暴力を振るったと主張した。彼女につかみかかったり髪を引っ張ったりしたし，中でも恐ろしかったのは，彼から逃げようとしたり口論をやめようとしたとき，部屋の隅に追い詰め壁に押しつけられたことだという。夫を殴ったり引っ掻いたりしたのは，そういう時だったと彼女は言った。またエレンがこの争いのほとんどすべてを見ていたことを涙ながらに認めた。

　また母親は，父親の話にあったように，自分の子ども時代の親子関係が非常に問題の多いものだったことを認めた。さすがに虐待という言葉を使うのにはためらいがあったようだが，両親は支配的，冷酷，批判的で，「私はどうでもいいようなちっぽけな存在」だと思ったと言う。だから自分の娘には絶対に同じ思いをさせたくないと言った。

　エレンが予定日より数週間も早く生まれたとき，自分も父親も不安でたまらなかったという。エレンはうまく乳を飲めず，生まれたときより体重が減ったこともある。乳児の頃のエレンは「とても弱々しくて，今にも壊れそう」だったと言う。世話をしながら不安が募った。最初の１年間は心配ばかりで，父親が力になってくれるとは思えなかった。それでも彼女が子どもの世話に専念できるように，家事を手伝ったことは認めた。母親は，出産前は有能なキャリアウーマンだった。専業主婦の母親となって初めて，これほどの孤独を味わい自分の無能さを思い知らされたと言う。

　この夫婦の関係は，虚弱な乳児を育てるストレスから回復できなかったようだった。父親は母親をノイローゼだとみなし，母親の方は父親が冷淡

7章 子ども−親心理療法（CPP）のバリエーション

で非協力的だと思っていた。口論し争うたびに亀裂は深まり，どちらも相手の話に耳を傾けることができなかったようだ。それでもふたりとも，自分たちの争いのせいでエレンが傷ついたことを心配していた。ただし夫はその責任は全面的に妻にあると考え，自分は，情緒不安定なノイローゼの母親から子どもを救い出し守ってやっていると思っていた。

　母親は，父親とは違う面でエレンを心配していた。エレンはよくできる子で友達とも仲良くできると思っている点では父親と同じだが，エレンが生意気だとか，人を支配しようとするとか母親の行動の真似をするという認識はなかった。母親の心配は，エレンが感情を抑制しすぎることだった。エレンは悲しみや怒りといった感情を許容できず，周囲の人，とりわけ父親を喜ばせようとして無理に明るく振る舞っているのではないかと，母親は考えていた。

　母親は自分に中程度の抑うつとやや強い不安があることを認識していた。特に父親にエレンを奪われることを怖れていた。また出産前は有能なキャリアウーマンだったにもかかわらず，経済的自立に不安を持っていた。今もエレンの健康状態を絶えず心配し，自分でも考えすぎだと思いながらも不安が頭から離れず，集中や睡眠の妨げになっているという。薬物の濫用は，母親の自己申告でも夫の報告でも認められなかった。定職に就き，支えてくれる友人もあり，まずまずの住居もある。抑うつと不安を抱えながらも，日常生活の具体的要件はこなすことができる。個人セラピーにも通い始めたが，彼女自身もセラピストも，薬物治療が必要なほど重篤な症状ではないと考えていた。

　母親とエレンの遊びは温かく親密な雰囲気で，気軽に体を接触させていた。母親との遊びは，ある重要な点で父親との遊びとは対照的だった。エレンは母親の前では，自分が目撃した暴力の物語をすぐに演じてみせた。母親と一緒にプレイルームに入るやいなや，エレンはドールハウスのところに行き，家具を全部，家から取り出した。そして母親の見ている前で，丁寧に家具を並べ直した。そしてふたつの大人の人形をリビングルームのソファに座らせ，そばのベッドに小さな子どもを寝かせた。「おんなのこはベッドでおやすみ，みんなでゆっくりしているの」とエレンは言った。

それから，ふたつの大人の人形を手に取ると激しく揺さぶって「どなってる」と言った。そして女性の人形を放り投げ，男性の人形を振りながら「けいさつをよぶぞ。ここからでていけ！　にどともどってくるな！」と叫んだ。アセスメント担当者はエレンに，女の子はどうしているのかと聞いた。「ママがいなくなったから，さびしくてないてるの」とエレンは答えた。

母親はエレンのそばで，この遊びを黙って見守っていた。女の子はママがいなくなったのでさびしいとエレンが言ったとき，母親は彼女を抱き寄せた。ふたりは少しの間，そのまま無言で抱き合っていた。エレンは母親の腕の中で少し涙を流した。母親はエレンを優しく揺すりながら「とてもさびしいのね。辛いのね」と言った。数分経つと，エレンは母親からパッと離れて，にこにこしながら部屋の中を跳ね回った。それは母親が悲しみを追い払うメカニズムと説明する，偽りの明るさだった。これは父親の期待する態度でもあった。

セッション終了時に，エレンはまた駄々をこねた。だが母親は，またここに来られるし，今は片づけをしてさようならを言わなくてはいけないと言った。エレンは母親の手を借りながら，一緒におもちゃを片づけた。そして泣かずに帰っていった。

親へのフィードバック

両親は見解の違いこそあれ，エレンの苦痛に気づいていた。個別のフィードバック・セッションでは，どちらの親も，アセスメントを通して，自分たちの長い対立が子どもにとってどれほど辛いものだったか，よくわかったと言った。ふたりとも自分の行動を振り返り，それが子どもにとって恐ろしく耐え難いものだったことを認めた。そしてセラピストが，彼らの対立はエレンのせいではないこと，ふたりともいつでも彼女を愛し守り続けるということ，またエレンがもう一方の親を愛するのを望んでいるということを，エレンに伝えるべきだと提案すると，ふたりとも受け入れた。父親も母親もおそらく本心から，エレンにとって両方の親が必要だと言えたのは，良い兆しだった。互いに対してはいまだに圧倒的に否定的

な感情を抱いているにしろ,それがエレンとの関係に波及しないよう努めるだろうと,セラピストは感じた。

　セラピストは父母それぞれとのフィードバック・セッションで,セラピーを受ける理由をエレンにどう説明するかを一緒に考えた。母親は当初,エレンの苦痛の原因として別居だけを取り上げようとした。だがセラピストは,別居については話すつもりがあるが,それに先立つ対立のことは話す気がないという印象をエレンに与えないかを考えさせた。すると母親は,エレンが喧嘩のことを忘れているといいのにと言った。これは,母親との遊びのセッションでエレンが生々しく両親の喧嘩を再現したことを思えば,信じがたい発言だった。母親はセラピストにいくつか質問された後,エレンが喧嘩のときにひどくおびえていたと思われること,そしてその場面をそう易々と忘れることはありえないのを認めた。最終的には両親とも,エレンがふたりの対立にもその後の別居にも,いまだに複雑な感情を抱いている可能性を認めなくてはならないと思うと言った。また父母はそれぞれセラピーに通う理由をエレンに説明し,セラピストはそれぞれの最初のセッションで同じ説明をするということで合意した。

エレンと父親:*最初のセッション*

　エレンは父親と一緒に最初の治療セッションに来たとき,またプレイルームで遊べることがうれしそうだった。エレンがアセスメントのときに遊んだおもちゃを探し回っている間に,セラピストは,ここに来て遊ぶ理由をお父さんから聞いたかとたずねた。エレンは聞いたと言ったが「喧嘩を見て怖かっただろうから,もし話したければそのことを話してもいい」と父親に言われたというので,セラピストは驚いた。

　セラピストがいぶかしげに父親を見ると,彼は「もう落ち着いてきたじゃないですか。うちではもう暴力はないんだし」と言った。エレンはうなずいた。

　セラピストは言った。「暴力がなくなったのはいいことですね。殴ったり怒鳴ったりするのは恐ろしいことですから」

　するとエレンが「すごくいやだった。ないちゃったよ」と言った。

セラピストは「とても怖かったのね。ここではそのことを話してもいいし，遊びにしてみてもいいのよ。お父さんは，エレンちゃんがそういう悲しくて怖い気持ちを乗り越えられるようにしてあげたいって思っているの。それにね。今，お母さんとお父さんは一緒に住んでいないでしょ。それも辛いことだよね」

エレンはうなずいたが，父親が割りこんできた。「もう落ち着いてきたんですよ。もうあんなひどい状態には戻らない。争いはないんだから，幸せになれるんだ」と言って，エレンを抱き上げぎゅっと抱きしめた。

セラピストは穏やかに「お父さんは，エレンちゃんがまだ悲しいんだと思うと辛くなるの。エレンちゃんに幸せになってほしい，悲しい気持ちが全部消えるといいって思っているのよ」と言った。

エレンは「ママがいなくてさびしい」と言った。父親はエレンを抱きしめて，優しく髪をなでた。

だが，それからいくばくも経たないうちに，エレンは荒々しい側面を見せた。エレンはキッチン・セットで遊び，父親のために食事を作っていたが，「あかちゃんにも，たべさせる」と言うと，赤ちゃん人形を抱き上げて叱りつけた。「ほら，なかないの！　みっかかん，タイムアウトよ。ああ，もう，やんなっちゃう！」それから人形を椅子に座らせると，皆に背を向け部屋の隅に行って座りこんだ。

父親は「ほら，言ったとおりでしょう。あれをずっと聞かされてきたんだ。真似してるんですよ」と言った。

セラピストはエレンに言った。「お父さんは，エレンちゃんが前にお母さんがそう言うのを聞いたって言ったのよ。エレンちゃんは，まだ覚えているって伝えたかったのね」父親はもう一度エレンを抱き上げ，優しく揺すりながら「もう終わったんだよ。今はうちでは，喧嘩なんかないだろ」と言った。エレンはうなずいて父親の頬をなでた。「パパ，もうだいじょうぶよ」

エレンと母親：最初のセッション

最初の母子セッションで，エレンは母親と手をつないでプレイルームに

入ってきて，母親のすぐそばに座った。セラピストはエレンに挨拶すると「この間はお父さんと一緒に来て遊んだけど，今日はお母さんと一緒だね。どうしてここに来るのか，お母さんは話してくれたかな？」とたずねた。エレンは何も答えなかった。

すると母親が「ほら，ママが言ったこと覚えてるでしょ。パパとママが喧嘩したとき，エレンはよく泣いてたでしょ。今は一緒に住んでいないから，エレンはふたつの家で暮らさなくちゃならないのよね」と言った。エレンはうなずいた。

セラピストは「お母さんもお父さんも，エレンちゃんが幸せになれるようにって思っているの。エレンちゃんが怖かったことや悲しかったことを話せるようになって，どんな気持ちでいるのか言えるようになってほしいと思っているのよ。それでお父さんと一緒に来たりお母さんと一緒に来たりするの。みんなが元気になれるようにお手伝いするのが，私のお仕事なのよ」と付け加えた。

母親は言った。「そうよ。パパとママはもう一緒に暮らせないけど，エレンを愛してるの。パパとママはお互いにすごく怒っているから，今でも大切に思っているけど，一緒には住めないの。もう喧嘩したくないのよ。でもふたりともエレンを愛してるし，いつだって守ってあげたいと思っているのよ」

残りの時間，エレンは母親とドールハウスで遊んだ。エレンは両親が喧嘩をして赤ちゃんは放っておかれて泣いているという物語を演じた。セラピストは言った。「思い出したことを教えてくれているのね。お父さんとお母さんの喧嘩を思い出したんだね。エレンちゃんはひとりぼっちで悲しかった。お父さんもお母さんもすごく怒っていたから，かまってあげられなかった」

母親はエレンを抱き寄せて言った。「怖がらせてごめんね。パパもママも，二度とあんな喧嘩はしないわ」

スーパービジョン

スーパービジョンでは，セラピストは父親と母親の違いを考察した。ふ

たりともエレンを愛し，エレンの求めに応じて温かく接し慰めを与えることができた。ただ母親の方がエレンの否定的な感情を許容できているように見えた。父親はエレンのどんな感情でも受け止めてやりたいと言ってはいたが，エレンの苦痛の感情を許容できない場面が何度もあった。すぐに気を逸らそうとしたり，もう悲しむ理由はないと説得したりし，一方のエレンもそれに応えて明るい顔をして見せたり父親を慰めたりしていた。セラピストとスーパーバイザーは，父親が自分の母親を「愛と優しさそのもの」だと非常に理想化していたことを思い出し，彼自身が子ども時代に否定的な感情を許容されていたのかどうかという疑問を抱いた。また彼が自分の母親に抱いているような理想に近づくのは，母親やエレンを含めて誰にとっても難しいことだった。そこで父親に対しては，彼が自分やエレンの否定的感情をなかなか認められないということを反射し続け，彼が自分の慰めのために，娘に偽りの明るさを演じさせていることに気づけるよう支援することにした。

　一方，母親は，エレンの悲しさを紛らわせる必要を感じていなかった。かえって娘が両親の争いによる不安や見捨てられ感を話せるようにしてやった。ただし母親は，エレンをおびえさせた責任が自分にもあることを認めていなかった。セラピストは，父親が訴えているような母親のかんしゃくや衝動性はいつ現れるのだろうかと思った。そして自分自身が母親のかんしゃくを怖れて，このテーマを追求することを避けてしまっているのかもしれないと思った。スーパーバイザーのコンサルテーションを受けて，セラピストは，怒りの表現についてもっと直接的に母親と話し，自分がエレンの目撃した暴力に関与しているのを認められるかどうか見極めることにした。

エレンは必要な支援を見いだす

　エレンは，自分が父親と母親からそれぞれ何を必要としているのか，本能的に理解しているかのようだった。次の数週間，エレンは彼らとファンタジーを演じることに夢中になった。エレンは何度も執拗なぐらいに，父親に悪役を演じさせようとした。父親はあからさまに拒否するか，「魔法

の力で」悪役をヒーローに変えてしまった。そういうとき，エレンは悪者でなくてはだめだと抗議した。父親は「いつも私を悪者にしたがるんですよ。家でもこうだ。それが嫌なんです」と不服そうに言った。

　セラピストは「お父さんには辛いかもしれませんね。お父さんはエレンちゃんが辛そうだととても苦しそうですし，悪役をやらされるときもそうです。何事もポジティブなのがいいのですよね」父親が自分は楽観的な性格だからと言うと，セラピストは「たしかにそうですね。そしてエレンちゃんにもそうあってほしいのでしょう。でもエレンちゃんは大切なことを伝えようとしているのです。嫌なことがあったときや，お父さんがエレンちゃんを悲しませるようなとき，どんな気持ちになるかを」

　それでも父親は悪役を演じるのを嫌がった。数回のセッションを経て，エレンは父親に悪役をさせることをあきらめたようで，悪役はセラピストにふり，父親にはヒーローを演じさせた。また「あたしをつかまえて」とセラピストに指示し，悪党を出し抜くのを楽しんだ。物語の中で，父親やセラピストがどんなにうまく誘いこんでも，エレンは決して悪役やヒーローに100パーセント味方することはなかった。あるときには悪役，あるときにはヒーローの側につき，両者をもてあそんでいるかのようだった。何週間か経って，エレンの遊びが変化した。セラピストが悪役，父親がヒーローなのは変わらなかったが，悪役にヒーローを殺させた。エレンはその方法を事細かく指示し，セラピストは言われたとおりに演じた。エレンはヒーローの死を嘆き，倒れた体におおいかぶさって泣いた。そして生き返らせては，また殺すのだ。

　このファンタジーで遊んだ期間，父親はエレンの指示どおりに演じ通すことができたが，エレンがいとも易々と彼を殺す命令をすることに時々反発した。セッションの間，エレンは話し合いや解釈には興味がなく，ただひたすら遊びに没頭した。セラピストは父親と電話で，エレンの遊びを振り返った。父親は「いつも悪役」をしないですむようになったことには安堵していたが，エレンの物語の攻撃性や，エレンが時々「悪者」の味方になることを不快に思っていた。また何より，自分の演じる役が殺されることを嫌がっていた。セラピストは，幼い子どもが皆そうであるように，エ

291

レンも懸命に自分の攻撃性を理解して折り合いをつけようとしているのだと説明した。「どんな子どもにも攻撃的な衝動があって、こういった物語を通してそれを理解しようとするのです。エレンちゃんの場合、ご両親の攻撃的な場面を目撃して、その恐ろしさが身に染みています。でもまた自分自身にもそういう感情があるのを知って、何とか折り合いをつけようとしているのです。今はそのことに一所懸命なのですよ」

母親の方は、もっと積極的に悪役を引き受けた。そのためセラピストは母子セッションでは自ら動く必要がなく、演技に加わるよりも観察と考察に専念することができた。ある日のセッションで、エレンは母親に「モンスターになって、あたしをつかまえて」と言った。母親はエレンの指示に忠実に従った。恐ろしい顔つきになって、威嚇するようなジェスチャーでエレンを追いかけ、最後にエレンの手首をつかんで引き寄せた。するとエレンはワッと泣き出して床に座りこみ、しくしく泣いた。母親はびっくりしてエレンを抱き上げ、優しく揺すった。母親はごめんねと謝り、そんなに怖いならこの遊びはやめようと言った。エレンは涙を拭いて「いいの。これをやりたいの」と言うと、母親に前と同じ指示をした。母親がためらっていると、エレンは「やろうよ。あたしはだいじょうぶだから」と言った。そこでもう一度、母親はエレンを追いかけてつかまえた。エレンはまた座りこんで泣いた。それでも母親がなだめるとすぐに泣きやんだ。

遊びが一段落したとき、セラピストは言った。「エレンちゃんは、自分の怒りの感情にどう対処すればいいのか、一所懸命、理解しようとしているのです。お父さんとの遊びでもそうでした。ただあんなに泣くのを見たのは初めてです。なぜあそこまで動揺したのだと思いますか」

母親は言った。「わかりません。でもあんなに取り乱すのを見るのは、とても辛いです。そんなに怖がるくらいなら、こんな遊びはしたくありません」

セラピストは言った。「お母さんが本当にエレンちゃんの手首をつかんだから、泣いたのではないかと思うのですが」

母親は困惑して「でもあの子がそうしろと言ったんですよ。やってくれって」と言った。

7章 子ども－親心理療法（CPP）のバリエーション

セラピストはこう答えた。「たしかにそうです。ただエレンちゃんが予想していたよりも，真に迫っていたのではないでしょうか。エレンちゃんはお母さんが恐ろしいことをしたのを——現実の生活で殴ったり怒鳴ったりしたのを見ています。手首をつかまれたとき，過去の体験がよみがえって，あまりに生々しく思えたのではないでしょうか。『ごっこ』ではなく現実のことのように感じたのです」母親はエレンを揺すりながら何か考えこんでいるようだった。そして「エレン，ごめんね。怖がらせるつもりはなかったのよ。あのときも，さっきも」

スーパービジョン

　エレンは遊びを通して，問題の核心を突いた。両親への相反した感情を統合し，徐々に意識し始めた自分自身の攻撃性に対処することが，彼女にとって早急に必要だった。両親の争いという耐え難い場面に何度も遭遇したエレンは，自分の力で解決できない葛藤を抱えていた。エレンは両親を愛し必要とする一方で，彼らを恐ろしいと感じていた。彼女をおびえさせる張本人である両親に，助けや慰めを求めることはできなかった。エレンはそれを解決する手段として，遊びの中で葛藤を再演したのだった。
　セラピストとスーパーバイザーは，エレンが非常に創造的に，それぞれの親に対する自分の中心的な問題を遊びで再演したことに感心した。エレンは父親の前で悲しみや攻撃的な感情を逸らされることなく表現する方法を見つけた。また母親には彼女の行動の恐ろしい面を突きつけ，一方の母親もエレンを怒ったり恐怖を与えたりすることなく，自分の行動が娘にどんな影響を与えたかに納得した。治療の次の問題は，エレンが両親の別居について抱いている感情を，両親に対して表現する基盤があるかどうかだった。

家族を発見する

　エレンの両親との遊びは，善と悪の物語を卒業していった。エレンは骨の折れる仕事を終えて一息つくかのように，お絵かきに興味を移した。エレンは父親とも母親ともお絵かきを楽しみ，自分で描いたり両親に何か描

くようねだったりした。ある日のセッションで，エレンは父親に紙を1枚渡して「ママをかいて」と言った。父親は紙を受け取ると，女の人の顔を描いた。父親は「ママは巻き毛だから，金髪の巻き毛にしよう。それからママみたいな青い目に」と言った。

エレンはそばでじっと見ていて，意見を出したり指示したりした。口紅の色を選び，服の色は母親の好きな赤にしてほしいと言った。「それからおかおに，なみだをかいて。だいすきな子にあえなくてさびしいからないてるの」

父親は涙を描くと「こう？」と聞いた。

「もっと」とエレンは答えた。

父親は涙をもっと加えると，絵を横に置き，エレンの手を握って言った。「大好きな子に会えなくてさびしいから，いっぱい涙が出るんだね。ママがエレンに会えないときに，とてもさびしいのと同じだね。ママはエレンが大好きだから，一緒にいないときはさびしいんだよ」

エレンは「このえ，ママにあげていい？」と聞いた。父親はいいよと言った。エレンは丁寧に絵をたたむと，セラピストから1枚の紙とひもをもらった。エレンは父親の手を借りながら紙で絵を包み，ひもで結んだ。そしてセラピストに手渡すと「これ，もっててね。ママときたときにあげたいから」と言った。

数日後，エレンは母親と一緒に来ると，はやる気持ちを抑えきれないように，セラピストに「ママのプレゼント，あるよね」と聞いた。そしてセラピストから絵を受け取って，母親に渡した。母親はうれしそうに包みを開けた。「ママのえだよ。パパにたのんだら，かいてくれたの」とエレンは言った。

母親は顔をしかめて「どうしてママが泣いてるの」とたずねた。

エレンは「だいすきなこにあえなくてさびしいから」と答えた。セラピストは，父親が言ったことを母親に伝えた。

母親は「あの人がそんなことを？　信じられないわ」と言うと，エレンの方を向いて「パパの言うとおりよ。ママはエレンがいないとさびしいの。でもママが言ったこと，覚えてるでしょ。ママはドレッサーの上にエ

レンの写真を置いて，毎晩，寝る前にキスしてる。朝，起きていちばんに見るのもエレンの写真よ。離れているときはさびしいけど，いつだってエレンのことを思ってるし，今度，エレンが来たら何をしようかなって考えているのよ」と言った。

　エレンは「パパにもプレゼントをつくりたい」と言った。母親は手伝うと言った。母親は紙の上にエレンの手の輪郭をなぞり，エレンはそれに色を塗った。エレンは絵を紙に包むとセラピストに渡した。「これ，もっててね。パパにあげるから」

　母親は「パパもエレンがいないとさびしいのよ。離れているときは，パパもエレンのことを考えて，会いたいなと思うの」と言った。

　セラピストは「エレンちゃん，お父さんもお母さんもエレンちゃんと離れているときは，さびしいんだよ。エレンちゃんもさびしいよね。パパと離れているときはパパが恋しいし，ママと離れているときはママが恋しい。もしプレゼントを作ってあげたら，きっとお父さんもお母さんもエレンちゃんがいつもそばにいるような気持ちになるよ」と言った。

　それを機に，エレンはプレゼント作りの儀式を何週間も忠実に続けた。セッションのたびに，エレンは一緒に来た親の手を借りて，そこにいない親のためにプレゼントを作った。親もセラピストもその機会を利用して，両親とも彼女を愛し恋しく思い，たとえ何があっても父と母であり，いつでもエレンを守っていると話した。またセラピストはそれぞれの親に，もう一方の親が，エレンには両方の親が必要であること，ふたりとも彼女を心から愛していると温かくエレンに語りかけていると伝えた。セラピストは折りあるごとに，ふたりが相手と娘の関係を寛大な心で支えていることを褒めた。

　こうした努力は，やがて大きな実を結んだ。父親と母親は合同セッションこそしなかったが，エレンのために協働するようになったのだ。治療を始めた頃は口もきけないほどの状態だったが，4か月もしないうちに母親の提案によって，週に二度，エレンがそれぞれと一緒にいるときの様子を電話で報告しあうことになった。治療を終える頃には，母親の新しいアパートの近くのコーヒーショップで週に一度会い，エレンがその週に離

れている方の親と1時間ぐらい過ごせるようにした。両親の関係は，子どもの不安や抑うつを引き起こす敵対的で疎遠な関係から（Katz & Low, 2004），互いの支えを感じ合える，より密接で温かな共同育児の同盟へと移行した。両親は男女としての関係には戻らなかったが，互いが子どもにとって大切な存在であることを心から認め合う両親という贈り物を，娘に与えたのである。

テーマによるバリエーション

　本章の3つの治療例は，ひとりの養育者とひとりの子どもという通常のCPPの枠組みからは逸脱している。だが形態こそ異なるが，3つの治療の根底にある原則は同じである。どの治療例でも，親は子どものストレス，トラウマ，喪失体験からの回復過程に不可欠な導き手として承認されている。

　ショーナと母親の事例では，母親は特別な支援がなければ，内的な強さを獲得し自分の直感への信頼を回復することができなかった。そうした能力を欠いたままでは，母親は子どもの体験について考え理解することはできなかっただろう。セラピストは子どもの最善の利益という観点から，子どものニーズを常に意識する一方で，長期間，母親だけに注意を注ぐ必要があった。この二重の支えによって，母親は自分のニーズと娘のニーズを統合し，セラピストと同じように，自分自身と娘について個別的に，しかも同時に考えることができたのである。

　マーリーと母親の事例では，母親の暴力体験の治療をするだけでは，子どもを救えなかっただろう。マーリーは母親が正視できないような遊びをせずにはいられなかった。マーリーのニーズは切迫し放置できないものだったのである。ショーナの場合は個別的な治療介入を受けなくても，母親がより良くショーナのニーズに対処できるようになれば，それがショーナの益になったのだが，マーリーの場合は違った。マーリーは自分の体験や不安を支援的な大人に話す必要があったし，母親がそれにふさわしい力をつけるまで待つことはできなかった。マーリーも母親も，互いの体験を受け入れられるようになる前に個別的な配慮が必要だった。

7章　子ども－親心理療法（CPP）のバリエーション

　第3のケースでは，長年の対立と暴力によって家庭が崩壊していた。エレンは自分が目のあたりにした暴力の意味を理解し，それぞれの親と個別的に関係を築く必要があった。当初，両親とも娘の感情体験を全面的に許容することができず，娘の苦痛について責任をとろうとしなかった。また互いに不信感を抱き，娘の問題の主な原因は相手にあると思うことで満足していた。それぞれの親子関係の問題に取り組んだときに初めて，父親と母親は自分の攻撃性を認め，娘のあらゆる感情表現を許容できるようになった。またそれに劣らず重要なのは，両親が娘の目を通して互いを見るようになったことである。両親が変化したとき，子どもは気兼ねなく両方の親を愛し，どちらに対しても十分に自己表現できるようになったのである。

　こうした事例は，CPPが必ずしも厳密な意味で二者治療ではないことを示している。だがどんな場合でも，親は子どもにとって第一義的に重要な存在であることを，常に念頭に置かねばならない。親は子どもを耐え難い感情から守るシールドであり，子どもが感情を処理し統合できるように感情を調整してやる役割がある。シールドが崩れ，子どもがトラウマ体験のために，親の守ろうとする意志や能力を信じられなくなったとき，CPPは保護者としての特権を回復させ責任をとらせることができる。セラピストは常に，子どもの体験，親の体験，そして親が子どもの導き手・保護者であるべきだという理想を念頭に置いている。どんな形態をとるにしろ，CPPは子どもと親をその理想へと導くのである。

8章

調律の喪失

治療関係の失敗

　円滑に機能すれば，CPPのプロセスは万華鏡のように多彩な絵模様を描きだし，子ども，親，セラピストが自分の意見や自己意識を保ちながら互いに同調するのに伴って，新たな意味のパターンが立ち現れてくる。セラピストは，治療に適した姿勢を育み，親子に各自の主観が認められていると実感させつつ，彼らが他者の主観を認識し，これに対応して時に相手の主観を変えられるようにする。この治療姿勢では，罰を与える／罰を受ける，支配する／支配されるという両極性のかわりに相互性を導入し，トラウマ的な人間関係に内在する関係の不均衡を正すことを目指す。本章では，こうした治療姿勢の維持を阻む障害や，治療姿勢を保てないがために生じる失敗について扱う。また，セラピストの臨床的スキルや調律を生み出す能力に関係なく，治療の失敗をもたらすようなさまざまな要因についても論じる。

　6章に登場した父親のハーリドさんと息子イーサンの例は，親が最初は子どもの視点を受け入れられなくても，次第に調律を広げられることを示している。治療初期にイーサンは，「ぼくがはいて，パパがママをぶったんだ」と報告した。だが父親は「私はやっていない！」とピシャリと言い返し，子どもの認識を否定した。実際にあった出来事について，また彼ら自身について，父子は矛盾する意見を持っていた。セラピストは，父親の否定に直接反論せず，父子ともに相手に自分の見方を押しつけることなく，実際に何が起こったかをめ

ぐる根深い疑問を曖昧なまま残すことを認めた。セラピストは，すぐに行動を起こすのでなく，時間を置いて考える道を選ぶことで，行き詰まりかねない場面を，父子双方の立場をふまえた観点を生み出す機会に変えたのだ。セラピストは頭の中で，それぞれの主観を抱いたイーサンと父親をモデル化した。父親が暴力を振るうのを目撃しておびえ，それを自分の責任だと感じつつ，父に自分の経験を理解してもらいたがっているイーサンと，自制心を失い他人を傷つけたことを，自分自身で素直に認められないほど深く恥じ入っている育児に熱心な父親のハーリドさん。この対立する主観の橋渡しをするため，セラピストは，ハーリドさんが息子の情緒的ニーズを理解した頃を見計らって，父親の献身ぶりを子どもに意識させるような発言をしてハーリドさんの努力に報いた。ハーリドさんは次第にセラピストを，自分の長所短所を理解し受け入れてくれる相手とみなすようになり，この信頼感から自分の暴力行為について直接的な議論を交わせるようになった。以上の成果は，ハーリドさん，イーサン，それにセラピストの積極的な協力によって可能になった。ハーリドさんは，危険なまでに断固として否定していた自分の攻撃性を受け入れることができた。イーサンは，信頼で恐怖を和らげられることを学んだ。セラピストは，耐えがたい状況を受け入れ，その状況について熟考する姿勢の手本を示した。彼ら全員が，それぞれの役割に見合った形で，自分の意見を強制的に押しつけるより，他者の経験を受け入れることが重要であると理解した。他者の正当性を受け入れることで，彼らは自分の自我を拡大した。

治療に役立つ調律を阻む障害

　治療が常に，このように比較的スムーズに進むとはかぎらない。共感が破綻すると，どんな種類の心理療法もつまずく可能性があるが，CPP は特別なリスクを抱えている。セラピストは，親の体験と子どもの体験のいずれか一方にことさらに肩入れすることなく，両者を同時に念頭に置かなければならないからだ。以下のセクションでは，バランスのとれた間主観的な調律に向けた治療上の探求を危険に陥れる，ありがちな臨床的ジレンマについて説明する。こうした治療上のリスクは，親と子の体験の両極性を反映したものであり，セラ

ピストが各パートナーの主観に対し公平な視点を維持できないという形で現れる。親の体験を見逃し，セラピストが子どもに過度に加担することもあれば，親の側に同調しすぎて子どもに無関心になる場合もある。どちらの事例でも，セラピストは子どものメンタルヘルスを実現する手段としての親子関係の重要性を見失い，いずれか一方のパートナーと感情的な同盟関係を結ぶことで，関係の相互性を歪めてしまう。もちろん，継続的な虐待リスクがあるためセラピストが親権停止を提案しなければならない場合もある。だがそうした状況でも，親の体験への同調によって，常に心痛む判断である親権停止に人間的な側面を持ちこむことができる。

親をかえりみず子どもと過度に同調する

　傷つきおびえた子どもに際限ない同情を寄せるというのは，CPPセラピストにとって常に陥るおそれがある危険だ。セラピストはしばしば，厳しい親やネグレクトを行う親から子どもを救いたいと感じたり，親が与えられない思いやりを示せる立場にいるのは自分しかいないという思いこみに悩んだりする。こうした感情にとらわれると，親をモノ扱いし，変容の手段としての親の苦痛を見落としてしまうおそれがある。親の厳しさばかりに目がいき，親自身も不幸な体験をしているせいで子どもを理解できなくなっていることを忘れてしまう。自分，子ども，親を別々の平等な対象として同時にとらえるのではなく，セラピスト自身の主観的なアイデンティティと子どものアイデンティティを混同し，親を治療パートナーとみなすことができなくなる。次に挙げるエピソードは，こうした事態が起こる経緯を描きだし，セラピストが目標達成に採用する戦略に応じて成果の度合いも異なることを示すいくつかの例である。

親以上に良い親になる
　セラピストが早期発達に関する知識を持ち，子どもの情緒的ニーズを理解していることは，治療的変容をもたらす上で効果的な要素である。だが，セラピストは親より知識があり，子どもの育て方を親に教えられると根拠もなく思いこんでしまうと，この貴重なスキルを誤用するおそれがある。このような姿勢

8章　調律の喪失──治療関係の失敗

は，わが子の感情生活の中心にいたいという親の本能的な欲求と対立する。子どもにとって何が最善かを決めるにあたり，親とセラピストが相手を出し抜こうと張り合うと，治療が不十分なまま終結したり，横道に逸れてしまったりする可能性がある。

事例

　母親のリーさんは，幼稚園の教師に勧められて5歳の双子の娘をセラピーに連れてきた。娘たちが，幼稚園にうまく馴染めていないというのだ。教師によると，ふたりは内気で物静かで悲しげな様子に見え，いつも互いのそばを離れず，友達作りに興味がなさそうだという。自然な遊びもあまり楽しんでいないように見えた。

　最初のアセスメントの結果，リーさんは戦争で荒廃したアジアの某国で育ち，成長の過程で数々の残虐行為を目にしたことがわかった。10代初めに両親と米国に移住し，本人によれば渡米後は比較的簡単に適応して，両親の家で穏やかな暮らしを送ったという。両親は過去を話題にすることはなかったが，娘に対して，新たな国で懸命に努力し成功してほしいという期待を明確にしていた。リーさんは20歳の時，同じく米国に移住した同郷の男性と結婚し，3年後に双子の娘スーザンとアンドレアが生まれた。妊娠するまで，夫が暴力を振るうことはなかったが，リーさんのお腹が大きくなるにつれ次第に夫は支配欲が強くなり，やがて乱暴を働くようになった。子どもが生まれてからもこうした態度が続き，娘たちが3歳になったとき，リーさんは夫と別居した。その頃までに娘たちは，父親が母親を殴り，壁にたたきつけるところを何度も目撃していた。リーさんはふたりの娘の監護権と親権を完全に取得し，裁判所が父親と娘たちとの接触を，第三者立ち会いの下での面会に限定すると，父親は3人の生活から姿を消した。

　リーさんは出産前に大学を卒業し，それなりの仕事に就いていたが，家族に快適な生活をさせるにかろうじて十分な収入しかなかった。彼女は一所懸命に仕事に励み，娘たちにも高い期待を寄せた。リーさんには，心から娘のことを考えている義務感の強い母親だが，子どもの娯楽や自然な遊

びを重視していないという印象があった。スーザンとアンドレアは母親に対しやや遠慮がちで，しょっちゅう母親に許可や承認を求めていた。母親の助けが必要なときは気軽に相談したが，母親に対しても姉妹同士でも，ふたりが体の接触を通し愛情を表現するようなことはなかった。彼女たちと同じ国から米国に移住し，同じく母親でもあるセラピストは，この母子の態度は文化的価値観に影響されたものだとわかっていたが，母親のやり方は文化規範に照らしても厳格すぎると考えた。セラピストは，幼稚園で娘と他の子の関わりを増やしたいという母親の願いを汲んだ治療計画を作成した。さらにセラピストは自分自身に対し，父親の暴力とそれを受けた生活からの父の消失という，これまで話題にされなかったテーマを母子が口に出せるよう協力するという目標を設定した。母親は，治療計画のこの部分を受け入れる準備ができていないと思われたため，セラピストは後者の目標を母親に伝えなかった。

　治療は，夜に一家の自宅で行った。初回セッションでセラピストは母子間の遊びを促そうとしたが，リーさんは遊びに加わるのをしぶった。彼女は娘たちの悲しそうな様子に気づかず，わが子の学業面での成功ばかりに関心を払い，治療の明確な焦点としてわが子の成績を上げるのに手を貸してくれるようセラピストを説き伏せようとしていた。宿題をきちんと終わらせていない場合，どちらか一方の娘をセッションに参加させないこともあった。

　セラピストは次第に，リーさんに対し批判的になっていった。宿題を終えたかどうかに関係なく，子どもをセッションに参加させるべきだと説得しようとしたが，リーさんは，学業が最優先との信念を曲げなかった。セラピストは特に，せっかく自宅訪問しても，娘はふたりともセッションに参加できないと言われるたびに腹立たしい気持ちに襲われた。そんな時には，リーさんがセラピストを招き入れ一週間の出来事や娘たちの学校での進歩について話すのだが，セラピストはいつもこうしたセッションを短く切り上げた。

　スーザンとアンドレアは，参加を許された時には控えめながら象徴的な意味に満ちた遊びを見せた。ふたりは人形や動物を使って，別れを悲しむ

8章　調律の喪失──治療関係の失敗

場面や攻撃性と恐怖を表す場面を再現した。リーさんはセッションに加わると娘たちの遊びを見守ったが，遊びに参加することはなかった。セラピストは，自分が理解した遊びの意味──両親の離別以後にふたりの生活から姿を消した父親への恐怖と憧れが表現されている──を母親に説明した。リーさんは，セラピストの解釈に理解は示したものの，父親がいなくなった理由について娘と話したり，父に対する娘の感情を支持したりしてそのテーマをくわしく話題にすることはなかった。ただ黙って座り，遊びやセラピストと娘たちとの関わりを見守るだけで参加せず，家事をするためセッションを中座するようになった。母親が席を外すと，セラピストは次第に気が楽になるのを感じ，子どもたちに遊ぶよう促して，ふたりに必要と思われる癒しと安心を与え，母親を巻きこむための努力をほとんど行わなかった。

　治療は進んだが，子どもたちに変化はまったく認められなかった。相変わらず悲しげで，学業成績はいつも素晴らしかったけれど，担任の教師はふたりに友達がいないのを気にしていた。セラピストは，リーさんが子どもたちを理解しておらず，娘の感情より成功の方を気にかけていると考えた。彼女は母親に対し，宿題が終わっていなければセッションに参加させないというルールを改めるようくり返し訴えた。リーさんは，成功するには良い習慣と自己規律を身につけねばならないと言って，これを拒んだ。セラピストとリーさんは膠着状態に陥り，解決策のないまま数週間が過ぎた。

　双子の誕生日が近づいたので，セラピストは一緒にどんなお祝いをするかという話し合いを始めた。リーさんは，誕生日にお菓子を幼稚園に持っていき，家では夕食に特別なごちそうを作ると答えた。セラピストが，自分も何かお祝いをして良いかとたずねると，リーさんは最初は何も言わなかったが，娘たちにしつこくせがまれると，好きにしてくれてかまわないと答えた。

　セラピストは裁縫が得意だったので，子どもたちの誕生日の前の晩，手作りの凝った衣装を着た人形をひとりに1体ずつプレゼントした。リーさんは，娘たちにプレゼントを開けさせるとすぐに，人形を片づけるよう指

示した。まだ勉強が終わっていないから，セッションに参加できないというのだ。ふたりが泣きながら部屋を出て行った後で，母親はセラピストに，他の用事があるため今後3週間は自分も娘たちも，いつもの時間に面談できないと告げた。では違う時間に会えないかと提案すると，出かける予定があるからと断られた。セラピストは，母親の厳格さは情緒的虐待に近いという確信を抱いて家を去り，スーザンとアンドレアのメンタルヘルスが今後も妨げられるのではないかと案じた。治療状態を話し合うため予約を入れようと電話で何度か提案したが，母親はこれを拒み，ついにはもう電話しないでくれと言い渡された。セラピストは，今後もし連絡をとりたくなればいつでも相談に応じますよ，と伝えたが，リーさんは二度と電話をかけてこなかった。

セラピストは，治療の失敗に深く失望し，スーザンとアンドレアとの関係を失って大きな悲しみを感じた。だが彼女は，母親に共感する手段を見つけられなかった。子どもたちの悲しみに同調しすぎたため，リーさんが過去の経験のせいで，人生を生き抜いて幸せに暮らすには，感情の探求より勤勉の方が重要だと信じるに至った経緯に思いを馳せることができなかったのだ。また子どもと同調したせいで，セラピストは，リーさんが過去の暴力や結婚生活の失敗に伴う恥辱と悲嘆を避けるため防衛策をとっていた可能性に目を向けられなかった。回避は，トラウマ反応によく見られる特徴であり，この回避が子どもの遊びへの無関心という形で現れている可能性がある。母親自身がセラピストとふたりで話す時間をほしがっていて，娘たちがセッションに参加できない時にセッションを打ち切られたことで，拒絶されたと感じている可能性もある。さらにリーさんが，セラピストが子どもたちの心をつかんだことに嫉妬し，自分の人気を奪われたように感じていた可能性もあるが，セラピストはこの可能性にも気づかなかった。

強い逆転移反応は，臨床的な対立に直面した際に別の仮説を定式化し検証する能力を制限する。母親とセラピストの感情的な隔たりが次第に大きくなり，セラピストは徐々にリーさんに対する批判的な認識から抜け出せなくなった。母親の態度の意識的，無意識的な土台を理解しようとするかわりに，セラピス

8章　調律の喪失──治療関係の失敗

トは子どもの方に同調し，本当の母親以上に良い養育者となった。その結果として生じた共感の失敗が，最終的にはスーザンとアンドレアの誕生日に表面化した。セラピストは，招かれてもいないのに誕生祝いの場にしゃしゃり出て，母親の承認もなく家族の一員の座を求めたのだ。リーさん以上に手のこんだプレゼントを用意することで，セラピストは母親への無意識の対抗心や，より良い親としてリーさんにとってかわりたいという願望を体現した。彼女は意識せずに，ふたりの子どもたちと自分との関係からリーさんを締め出そうとした。そのためリーさんは，セラピストを拒み事実上治療を終了させることで，わが身を守ったのだ。

　リーさんと協力して互いの意見の相違を認め，母親の価値観や目標を知ろうとする姿勢を見せれば，この失敗を避けられたかもしれない。そうした探求を通じて，過去に目を向けるより未来の成功のため懸命に努力すべきという母親の信念について，対話ができたかもしれない。そうすることで，ドメスティック・バイオレンスや離婚に対する母親の反応や，母親から見た離婚の子どもへの影響について，一緒に対処する機会が生まれた可能性もある。セラピストの負の逆転移が母親に与えた影響のせいで，母親はこうした治療の可能性に心を開くことができなかったのだ。

タイミングの誤り：性急に親の視点を「正す」
　CPPでセラピストは，親子各々に同時に注意を払うよう求められる。親と子どもは，人生の主な出来事を異なる視点でとらえ，その出来事を別の方法で処理しており，経験から生じる感情への忍容性も異なる。治療でよくある誤りとして，セラピストが親に対し，親自身の主観的体験でなく子どもの視点で物事を見るよう性急に説得するなどの行為が挙げられる。こうした方法をとると，臨床状況の幅広い理解に取り入れるべき親側の動機づけを見落としてしまうおそれがある。また親が，セラピストは自分より子どもを重んじていると考え憤慨してしまう危険もある。

事例

　トッドさんは，姪にあたる生後12か月のジュリエットとその兄サム（7

歳）を連れて治療に訪れた。ふたりの子どもは，実の母親が殺されるのを目撃していた。子どもたちは，それまで何年も暴力を振るってきた（ふたりはその様子も目にしていた）父親が，母親を刺し殺す現場に居合わせたのだ。母の死後，ふたりは母方の叔母にあたるトッドさんに引き取られた。トッドさんは，ふたりの行動や情緒面のウェルビーイングを気にしていた。サムは個別療法を受けていたが，個別療法のセラピストは並行セッションを定期的に実施しなかったため，トッドさんは甥に関する不安をCPPセラピストにたびたび相談していた。

　ある日のセッションでトッドさんは，気難しく反抗的で，用事を言いつけると彼女に暴言を吐くサムへの怒りと失望について熱心に語った。セラピストは話を聞くうち，サムの行動が持ついくつかの意味を理解した。彼女の見立てでは，サムの叔母に対する怒りは，両親を失い，また親にかわって今は「親でない人間」がその役割を果たしていることへの怒りの表現であり，模倣を通じた同一化により攻撃的な父親を思い出すための手段であるとともに，言いつけられた用事のせいで楽しい活動を中断させられるストレスへの無調節な反応だった。この認識をトッドさんと共有しようとして，セラピストはごく簡単な説明から始め，おそらくサムは父親が母親に吐いていた悪口雑言を自然に覚えたのだと説いた。セラピストがしゃべる間，トッドさんは椅子に深く腰かけ片手で顔を覆っていた。トッドさんは，自分の母親は子どもに汚い言葉を使うことなど決してなく，彼女自身も子ども（もう成人している）を罵ったことはない，それで「万事うまくいっていたのだ」と漏らした。さらに，サムの行動は「とてもぶしつけで受け入れられず」，どうにも我慢できないと付け加えた。

　セラピストは，トッドさんの落ちこんだ様子ととげとげしい口調から，彼女が見当違いな受け止め方をしていると考えた。この時点で，セラピストの選択肢は次のうちひとつだったと思われる。たとえば，セラピスト自身の見解を告げ，サムの態度は無礼さでなく悲嘆とトラウマの現れだという考え方を押しつける。あるいはトッドさんと足並みをそろえるため，自分の意見はいったん棚に上げてトッドさんの悲観的な見通しに従うこともできる。セラピストはそのいずれでもなく，サムの行動に対する自身の

見解を固守しつつ，まずトッドさんの見方を理解する姿勢を見せた。セラピストは「あなたはきっとサムにも，ご自身の気持ちを伝えられたんでしょう」と声をかけた。トッドさんは顔から手を放し，「もちろん伝えました」と答えた。自分の見方をわかってもらえたことで，トッドさんは多少こちらの話を聞き入れられる状態になったようだった。ついでセラピストは，自身の見解はまだ胸の中にとどめつつ，新たな観点を持ちだした。トッドさんとサムとの葛藤がジュリエットに与える影響を考えてみるよう，間接的に促したのだ。セラピストは，そばでおとなしく遊んでいるジュリエットに向かって語りかけた。「おばさんは，怒っている場面をあなたにたくさん見せてしまって大丈夫かって心配しているわよ」トッドさんは，たしかにジュリエットのことも心配だと述べた。トッドさんによると，ジュリエットも攻撃的で，つい昨日も雑誌を2ページ破り取ったのだという。

　トッドさんが12か月の子どもを攻撃的と決めつけているのを見て，セラピストは，妹を殺害された恐怖へのトラウマ反応が，子どもふたりの行動に対する彼女の解釈に影響を及ぼしていると悟った。トッドさんは，ふたりが暴力的な父親のように残忍な乱暴者に育つのではないかというトラウマ的な懸念を抱いていた。そうした結末を想定しているせいで，トッドさんは子どもたちの行動を過剰に危険視していた。他方，子どもは社会に適応し，適切な怒りの表現法を覚えるべきだというトッドさんの信念は正当なものであり，擁護すべき大きな目標だった。セラピストは，サムが父親から聞きおぼえた汚い言葉を無意識に使っているのではないかという自分の最初の指摘が，この子も父親のようになるのではというトッドさんの不安を補強する結果を招くことに気づいた。そこで子どもの行動を別の視点でとらえなおす前に，トッドさんの主観的体験をきちんと受け止めることにした。セラピストは，トッドさんが先ほど口にした表現を使って，サムとジュリエットの行く末をあなたがどれほど心配し不安を感じているか，またふたりが怒りを抑え他人と良い関係を築ける礼儀正しい大人になるよう手助けすることがどれほど大切か，よくわかると伝えた。自分の気持ちをわかってもらえて，トッドさんは明らかに安堵し，たしかに2点と

も重要だと同意した。他方で彼女の側も，セラピストの意見に多少の理解を示した。トッドさんはジュリエットに手を伸ばし，優しく声をかけた。「あまりに怒ってばかりだったわよね」セラピストはそっと促した。「そうした怒りの根底には，何があると思いますか」彼女は「この子たちは，ずいぶん大変な経験をしてきました」と答えた。セラピストはこの言葉を糸口として，サムは父親の攻撃的態度を真似ているのではという先ほどの解釈を再度説明した。今回はトッドさんの立場もふまえ，トッドさんと一緒に暮らせば，ふたりの子どもは今までと違う振る舞い方を学ぶ機会を得られるだろうと言い添えた。トッドさんは，当初は対立していたふたつの見解を統合したこの発展的な治療介入に同意してうなずいた。

　以上の経緯を，どう理解すれば良いだろう。セラピストは最初の解釈では，トッドさんの価値観や主観的体験にうまく同調できなかった。セラピストは，彼女の気持ちを十分に理解する前に，自身の見解を披露したのだ。これに対しトッドさんも自分の立場を貫き，両者は対立しかねない状況に陥った。セラピストはそれを察知し，トッドさんの考え方への理解を示す言葉をかけた。だがトッドさんに共感し彼女の感情を認めつつも，セラピストは自分の主観を排除せずジュリエットの立場も忘れなかった。セラピストがトッドさんの体験を受け止めながらジュリエットの体験にもさりげなく言及したことで，トッドさんは，自身の感情とジュリエットの感情に同時に配慮できる感情状態に移行することができた。彼女はこれを起点に心を開き，子どもたちの経験の過酷さと，自制心を身につけ礼儀をわきまえてほしいという彼女自身の希望を統合した心理教育的介入を受け入れられた。

　トッドさんは思いやりある養育者だが，妹を殺害されたトラウマ体験のせいで，甥・姪の境遇に十分に思いを馳せられなくなっていた。トッドさん自身の優れた共感力と，セラピストが彼女の見方を理解し受け止めつつ自分の見解を明確に示せたおかげで，ふたりで協力して，治療関係上の大きな亀裂になりかねない事態を修復できた。

8章　調律の喪失──治療関係の失敗

親の感情的制約を理解する

　CPP では，子どものメンタルヘルスを育む協力者として親を参加させる。だがこのアプローチにあまりに忠実に従うと，かえってマイナスになる。セラピストが誤って，子ども本人のメンタルヘルスと親のわが子への調律の質を同一視するからだ。そうなるとセラピストは，子どもの体験に対する親の理解が，親自身の心理的問題によって阻まれていることを見落としてしまう。治療のいずれかの時点で親が子どもを助けられない場合，セラピストは親の限界を認識し，子ども本人の進歩を促すために別の手段を使う必要がある。

事例

　母親のヘンリーさんと息子のチャールズ（3歳8か月）は，家庭再統合に向けた治療のため児童保護職員の紹介で受診した。チャールズが里親養育に措置されたのは，母親が道路で突然倒れ，チャールズがそばで「ママがしんだ！　ママがしんじゃった！」と泣きながら立ち尽くすという事件がきっかけだった。通りがかった人が，母親は反応はないものの呼吸していることに気づき，救急車を呼んだ。救急救命士はチャールズの目の前で心肺蘇生を行い，母親を病院へ運んだ。チャールズの面倒をみる人間がいなかったため，彼は里子に出された。2か月母親と離れて暮らしたのち，チャールズは第三者の立会の下で母親を訪問できるようになった。

　CPP のアセスメント中に母親は，誤って薬物を過剰摂取して意識を失ったのだと打ち明けた。彼女は自分が薬物を使用していることは認めたが，自殺の意図は否定した。現在，母親は滞在型薬物更生施設に入所しており，半年前の過剰摂取以来ずっと薬物を断った状態で意識の明晰さを保っていた。母親の話によると，薬物依存治療プログラムの一環として早く息子と一緒に暮らしたいと願っていて，CPP がその役に立つのではと希望を抱いているとのことだった。

　最初の数週間は順調に治療が進んだ。チャールズはすぐ自制心を失いストレス耐性が弱いため，初期のセッションでは，待つことを覚え強い感情を言葉で表現できるようにする点を重視した。母親は，セラピストと協力してこの目標に取り組んだ。この時期にチャールズは，滞在型更生施設で

母親と同居するようになった。母親は，セッション時にセラピストと一緒に考えた技法を効果的に活用し，息子が家で心の安定を保てるよう支援した。母親の報告によると，彼女自身も規則正しい日課を確立できるようになり，息子が動揺してもほぼ必ず落ち着かせることができた。

　チャールズが前より感情をコントロールできるようになったので，治療は次の段階に進んだ。セラピストは，医療用具，母親と同年齢・同人種の人形，救急車など，母親が路上で倒れた日の出来事を明らかに想起させるようなおもちゃを治療に取り入れた。チャールズは，すぐにこのおもちゃに興味を示した。彼は母親に女性の人形を使わせ，人形を死なせるよう母親に指示した。その後で彼自身が，スーパーヒーローのおもちゃを使って人形を助け，生き返らせるのだ。セラピストは，「息子さんは，お母さんが死んだと思った日のことを思い出しているんですね」とコメントした。すると母親はセラピストに向かい，「いえ，他の子と同じように遊んでいるだけです。特に意味なんてありません」と言った。だがチャールズはこの遊びを続け，その日のセッションで以後何回か，ママの人形が死んだあとで生き返ったことを力説した。セラピストは母親に，この遊びが何を意味すると思うかとたずねた。母親は再び，特に意味はなく，ただ他の子どもがする遊びを見て真似ているだけだと答えた。母親は言った。「あなたがたセラピストは，なんでも大袈裟に考えすぎなんです。どんなことにも，何か深い意味があると思っている。この子はただ遊んでいるだけです」

　翌週もチャールズは，死と蘇生を題材にした遊びをくり返した。彼は母親の人形の顔に小さなマスクをかぶせ，救急車に乗せた。セラピストが，ママがマスクをしたところを見たことがあるかとたずねると，チャールズはうなずいた。母親は激怒した。「どうして止めてくれないんです！　この子は遊んでいるだけなのに。すべてに意味があるみたいに言わないでください，ただの遊びなんです！」セラピストは，自分が先を急ぎすぎたことに気づき，チャールズが遊び続ける様子を何分か黙って見守った。母親はチャールズに頼まれて，人形にマスクをつけるのを手伝った。ついでチャールズはセラピストに，人形を救急車に乗せるのを手伝うよう頼ん

だ。セラピストは手を貸すと人形を母親に渡し,この遊びに加わるよう誘った。母親は人形を受け取ると,セラピストに背を向けてチャールズのため救急車に乗せてやった。残りの時間ずっと,チャールズは人形と救急車で遊び,何度か人形が死んだと言ってはスーパーヒーローで救出した。夢中で遊んでいたが,情緒的には落ち着いていた。セラピストはほぼずっと黙って見守り,母親にチャールズの体験を理解させ受け入れさせるための手段を探していた。彼は,母親が遊びの意味を理解しないことに苛立ち腹を立てていた。セッション終了間際,チャールズがまたスーパーヒーローで人形を救出するとセラピストはこう言葉をかけた。「きみは本当に,助けてあげたかったんだね」こうした一般的なコメントなら母親も受け入れてくれるのではと願ったのだが,そうはならなかった。母親は言外に,息子が**自分を**助けたいと思ったとにおわされたと感じたのだ。セッションの残りの時間,彼女は不機嫌に黙りこみ,おもちゃの片づけにも参加せず挨拶もせずに立ち去った。

このセッションでのセラピストの誤りは,親子のうち大人である母親の方なら,自分の不快感を捨て置いてチャールズの遊びの意味を理解し受け入れ,わが子に情緒的支援を行えるはずだという早まった期待を抱いた点にある。さらにセラピストは,遊びの主題を実生活上の出来事と言葉で明確に結びつけるのが,子どもが恐ろしい出来事を処理する上で最適の手段であるという,よくある臨床的誤解にもとらわれていた。彼が示した言語的解釈は,チャールズを混乱させはしなかったが,母親にはストレスが強すぎた。母親はまだ,自分の薬物過剰摂取に伴う事件で息子が経験した苦痛の重みを全面的に受け止める用意ができておらず,こうした出来事の感情的影響を否定する必要があった。息子の遊びを見守り,ある程度はそこに参加できたが,セラピストが示した遊びの主題への言語的解釈は,彼女にはあまりに荷が重すぎたのだ。

遊びの間チャールズが情緒的に安定していたことから,治療セッション中,彼は言葉を費やすことなく,自分の遊びに母親とセラピストの存在をうまく活用できていたと考えられる。大人——それも自分の遊びを見届け,頼めば参加してくれる大人(ことに母親)——の前で自分の体験を遊びで再演するという

単純な行為により，チャールズは起こった事件に関する記憶と感情を統合するプロセスを開始できた。息子の遊びを長い間黙って観察していれば，母親にも息子の体験を理解する機会が生まれ，彼女の観察結果をもとにチャールズの苦痛や，母を助けたいという思い，事件に関する混乱した気持ちなどを理解する助けになったかもしれない。わが子を深く傷つけるようなことをした自分への罪悪感のせいで，彼女はセラピストの解釈に我慢ならなかった。母親とチャールズは，この点で歩調がずれていたのだ。チャールズは自分の体験を処理する必要があり，母親は，たしかに事件はチャールズをひどく動揺させたものの息子の心は壊れていないと実感できるよう，手助けを求めていた。親子の一方が，逆境やトラウマ的体験を探索する準備に関し他方より「進んで」いる場合，子ども－親心理療法士は，両方のパートナーに対応する方法を探さねばならない。さもなくば治療が頓挫する危険を負うことになる。このジレンマに対し考えられるひとつの解決策は，解釈を行わず遊ぶか，または解釈は遊びの中の隠喩の範囲内にとどめるかだろう。

　もうひとつの解決法として，少なくとも短期間，母親に並行して個別セッションを実施する手が考えられる。このセッションでは，母親に安全な空間を提供し，子どもの遊びに対する自分の反応や，子どもの遊びが自分に引き起こした感情，薬物過剰摂取に関する息子の記憶と認識に対する彼女自身の信念について考えさせる。個別セッションを通じて，息子のために自分の主観を犠牲にさせられる恐れなく，母親自身の体験を尊重できるだろう。

親との同調

　時には親とセラピストの関係が，治療対象である子どもを越えて深まることもある。親を理解しようとするセラピストの努力が，子どもを助ける手段から無意識に変化し，理解すること自体が目的になるのだ。こうした場合，セラピストが親の体験に没頭するために，セッション中に子どもが見落とされる。セラピストが，自分は長い目で見て子どもをいっそう支援するため，親との治療同盟を築いているのだと論理的根拠を示すこともある。その意見を支持できる場合もあるが，一貫して親のニーズにばかりに偏った治療は，親の自己没入を

8章 調律の喪失——治療関係の失敗

促し，子ども自身の経験の正当性や重要性をないがしろにするリスクを伴う。こうした状況への反応として，子どもは感情的引きこもりや役割転換を通じ，黙って疎外化を受け入れる，感情的ニーズに応えてもらうため要求が多くなり攻撃的になる，あるいは自分が優位に立とうとあがいたかと思えば，親が強要する主観的な現実感に服従するといった行動をとる。

事例

　フロレスさんが，4歳の娘マグダの治療に訪れた。父親に会いたいとせがむ娘にどう対応して良いかわからなかったからだ。夫は娘が生まれる前に，ナイトクラブの前で乱闘に巻きこまれ不可解な死を遂げていた。夫の死を受けて妻は深刻なうつ状態に陥り，お腹の子どもへの関心を失った。出産後もしばらくは娘の世話ができなかった。だが熱心な精神科医の治療や，母，姉，その他親戚の懸命の励ましにより，少しずつ改善に向かった。けれどマグダが保育園へ通いだし，他の子どもの父親を見かけて，自分も父親がほしいとせがむようになると，母親の症状改善も止まってしまった。母親は娘の要求に腹を立て，自分の殻の中に引きこもった。

　フロレスさんは，アセスメント期間に自分の心情を細かく説明してみせた。彼女は娘の感情や行動をよく観察していたが，父親やその死に関わる話となると，娘に何を話して良いかわからないと訴えた。治療開始後3か月間，母親は，父親の人となりや，彼が帰らぬ人となった悲しみをマグダに話して聞かせるという治療目標に積極的に取り組んだ。マグダも，このアプローチに良好な反応を見せた。表出言語が発達し，象徴的な遊びがいっそう豊かなものになり，母子が互いに自然な愛情を示す場面が大幅に増えた。

　治療を始めた数か月後，清掃員として働くフロレスさんはシフトを増やさねばならなくなった。そのせいで彼女は，夫の死が発端となって生じた夜間に家を離れることへの恐怖心と向き合うことになった。彼女はセッションの場で不安を口にし，勤務条件を変えられるまで，娘を何か月か母国に帰すかもしれないと大っぴらに口にするようになった。セラピストは，それがマグダにとってどんな意味を持つか考えさせた。セラピスト

は，子どもの気持ちを推し量るために，母親がしゃべっている間の娘の遊びや行動を観察し，母親の発言の意味をわかりやすく伝えることでマグダを会話に参加させた。けれどセラピストは次第に，苦境を語る母親の生々しい言葉や感情に心を奪われ，子どもの遊びに目を留めつつも，母親の注意を娘に向けさせたり，子どもを巻きこむようコミュニケーションの輪を広げたりするのを「失念」してしまった。これを受けて，マグダの態度が一変した。いつものように嬉しそうにセラピストに挨拶するのでなく，母親が無理やりプレイルームにひきずってこねばならず，大人同士の話が続く間，憎らしそうにセラピストをにらみつけていた。自分の手で母親の口をふさぎ「しゃべっちゃだめ！」と言うことも多々あり，セッション終了後におもちゃの片づけを拒否した。セラピストは，子どもの怒りについてコメントするという対応をとったが，マグダが，自分のウェルビーイングと深く関係する会話から除け者にされているせいで怒っているのだということに，思い至らなかった。セラピストが，自分が母親にばかり関心を向けたせいで，マグダは大人ふたりに感情的に見捨てられたように感じたのだと気づくまで，この行き詰まりは打開できなかった。

この例は，セラピストが親子双方に同時に調律できず，親子間にコミュニケーションの架け橋を築けなかった場合に生じる治療の失敗を描いたものだ。だがセラピストがこうした能力に秀でていても，治療が失敗することもある。次のセクションでは，そうした状況の例を示す。

親が子どもの視点に立てない

セラピストと子どもに対し，自分の主観的な現実を完全に受け入れるよう求める親もいる。自分の主観を他人に受け入れてもらえないまま大人になった人にとって，同じ出来事でも人によって見方は異なるという考え方は我慢ならないものなのかもしれない。親に大事にされずに育った大人は自分の認識に頑なにこだわり，他人にも自分と同じ見方で世界をとらえるよう要求することで，遅ればせながら情緒認知を達成しようとしているのかもしれない。まるで自分

8章 調律の喪失——治療関係の失敗

が描く現実から逸脱すれば，破滅してしまうかのようだ。個別心理療法では，セラピストがクライアントのこうした考え方に十分同調し，理解されているという実感を相手に抱かせてから，両者の相違を反映したより柔軟な選択肢を少しずつ導入していくことができる。だが子ども−親心理療法の場合，親の堅固な自己スキーマと，それを組みこんだ現実構築を求める姿勢とが差し迫った臨床的ジレンマを生んでいる。子どもは，親の愛を受け続けるためには自分の現実感覚を捨て，親の主観に従わねばならないと感じる。この操作により子どもの親との関係は守られるが，子どもは自己との関係を犠牲にすることになる。こうした対応をとる子どもは，自分の信念が正しいと頑なに主張するか，あるいは逆に，自分の認識を決して信用せず，他人からのわずかな圧力で自説を放棄するような大人に育つおそれがある。これらの予後はいずれもメンタルヘルスにつながらないため，CPP セラピストは，子どもが自分自身の主観と現実を表現できるよう支援する方法を見つけねばならない。親がこの治療姿勢に我慢できず，子どもとセラピストの双方から攻撃され非難されているように感じる場合，治療の成功が脅かされる。

事例

　4歳のリディアと，その両親のカー夫妻が離別後に治療を受けにきた。夫妻が語る離別に至った経緯には，食い違う点があった。父親によると，妻が鉄のフライパンで自分の頭を殴ったという。一方で母親によると，夫はフライパンで自分自身の頭を殴った後，警察に電話して妻に殴られたと訴えたらしい。母親が駆けつけた警官に逮捕され，ドメスティック・バイオレンスの罪で告発されたことに関しては，夫妻の説明は一致していた。裁判所は夫妻にリディアの親権を共有するよう命じ，離別後の対立を和らげるため夫婦それぞれが CPP に参加するよう提案した。

　父親，母親とそれぞれ個別に行われた週1回の親子セッションを通じて，リディアは手助けが必要な場合に両親それぞれを頼ることができ，両親ともに娘をなぐさめ彼女の遊びを見守ることができた。治療開始から6週間後，父親は，自分とリディアの関係に大きな問題があると思えないと語った。元妻との育児方針の違いを減らすのに役立つなら，今後もセラピ

ストと個別面談を続けることに異論はないが，リディアは自分が面倒をみて元気に暮らしているのだから，合同セッションに子どもを連れてくる意味がないというのだ。また父親は，リディアが母親との治療を続けることに特段反対はしないとも述べた。

　前夫の判断を知って，母親の方はリディアとの合同治療を続けることにした。彼女は家庭内で娘といくつか問題を抱えていて，治療が役立てばと願っていたのだ。それから数週間，セッションの焦点は，先の見通しがつくよう離婚後の生活サイクルを確立し，リディアに対し，彼女のせいで離婚したわけでなく両親ともに娘を愛していること，今後もふたりで彼女の世話をすると説明することに置かれた。セラピストは，母親が，娘が父親の家で過ごす間に前夫が決めた家庭内でのルールが，自分のやり方と少しでも違っていると我慢できなくなることに気づき，戸惑いを覚えた。母親の頑固な姿勢を和らげるため，セラピストは，リディアがどちらの家でも問題なく暮らし，決まりや日課が違うにもかかわらずさして苦労せず両方の家に適応している点について，母親に考えてもらうよう尽力した。それでも母親は，前夫が離婚前の家族のやり方と違うルールを作っていることに，怒りをなかなか抑えられなかった。

　こうした緊張はあったものの，治療セッションは総じてスムーズに進み，リディアはどんなことでも母親と気軽に話せているようだった。ある日セラピストは，リディアが母に「ママ，どうしてフライパンでパパをなぐったの？」とたずねるのを聞いて驚いた。母親はたちまちいきり立った。彼女はセラピストの方に向き直り，大きく威圧感のある声で言った。「あの人がやったことがわかります？　彼がこの子をそそのかしているんです。この子の頭に嘘ばっかり吹きこんで」そしてリディアに，こう言い放った。「ママはしてないって言ったでしょ！　パパが言ったことなんて信じちゃだめよ。本当とは違うんだから！」リディアは恐怖に目を大きく見開いて，黙って母親を見つめ返した。

　セラピストは，母子双方をなぐさめる言葉をかけたかったため，公平な観点に立つよう心がけながらおずおずと切り出した。「誰にとっても大変なことですよね。おふたりの意見がまったく違うんですから」母親は答え

8章　調律の喪失——治療関係の失敗

た。「意見が違うわけじゃありません。私はあの人を殴っていない。彼もそれは知ってるし，この子も知っています。それなのに向こうが嘘を吹きこんでいるんです。だからこの子も，こんなことを言うんだわ」リディアが泣き始めた。「パパはうそつきじゃない」母親は娘に向かって告げた。「じゃあ，私の方が嘘をついているって言うの」リディアが母親に抱きつこうとしたが，彼女は子どもに背を向けた。

　再びセラピストが，今度はもっと直接的に介入した。「私はその場にいなかったので，何が起こったかわかりません。ですが，あなたとリディアの記憶が違うようです。リディアは，父親に聞かされたとおりに言っているのかもしれませんが，自分が覚えていることを実際にはなかったと母親に言われれば，娘さんはとても辛いはずです。おふたりの今の気持ちを話し合ってみませんか？」

　母親の心は揺るがなかった。事件に対する見方はひととおりしかないと言い張った。リディアはぷつりと黙りこみ，一言も発しない。セッション終了時刻より少し前に，母親はもう行かねばならないと告げ，リディアの手をひいて去って行った。

　翌日セラピストは母親に電話し，実際に何があったか話し合うため，リディア抜きで来てもらえないかと頼んだ。母親は承諾し，約束どおりに現れた。だがセラピストがどれほど協力しても，母親の心を開き娘の視点を受け入れさせることはできないように思われた。事件の真相についても，リディアに真実を理解させねばならないという点についても，母親は断固として譲らなかった。違う解釈の可能性をセラピストが示唆したことに，自分は傷つき失望している，と彼女は語った。「私と同じ見方ができないなら，先生は私を助けることも娘を助けることもできません」セラピストは，過去に自分の主張を信じてもらえなかった経験はないかと母親にたずね，この葛藤の根底にある無意識的な問題を探ろうとした。母親は身がまえ，自分自身のことについてしゃべりたくないと答えた。セラピストは，娘は母親が言ったことを信じるべきだという彼女の言い分を，黙って受け入れることはできないと感じた。そこで，自分もお役に立ちたいが，リディアとあなた両方の気持ちに配慮する必要があるのだと説明した。母親

は，自分の観点を受け入れないなら治療は何の役にも立たないとくり返した。彼女は，リディアを連れてくるかどうか考えてみると言ってセッションを終えたが，二度とセラピストに連絡してこなかった。セラピストが電話をかけても，向こうからかけ直してくることはなかった。

この事例でセラピストは，ふたつの異なる現実を受け入れ，母子が互いの見解を理解できるよう促す必要性を意識していた。セラピストは，真実をめぐる対立に巻きこまれるのに抵抗し，かわりに事件に対する理解の相違について母子がお互いどう感じているかに着目しようとした。母親は，自分の見解への完全な同感を求め，そこから少し逸れることにも我慢ならなかった。自分の思う現実を強く否定され，娘さんは辛いのではないかというセラピストの指摘を，母親は裏切りだと解釈した。CPPでは，大人の参加が強く求められる。大人には，少なくとも他人の見解を受け入れるだけの柔軟性が必要になる。両親が子どものものの見方を受け入れるのを拒めば，この治療アプローチが成功する可能性は低い。次に，同じような臨床的問題だが，母親が幼い娘の心情を理解できたおかげで解決につながった事例を紹介しよう。

事例

　5歳のリーと母親のテイラーさんが，両親の離別後に治療に訪れた。リーが新しい家庭になじめるよう手助けしてほしいというのだ。母親は離婚当時，夫に手ひどく裏切られたと感じていた。彼女の側は，自分が仕事を見つけ新しいアパートを借りるまで，今の家で暮らして良いという合意ができていたと考えていた。また，母親の自分が娘を引き取ることに，夫は納得してくれたと思っていた。ところがある日，就職活動中のテイラーさんが自宅に帰ってくると，待ちかまえていた警官に接近禁止命令を言い渡された。彼女が夫に危害を加えようとした嫌疑で，夫が接近禁止命令を取得したのだ。この命令のため，彼女は夫一族が数世代にわたり所有する家を追われ，娘との接触も厳しく制限された。

　母親は裁判所に申し立てを行い，最終的に共同親権を認めさせたものの，離婚後1年が近づくにつれ改めてふつふつと怒りがわき上がってき

た。親子合同セッションの間,母親は,夫が行くあてもない自分を路頭に放り出し,いかにひどい仕打ちをしたか大声で憤然と訴えた。「私をホームレスにして,子どもを奪おうとしたんですよ」と強い口調でなじる。リーは,泣き出しそうな目で見つめた。セラピストがたずねた。「娘さんはこれまで,あなたがその件についてこうして感情をむき出しにして話すのを聞いたことがありますか？」「この子はその場にいたんです。何があったか知っています」とテイラーさんは答える。「あなたが深く傷ついたのはわかります。以前は離婚について,今と違う話し方をしていたことも知っています。去年はひどかった,たしかにそのとおりです。でも娘さんは今,あなたが事件を大袈裟に誇張して話すのを聞いてどう思うでしょう。娘さんが見た現実から,とんでもなくかけ離れた内容になっていて,それはいかがなものかと」母親は答えた。「でも,娘も真実を知る必要があると思うんです」そしてリーに向かってたずねた。「ママはどんなふうに話せばいいと思う？」リーは小さいが断固たる口調で「かけはなれるのはダメ,まんなかくらいのちかさにして」と言った。テイラーさんは笑ってリーを抱きしめ,こう答えた。「できるかしら……でも頑張ってみるわ」

　カーさんを担当したCPPセラピストと比べ,状況を処理するセラピストの技量に大差はなかったものの,この事例ではまったく異なる帰結がもたらされた。違いを生んだのは,子どもの立場になって考えるテイラーさんの能力である。この母親は,事件に対する自分の解釈にしがみつく一方,自分の見解が娘にはとうてい受け入れがたいことも理解した。母親は娘に「真実」を知ってほしかったが,5歳のリーが向き合うにはあまりに辛すぎる真実もあることもわかっていた。だからといって,別の解釈の存在を理解したわけではないが,事件に対して別の感情の変化があり,許容限度に違いがあることを認めたのだ。もしリーが(リディアがしたように)母親にたてつき「パパは,ママをおいだしてなんかいない」と言い張れば,このセッションがスムーズに進んだかどうかわからない。テイラーさんは,娘が自分と正反対の解釈をとることを認めたかもしれないが,認めなかったかもしれない。

　親が子どもに一定の自律的な主観性を認めない場合,いちばん良い解決策

は，子どもに個別療法を行い，できれば親にも実施することである。事例によっては，セラピストが親に対して並行して個別セッションを実施し，観点の違いに焦点をあてることもできる。こうしたセッションでは，セラピストは親の主観に寄り添い，親の認識や感情を探る。親の世界観や，その世界観を生み出した人間関係的・文化的要因を理解するよう努めるのだ。同時に，セラピストは子どもの主観も心に留め，さらにセラピスト自身の主観も維持する。親の視点に左右されるのでなく，その視点が親にとっての心理的現実であることを受け入れるのだ。そうすることで，親がわが子を，自分と異なる世界観を持ち，理解を深めるため互いに交流できる相手とみなせるようになる可能性を高めていく。

逆境の積み重ねが持つ重み

　ここまで扱ったすべての事例が，間主観的な誤調律——すなわち他人の視点を受け入れられない，受け入れる気がない——に足をすくわれている。親の変化を不可能にし，改善を促し続けるセラピストの意欲を枯渇させるような慢性的な逆境が積み重なることで，治療が失敗する場合もある。こうした事例では，共感の失敗が比較的多く見られる。この社会には，一部の個人や家族が「他者」として退けられ，彼らの窮状が見向きもされず，彼らの嘆きの声が，生活環境を変える力を持つ者の耳に届かないような状況が作り出されている。こうした家族は，貧困や疎外，人種差別，暴力から得てして何世代も抜け出せない。このような社会的要因の内面化によって，親の人格構造が損なわれる。精神医学的には，彼らは発達性外傷障害と診断するのがもっとも妥当かもしれない——人格形式が間断なく続く内的・外的な危険体験によって深く規定されるため，危険を現実的に評価して保身のため反応し，温かい社会秩序や愛情ある親密な人間関係の可能性を信じ，大きな抑圧なく学習し，自信を持って個人的目標を追求したりする能力が奪われているのだ。人格障害を持つ人は，社会のあらゆる階級，あらゆる水準に見うけられるが，慢性的な逆境の中で成長した親は，利用できる保護因子が少ないため，自分の視点を共有し理解してくれる人など誰もいないと感じてしまいがちだ。彼ら自身の親も，毎日の生活が苦

8章　調律の喪失——治療関係の失敗

しくわが子に「ほど良い」養育を行えなかった。こうした人々は成長するに伴い，自分には何の価値もないという社会的なメッセージを内面化する。悲しみや怒り，喪失感から身を守るため，物質濫用や挑戦的に虚勢を張るといった対処戦略をとることもあるが，そのせいで問題がいっそう複雑で解決しがたいものになる。というのも，貧困やリソース不足などの日常的な障害のせいで，どんな対処をとっても攻撃にさらされ，ありふれた問題が大きな危機に転換してしまうからだ。

　こうした家庭の子どもは深刻なリスクにさらされ，彼らの親は，どうせ自分たちは非難され，さげすまれ誤解されると思いこんでいるため，効果的な治療に積極的に参加するのが難しい。こうした親は，有効な治療同盟を結ぼうとする治療取り組みを，インチキ，時には詐欺と受け止めることもある。こうした困難な環境に苦しむ親子が，児童保護制度を介して治療に回される場合，得てして，深刻な問題を抱えた親から子どもを引き離し，喪失の悲嘆を和らげ，子どもを愛し導く用意が整っている家族を新たに探した方が，本人にとって最善の利益なのではないかという疑問が持ち上がる。親子の絆を断つよう促したいという誘惑に屈せず，断固として家族の維持に取り組むべき理由はいくつか存在する。第1に子どもは，たとえ不安ながらの愛着であれ親に強い愛着を抱いており，その絆を断ちきれば，子どもが新たな家族と健全な愛情の絆を結ぶのがさらに難しくなる。第2に，実際に子どもを待ちうけるのが，情動的により健全で安定した家庭環境であるという保証はほとんどない。往々にして子どもたちは，いくつもの里親家庭を転々とし，自分と同じような背景を共有していたり，別れる際に辛い思いをするのを避けるためあえて子どもを愛そうとしない大人に養育されることになる。とは言え，こうしたさまざまな困難に悩む家族と接するセラピストは，家族を待ちうける多くの課題を明確に認識し，公的・私的なケアシステムを巻きこんで，自身の職務をこなす中でできるかぎり子どもを保護できるようなセーフティネットを築かねばならない（Lieberman & Pawl, 1984; Lieberman & Harris, 2007）。

　　　　　事例：ガブリエルとタナーさん　その後の顛末
　4章で，ガブリエルと母親の例を紹介した。この親子は，ネグレクトの

通報を受けボランティアで母子と関わっていた児童保護職員の紹介で，治療を受けることになった。アセスメント実施後，アセスメント担当者とタナーさんは，3つの初期治療目標を定めた。(1) 母親が，うつ病と激しいマイナス感情に対処できるよう支援する，(2) ガブリエルが興奮状態をうまく調節できるよう支援する，(3) 母子が，発達上適切な活動をお互い楽しめるよう支援するの3つである。治療は，次のような経過をたどった。

治療開始

　セラピストは，母子の感情的な興奮を抑えるのに役立つ具体的な方略を用意して，初の家庭訪問に赴いた。だがセラピストの最初の仕事は，自分が家に来た理由や，治療でどんなことをするかをガブリエルに理解させることだった。セラピストが，おもちゃを入れた袋を持って床に腰を下ろすと，ガブリエルはすぐに袋をひっくり返し，おもちゃをひとつずつ手早く確認すると床に撒き散らした。セラピストは，「私が今日来たのはなぜか，ママから聞いている？」とたずねた。ガブリエルはぼんやりとセラピストを見つめ，母親が言い添えた。「何て言えばいいかわかりませんでした。先生から説明してもらえると思って」この答えを聞いてセラピストは，前回のフィードバックセッションで一緒に考えた入念な説明を，母親が忘れてしまっていることを悟った。そこでセラピストは，ガブリエルに「あなたは，パパがママにひどいことをするのを見たでしょう。だから，あなたとママと一緒に遊ぶために来たのよ」と説明した。「パパはママをぶったんだ」とガブリエル。セラピストは気持ちをこめてこう返事した。「パパがママをぶつのを見て，あなたもとても怖かったでしょう。そんなことがあると，ショックを受ける子もいるのよ。悲しかったり怖かったり，腹が立ったり。それにパパがいなくてさびしく感じることもあるの」するとガブリエルが，口を挟んだ。「うちのパパは，けいむしょにいるんだよ」セラピストは，父親のことでガブリエルはずいぶん苦労したのだと請け合い，こう続けた。「ママはね，パパのいろいろな事件のせいで，あなたが学校で問題を起こしたり不安を感じたりしてるんじゃないかって，心配しているの。だから私が来たときは，そのことについて話し合ったり

8章　調律の喪失——治療関係の失敗

遊んだりして，あなたとママが元気になれるようお手伝いするわ」

　ガブリエルは，ほんの数分で全部のおもちゃを見終えた。別にどのおもちゃで遊ぶわけでもなく，ただひとつひとつ確認して，ポイと脇に捨てるだけだった。次にソフトボールを手に取ると，部屋の反対側に力いっぱい投げつけた。ボールが母親の顔に当たりそうになったが，母親は無反応だった。セラピストが母親にたずねた。「もし私がここにいなくても，お子さんがボールを投げつけるのを放っておきましたか？」タナーさんは答えた。「別にかまいません。私には当たらなかったし」セラピストは，ガブリエルの今の攻撃的な行動が，彼が目撃した暴力と結びついていることを親子療法を通じて理解させる必要があると感じた。「お子さんにこんなことをさせてはいけません。子どもは，大人に手を上げてはいけないと心の中ではわかっています。それなのに咎められないというのは，とても恐ろしいことなんですよ」セラピストは，ガブリエルの方に向き直って言った。「パパがママをぶったときのこと，覚えているでしょう。ついさっきも，その話をしたわよね。あなたはその時のことを，はっきり覚えているだろうし，思い出すと自分も手を上げたくなるでしょう」ガブリエルが答えた。「パパが，ママをなかせたんだ」「ママを泣かせてはだめなのにね。ママが泣くのを見て，あなたも怖かったでしょう。ママを殴るなんて，パパはとても間違ったことをしたのよ。そんなことしてはいけなかった。あなたも，ママに手を上げてはいけないのよ。腹が立ってイライラするのはわかるけれど，もし助けてほしければ手を貸すわ。でも，ママをぶつのは絶対にだめ」

　この介入で，ガブリエルはおとなしくなった。子どもがおもちゃで遊んでいる間に，セラピストは今のやりとりについて，ソファにうずくまっている母親と話し合おうとしたがうまくいかなかった。セラピストは，息子さんが攻撃的でお母さんも怖い思いをしたでしょうと言葉をかけた。だがタナーさんは首を振り，「別に怖くありません。ただ気分が良くないだけで」と答えた。セラピストがセッションを終わりにすると，子どもがまたかんしゃくを起こし，おもちゃを放り投げ大声で叫び始めた。母親は，子どもをなだめようとしなかった。セラピストも子どもを静められず，彼女

が親子の自宅を去った際もガブリエルは泣き叫び続けていた。

　その後数週間，セラピストは，母親が介入に積極的に参加しないことに気をもんだ。気軽に話に応じてくれるが，母親の話題の中心は日常生活の細かな事柄ばかりだった。セラピストと距離を置いた話し方をし，些細な事柄を話題にはするが，母親の本当の気持ちを推し量るすべはなく，セラピストが質問すると，母親は答えをはぐらかした。日に日に大きくなるお腹や，出産後に赤ん坊をどうするかといったことについても，きちんと答えが返ってこなかった。セラピストが，あなたにとっては，自分の気持ちを話題にするのがとても難しいんですね，と声をかけると，タナーさんはこれを否定し「ただ，特に話し合うようなことがないだけです」と言い添えた。回避，認知的な無感覚，感情の切り離しが，母親の主な防衛戦略だった。ガブリエルの遊びにも同じく無関心で，息子にまったく関係ない話が続いた。母親は，子どもの活動に参加することができず，何か困ったことをしでかさないかぎり息子にほとんど注意を払わなかった。セラピストは母親に，先日のアセスメントでの様子とずいぶん違いますね，と指摘して，前回一緒に楽しくおままごと遊びをしたことを思い出させた。あのときは別でしたから，と母親はそっけなく返事した。「あそこでは遊び以外にやることがありませんでした。家では他にやることがいろいろありますから」

　母親と違い，ガブリエルはセラピストと距離を置かなかった。セラピストが毎週確実に訪問することに安心したようで，ガブリエルは瞬く間にセラピストに馴染んだ。性急な反応を抑え，行動する前に考えることを狙いとして策定された，身体を使った介入法に，ガブリエルは良好な反応を見せた。セラピストは，ストレスを感じたら全身の筋肉の緊張・弛緩をくり返し，深呼吸するよう教えた。ガブリエルは深呼吸を気に入り，さまざまな場面で活用した。その後数週の間に，タナーさんと教師の両方から，物事が思いどおりにならないからといってガブリエルがかんしゃくを起こすことが減り，幼稚園でもすぐカッとなったり攻撃的になったりすることが少なくなったと報告があった。治療を通じてガブリエルは，信頼できて自分のニーズに注意を向けてくれる相手と関係を育む機会を手にしたのだ。

8章　調律の喪失——治療関係の失敗

　セラピストとの人間関係から安心と秩序が得られると悟ったガブリエルは，母親にも同じように助けを求めるようになった。治療開始から2か月目のある日のセッションで，ガブリエルは積み木の塔を作っていた。だがいちばん上の積み木を乗せると，塔が崩れてしまった。彼はぐっとこらえて深呼吸し，「もういちどつくろうっと」と言った。嫌なことがあっても落ち着きを失わなかったガブリエルをセラピストが褒めると，彼は微笑んで母親に向かって，塔を作りなおすのを手伝ってほしいと頼んだ。タナーさんは，その言葉が聞こえなかったかのようにセラピストと話し続けた。ガブリエルは，母親に近寄ると膝に寄りかかってぎゅっと抱きつき，もう一度助けを求めた。タナーさんが息子の腕をほどくと，ガブリエルは背を向けた。セラピストは，ガブリエルを不憫に思う一方，愛情を求める息子をはねつけた母親に苛立ちを覚えた。広い視点でこの一瞬のやりとりを探求しようとして，セラピストは「今，何が起こりましたか？」とたずねた。タナーさんはこの質問をはぐらかすことなく，返事した。「私は体に触れられるのが好きじゃないんです。この子もそれは知っています」セラピストは，幼い子どもは体で愛情を表現するため，それは親子どちらにも辛いことに違いないと述べた。タナーさんは肩をすくめ，ガブリエルは遊びを続けた。セラピストは，母子ともに互いに見切りをつけているのだと確信し，人間関係などしょせん抗し難いか期待外れのどちらかで，いずれにせよ感情的に満たされることはないというふたりの根深い経験則を前に，何とか希望をつなごうと努めた。

　治療開始から7週間目，セラピストが母子を訪問すると，驚いたことにタナーさんは第2子を出産しており，リビングのソファで赤ん坊に授乳していた。ガブリエルは，赤ん坊の足を優しくなでている。タナーさんは赤ん坊に無関心に見え，授乳中も赤ん坊の顔にまったく目をやっていなかったが，ガブリエルは小さな弟に夢中だった。弟に小声で歌を歌い，そっとなでてやっている。セラピストは，「何て立派なお兄ちゃんなのかしら。赤ん坊には大声を出さず優しくしてあげないといけないって，ちゃんとわかっているのね」と褒めた。ガブリエルはにっこり笑ったが，タナーさんはセラピストの言葉を聞いていないようで，長い陣痛と分娩の苦労に関す

るこみいった話を始めた。母親は心身ともに憔悴し早急にセラピストの助けを必要としており，赤ん坊をめぐってガブリエルと母親，セラピストの間に生まれた束の間の親密さを味わう余裕などなかった。分娩について語るうちに母親が興奮すると，赤ん坊がむずかって泣き始めた。ガブリエルは，その場を離れてしまった。セラピストは，相反する感情と闘っていた。ガブリエルが赤ん坊と母親に近づけるようにしてあげたいと思う一方，親密な関係がタナーさんには負担であるとわかっていた。また以前の話からすると，母親は赤ん坊を祖母に預けるつもりでいたため，セラピストとして，赤ん坊と親密な関係を育むよう促したくもなかった。そんなことをすれば，離別時の苦しみがいっそう大きくなるだろう。

　赤ん坊の今後について相談すると，実家に預けるという当初の計画に変わりないことがわかった。3週間後にタナーさんの母親がやってきて，赤ん坊をテキサスに連れ帰るという。「私が高校卒業試験に通って大学に入るまで，1年ほど向こうで暮らすんです。その後，ここに戻ってきます」セラピストは，ガブリエルにこう説明した。「ママが言うには，赤ちゃんの世話を手伝ってもらわないといけないんだって。ママはお世話できないし，あなたは幼稚園があるでしょう。だからおばあちゃんが，赤ちゃんの面倒をみてくれるんですって」

　ガブリエルは答えた。「ここにいてほしいよ」

　タナーさんが答えた。「また会えるわよ。おばあちゃんが，こっちに連れてきてくれるし，しばらくすれば一緒に暮らすことになるから」

　翌週セラピストが訪ねると，ガブリエルはまだ幼稚園に行っていて，赤ん坊はもういなくなっていた。タナーさんは，実家の母が何日か休みをとれたので，予定より早く迎えに来ることになったのだと説明した。「いなくなって，さびしくないですか？」とたずねると，彼女はこう答えた。「ええまあ。でもこれがいちばん良かったんです。他のことを放り出して赤ん坊の世話をするわけにいかないし，高校も出なきゃいけない。ガブリエルは，もう私になついていて私が必要だけれど，赤ん坊なら実家の母で大丈夫です。それに1年後には戻ってきますから」

　セラピストは質問した。「聞きたいことがふたつあります。どちらから

始めるべきかわからないけれど，まずガブリエルのことから聞きます。弟がいなくなった後，あの子はどう心の整理をつけましたか？」

タナーさんは答えた。「あの子は大丈夫です。泣いたけど，乗り越えられるでしょう。次の質問は何かしら？」

セラピストは笑って言った。「それを聞いて，ガブリエルに関係する質問がもうひとつ増えました。赤ん坊を実家に預けたら，自分もどこかに預けられるのではと息子さんが不安にならないでしょうか？」

タナーさんは1分ほど考えて答えた。「いえ，あの子も自分がよそにやられることはないとわかっています。私にはあの子が必要なんです。いなくなったら耐えられません。次の質問は？」

「この問題は話しにくいんでしょうか，何としても次の質問に進みたいようですが」

「何も話すことはないんです。ガブリエルは大丈夫だし，赤ん坊は預けてしまった。こうするしかなかったんです。それにあの子にも言ったように，赤ん坊は戻ってきます」

セラピストは折れて，こう応じた。「それが次の質問です。赤ん坊にとって，1年後ここに戻ってきて育ての親と引き離されるというのは，どんな経験なのでしょう」

タナーさんは頭を振った。「別に問題ありません。本当の母親が誰かわかるでしょう。実家の母も，赤ん坊の顔を見せにきてくれるし，ここが自分の家だとわかるはずです。とにかくわかりますから」

このセッションでセラピストは，人間関係に対する子どもの欲求について考察するよう促した。だがタナーさんは身がまえ，内省したり感情を感じたりすることを拒んだ。セラピストは，母親の自己保護的な姿勢をあえて崩さないことにし，赤ん坊との離別や1年後の帰郷によって子どもたちが経験する苦しみを話題にしないことに合意した。だがこのテーマを避けることで，セラピストは自分の観点を放棄し，子どもの立場への擁護をやめる結果になった。いわばセラピストは，タナーさんの抗弁に従ったのだ。

別の対応の仕方をすることも可能だった。ひとつの選択肢は，たとえば

「あなたはこれまで，親密な人間関係のせいで深く傷ついてきました。だから，こうした問題について考えるのが辛いんですね」と述べて母親の抗弁を解釈することだろう。別の対応として，この解釈を述べた後，自己弁護の背後にある動機づけに気づかせるようなコメントをするという手もある。「あなたは，自分と同じように子どもが傷つくのを見たくないんですね。あまり他人と親しくならなければ，傷つくこともないだろうと考えたくなる気持ちはわかります」といった具合に。いずれかの対応をとれば，タナーさんの主観的体験を支持しつつ，その境界を広げ，子どもたちは自分と異なる内的現実を経験しているのではないかという視点をもたらすことができただろう。

母親の心理状態に関する懸念

　赤ん坊がテキサスの実家に引き取られた2週間後，タナーさんは涙に暮れながらセラピストを招き入れた。ガブリエルを叔母に預け，友人何人かを呼んで自宅でパーティーを開いたのだという。途中で意識を失い，気づいたら知らないうちに誰かにレイプされた痕跡があった。セラピストは不安を感じた。タナーさんの心は，文字どおりふたつに引き裂かれているようだった。いったい誰の仕業なのかといきり立ったかと思うと，次の瞬間には本当にレイプされたかどうか確信がないと悩んでいる。彼女が酒を飲んだことも心配だった。治療開始以来，タナーさんが飲酒を認めたのは今回が初めてだったが，本人は意識をなくすほど飲んだことを気にしていないようだった。むしろ，友人に裏切られたという思いと，その反面，本当にそんな事件があったかおぼつかない気持ちの両方にとらわれていた。
　その後数週間，セラピストはセッションのたびに酒を飲んでいないか確認し，タナーさんはこれを否定した。セラピストはまたしても，飲酒癖などないと言う母親が抱く自己イメージを受け入れるという過ちを犯したのだ。しかも今回は，それを真っ向から否定する新たな証拠が目の前にあったにもかかわらず。セラピストは，物質濫用治療の必要性を提案せず，母親の飲酒を，うつ病や高校卒業試験合格・大学入学に向けた計画遂行への意欲低下と結びつけて考えもしなかった。何より重要なこととして，セ

ラピストは，意識を失う結果を招いた乱痴気騒ぎを，赤ん坊を失ったことに対しタナーさんが抱いていた可能性がある何かしらの感情と結びつけなかった。セラピストが事の本質をはっきりさせるのをしぶった背景には，母親との感情的な距離が反映されている。タナーさんが感情を感じられないことと，セラピストが感情を避けたいという彼女の意思に従ったことの間に，有無をいわさぬ類似性があるにもかかわらず，そのプロセスが検討されず終わったのだ。

逆境の連続

　このパターンが数週間続いたある日，タナーさんがセラピストに電話してきた。手がつけられないほど泣きじゃくりながら，彼女は言った。「ガブリエルが連れて行かれました！」セラピストが全容を理解するのに少し時間がかかった。その前夜，親子ふたりで友達の家に出かけ，タナーさんはしこたま酒を飲んだ。ガブリエルが寝てしまったので，ベビーカーを借り乗せて帰ることにした。自宅に戻る途中，母親は曲がり角でつまずいて転倒しベビーカーをひっくり返してしまった。ガブリエルが泣き始め，近くにいた警官が助けにやって来た。警官は酩酊罪と，子どもを危険にさらした罪でタナーさんを逮捕し，ガブリエルを保護した。タナーさんは翌朝釈放されたが，ガブリエルは里親に預けられた。数日後，ガブリエルは生後1年間彼の面倒をみていた叔母の元にやられた。

　そこから事態は急速に悪い方向に向かった。タナーさんは，子どもとの再統合の条件として物質濫用治療に参加しなければならなかったが，自分には飲酒の問題などないと言いはって治療を拒んだ。児童保護職員はセラピストに対し，タナーさんの養育能力を信頼できなくなったと告げた。次男を実家に預けることにしてよかった，おそらく下の子は幸せに暮らせるのではないかというのだ。この職員によると，この母親は以前も福祉サービスを十分に利用しておらず，今回うまく治療できる見こみは薄いのではないかとのことだった。

　セラピストはタナーさんへの個別療法を提案し，セッションの予定を入れたが，母親が参加することはまれだった。ガブリエルは里子に出され，

子どもをセッションに連れてくるスタッフを手配できなかったため，CPPは終了した。セラピストが別れを告げるため里親家庭を訪ねると，ガブリエルは明らかに母親を恋しがり自宅に戻りたがっていた。その後数週間，セラピストはガブリエルにとって母親の存在がどれほど大切かを訴え，物質濫用治療プログラムに参加するようタナーさんを促し続けたが，彼女の方は，自分はアルコール依存ではないという考えを捨てられなかった。児童福祉職員も，タナーさんが自身のニーズに合ったプログラムを探せるよう支援することはせず，ガブリエルの母親との絆を動機づけに利用しようとしたセラピストの試みも役に立たなかった。

どこが悪かったのか

　治療プロセスを通じささやかな成果は見られたものの，母子双方が健全に成長し続けられるような人間関係の構築を促すという最終的な目標は達成できなかった。この失敗の根底には，ふたつの大きな臨床的誤りがある。第1に，自分はアルコール依存ではないというタナーさんの発言を信じたという点で，セラピストは現実的でなかった。たしかにセラピストも，専門家の支援がなければアルコール問題を管理できなかったかもしれないが，治療を受ける必要があると母親に強く訴えることはできたはずだ。児童保護サービス（CPS）が再び母子に関わるようになってからも，セラピストはもっとCPSのスタッフと連携をとり，タナーさんを物質濫用治療のための介入に参加させるべきだった。CPSのスタッフは，タナーさんとの関係づくりを早い段階であきらめ，とにかくこの母親に子育ては無理と考えたようだ。タナーさんの抵抗を排して必要な物質濫用治療を受けさせるよう，セラピストがCPSスタッフと協力すると主張すれば，違う結果が生まれていたかもしれない。治療上のストレスが蓄積し絶え間なく抵抗にあえば，熱意あふれる熟練セラピストでさえ気力を失う。

　ふたつ目の誤りは，セラピストが総じてタナーさんの視点に寄りそったことにある。セラピストは母親の意見に従うことを通じ，他の人との関係で得られなかった純粋な受容をタナーさんに体験させたいと考えたため，セラピスト自身の考えに固執しなかった。そのせいで内的焦点化がなされ

ず，結局セラピストは，自分の知識を応用して，タナーさんが自身の行動や子どものニーズに対する認識を改めるよう支援することができなかった。

　こうした誤りがなければ，治療は成功していただろうか？　答えは決して定かではない。タナーさんはこれまで社会の底辺で生きてきた。他人に傷つけられて当たり前と考え，身を守るためアルコール依存になり，疎外され孤立し続けてきた。頼りになるはずの社会制度の側も，タナーさんにほぼ何も期待せず，彼女を助けようという意思も欠けていた。セラピストは，タナーさんの視点に従うことで無意識のうちに，彼女が甘んじ耐え忍んできた社会的な拒絶に加担していたのだ。ベンジャミン（1988）が指摘したように，個人が他者の意思に従えば，その人物は単なるモノとなり，人間関係に主観的自己を持ちこめなくなる。タナーさんには，セラピストを支配したいという明確な意図はなく，セラピストも相手の世界観に意識的に従ったわけではない。だがセラピストは相手に従うことで，タナーさんを見捨てた社会制度に立ち向かう能力を失い，せっかくの取り組みも，母親の内的な力と，母子を引き離そうとする社会の外的な力が生み出す新たな犠牲のひとつとなってしまった。

治療経過を把握する――臨床的スーパービジョンの役割

　セラピストはしばしば，治療過程を見守り，明確な臨床判断を妨げるさまざまな障害を解決するために，手助けを必要とする。臨床的スーパービジョンを通じて，目先のプロセスから十分な距離を保って中立的なフィードバックと指示を与えてくれる経験豊富な臨床家のアドバイスをもとに，治療について内省する安全な心理的スペースを手に入れることができる。内省的スーパービジョンにおいて，スーパーバイザーは単なる臨床知識にとどまらず，問題を抱えた親子と接する中でセラピストが経験する感情（助けたいという思い，虐待する親やケア制度への怒り，絶望感，無力感などの逆転移感情を含む）を受け止める支持的な環境も提供する。またスーパービジョンがもたらす中立的で支持的な人間関係の中で，セラピストは，仕事の重圧のせいで自分が2次的トラウ

マや燃え尽きに陥っていないか，振り返ることができる（Figley, 2002; McCann & Perlman, 1990）。内省的なスーパービジョンを通じてセラピストは，治療対象である家族の問題が，侵襲的思考や悪夢，普段と違う興奮状態といった形でセラピスト自身の私生活を蝕んでいないか話し合い，セルフケアの有効性をチェックできる（Osofsky, 2004a）。こうした支持的な感情体験をすることで，セラピストは同じような支持的環境を親子に提供することができる（Fenichel, 1992; Shahmoon-Shanok, Gilkerson, Eggbeer, & Fenichel, 1995）。

　幼い子どもと接する中で，セラピストは自分自身が幼児期に経験した原始的な感情にさらされやすくなる。乳幼児や就学前児童は，感情表現を抑制・調節する能力をまだ習得しておらず，彼らのむきだしの感情が親やセラピストに伝染し，通常の環境であれば生活機能に影響を与えないような「お化け」が呼び起こされることがある。トラウマ体験は本来，感情制御を乱し，混乱を悪化させるおそれがある。子ども‐親心理療法士には，たとえ治療が順調に進んでいても，信頼できるスーパーバイザーと治療プロセスに関して内省できるような，守られた空間が必要となる。

　セラピストが臨床的に行き詰まった時には，スーパービジョンがいっそう重要になる。こうした事例では，スーパーバイザーがセラピストに手を貸し，治療予後を危険にさらすような見落とし・誤調律・共感の失敗に気づかせる。スーパービジョンが，治療に問題が生じていることを知る最初の手がかりになることもある。スーパーバイザーがセラピストとの気持ちのずれを感じる場合，治療でも同じようなずれが生じている可能性がある。この点を説明するため，本章の前半で取り上げた例のひとつに戻りたい。

リーさんと娘の事例のスーパービジョン

　この家族の治療は当初順調だったが，セラピストが語る治療セッションの話にリーさんがまったく登場しないため，スーパーバイザーは事態の展開に懸念を抱いた。スーパーバイザーがこの点を指摘すると，セラピストはすぐ弁解した。自分もリーさんを巻きこもうと精一杯努力したが，時には子どもたちをセッションに参加させる許可を母親から取りつけるだけで精魂尽き果ててしま

うのだと言う。子どもたちが治療に参加させてもらえない理由をたずねると，セラピストから，宿題を終わらせていなければセッションで遊んだり治療に参加したりできないとの説明があった。またセラピストは，「子どもに必要な機会を与えない」とリーさんに対する怒りを口にした。スーパーバイザーは，次第にセラピストに我慢ならなくなってきた。そこで，できるかぎり穏やかな口調で，リーさんがそれほど宿題を重視している理由はわかっているのか，と問いただした。セラピストはこの質問に直接答えず，子どもがあれほど苦しんでいるのに母親が治療を拒むとは，虐待も同然だとピシャリと切り捨てた。スーパーバイザーは，思いつくかぎりの方法でセラピストに対しリーさんの感情や動機づけに対する考察を促したが，どの手を使っても抵抗にあった。そこでスーパーバイザーは，治療過程でも同様のプロセスが生じていると指摘した。このスーパービジョンで交わされている会話に自分もセラピストも苛立ちを感じているが，こういう場合は得てして，セラピストと母親のやりとりでも同じようなストレスが生じているものだと告げたのだ。セラピストは，リーさんの子どもへの接し方のせいで，彼女に対し苛立ちを越えて怒りや憎しみに近い気持ちさえ感じていると告白した。こうしたスーパービジョンのセッションを何度かくり返し，セラピストの言動はますます頑なで怒りに満ちたものになっていった。子どもたちに誕生日プレゼントをあげた件は，治療の失敗が判明するまでスーパーバイザーに隠していた。

　もしスーパーバイザー自身が，セラピストに望むのと同じ行動をとっていたら——すなわち人間関係の中で相手の視点（この場合，セラピストの視点）に立って考えていたら——スーパービジョンを通じて治療の失敗を避けられたかもしれない。スーパーバイザーは，治療の進め方について自説を持っていて，セラピストの視点を共感的に考えようとしなかった。同様にセラピストも，子どもたちに何が最善か（すなわち，セラピーを受けること）という確固たる考えを持っており，能力を伸ばし成功するため子どもには宿題が大切だというリーさんの信念を受け入れる余地がなかった。

　スーパーバイザーが常に，スーパービジョン関係の行き詰まりを一歩下がって客観的にとらえ，自分の主観とセラピストの主観を冷静に検討できるとはかぎらないが，この目標に向け努力すべきである。スーパーバイザーが，自分の

認識とセラピストの認識の間にバランスを見いだせないと，得てしてセラピストも治療セッションで同様に，親の主観や，子どもの主観を受け入れられない親の姿を十分に受け入れることができない。トラウマを受けた子どもとその親の治療につきものの感情の嵐から最も遠いところにいる人間として，スーパーバイザーは，セラピストが全員に目を向けられる余地を確保するという大きな責務を負っている。

9章

◼

子ども－親心理療法と他のサービス制度の統合

　多くの社会機関が，幅広いニーズに沿って子どもの保護を担当している。小児科医，小児保健看護師，保育事業者は正常な発達過程の中で子どもや家族と関わり，専門分野外の問題を早期に発見して専門家に回すことができる。児童保護サービス（CPS）および法制度は，親のマルトリートメントで子どもの安全が危険にさらされた場合に役に立つ。CPSおよび法制度の関与は，子どもの発達段階やメンタルヘルス上のニーズとおおむね無関係な一連の措置を義務づけることにより，治療のあらゆる側面に影響を及ぼす。メンタルヘルスの治療と，多様なケア制度とのしばしば相い矛盾する要請の兼ね合いを考えることで，メンタルヘルスの専門家にとっての標準的な「ベストプラクティス」が生まれるはずだ。本章では，他のサービス制度が家族の生活に関与する場合のCPPの実務について説明する。

CPPとCPS制度

　CPSというドラマに登場する人物が果たす役割は，どれも簡単なものではない。CPSスタッフは多くの場合，親の強みや支援先の有無などの情報がほとんどないまま，瞬時に子どもの措置を決定しなければならない。彼らの最大の責務は，子どもの身体的安全を守ることである。この目標のせいで，つい親

との分離へと判断が傾きがちになる。幼い子どもが親と引き離されることによる感情的崩壊より，身体的・性的虐待の危険の方がより大きな差し迫った脅威とみなされるからだ。

　ほとんどの CPS スタッフは，身体的・性的虐待のリスクや頻繁に措置先が変わるリスクを含め，里親制度の危険性を理解している。たとえ環境が良くても，里親は，親との離別によるトラウマで悪化した子どものメンタルヘルスの問題に対処するための訓練を積んでいない（Heineman, 1998）。CPS スタッフにとって，多くの場面で不明確性が例外というより常態化しているという事実のせいで，意思決定に伴うストレスが悪化している。例を挙げればきりがない。一般に，同じ状況でもスタッフによって対応に違いが出る。スーパーバイザーが，スタッフが行った決定を覆すことも多い。スーパーバイザーの決定が，さらに裁判官の手で覆されることもある。加えてこれらすべての措置が，通常短期間に立て続けに行われる。児童保護制度に携わると真っ先に失われるのは，予測可能性である。その上，分離決定がもたらす一連の法的効果のせいで，たとえ里親制度が不必要と判明しても子どもをすぐに元に戻すのが難しい。

　精神保健医には立場上，CPS スタッフは瞬時に決定せざるを得ない環境に置かれているのではないかと勘繰るだけの余裕がある。事例がセラピストに回される頃には，親子についてはるかに多くの情報が判明している。というのも，事実を把握する時間が十分にある上，セラピストは時に CPS スタッフの管轄外である，心理学的に有用な情報を引き出す訓練を受けているからだ。またセラピストは，自らの職業的アイデンティティに不可欠の要素として不明確性にも慣れ親しんでいる。CPS スタッフにはこの不明確さが往々にしてストレスの原因となり，セラピストに明確なアドバイスを求めるのだが，セラピストはたいていはっきりした答えを与えようとしない。たとえば CPS スタッフが，担当セラピストに連絡なく子どもの里親家庭を変更する場合などのように，異なる制度間の連携・協力不足が深刻な被害を招くおそれもある。こうした突然の変更のせいで，親子を変化に備えさせ，環境に適応するため適切な対処資源を活用するよう手助けする機会が失われる。時には，入念な計画策定によって想定外の里親家庭の変更を避けられることもある一方，里親が突然子どもを手離すと決断し CPS スタッフを驚かせる場合もある。

9章　子ども－親心理療法と他のサービス制度の統合

　被虐待児を含めた制度の不備に対し多くの解決策がくり返し提案されており，それらの実施に向け断固たる取り組みも多数行われている。本章では主なメッセージとして，個人診療所を含む多様な場で働くセラピストに対し，児童福祉制度を発達学的な知識に基づいて実践できるよう制度変革を求めることを促している（Harden, 2007; Silver, Amster, & Haecker, 1999）。またセラピストは，CPS制度の管理下にある子どもへのセラピーを診療業務に組みこむなどして，サービスへのアクセス改善にも貢献できる。「内なる家庭の構築」（Building a Home Within）モデルでは（Hieneman & Ehrensaft, 2005），個々のセラピストが児童保護制度の管理下にある子どもを最低ひとり個人診療で診るよう提案している。こうしたセラピストは，「ひとりの子どもにひとりのセラピストを，必要な期間確保する」という信条に基づき，治療の連続性を保障すべく尽力している。制度を越えた情報連携を促し，多極化を減らし，子どものための統合的なサービスアプローチを推進するためには，セラピストが児童保護制度に内在する重圧と限界を現実的に受け止め，CPSスタッフとの協力体制をとることが必要不可欠な要素となる。

CPS制度における親との治療関係の障害

　CPS制度下の子どもと家族に治療を提供するCPPセラピストは，治療作業の障害となるさまざまな，しばしば相い矛盾する圧力に直面する。以下のセクションでは，治療の障害の性格と，それが親の参加に及ぼす悪影響を避ける方法について見ていく。

自発的治療と強制的治療：力関係の差

　最も差し迫った臨床的な難題は，セラピストと親との力関係の差である。治療は一般に自発的なものでなく，法制度により義務づけられたものであるという事実が，この力関係の差を明確に示すとともに，親が貧困と社会的無力化に陥っているせいで，力の差が一際目立つことになる。こうした要因が，治療の正当性に大きな影響を及ぼす。自由意思で治療を受ける場合，セラピストとク

ライアントの力関係はほぼ均等になりがちである。セラピストは，クライアントが求める知識やスキルを持っており，対するクライアントは，経済的報酬や自分が評価されているという実感，治療行為に向けられる尊敬の念など何らかの見返りをセラピストに提供する。自発的治療で生じる互恵的な意識を通じ，セラピストとクライアントは相手に対する有能感を得られ，これが臨床プロセスにおける感情的な苦痛を和らげてくれる。

CPSの介入で紹介された家族の場合，臨床的な互恵性は存在しない。自分の意思でセラピストを選んだケースと違い，クライアントは担当セラピストに対し意識的に何か求めているわけではない。逆に親はたいてい，治療を「厄介」で思いどおりにならないものと考えている。その上セラピストは多くの場合，子どものマルトリートメントと家族が提起する問題の圧倒的な大きさに苦悩し，CPSや法制度から紹介された治療に伴う無数の付随的な責務によって，この苦悩がいっそう深刻になる。その結果，とりわけ診療報酬が低く公衆精神保健制度における臨床的なケースロードが増える一方の現在のような状況では，クライアントは（少なくとも人間関係を確立できないかぎり）セラピストが求めるものをほとんど何も提供できない可能性がある。

こうした状況では，どちらの側もいろいろな意味で無力感を覚えがちだが，同じ無力感でもセラピストとクライアントでは内容が異なる。セラピストのウェルビーイングがクライアントに左右されるわけではないのに対し，親はセラピストを，自分の人生を変える力を持つ相手とみなしている。この本来的な力関係の差が発端となって，親のセラピストに対する反抗や敵意が生じる。児童保護制度を利用する親は基本的に，自分の人生において重要な地位を占める大人の手で，幼い頃から脅迫や拒絶，虐待を受けてきている。法制度やセラピストと関わることで，自分より体が大きく力があって，その力で故意に自分を傷つける相手に翻弄されてきた幼い日の体験が呼び起こされるのだ。ある母親は，初めてのアセスメントセッションで図らずも自分の体験をこう説明した。「みんな親切そうな素振りでドアの下に20ドル札を入れてくれたりするけれど，ドアを開けると襲ってきます」この女性にしてみれば，セラピストだけは別だと考える根拠などなかった。彼女は母親の実家でも，その後転々とした里親家庭でも，幼い頃から性的・身体的に虐待され続けてきた。セラピストを

信じようとしなかったのは，セラピストに問題があったからではない。ただ当然のごとく，セラピストを彼女の内面にある人間の類型にあてはめただけなのだ。程度の差はあれ，法制度を介して治療に回された親の大部分にこうした負の帰属様式が認められる。

この筋書きによって，親とセラピストの純粋な治療同盟の柔軟性が妨げられるが，このような協力関係がなければ治療効果の見通しは暗い。親と「ほど良い」協力関係を築けるかどうかは，もっぱら，セラピストが4つの具体的障害——強制的治療に対する親の否定的な期待，セラピストの役割が不明瞭，強制的治療に伴う守秘義務の制限，サービス事業者間およびサービス事業者と親の間の，何が子どもにとって最善の利益かに関する見解の相違——に対処できるかにかかっている。

強制的治療に対する親の否定的な期待

心理療法は従来，本人が自己と他者に危害を及ぼすとみなされる場合——市民の安全と個人の権利のバランスを考慮する上で複雑な倫理的・法的課題を提起する状況——を除き，きわめて個人的で自発的な意思決定とみなされてきた。幼い子どもに，虐待やネグレクトの可能性がない情緒・行動面の問題が見られる場合，親は小児科医や小児看護師，保育事業者，友人，親戚などからメンタルヘルスの専門家を紹介されることが多い。紹介を受けて受診するかどうかは親の自由であり，メンタルヘルス上の治療に同意する場合も，自分でセラピストを選び治療終了の時期とその理由を決められる。

だがドメスティック・バイオレンスや虐待，ネグレクトで親子が治療に回される場合，親に選択の余地はない。強制的治療は，治療を受けねば子どもを里親に措置するか親権を終了させる可能性があるというメッセージを明に暗にはらんでいる。この脅威が，親に恐怖や怒り，その両方の感情をもたらし，効果的な治療に重要な情報を隠すよう促すことがある。強制的治療という概念事態が，言葉として矛盾をはらんでいる。なぜなら内面的な変化は一般に強要できるものではなく，今のままではだめで新たなあり方や行動パターンを考えださねばならないと本人が自覚することで，生まれるものだからだ。強制的治療に

回された親が，こうした心がまえで治療を開始することは滅多にない。たとえ自分の子どもへの対応に問題があると何となく意識していても，法制度の介入を受けるという事実自体が，恥や罪悪感，怒り，嫌悪，猜疑心をもたらすため，親にとっては自分を責めるよりも制度を批難する方が簡単になる。たいてい制度の側にも，非難されるべき客観的な理由が十分にあり，親の目からするとセラピストは間違いなく，制度の一翼を担う存在とみなされる（この認識は正しくもあれば誤ってもいる）。

　セラピストは，親の否定的な帰属様式を見越し，懲罰的でない対人関係パターンは可能だと示すような方法でこの帰属様式に対処する必要がある。臨床的な課題として，共謀することなく相手に共感し，相手に責を負わせずに変化を促すための方法を見つけねばならない。ドアを開けて 20 ドル札を受け取れば襲われると考えた女性の例では，セラピストは，治療結果について非現実的な約束をすることなく，彼女を助けたいという自分の気持ちを明確に伝える手段を見つけようとひとりひそかに悩んだ。母親の恐怖と猜疑心を静めるのに最適のタイミングを待って，セラピストは自信たっぷりの口調でゆっくり語りかけた。「あなたが多くの人に裏切られ，傷つき苦しんできた話を聞いて，私もずっと考えてきました。あなたがそんな災難に見舞われたのは，まったく不当なことです。あなたとお子さんの状況を良くするお手伝いがしたいのです。もし私があなたを傷つけているなら，そう言ってください。私としてはそんなつもりは毛頭ないので」母親は黙っていたが，この言葉に表情を和らげた。そして去り際に自然にこう口にしたという。「ありがとうございました。来週もまた来ます」女性の最初の頑なさを考えれば，この言葉には深い意味があった。もう一度セッションを受けようと思うほどセラピストを信頼していることを示していたのだ。この段階に達するまで，セラピストは母親がわが子に犯したマルトリートメントを忘れることなく，同時に彼女の感情体験に共感するという内面のバランスを確立する必要があった。このように，家族のあるメンバーが苦痛に耐え忍び，別のメンバーが同時にその苦痛を負わせているといった臨床状況の多様な側面を意識することが，虐待を行う親とその子どもを治療する際の土台となる。

　複数の強制的介入の一貫として子ども‐親心理療法を行う場合，治療に対す

る親の否定的態度が増大する。家族はたいてい，裁判所の命令に従って一方または双方の親を対象とする個別心理療法やグループ心理療法，カップル療法や家族療法，物質濫用治療，職業訓練・住宅・その他の具体的ニーズのための取り決めなどにも従わねばならない。サービス提供者は，こうしたさまざまな要請がもたらす物理的な苦労や感情的な負担を軽視しがちである。移動に費やす時間と労力（特に親が車を持っておらず，時間に正確でない公共交通機関を使わねばならない場合），それに複数のサービス提供者の各々異なる期待に応えねばという心理的プレッシャーは，時に相当なものとなる。こうした要因のせいで，親がますますサービスに参加できなくなることもある。セラピストは，義務づけられたサービスの種類や，それが親の日常生活に及ぼす影響をたずねることで，情緒的支援を与えられる。この思いやりを持って質問する姿勢が，現実的なサービス協調の実現に向けた問題解決の第1段階になるかもしれない。

　強制的治療がもたらす問題はあるものの，時にはこの治療が，子どもの恒久的な分離にかわる唯一の実現可能な選択肢となる。親が，自分が及ぼした被害を理解していない場合，わが子を失う可能性こそが，親を変化に向かわせる唯一の具体的・直接的な動機になるかもしれない。子どもの監護権を手離したくない（または取り戻したい）という気持ちが，適切な育児行動を妨げる心理的障害よりも強い場合，臨床的スキルを備えたセラピストが，治療の複雑性を十分認識した上で強制的治療を行えば，やがて親が自分から進んでセラピーを選ぶようになる可能性もある。だからといって，安易に親権終了をちらつかせるべきではない。たとえ親子の愛着関係の質がとても高いとは言えなくても，愛着関係の断絶はほぼ確実に，子どもと親双方にとって大きな心理的トラウマとなるため，ふたつの悪い選択肢の中からましな方を選ぶ場合に限って採用すべきである。私たちは，幼い頃に養子に出され，新しい家庭で十分可愛がってもらったにもかかわらず長年実の母親に焦がれ続け，思春期以降，自分が幼児期に目にした実の両親のライフスタイルを取り入れるようになった子どもたちの窮状を何度も目にしてきた（Lieberman & Harris, 2007）。養子縁組は成功することが多く，子どもにとって考えられる最善の結果とさえ言える。だが親との愛着を割くには危険が伴い，ほとんどの状況では，実の親と子どもを結ぶ愛情の絆の修復をまずは試みるべきである。

セラピストの役割が不明瞭

　セラピストの役割に関しては，見る人の目的によってさまざまなとらえ方がなされがちだ。親，CPS スタッフ，弁護士，裁判官は，セラピストが果たすべき役割についてそれぞれ異なる期待を持っているかもしれない。効果的な治療を行う上で最初のステップは，各当事者の期待を把握し，それらの期待のうちどれに応えられ，どの要求はセラピストの管轄外かを（できれば書面で）明確に伝えることである。セラピストは，サービス提供者と親に対し，何ができて何ができないか伝えておく必要がある。たとえばセラピストは，家族への治療と並行して裁判で鑑定人を務めることはできない。

　紹介の過程で，セラピストは法制度に組みこまれているわけでなく治療を提供する義務はないこと，だが親が望めば治療を行う用意があり，アセスメントでは治療の必要性が示唆されていることを，親にはっきりさせておくことが重要である。たとえ CPS から明確にセラピストの意見を求められた場合も，セラピストはたいてい，子どもの長期的措置に関する法的決定に影響を及ぼすことはできない。この点を，親に明確に伝える必要がある。親は，CPS スタッフや裁判所はセラピストの助言に従うものと思いこんでいるからだ。

　CPS スタッフや裁判官が親子を治療に回しながら，セラピストがそこで得た臨床データを活用して子どもにとって最適の措置について証言してくれるよう期待することがある。これがしばしば，誤解を招く原因となっている。治療提供者と司法当局の相談役という二重の役割を担うのは，次のふたつの前提条件を満たさないかぎりとうてい支持できることではない。その条件とは，(1) アセスメントおよび治療の目標が，子どもの措置に関する指針の提供にある点について，セラピストが親と明確な合意に達していること，(2) セラピストが，措置先として想定されるすべての人のアセスメント（養育者としての能力や子どもとの関係を含む）を実施していることである。このような状況では，セラピストは親との臨床関係の重要性を尊重し，CPS スタッフや裁判所に知らせる前にまず自分の提言を親に開示しなければならない。その一環として，司法当局に最終報告書を提出する前に，草案を親に見せることもできる。ただ

し，草案を見せることでセラピストや子どもが危険にさらされる場合は，例外となる。

　最初のアセスメント期間を通じて親とセラピストは互いを知ることができ，アセスメント終了時に，治療を続けるかそれとも別の機関，別の種類の治療を紹介した方が良いかを一緒に決定する。セラピストには，法制度上求められる内容を親に説明し，親がアセスメントと治療の目的を確実に理解できるようにし，守秘義務の範囲と限界を明確にし，最初のセッションでインフォームドコンセントに署名してもらうといった重要な教育的役割が求められる。確認すべき問題はたいてい非常に複雑なため，ほとんどの場合，最初のうちは親と個別に何度かセッションを行わねばならない。その後のアセスメントや治療にも，個別セッションを織りこんでいく必要がある。なぜなら親の治療体験を継続的に把握し，治療の進行状況や引き続き懸念される領域について，セラピストの見解を親に伝えることが欠かせないからである。こうした継続的なコミュニケーションにより，子どもの措置に関するセラピストの裁判所への提言が，親の希望や期待と違っていたなどという不測の事態を防ぐことができる。

守秘義務の範囲と限界

　自発的心理療法では従来，セラピストがクライアントに対し，クライアントの発言は自己や他者に危険を及ぼす場合を除き秘密に保たれることを説明する。対照的に，強制的治療では守秘義務がはるかに曖昧になる。何が秘密情報に該当するかに関する専門的判断が得てして不明瞭となる危機的状況の中で，親子と関わるさまざまなサービス提供者が，互いに情報を交換するからである。たとえば精神医学的・心理的評価の内容が，多様なサービス提供者が参加する計画策定会議の場で日常的に議論される。その結果，親は非常にプライベートな事柄を含む重要な情報の拡散をほとんどコントロールできず，自分の身を守るため，治療の進展に欠かせない生活のいくつかの側面を伝えないという対応をとることもある。

　セラピストは，守秘義務の限界に率直に対処し，親子の安全と措置決定に関係する情報のみが他の関係者に開示されることを説明しなければならない。治

療枠組みを通じて，セラピストが親の許可なく，彼らの生活の詳細を司法当局や他の専門家に開示することはないことを，親にはっきり約束する必要がある。情報開示承諾書に親の署名をもらう場合，十分な説明を行い親の目の前で承諾書に記入すべきであり，セラピストが守秘義務を非常に真剣に受け止めていることを伝えるため極力くわしく記載しなければならない。承諾書に署名を得て，セラピストが他の関係者と情報交換できるようになった場合も，いつどのような理由で情報交換を行うか親に知らせ，そのことに関する親の心情を明確にし，事後にやりとりの概要を伝えるのが礼儀である。

何が子どもにとって最善の利益かに関する見解の相違

　自発的な治療関係では通常，親とセラピストの間に，子どもの感情体験や行動を改善するという共通の目標がある。だが強制的治療では，何が子どもにとって最善の利益かをめぐり親とセラピストの意見が鋭く対立することが多く，共通の課題から出発できないこともある。セラピストは基本的に，子どもの長期的なウェルビーイングに関心を払い，この目標を必ずしも親子関係の存続と同一視するわけではない。時と場合によって，親子関係を最優先する気持ちと，親の養育下に置かれた子どものウェルビーイングへの懸念，家庭外への措置や養子縁組の方が望ましいのではとの思いの間で心が揺れる可能性もある。逆に親は一般に，子どもは自分と暮らすべきだと思いこんでおり，親として落ち度があれば監護権を得る資格がないとは考えない。セラピストが親の立場に対し明確な支持を伝えられない場合，親が不明確さに耐えられなくなることもある。こうして生まれた緊張が引き金となって，親とセラピストの間に熾烈で得てして極端な対立が勃発する。よくあることだが，親が感情を抑えられず，苦悩と怒りに駆られセラピストに暴言を吐くと，セラピストの側も子どもの最善の利益を守るためと称して，衝動的に懲罰的措置に訴えたりする。

　セラピストが，子どもの最善の利益のため親権終了を提案すべきと感じている場合，セラピストの態度が，親の感情的健全性を守れるかどうかに大きな影響を及ぼし得る。セラピストが親の感情体験に理解を示し，親権終了の提案がもたらす苦痛や悲しみを言葉で表現すれば，親はある程度肯定的な自己愛を持

ち続け，喪失に伴う急激な自己破壊的傾向を避けることができる。次の例は，こうした状況を示したものだ。

事例：虐待を行う親への治療態度

　母親のスミスさん（35歳）は，自身が情緒的な虐待・ネグレクトの加害者であったことと，夫による身体的虐待から子どもを確実に守れなかったことから，3人の幼い子どもの親権を失った。治療開始から1年後，セラピストは子どもたちが依然として危険な状態にあると考え，裁判所に里親との養子縁組を勧める報告書を提出した。セラピストはこの提案を母親に伝え，参考のため報告書の下書きを見せた。それを読んだ後，母親は悲しげに言った。「受け入れがたいけれど，とにかく私はあの子たちを育てられないから」

　母親が内省し事態を受け入れられるようになるまで，長く苦しい道のりがあった。その1か月前，週末だけ自宅に戻っていた子どもたちを里親家庭に連れ帰ろうとCPSスタッフが迎えに来た際，母親はドアに鍵をかけ応じなかった。彼女の夫は，警察を呼べば銃で応戦すると脅した。母親がセラピストとの緊急電話セッションで，もしセラピストが迎えに来てくれたらおとなしく子どもを引き渡すと話したことで，この膠着状態を打開できた。セラピストは一定のリスクを承知しつつ，だが治療関係の力を信じて子どもたちを連れ戻しに出かけ，危機は無事に解決した。

　ちょうど1年前，第3子が生まれた直後に保育士が上の子ふたりの体にあざを見つけ，子どもたちが2か所の里親候補家庭に引き取られた時から，母親と夫，それに3人の子ども（5歳，3歳，1歳）を対象とした治療が始まった。子ども3人はすぐに家庭から分離された。シェルターでしばらく過ごした後，上の子ふたりは一方の里親候補家庭に引き取られ，いちばん下の子どもはもう一方の家庭に措置された。関係者全員が3人を同じ家庭に預けたいと望んだが，年齢がこれほど近い子ども3人を養子にしようという家庭は見つからなかった。最終的に，最適な養子縁組先が現れるのを待つより，さしあたって安定した養育環境を確保すべきという辛い決断が下された。上の子ふたりとその養父母は，子どもたちが母親やきょう

だいとの別れや父親とのトラウマ的関係を処理するのを助け、新しい家庭に馴染むのを促し、養父母として過去の悲惨な環境を反映した子どもたちの行動の意味を理解できるよう、子ども-親心理療法を受けた。いちばん下の子どもの養父母は、子どもに目立った症状がないという理由で治療を受けなかった。

事件から3か月後、別の州で暮らす母親からセラピストのもとに、子どもたちの様子をたずねる電話があった。セラピストに促されて、母親は子どもたちに手紙と写真を送った。セラピストはこうした素材を治療に活用し、母親は元気で今も子どもたちを愛していること、子どもを怖がらせたり傷つけたりしない養父母の元で育ってほしいと願っていることを子どもらに伝え、安心させた。電話の中で母親は、自分は良い母親になれないと分かったため卵管結紮手術を受けたのだと語った。

複数の評価軸を治療の明確な要素に組みこんだセラピストの優れた能力によって、悲しいと同時に実情をふまえると最適とも言えるこのような帰結が大きく促された。とりわけセラピストは、子どもをきちんと育てられない母親の心理的な障害を重視しつつ、子どもの安全を守る責任を母親に負わせ続けた。この母子の治療経験を振り返って、セラピストは、さまざまな欠点を持つ母親を叱責したくなる衝動を必死で抑えたと口にした。母親が虐待を受けていた子どもを手放し、また妊娠しないよう手術を受けた事実は、本物の治療関係が果たす大きな変容的役割を示すものだ。セラピストは真の治療関係を通じて、親の人格上のマイナス面の認識と、わが子を守れない親が抱える苦悩への共感を統合することができる。

親子再統合という課題

次のふたつの状況では、親子に CPP が義務づけられることが多い。それは (1) 子どもが親の養育下に戻った後に再統合を維持する場合、(2) 里親養育に措置された子どもの再統合に取り組む場合である。このふたつの状況それぞれの臨床例を次に示す。児童保護制度・司法制度とさまざまな点で衝突する家

9章　子ども－親心理療法と他のサービス制度の統合

族が提起するほぼ無限の例を本章で完全に扱うことはできないが，このふたつの例を通じ，家族構成を問わず一般化できる主な課題を示せるだろう。紙面の都合上，治療のすべての側面を述べることはできないが，全体的アプローチ，および CPS 制度下の子どもと家族の治療に有用なものとして CPP 臨床手法の具体的適用例を伝えるため概要を紹介する。

家庭内依存：里親措置後の再統合の維持

　再統合を維持するための子ども－親心理療法では，次の目標に重点を置く。すなわち (1) 分離中に生じた子どもの発達上の変化と親の生活の変化を理解する，(2) それらの変化が帰属意識の回復に及ぼす影響を理解する，(3) 予測可能性と信頼感を育む日課を確立する，(4) 子どもの分離に結びつく問題が再発する兆しを早期に発見し，効果的な予防措置を講じる，である。これらの目標を並行して追求し，多くの場合 1 種類の介入で複数の目標に対処する。たとえば見通しのつく日課を確立するための発達に関するガイダンスでは，分離前の習慣を活用して親子の帰属意識を回復させることができる。他の臨床場面と同様に，介入法はどれもさまざまなタイミングで，さまざまな組み合わせで使うことができる。ここでは，幼い少女が母親のアルコール濫用とネグレクトのため 1 年間里親に預けられた後の再統合に伴う治療の様子を紹介する。

事例

顕在化している問題
　アフリカ系アメリカ人の女の子マリエッタ・ブラウンは，3 歳 4 か月だ。母親が保育園へのお迎えを忘れ，路上で支離滅裂なひとりごとをつぶやいているところを発見された後，母親の元から引き離された。母親のブラウンさんは病院に運ばれ，アルコール濫用とうつ病との診断を受けたのち，物質濫用プログラムの紹介を受けて 48 時間後に解放された。CPS スタッフの報告によると，里親に措置される前の 1 年間，ブラウンさんの行動は次第に常軌を逸したものになり，マリエッタのお迎えも遅れがちで，服装の乱れやちんぷんかんぷんな言動が見られることもあったという。保

育士がお迎えの時間を守るよう注意すると，敵意を見せ声を荒げた。そんな時はマリエッタも明らかに動揺を示し，両者の間を取りもとうとするかのように母親と保育士の間を行ったり来たりした。マリエッタがだらしない服装で登園し，保育園が閉まる時間までに母親が迎えに来なかったので，園長がCPSに通報した。マリエッタは緊急シェルターで2週間過ごした後，里親のもとに移された。だが6週間後，マリエッタが便を漏らし何度もかんしゃくを起こし，夜中に泣いて目を覚ますという理由で，里親家庭の母親は1週間の猶予を設けて養育を終わらせたいと告げた。マリエッタは，経験豊富で忍耐強く愛情深い里親に預けられ，養母は，しょっちゅう里親家庭を訪ねる同じくらいの年齢のふたりの孫も含めた大家族の一員として彼女を育てた。残る10か月間，マリエッタはこの里親家庭で暮らした。3歳4か月で母親と再統合されるまで，彼女は主な養育者と4回の離別を経験していた。最初に母親と別れ，その後3つの里親家庭から引き離されており，生後28か月の時以来母親と離れて育っていた。

　ブラウンさんは最初の分離後すぐ，子どもを取り戻そうと裁判で争った。彼女は断固としてアルコール濫用を否定したが，再統合の条件として，アルコール濫用治療プログラムと雇用訓練プログラムへの参加およびランダムのアルコール検査実施を裁判所から命じられた。ブラウンさんは当初この要求に従わず，半年後の法廷審問が迫ってようやく応じ始めた。弁護士が懸命に母親を弁護したため，CPSスタッフの反対にもかかわらず再統合期間はさらに6か月延長された。弁護士の励ましと惜しみない援助を得て，ブラウンさんは再統合の条件をめでたく満たし，マリエッタを取り返した。

　マリエッタが里親の元で暮らしていた1年間，ブラウンさんには週2回，1回3時間の監督付き面会が認められた。母親が確実にその場に現れなかったため，最初は面会回数にむらがあったが，アルコール濫用治療プログラムを定期的に受け始めてからは規則正しく面会できるようになった。当初は面会が不規則だったせいで，母親と別れる際のマリエッタの悲しみが大きくなり，2番目の里親が養育を断念する原因となったかんしゃく，号泣，睡眠障害などの問題を悪化させていたようだった。面倒見のい

い3番目の里親のもとに移り,毎日の行動がかなり安定した後でも,マリエッタが里親から離れるのを嫌がったり,逆に面会終了時に母親と引き離されるのを嫌がったりしたため,母子の面会には困難がつきまとった。マリエッタは,母親に会うため里親家庭を出る前にかんしゃくを起こし,面会が終わって別れる段になると母親にしがみついて泣いた。帰宅した次の日は,気難しく反抗的になった。つまりマリエッタは自分の行動を通じ,こう訴えていたのだ。「誰が私をかわいがってくれるのか,私はどこの家の子なのかわからないわ。里親といる時は,私を大事にしてくれるこの人と別れたくないと思う。別れたらもう二度と会えないんじゃないかと心配になる。でもママといる時は,ママが優しかった頃の幸せな気持ちを思い出して,離れたくなくなる。今度いつ会えるかわからないもの」CPSスタッフは,マリエッタの振る舞いが母親にとってストレスの原因になれば,ブラウンさんの問題が再発するのではないかと案じていた。そこで再統合直前に,子ども-親心理療法を母親に紹介した。

最初のアセスメント

できれば再統合前にアセスメントを実施し,治療を開始すべきだったが,紹介を受けた時点で順番待ちリストができていたため,最初のアセスメントセッションが行われたのは,マリエッタの帰宅から3週間後のことだった。ブラウンさんは最初から明らかに,司法制度上また新たな治療を要請されたことを喜んでいなかった。治療自体は裁判所に命じられたものではなかったが,マリエッタはまだ裁判所の監督下に置かれており,もしCPSスタッフがブラウンさんの態度に問題を見てとれば里親の元に戻される可能性があった。

母親が自分の状況と子どものニーズをどうとらえているか把握し,治療モデルについて説明するため,初回はブラウンさんとの個別セッションを行った。予約時間に20分遅刻した母親は,バスが遅れたのだと素っ気なく答えた。セラピストは,交通機関はよく乱れるものだと返し,冷たい雨の中,外でバスを待って大変でしたねと付け加えた。母親は返事をしなかった。あなたは自分と娘さんをどうしたいのかと質問して,セラピスト

が彼女の口を開かせようとしたが，短い返事しか返ってこなかった。とうとうセラピストは，母親の心情を推察して次のように直接問いただした。「あなたと娘さんは，長い間離れて暮らした後，また一からお互いを知ろうとしているところですね。たぶん，またフルタイムの母親業に戻ろうとしている今，他人に監視されるほど嫌なことはないんじゃないですか」

　自己主張を抑えたこの言葉は，セラピストに関するブラウンさんの過去の苦い経験を，セラピストへの感情をそれ以上悪化させることなく指摘するものだった。母親は肩をすくめ，治療プログラムに疑問を感じていると言った。セラピストは，疑問に思うのも当然だと返し，治療に参加するかどうかはあなた次第だと付け加えた。するとブラウンさんは，子どもを母親から引き離す制度を手厳しく批判した。セラピストは共感をこめて，母親は子どもにとって何より大切な存在だと請け合い，自分の仕事は母子が一緒にいられるようできるかぎりのことをすることにあると語った。ブラウンさんは「医者はみんな，私の暮らしぶりを言いふらします」と答えた。くわしく説明してほしいと頼むと，母親はアルコール濫用治療プログラムの初回評価で精神科医の診察を受けたが，その医師は彼女の話をずっと書き留めていたのにメモを見せてくれなかったという。ブラウンさんは，マリエッタが里親に預けられる期間が延びたのは，このメモのせいだと考えていた。「陰でこそこそ話をするかわりに，先生がたは自分の考えをしゃべるべきです」と彼女は述べた。セラピストはこの発言を，あなたもどうせ同じことをするんでしょうという母親の予想を暗に表現したものととらえ，すぐに当初の否定的な原因帰属を正すべく行動に出た。たしかに個人的な問題はできるかぎりふたりの間の秘密にすべきだと同意した上で，こう言い添えた。「たとえば，もしあなたが今後も私と面談を続け，私があなたを担当するソーシャルワーカーと相談する場合，あなたから聞いたプライベートな内容はソーシャルワーカーに教えません。あなたが許可した事柄だけを伝えます。ただし法律上，あなたの許可なく情報を開示しなければならない場合がひとつだけあります。それはマリエッタが危険にさらされた場合です。その場合も，極力まずあなたの確認をとるようにします」ブラウンさんがたずねた。「危険ってどんなものですか？」セラ

ピストは答える。「私やあなただけでは，対処できないような危険です。その場合も，必ずまずあなたに話すよう努めます」続いてセラピストは，この機会を利用して母親に情報開示承諾書を見せ，書類の役割を説明した。ブラウンさんは，セラピストが守秘義務の重視を強調しつつ，自分の法的義務を率直に打ち明けたことに明らかに安堵し，セラピストがCPSスタッフや娘の担当小児科医，保育士と協議できるよう，承諾書に署名することに合意した。

　ここから始まったアセスメントの過程を通じて，ブラウンさん自身も子どもの頃，母親のアルコール依存と父親の家庭放棄のため里親に預けられていた顛末が明らかになった。またアセスメントの結果，本人は深刻視していないが，彼女が13歳からアルコールを飲み始めていることもわかった。ブラウンさんの思考プロセスは乱れがちで，脳の器質障害の可能性が疑われた。他方，過去半年間彼女は簡単な料理を担当するコックとして働き，近所で開かれるアルコール濫用者の自助グループ「アルコホーリクス・アノニマス」（AA）の定期集会に参加し，AA主催者との関係も良好で，友達が何人かいる教会に規則正しく顔を出していた。

　マリエッタに対するアセスメントの結果，認知機能は年齢相応に発達しているが，表出・受容言語に一定の問題があると判明した。マリエッタはいつも不安げな表情を浮かべ，動作は鈍くためらいがちだった。日中はあまり手がかからず，保育園では遊びに参加しないで他の子の様子をじっと見ていることが多かった。夜寝る前や，母親と面会後に別れる際に不安が高まり，別れ際には母親にしがみついて大泣きしなだめるのが大変だった。里親に預けられた当初の最大の特徴だった，かんしゃくは見られなくなった。かんしゃくは，よちよち歩きの時期に典型的な行動であり，今ではマリエッタは言葉で表現したり，言いつけに従うのを態度で拒んだりしてストレスや怒りを伝えられていると考えられた。このふたつは，就学前児童としては年齢に見合った対処方略である。だが彼女の言葉の遅れ，不安げな表情，緩慢な動作からセラピストは，怒りをあらわにしてまた母親と引き離されるのではという恐怖心から，マリエッタが怒りを押し殺しているのではないかとの仮説を立てた。心身両面でいつもそばにいてくれる

とはかぎらない母親との関係を保つため，マリエッタは，闘争か逃走かのジレンマの中で，怒りより安全な選択肢として，感情的引きこもりを選んだのだ。

治療の概要

　治療の一環として週1回，母親の仕事の都合をふまえ夕方早い時間に家庭訪問を行った。ブラウンさんから治療開始への同意を得て，マリエッタの睡眠障害と分離不安に重点を置いた。子どもが夜遅くまで起きていたがる一方，ブラウンさんの側は，週末に加え，平日も週2回ほど訪ねてくる恋人とふたりきりの時間を過ごしたかったため，寝かしつけが母親にとって最大の関心事になっていた。

母親の否定的な原因帰属への対処

　2回目の治療セッションで，セラピストが寝る前の習慣についてたずねると，ブラウンさんは「どんな習慣ですか？」と聞き返した。続く会話でセラピストは，幼い子どもは暗い中でひとりきりになるのが怖いため，母親が歌を歌うとかお祈りを唱えるとか，毎晩同じ行動をとると安心感を与えられるのだと説明した。母親は，大人の助けがなければ眠れないという考え方を頭から否定し，マリエッタは「人を巧みに操り」「自分の思いどおりにしようとする」と評した。母親は娘に対し，自分が指示したら文句を言わず寝に行き，お祈りや子守唄や，ママがずっとそばにいるからねといった言葉がなくても朝までぐっすり眠れるようになってほしいと思っていた。セラピストは，たしかにそれが理想で，寝る前の習慣は母親には非常に煩わしいものだと答えた。マリエッタにしても丸1年母親と離れて暮らした後，自宅での生活に慣れようとしている途中なのだから，ひとりで寝られるようになるまでしばらく時間が必要だろう。

　この介入は内容的に正確ではあったが，娘を里親に預けたことへの罪悪感を母親に引き起こしたという意味で，セラピスト側の共感不足を露呈したものだった。ブラウンさんは即座に身がまえ語気を強めた。「あの子は賢い子です。保育園の先生も，パズルができるし数も5つまで数えられる

と言ってくれました。あなたも，マリエッタは頑張っているとおっしゃいましたよね。家に戻って別に苦労なんてしていないし，どうすればひとりで眠れるかあの子もちゃんとわかっています」そう言うと母親はテレビをつけ，不機嫌な様子で画面に目をやった。このやりとりの間，マリエッタは少し離れたところに黙って座り，心配そうな表情で大人たちを見やりながらおもちゃをいじっていた。セラピストが優しく声をかけた。「マリエッタ，ママと先生は今，あなたがちゃんと眠れるかお話ししているのよ。あなたもママもゆっくり休めるよう，一晩中ぐっすり眠るための方法を見つけようとしているの」セラピストは大人のやりとりをマリエッタに説明するにあたり，意見の不一致でなく共通の目標を強調することで，マリエッタを巻きこむと同時に，母親との対話の敵対的な調子を和らげようと試みた。さらに，セラピストが子どもだけでなく母親も気にかけていることを伝えるため，ママもゆっくり休む必要があるという説明を盛りこんだ。

　黙ってテレビを見続けるブラウンさんに，セラピストはこう告げた。「寝る前の習慣について話しましたが，私の口ぶりが偉そうに聞こえたのならごめんなさい。そんなつもりはなかったんです」夫人はわずかに笑みを浮かべたが，目はテレビから離さない。セラピストも母親と一緒に，黙って画面を見つめた。すると母親が笑って言った。「変なの。みんないつも同じことを言うんだから」彼女の説明によると，友人たちもセラピストと同じように，マリエッタはあなたが思うような子じゃないと説得しようとしたという。その意見についてどう思うか，とセラピストがたずねると，ブラウンさんは答えた。「みんなあの子のことをわかっていると思っています。たしかにそうなんでしょうが，でもみんなは，あの子が人をうまく操るところを知らないんです。誰も知らない。あの子は，自分が見せたい部分だけを周りに見せているから。本当のマリエッタの姿を知っているのは，私だけです」

　短い沈黙が落ち，セラピストは母親に激しく反論したい気持ちを抑えてこう言った。「そうですね，私の見方はあなたと違うと思います。どんなに頑張っても，マリエッタが人を操る子どもには見えません。私には，

同じ年齢の他の子と何ら変わりなく見えますが，あなたが自分の目に映る娘さんの姿を強く信じていらっしゃるのはわかります」続けてブラウンさんは，マリエッタが夜中に起きだして冷蔵庫を開け，母親のお気に入りのアイスクリームを勝手に食べた一件について，わかりにくい話をした。母親が翌朝起きてくると，冷蔵庫のまわりに溶けたアイスがべったりついていたという。彼女は娘に何も言わなかったが，罰として翌日出かけた際，キャンディーを買い与えなかった。彼女は説明した。「マリエッタは私が何も言わなくても，キャンディーをもらえない理由を理解していました。いつものようにぐずりませんでしたから。仕方ないとわかっていたんです」そして娘に向かって，こう告げた。「あなたがママの話をちゃんと聞けるのは，わかってるんだからね」マリエッタは母親ににっこり微笑んだ。この話を聞いてセラピストは，母親に器質性の思考障害が認められるのではという当初の疑いへの確信を強めたが，何と応じれば良いかわからなかった。マリエッタがお医者さんセットで遊んでいたので，セラピストも加わって母親の目の前でぬいぐるみの診察をした。こうしてセッションは，解決にたどりつかないまま終了した。

　このセッションを振り返ってセラピストは，娘が他人を操るというブラウンさんの歪んだ認識はあまりに深く根づいていて，直接的に対処できないという結論に達した。そこでかわりに，母親のわが子に対する頑固な認識に対抗するため，子どもの行動の意味を年齢に応じて理解する手がかりになるような具体的な行動ややりとりに着目することにした。次に紹介する，治療期間の後半に行ったセッションの様子を見れば，セラピストがどのような計画を実施したかがわかる。

　ブラウンさんは娘と一緒にパズルをしながら，今夜は新しいクラスに申しこむためこれから学校に出かけると話した。マリエッタは母親の上着をつかみ，行かないでとせがんだ。母親が「だめよ」と言うと，マリエッタは泣きだした。母親は言った。「ほら，この子は人を思いどおりに動かそうとするでしょう？　この涙も嘘泣きで，本当は泣いてないんですよ」セラピストはこれに対し「そこからは，この子の背中しか見えないでしょう。私には悲しそうに見えます——涙が頬を伝っていますし」と返した。

マリエッタはしくしく泣き続け，次第に泣き声が大きくなった。セラピストは同情するような表情を子どもに見せたが，あえて介入しなかった。母親の反感を買い，困ったマリエッタがセラピストに助けを求めるような複雑な状況を生むのを恐れたからだ。マリエッタはさらに激しく泣きだし，「わたしもママといっしょにがっこうにいきたい」と言った。母親は娘から顔をそむけ，30秒ほど黙っていたがやがてセラピストに言った。「この子，私が自分の保育園に行くと思っているんだわ」彼女の洞察に感心したセラピストは，思わず声を上げた。「そのとおりだわ！ 気づきませんでした。あなたがちゃんと説明したら，マリエッタにもわかるんじゃないかしら？」母親が「説明するって，何をですか？」と問い返した。セラピストは苛立ちを抑えて，もしマリエッタが，母親が出かける先は大人の学校だと知り，誰と一緒に留守番するか，ママがいつ帰ってくるかを教えてもらえれば，おそらく多少落ち着くのではないかと辛抱強く説明した。マリエッタの泣き声がいっそう大きくなり，ブラウンさんは相変わらず目を逸らしたままで何も言わない。

　セラピストのメモには，その後の展開が次のような表現で記されている。「15分ほどたった気がしたが，実際には15秒程度だったろう。この後どうなるかと私が気をもんでいたせいで長く感じたのだろうと，私は相対性理論を連想した」セラピストは近寄って来たマリエッタを膝に抱き上げ，言った。「ママと一緒に行けなくて悲しいのはわかるわ。でもママは，あなたの保育園じゃなくて自分の学校に行くの。だから，あなたを連れて行けないの。あなたがおばさんとお留守番していれば，寝る前にママは戻ってくるからね」ブラウンさんが後を引き取り，母親をじっと見つめるマリエッタに同じ説明をくり返した。

　セラピストは，次に起こったことをこうメモしている。

　私がマリエッタを母親の方に押しやると，母親は子どもの髪に触れ少し微笑みかけた。するとマリエッタが泣きやんだ。マリエッタは先ほどと比べ，あまり気乗りしない様子でパズルに戻ったかと思うと，トイレに行った。子どもが席を外している間に，私はブラウンさんに，あなたがいなくなるといつもあん

なふうに泣くのかとたずねた。「ええ，いつもね。あの子は敏感すぎるんです」私は彼女に，ひょっとしてマリエッタは，長い間母親と別れて暮らした記憶のせいで過敏になっているのではないかと聞いた。「そうかもしれません」と母親は答えた。母子が別れる場合，母親が今夜用事で学校に行くといった一見単純で短期間の離別であっても，いなくなる理由や離れ離れになるわけを言葉を尽くして説明しなければならないものだと思う，と私は伝えた。そして一般に，親と長期間離れた経験がある子は，そうでない子ども以上に敏感になりがちだが，この点についてどう思うかとたずねた。マリエッタもこのケースにあてはまるのではないだろうか，と。安心したことに，ブラウンさんはたしかにもっともだと答え，すんなりお別れができなかった状況を他に何件か挙げた。続いて私に，マリエッタがうまく眠りにつけないのは，自分が酔って夜中に黙って出かけることがあるからではないか，母子は同じベッドで寝ているため自分がいなくなったのに娘が気づくからではないか，と聞いてきた。母親は黙って私を見つめた。私はこのふたつの告白に驚いた。彼女は，3か月否定し続けてきた飲酒を認め，娘をひとり残して夜中に出かけることを打ち明けたのだ。私は努めて平静を装い，ではあなたは，マリエッタが眠れないのは，寝ている間にあなたがまた姿を消すのではと不安だからだと思うんですね，とたずねた。彼女は，はい，と答えた。私は彼女に，さっきマリエッタは，母親が今晩学校へ行くがちゃんと戻ってくるという説明を理解していたのだから，寝る時も，夜に出かけたりしないと約束すれば安心するだろうと伝えた。

　セラピストが母親を車で学校まで送り，セッションは終了した。メモにはこう書かれている。「別れ際マリエッタは少し涙ぐんでいたが，いつも可愛がってくれるおばさんに会って気がまぎれていた。ブラウンさんは娘に『これから学校に行くけど，すぐ戻るからね』と言った。マリエッタは，おばさんと一緒に母親にバイバイと手を振った」
　このセッションは，ブラウンさんとマリエッタ，それにふたりの関係の内的変化の過程を示すものだ。2回目のセッションで，ブラウンさんはマリエッタが眠れないのは母親と離れて里親の元で暮らしたことと関係するのでは，というセラピストの指摘を受け入れられなかった。約2か月後の

今回のセッションでは，母親は自然に，子どもが寝つけないのを，自分が夜中に子どもを残して飲みに行っていた事実と結びつけた。セラピストが，母親が学校に出かけても不安がらないようマリエッタを安心させることに着実に取り組み，最終的にこれに成功したことが，この自己開示につながったのだ。母親が子どもをなだめるのを待つか，自分が率先して子どもをなだめるか悩んだ挙句，セラピストが両者の間で慎重にバランスをとった点は，注目に値する。時にセラピストは，治療終了後も続く母親との協力関係の構築という長期的な目標を達成するため，目の前で子どもが苦しんでいても我慢しなければならない（15秒が15分に思えるほど辛くても！）。この事例でセラピストは，母親に泣きじゃくる娘をなだめるチャンスを与えたが，子どもが近づいてきた際は，助けを求められたら応じねばならないことを母子両方に示すため，自ら介入した。

再発の初期徴候

　その後3か月間，同様の介入が治療の一環として定着し，ブラウンさんが娘の欲求を伝える合図に敏感になるに従って，就寝前や別れ際のマリエッタのぐずりがゆっくりだが着実に改善していった。だがセッション中，ブラウンさんに心ここにあらずといった様子が表れはじめ，やがて仕事を理由に時々セッションをキャンセルするようになり，はては予定していた家庭訪問の時間に何度か家を空けるようになると，この順調な治療パターンが中断した。セラピストは，自分が何か母親の機嫌を損なうようなことをしたか確かめようとしたがうまくいかず，ブラウンさんの私生活に問題が生じたのではないかと考え始めた。保育園に電話すると，マリエッタは休まずきちんと通園しているとのことだった。セラピストのメモに記されているように，以下のセッションは治療中断から3週間後に実施されたものだ。

　家を訪問すると，母子はテーブルに向かって腰を下ろし，新聞広告を一緒に見ていた。ふたりともコートを着ていたので，これから出かけるの，それとも今帰ってきたところかしら，とたずねた。ブラウンさんは帰ってきたところだ

と答え，そのまま娘に広告を見せ続けた。かけても良いか確認してから，マリエッタの隣に座ると，マリエッタは大きな笑みを浮かべて前回一緒にやったパズルをとりに行った。私はマリエッタと床に腰をおろし，パズルを作り始めたが，ブラウンさんは新聞をずっと読んでいた。前回のセッションからしばらく経つのでまた会えてうれしい，と私が声をかけると，素っ気ない短い返事が返ってきた。私はしばらくしてから，私たちの関係に何か変化が起きたようだが，それが何かよくわからないと伝えた。ブラウンさんは，それってどういう意味ですか，私には何もかも同じに思えます，と答えた。何かが違う——以前はブラウンさんも加わり3人で座って話していたが，最近は彼女が掃除や食事，郵便物を読んだりするのを自分が邪魔しているように感じる，と私は答えた。ブラウンさんは，一日仕事をしてマリエッタを家に連れ帰った後は，家の用事を片づけたいのだと答えた。私は言った。それはわかるけれど，以前はこんなことはなかったので不思議に思う——その上，彼女は何度かセッションを連絡なしにキャンセルしており，私としては何か問題が起こっていると感じるのだ，と。「ひとつ思うのは，たぶん私はもうお役に立てない気がします。私のアドバイスに効果がないみたい。私はあなたの友人と同じように，あなたとは違う目でマリエッタを見ています。きっと私が言うことは，あなたには何の意味もなさないんですね」ブラウンさんは新聞から目を上げ，マリエッタに対する見方が違うからといって，先生の助言が役に立たないわけではないと答えた。そして恋人との問題を切り出し，彼とのいざこざを延々と語り続けた。昔と比べ彼の自分への関心が薄れ，喧嘩が増えたのだと具体的な例を挙げて説明してくれた。私は同情して耳を傾け，恋愛がうまくいっていないときに気力を振り絞って日常生活を送るのは大変なことだと相槌を打った。ブラウンさんは，彼との問題を相談できてよかった，先生は聞き上手だと褒めた。彼女は過去の経験から，先生に相談すると，自分も恋人につらくあたらなくなると気づいたのだという。そう言いながら，ブラウンさんは私や娘と一緒に床に腰をおろした。パズルをするのは数週間ぶりだったので，彼女も私もマリエッタの上達ぶりに驚きと喜びを感じた。マリエッタは，顔いっぱいに笑みを浮かべた。パズルが完成すると，ブラウンさんは物の名前を娘に当てさせる，お決まりの「これは何だ」ゲームを始めたが，普段より明るく高圧的でない感じだった。マリエッタ

は母親の質問にすべて答えられ，私は，マリエッタは誇らしげね，ママが喜んでくれて嬉しいのね，と声をかけた。ブラウンさんは「やっとできるようになったわね，マリエッタ」と言った。私は，パズルは難しいものだったし，ゲームに出てきた言葉にも難しい単語が含まれていた，他の子が答えられない問題もあったと言うと，母子は満面の笑顔になった。

　このセッションから，セラピストがブラウンさんの私生活に注意を向けることによって，母親が子どもに関心を持ち，娘とのやりとりを楽しめるようになったことがわかる。けれどこの改善は続かず，すぐに母親はまた治療を欠席するようになった。ある日の午前10時過ぎ，きっと母親は仕事中だからメッセージを残そうと思いセラピストが電話をかけると，本人が電話に出て呂律の回らない口調で意味不明なことを口走った。また酒を飲み始めたのだろう。これを受け，セラピストは臨床的なジレンマに陥った。この疑惑をCPSスタッフに伝えるべきかどうか。タイミングが問題で，というのも万事順調にいけばその翌月に，家庭内での監視が取りやめられる予定だった。再発のおそれを通報すれば，かわりに再統合後の監視期間が延び，再統合自体も危うくなりかねない。一瞬迷ったのち，セラピストはブラウンさんに，2日後にオフィスで個別セッションをするので来てほしいと頼んだ。電話では再発の件に触れず，来月行われる監視取りやめの法廷審問に向け作戦を練る必要があると伝えた。彼女は，参加すると答えた。

危機

　セラピストは個別セッションで，ここ数か月の治療への欠席状況や，ブラウンさんの恋人との問題，平日に仕事に行っていないことに触れ，最後に付け加えた。「これまでお互いなんでも率直に話してきました。私は治療開始時に，あなたに内緒で何かすることはないと約束しましたよね。残念ながらあなたがまたお酒を飲み始めたんじゃないかと，心配しています」ブラウンさんは最初こそ否定したが，その言葉に力はなかった。セラピストは続けた。「むろんあなたは，またお酒を飲めば娘さんを里親にや

られると不安に思っているのですから，これが大変な問題なのはわかります」彼女は，「少し」お酒を飲んでいたことを認め，AA主催者と口論になって会合に行くのをやめたと告白した。セラピストは，13歳で飲み始めたあなたが，再発せず完全にお酒を断つのはたしかに難しいことですね，と言った。ブラウンさんは泣き始めた。セラピストは，この辛い時期に信仰が助けにはならないかと聞いた。すると，自分は罪深すぎて神様に助けてもらえない，教会に行くのもやめてしまったと言う。彼女の泣き声がいっそう大きくなった。「神は最も罪深き者をも愛し，罪人が悔い改め神に従うことを望んでいるのです」とセラピストが言うと，彼女は「先生は，クリスチャンなんですか？」とたずねた。セラピストは答えた。「違うけれど，クリスチャンを大いに尊敬しています。私に信仰がなければだめかしら？」「いえ，そんなことは。先生は黒人でもありませんし，けれど私を一生懸命助けてくれています」この時初めて，アフリカ系アメリカ人の母親とラテン系のセラピストの宗教的・人種的な違いが直接話題になった。セラピストはこう言った。「私は移民なので，自分がこの国の一員だと感じるまでの大変さはわかります。でも黒人の方々は，他の誰もとうてい実感できないような貧困や人種差別に苦しんできました」ブラウンさんは答えた。「私の祖母は南部育ちで，小さい頃に男性がリンチされる現場を見たそうです。あれは一生忘れないと言っていました」「そうでしょうね。それがあなたに，どう影響したと思いますか？」とセラピストが返した。母親は肩をすくめ，わからないと答えた。セラピストは言った。「時には意識下に沈んでいた苦痛が，思いがけない形で表面化して害を与えるものです」母親は「お酒みたいですね」と言った。ここから会話は，ブラウンさんの家族のアルコール濫用の世代間連鎖へと移った。

　彼女の血筋にアルコール依存の根強い歴史があることを知ってセラピストは警戒感を強め，放置すれば飲酒問題は悪化するだけだと悟った。そこで母親に言った。「あなたと娘さんの幸せを願う人全員に助けてもらう必要があります。前に言いましたよね。私があなたの許可なく福祉スタッフに何か打ち明けるとすれば，それはマリエッタが危険にさらされている，それも私やあなただけでは防げない大きな危険にさらされている時だと。

今がその時なんです」ブラウンさんが態度を一変させ怒りをむき出しにした。「やっぱりね，先生は信頼できないと思っていたんです。またやつらに娘を取り上げられるんだわ」セラピストは答えた。「たとえあなたが自分の身を傷つけていても，私はあなたたち親子のためを思っているんです。だから私を信じてください。まだアルコール問題から立ち直っていないと自覚するため，あなたには今すぐ誰かの助けが必要です」

続いて，ブラウンさんから担当のCPSスタッフへ電話を入れさせるため，長い会話が続いた。セラピストは，自分の目の前で彼女に電話させることにした。ブラウンさんが担当スタッフに，またお酒を飲み始めたことを報告するメッセージを残した後，セラピストも電話をかわり，自分もCPSスタッフと相談したい旨を伝えた。その翌週，何度か電話で協議を重ねた末，家庭内での子どもの監視をさらに6か月延長し，母親は同期間中，子ども-親心理療法の継続に加え，アルコール濫用更生プログラムとAAの会合に再び参加すること，またランダムのアルコール検査実施を求める計画が作成された。

この危機以後，ブラウンさんは数週間セラピストと面会できなかったが，アルコール治療プログラムに参加した。セラピストは定期的に電話をかけ，家庭訪問のため時間を空けるので，在宅なら連絡してほしいとのメッセージを残した。ある日，セラピストがふと思いついて約束せずに彼女の自宅に立ち寄ると，マリエッタは保育園に行っているとのことで，母親ひとりが家にいた。彼女は失業したが，アルコール治療の一環として雇用訓練プログラムに参加していた。セラピストは，マリエッタを助けるため一緒にセラピーを続けられればと願っていたので，お会いできてうれしいと声をかけた。そして付け加えた。マリエッタは，あなたのようにアルコールに負けないよう必死に頑張る母親がいてとてもラッキーだと。結果的にこの言葉が治療の転換点となり，ブラウンさんは実の母親と暮らした当時，里親家庭で受けた身体的・性的虐待の記憶を涙ながらに語った。セラピストはこう言葉をかけた。「だから私は，あなたがお酒をまた飲み始めたことをCPSスタッフに報告しなければいけなかったんです。人間は時にアルコールに負けてしまいます。もしマリエッタの身に何かあったと

き，あなたに自分を責めてほしくなかったのです」話を続ける中で，ブラウンさんは，自分の身に起きた悲惨な出来事をもう一度別の人に話すのは無理だという理由から，自身が受けた虐待に対処するため個別治療を行うという提案を拒否した。彼女によれば，アルコール治療プログラムの一環として行うグループセラピーの中で話し合えるし，必要があればまた先生に相談すればよいという。そこでふたりは折り合いをつけ，セッションの合間の期間にアドバイスを与え，ブラウンさんがセラピストとふたりで話し合う時間が必要かどうか判断するため，親子合同セッションに加えて週1回電話で確認することにした。親子合同セッションに加え，およそ月1回のペースで母親との個別セッションを実施した。

　再発とその後の危機を通じ，ブラウンさんは治療をうまく活用できるようになった。彼女が再発するきっかけを作ったメタンフェタミン常用者の恋人は姿を消した。母親は見捨てられみじめな気分になった反面，自分が物質濫用にひかれがちだと新たに自覚した。この時期に教会が大きな心の支えとなり，彼女はよく，夢にキリストが出てきて耐えるよう言われると語った。また悪魔に首を絞められる夢も見たが，彼女はこの夢を，子どもの頃に性的虐待を受けた際の感覚についてセラピストがアドバイスを行ったことと関連づけた。

　治療は3年間続き，別の恋人との破局後にまた再発があった。二度目の再発時は，ブラウンさんの状態が安定するまでマリエッタの叔母が同居してくれたため，CPSに連絡せずにすんだ。最初は強制的治療だったがやがて自主的に治療に取り組むようになり，子どもの監護権を取り戻してからは，ブラウンさんのセッションへの参加率も改善した。治療初期の介入戦略が，マリエッタの発達を促し母親の治療意欲を高める上で効果的であると判明したため，治療期間の最後まで同じ介入戦略を続けて採用した。

　治療が終わる頃には，ブラウンさんは8か月間安定して働き，マリエッタも保育園で元気に過ごしていた。彼女は相変わらず，決まった恋人をほしがっていた。彼女は，自分の恋愛が短命に終わるのを悲しむ一方，その状況を冷静に受け止めており，マリエッタを自分の恋人とふたりきりにすることは決してしなかった。ブラウンさんの言葉を借りれば「自分

の身に起きたことを考えれば,誰も信用できない」からだ。彼女はマリエッタを,「人を巧みに操る」と評するのをやめた。今でもまれに「我が強い」子だと言ったりするが,くすくす笑いながら娘をそう形容する様子からは,彼女がわが子に対し感じるようになった喜びや誇らしさが感じ取れた。今後もブラウンさんには,大きなストレスにさらされた場合などにアルコール濫用の再発や,思考の歪みなどが生じる危険があるだろう。だが,この母子が治療を通じて手にした強みが,彼女たちが今後も必ず直面するさまざまな課題から身を守る役に立ってくれるのではないかと思われる。

家庭外への措置：母子再統合に向けた治療

　再統合を定着させるための治療と,里親への措置を防ぐための治療では,再統合に向けた治療上の課題がさまざまな点で異なる。里親に措置され親子が長期間離れて暮らすことで,親子の互いの関係に対する不安が高まると同時に,互いの生活におけるそれぞれの役割が次第に小さくなる。毎日の暮らしを通じ互いの目的や期待を確認することなく,親が特定の子どもの親となり,逆に子どもが特定の大人を親とみなすようになるのは難しい。親子が一緒に暮らさず,毎日の生活習慣を共有できない面会室のような人工的な環境で,限られた期間しか顔を合わせられない場合,まさにこうした要素が不足してしまう。次の事例では,再統合の時期を決定する際の課題や,親子関係の情緒的成長を促すための臨床戦略のいくつかを紹介する。

事例

顕在化している問題

　アシュレーは3歳のとき,母親の元から引き離された。小児科医が,子どもの体重が身長に比べ少ないこと,予防接種をきちんと受けていないこと,体が汚れていることに気づいたからだ。小児科医は,子どもの食事時間に関する母親の説明があやふやで,体重増量に向け母親の協力を得ようとしたが無関心な様子を見せたと記録している。この医師は,母親の物質

濫用を疑いCPSに連絡した。

　調査の結果，母親のサンダーさん（23歳，白人）がこの1年間メタンフェタミンを使用していたことが判明した。アシュレーが4歳の時，この親子の件は再統合サービスに付託された。アシュレーは母親の元を離れてからずっと里親に預けられ，中産階級に属する30代後半のレズビアンの白人カップルと暮らしていた。この里親家庭は彼女を養子にしたいと望んでいた。サンダーさんは，離された後も定期的にアシュレーの元を訪ね，薬物濫用治療プログラムを終了していたが，安定した職がなく明確な理由なく何度か住居を変えたという理由で，再統合許可を得られずにいた。この状態に母親は腹を立て，「失業は犯罪じゃない」し娘を自分から引き離す理由がないと抗議した。アシュレーの面倒をみている里親カップルに対する母親の感情は複雑で，自分が施設で薬物濫用の治療を受けている間，娘を育ててくれたことに感謝する一方，彼女たちがアシュレーを養子にと望まなければ，今頃娘と一緒に暮らせたのにと考え憤慨してもいた。とは言え担当のCPSスタッフとの関係は良好で，このスタッフは，サンダーさんが置かれた苦境に同情する気持ちと，彼女自身は子どもとの関係維持に明確な意欲を見せてはいるものの，仕事も続けられないのに母親業をこなせるのかという懸念の間で引き裂かれていた。

アセスメント結果と治療計画

　アシュレーは可愛い子どもだった。行きずりの恋から生まれた子どもで，サンダーさんが妊娠に気づいた直後に父親は姿を消した。里親であるカーペンターさんとロベルさんの自宅を訪ねてみると，アシュレーはふたりになついて里親の前でさまざまな感情を見せ，必要があればふたりに助けを求めていることがわかった。明らかにアシュレーはロベルさんの方に強い愛着を持っていたが，ふたりどちらと一緒でも居心地良く幸せそうだった。

　実の母親との関係のアセスメントでは，はるかに微妙な関係性が垣間見えた。アシュレーは，母親にまとわりつき触れ合いを求めたかと思うと，背を向けそばに来られるのを拒んだりした。サンダーさんが娘にすぐに応

じないと，母親を平手でぶったりもした。この事例の付託時，再統合を促すため裁判所は，週2晩は子どもを母親の元で過ごさせるよう命じた。この新たな取り決めに先立つ3か月間，アシュレーは週3日母親と過ごしていたが，母親の家に泊まったことはなかった。里親の話によると，宿泊するためにサンダーさんのアパートに連れて行くと，アシュレーは泣き叫んで里親にしがみつき，新しい取り決めが開始してからは，以前よりも攻撃的で反抗的になったという。また月に1回程度，サンダーさんが直前になって電話をよこし，今週はアシュレーを迎えに行けないと言ってくることがあり，里親たちは母親がまた薬をやっているのではと気をもんでいた。サンダーさんの話によると，一緒に過ごしている間アシュレーはよく食べぐっすり眠り，里親のロベルさんが迎えに来るわよ，と声をかけると「いやだ」と言って椅子の後ろに身を隠すという。母親は薬物使用疑惑を憤然と否定し，稼ぎの良い仕事と安定した住居を一生懸命探していて，それが娘の訪問予定と重なったのだと説明した。

　セラピストはアセスメント実施後，倫理的にどんな対応を支持すべきか深く悩んだ。里親との関係に葛藤が少なく，里親ふたりの社会経済的地位を考えるとアシュレーに健康と教育機会が保証されることから，一見すると里親家庭にとどまった方が将来は安泰に思えた。他方，アシュレーの母親との絆は強いものの母子関係に二面性も見られ，関係を断てば長期的な心理的影響が生じるおそれがあった。ふたりの里親とサンダーさんの関係は非常に微妙であったため，監護権の共有など，3人全員がアシュレーの人生に関われるような取り決めに合意できるとは到底思えなかった。もしサンダーさんが娘の監護権を完全に取り戻せば，娘が里親に会うのを許さないだろうし，逆に里親たちがアシュレーを養子にした場合，アシュレーの人生に実の母親が関われるよう長期的に取り組みを続けるとは考えられなかった。最善の措置をめぐるセラピストの迷いをいっそう深める要因として，サンダーさんは明らかに娘を愛し，娘を取り戻すため薬物濫用の克服に成功しているように見えた。母親自身，たびたび無力感に襲われ努力を続けるのが難しくなることもあると認めたものの，彼女が安定した住居と仕事を探し，学校に通おうと努力する最大の動機はアシュレーだった。

さんざん頭を悩ませた末，セラピストは，親子の強い情緒的関係や娘をきちんと育てるため母親が障害の克服に取り組んでいることをふまえると，倫理的にみて自分がとるべき行動は，母子の再統合を促すため最善を尽くすことだという結論に達した。またセラピストは，サンダーさんと里親たちとのコミュニケーションと相互理解の向上に重点的，体系的に取り組もうと決意した。サンダーさんは個別心理療法に定期的に参加し，担当のセラピストとの関係も良好だった。これが，CPPで母子関係に着目する上で大いに助けとなった。

治療の概要

最初の親子セッションでのアシュレーの様子を見て，セラピストは自分の判断の正しさを確信した。セラピストは，数あるおもちゃの中からカバ，ゾウ，シマウマなどの動物の親子の人形を手渡した。アシュレーは，カバ，ゾウ，シマウマの赤ん坊を囲いの中に入れ，こう言った。「このこたちには，ママがいないの」大人の動物は，囲いの外にいた。次に赤ん坊のカバを柵の中から取り出し，「わたし，まよっちゃったの」と小さな声で言う。それから赤ん坊のカバと母親カバをつなぐ橋のようなものを作り，赤ん坊のカバに橋を渡らせ母親のそばに行かせた。こうした象徴的な遊びができ，またアシュレーが自分が迷っていて母親との関係を築き直したいと明確に意識していることから，アシュレーには治療を活かす力があるという期待が持てた。

愛着の競合，アシュレーの自己感の拡散

母親も里親もともに，アシュレーには家がないという問題を意識していたが，それぞれ解釈が異なっていた。セラピストと電話で話している際，ロベルさんは言った。「アシュレーには家がありません。自分の居場所がわからないんです。お泊まりが始まってから，足取りに元気がなくなり，私たちの姿が見えないと不安がります。実の母親の話をするといつも，引きこもり，感情を抑えがちになります」セラピスト自身も，アシュレーが電話の向こうで「わたしにはいえがないの」と言うのを耳にした。今，

里親の横に立って電話を聞いているのだという。このやりとりを通じ，アシュレーは自分の窮状に対するロベルさんの説明を内面化していることがわかった。これに対しサンダーさんの意見は，こうだった。「あの子は，自分の居場所がここだとわかっています。でもあの人たちがおもちゃやきれいな服を与えますし，私には太刀打ちできません」

　実の母親と里親との対立を和らげるため，セラピストは両者のコミュニケーションを促すセッションを企画した。ロベルさんは，サンダーさんとのセッションにアシュレーを連れて来て，最初の15分は母子と一緒にセッションに参加し今週のアシュレーの様子を話した。ロベルさんが退席した後，セラピストは母子と45分間話をした。セッションが終わってロベルさんがアシュレーを迎えに来た後，サンダーさんはセラピストと30分の個別セッションを実施し，合同セッションでの出来事を振り返るとともに，母親の生活と再統合プロセスに関する問題について相談した。このセッションスケジュールは，臨床的に必要があれば「50分」というセッション時間の枠を越えることの有用性をよく示すものだ。このセッション構成によって，実の母親と里親はアシュレーにとって互いの存在がどんな意味を持つか深く理解し，自分たちの対立が子どもに与える不安への共感を高められた。

　緊張に満ちた瞬間も何度かあった。たとえばあるセッションで，サンダーさんは里親に対し，再統合後に通いやすいよう母親の家の近くの保育園にアシュレーを転園させてくれるよう頼んだ。この頼みは，裁判所の命令に沿ったものだった。ロベルさんは「考えておきます」と返事した。その後セラピストとふたりきりになった際，サンダーさんは再統合への取り組みを邪魔されたことに怒りをあらわにした。母親にしてみれば，ロベルさんの「考えておきます」という言葉からわかるように，里親と彼女たちの弁護士は一貫して裁判所の命令を妨害してきたと言うのだ。母親は怒りに駆られて「あの子が18歳になるまで，あいつらに私の人生に口出しさせるもんか！」と漏らした。娘の人生から「彼女たちを切り捨てたい」という願いも口にしたが，すぐに前言をひるがえすかのように，アシュレーにとっての里親の大切さを考えると，気がとがめてそんなことはとうてい

できないと語った。セラピストは，母親がもっともな不満を抱えつつもアシュレーの気持ちを思いやれたことを褒めた。それから一緒に，口論にならず転園させる必要性を相手に伝えるための方法を練習した。

この状況は，児童保護制度の介入がもたらす医原的な結果のひとつである「母親でいられなくなる」（unmaking of a mother）という概念をよく示すものだ。児童保護制度では親に対し，子どもを育てる権限を奪う一方で養育能力を証明するよう求める（St. John et al., 未発表論文）。この矛盾した期待は，そもそも子どもが里親に措置されるに至った原因——つまり親が子どもの安全を確保できない——への懸念から生じている。サンダーさんの事例では，安定した住居がなく頻繁に仕事を変え，子どもとの面会も怠りがちだったことが，里親たちがアシュレーを養子にと望む最大の要因になっていた。

子どもとの合同セッションでは，サンダーさんの生活苦が大きな位置を占めた。母親は，自分が定めたいくつもの目標の間でどう折り合いをつけるかに気をとられがちだった。彼女はアシュレーとともに暮らしたかったが，現在のウェイトレスという職業柄，勤務スケジュールが不規則で夜遅くまで働くことも多かった。貧困を克服するため本人が不可欠と考えている目標，高校卒業資格取得のため学校にも通っていた。セッション中にこうした話題になると，母親はよく取り乱して涙ぐんだ。セラピストは，問題が山積みの状況に圧倒されるのでなく，日々の習慣を管理するため自分がとれる個々の具体的ステップに注意を向けるよう指導した。また母親に対し，彼女がまだ23歳であること，彼女が直面している課題の多くはその年齢に特有の悩みであることを思い出させた。こうした介入はその場では助けになったが，サンダーさんは絶えず将来への不安と闘っていた。個別心理療法のセッションだけでは，母親の絶望を和らげることはできなかった。

母親がいつも子どもを気にかけられるように

セラピストは，母親の苦悩が話題の中心になるせいで，セッション中にアシュレーの存在が二の次になりがちであることを強く意識していた。ア

シュレーは協力的で，セラピストが母子それぞれの経験の橋渡しに努める間，おとなしく人形やぬいぐるみで遊んでいた。アシュレーの行動は，子どもが早熟な態度で自分と母親の面倒をみようとする，育児における役割転換を含む愛着障害の特徴と一致した (Lieberman & Zeanah, 1995)。セラピストは，母親の苦痛に同情するあまりセッション中に子どもの存在を「忘れ」，こうした状態を引き起こしてしまった自分自身を責め，セッションの間のアシュレーの行動や感情表現の仕方に注意しようと意識的に取り組んだ。

　治療開始から3か月後，サンダーさんは，担当の個別セラピストが母親の看病のため別の州に転居したことを伝え，大声で泣き始めた。頭を両手の間にうずめ，手がつけられないほど泣きじゃくっている。そんな母の姿にアシュレーは声を上げて笑ったが，母親はすすり泣きを続けた。するとアシュレーは動きを止め，ゆっくり母親に近づいて髪に触れた。サンダーさんが娘を見上げると，アシュレーは母親の頬を触ってそっと「なみだ」とつぶやいた。母親は娘を抱きしめ「あなたと一緒に暮らせないから，ママは悲しいの」と言った。母子はしっかり抱き合った。しばらくすると，アシュレーは紙とクレヨンを取って絵を描き出し，それを母親のところへ持って行った。母親は絵を受け取り「ありがとう」と言う。これが何度かくり返され，アシュレーがかしこまった態度で1枚ずつ母親に絵を渡すと，母親が受け取るたびに「ありがとう」と返事をした。その後，アシュレーは動物の親子のおもちゃで遊びたくなり，カバの親子を母親に持って行った。サンダーさんは取り乱していて悲しげで，母親のカバ役をして赤ん坊カバの面倒をみてやれなかった。アシュレーは，ぼんやりと横に立ちつくしている。セラピストは，カバの親子を手にしてこう言った。「ママは今，大人の問題を考えているの。ママが一緒に遊べるようになるまで，私がカバの親子で遊んであげるわ」この言葉に促されて，サンダーさんはセラピストの手からおもちゃを受け取ると，カバの親子を囲いに入れてこう言った。「お母さんカバと赤ちゃんカバは，一緒に住んでいるのよ」アシュレーは，キリンとシマウマを囲いの中に入れたかと思うと，すぐに取りだして言った。「このひとたちは，ここにははいらないの」セラピスト

が「誰のおうちがどこなのか，難しいわね」と発言し，キリンとシマウマはふたりの里親を表していて，アシュレーは遊びを通じ誰と誰が一緒なのかという問題を解決しようとしているのだという解釈を言語化した。「あなただって，ママと一緒にいたい時もあれば，ベスおばさんやケーシーおばさんと一緒にいたい時もあるでしょう」そう声をかけたが，アシュレーはこれを無視した。セラピストは，互いに愛し合う人たちが遠く離れていても心の結びつきを失わない様子を描いた『見えない糸』という本を選びだし，母親に言った。「この本を読めば，あなたがたの気持ちも楽になりますよ」母親が朗読すると，アシュレーは熱心に耳を傾け，もう一度読んでほしいとせがんだ。セッションの最後に，アシュレーは自分が描いた絵を母親に渡し「ママにあげる」と言った。サンダーさんは「大事にとっておいて，あなたが今度泊まりにきたとき一緒に見ようね」と答えた。

この約束は果たされなかった。個別セラピストがいなくなったことが母親に深刻な悪影響を及ぼしたらしく，母親は突然アシュレーへの電話や訪問をやめ，セラピストの電話にも出なくなった。3週間，こうした中断が続いた。その間も里親はセラピストと電話で連絡を取り続け，2回の個別セッションにアシュレーを連れてきた。セラピストはCPSスタッフと接触を続けたが，CPSスタッフは母親がまたメタンフェタミンを使っているのではないかと疑っていた。

感情の身体化

アシュレーとの個別セッションで，セラピストはママが会いに来ないことを伝え，子どもの悲しみや怒りの感情を言葉にした。最初の個別セッションでセラピストは「ママは会いに来ないわよ」と言った。アシュレーは短くうなずいた後，母親のカバが病気になったという設定で遊びだし，おならしたり吐いたりといった大きな音を立てた。治療を開始してから初めて，アシュレーは控えめな態度を捨て，楽しそうに母親カバに排便させたり嘔吐させたりした。セラピストは，この遊びがアシュレーの母親のウェルビーイングを気づかう気持ちと，母親への積み重なった怒りとが凝縮された表現だと解釈した。こうした感情を，アシュレーはこれまで，母

9章　子ども−親心理療法と他のサービス制度の統合

親を失うのではとの不安から，サンダーさんの前では表現できなかったのだ。アシュレーの不安に同調すべきか，それとも怒りの表現という彼女が得た新たな能力に同調すべきかわからなかったので，セラピストは単に子どもが立てる音を真似ながら「お母さんカバは，いっぱいウンチして，いっぱいもどしているのよ」と言った。アシュレーはこれを面白がり，「もっとおおきなこえで」と求めた。言うとおりにしてやると，アシュレーは微笑んだ。セラピストが臭い臭いとしかめ面をしてみせると，アシュレーは声を立てて笑った。やがてセラピストは，どうすれば母親カバが元気になるかたずねたが，アシュレーは明らかにこの話題には無関心だった。その時セラピストは突然，アシュレーは母親がいない場で，自分の生の感情をあらわにもしているのだと気づいた。「赤ちゃんカバはどうしてるかな？」と聞いたが，アシュレーはこの発言を無視した。セラピストは「赤ちゃんカバは，ママが元気になるまで待っているの」と言った。セッション終了までこの遊びがずっと続き，セラピストも遊びに加わりながら時々質問して，アシュレーが遊びに新たな視点を持ちこめそうかどうか確認した。アシュレーが上機嫌なままセッションは終わり，迎えに来たロベルさんにアシュレーは「みんなで，ウンチしたんだよ！」と話した。このセッションは，体内に宿る強烈な感情の所在と，その感情を安全な治療関係の中で表現することによるメリットをはっきり示すものだった。

　次の個別セッションはもっと落ち着いたものだったが，アシュレーは明らかに母親カバの体調にまだ夢中だった。アシュレーは，セラピストがお医者さんキットで母親カバを診察するのを見守り，「げんきになった」と宣言した。今日のセッションに母親は来ず，面会にも来ないという話題に触れると，アシュレーはセラピストに近寄り「せんせいがわたしのママになるの？」とたずねた。アシュレーが里親を愛し，ふたりの里親が明らかに彼女の1次的な愛着対象になっていることを考えると，これは驚くべき質問だった。セラピストはひるみつつも，こう答えた。「いいえ，私はあなたのママになりません。あなたには，イブ母さん（実の母親の名）もいるし，ベス母さん（主な養育者である里親の名）とケーシー母さん（里親のパートナーの名）もいるでしょう。私は，心のお医者さんなのよ」アシュ

レーは積み木に向き直り，塔を作り始めたが，一定の高さまでいくと崩れてしまった。彼女はきゃっきゃと笑うと，また積み始める。セラピストはその横に腰を下ろし，積み木遊びに直接加わりはせず声をかけた。アシュレーが作った塔は，三度崩れた。四度目に作った塔が倒れないのを見て，彼女は自分で塔を蹴り，崩れる様子を見て笑った。「崩れても，また作れるものね」とセラピストが言うと，アシュレーはまた作り始めたが途中で手を止め，「おはなしをよんで」とせがんだ。セラピストは，この場にいない母親に思いをはせる糸口として，また以前アシュレーが母親の朗読を熱心に聞いていたことを思い出して，『見えない糸』を選んだ。セラピストは「あなたはママを思っていて，ママもあなたを思っているのよ」と言った。アシュレーが単刀直入に「ママはどこなの？」と聞いてきた。この質問に答えられないセラピストは，「ママは旅行に行っていて，みんなで戻るのを待っているの」と言った。母親はどこかという具体的質問をかわす暗喩として，こんな表現を使ったのだが，アシュレーはその答えに満足したようだった。

喪失の伝播

　サンダーさんは再び姿を現した際，担当セラピストがいなくなった後で郷里に帰ったのだと語った。彼女は17歳のとき，酒に酔い怒り狂う母にぶたれて家を飛び出したが，今回はアルコール依存症のその母親を探しに行ったのだという。当時以来，一度も母親に手紙を書いたり連絡をとったりしておらず，今では母親が死んだのではないかと心配していた。そして5日間の旅行から戻った後，新しい恋人と別れ，数日間カーテンを閉めて部屋に閉じこもっていた。何とか起きだしてみると仕事を解雇されていたため，ウェイトレスとして新しい勤め先を探している最中だという。この期間にメタンフェタミンに再び手を出したりはしていない，と彼女は疑いを否定した。だがCPSスタッフは，この深刻な危機をふまえると再統合を延期する必要があると考え，セラピストに対し，3か月後に実施される次の審問で自分は再統合を推奨できないと告げた。この妥当な判断は，難しい問題をはらんでいた。すなわち，最終的な養育先が決まるまで，ア

シュレーをあとどれくらい中途半端な状態で放っておけるのかということだ。母親の喪失がもたらす影響の深刻さを考えると，親権を停止して，現在の養育者と養子縁組した方が良いのではないか？　あるいは，母親が監護権を取り戻せるほど安定していることが明確になるまで，現在の不安定な状態を延々と続けた方が良いのか？　後者の場合，メタンフェタミン使用の効果が長期に及ぶことを考えると，母親の安定性を証明するにはどのくらいの期間が必要となるのか？

　大人の目から見ると，サンダーさんが不在だった期間は比較的短かったが，この事件を通じてアシュレーもサービス提供者も，もし母子が一緒に暮らしていたら母親個人の危機のせいで子どもが危険にさらされるおそれがあると確信した。特に懸念されるのは，母親のプライベートな知人に，頼りにできる相手がひとりもいないことだった。信頼できる大人はすべてサービス制度のスタッフで，こうした人間関係の不確かさは，セラピストの転居が母親に与えた動揺からも明らかだった。セラピストを失ったことがきっかけで，母親が，おそらくは「本物」にかわる代理的な愛着対象を求めて実母を探しにいったことは容易に理解できた。そして母親を見つけられなかったことで，サンダーさんは心中の大きな欠落を実感して悲嘆の淵に突き落とされ，娘や外界との完全な遮断や，苦痛を和らげるための（おそらくは）薬物使用に至ったのだ。

　この心配な状況の中で希望が持てるのは，危機が比較的短かったという点だった。とは言え，もし危機が起こった際にアシュレーが一緒に暮らしていたら，いったいどうなっていたかという疑問は残った。アシュレーの存在が，母親が日常生活を営む機能を維持するための安全装置となっていたか，それとも母親の衝動的行動でアシュレーは新たな危険にさらされていただろうか。セラピストとCPSスタッフは，答えはわからないと知りつつもこの問題を議論した。ふたりとも，アシュレーが里親の確実な存在と彼女たちの愛情をあてにできることを嬉しく思っていた。他方，里親とその弁護士は，サンダーさんの失踪を――当然ながら――十分な養育能力の欠如を示すもうひとつの例とみなしていた。

　戻ってから初めての親子合同セッションで，プレイルームに入ったサン

ダーさんは『見えない糸』を見てこう言った。「あの本はつまらないわ」セラピストが「どんなところがつまらないですか？」とたずねると，母親はわからない，と言葉を濁した。セラピストは，母親にとってそれこそ"見えない糸"が切れたに等しい出来事である，実母と個別療法セラピストを失った経験による嘆きの感情を探求したいという思いにかられた。だがアシュレーのニーズも大事にしなければならないため，かわりにこう言った。「アシュレーは，つまらないと思っていませんよ。あなたがいない間ママとつながっていられるようその本を読んだんです」そしてアシュレーに，こう話しかけた。「アシュレー，今ママがいなくなった時のことを話しているの。お母さんカバが病気になって，いっぱいウンチやげろを吐いたのよね」サンダーさんが言った。「私も病気だったのよ，アシュレー。だから会いに来られなかったけど，もう大丈夫よ」アシュレーは，母親カバと赤ちゃんカバを囲いの中に入れた後，他のすべての動物——ペンギン，キリン，ゾウ，シマウマの親子——をそこに加えた。この動物園を見て，アシュレーは「このこたちはみんな，ママとパパなの」と言った。母親の存在だけに頼れない，たくさんいれば安心だと言っているかのようだった。そして囲いの中から何匹か取りだし，「このこたちは，ここにはいかないの」と言った。セラピストは答えた。「誰が誰と一緒に暮らすかは，難しいわね。あなただって，ママと暮らすこともあれば，ベスおばさんやキャシーおばさんと一緒のこともあるものね」アシュレーは，考えこむように「ベスとキャシー」とくり返した。誰が誰と一緒なのかは，この子には簡単に答えられない問題だった。

　母親との個別セッションで，セラピストは個別セラピストとの別れが母親にもたらした影響を思いやり，その体験を，突然実母を探したい衝動に駆られる一方，二度と親に会えないのではという辛い認識に至った過程と結びつけた。サンダーさんは，もっと早く母親を探そうとしなかったことへの深い罪悪感を口にし，「絶対に自分を許せません」と嘆いた。セラピストは答えた。「その気持ちは，あなたがまだ幼い頃に生まれたもので，自分がお母さんの面倒をみなければと思った頃に生まれた，昔からある感情なのです。今お母さんの居場所がわからずどうなったかわからないのは

とても悲しいけれど，それはあなたのせいじゃないんです」「でも私が悪いんです。私が連絡を取っていれば，こうはならなかった」となおも嘆く母親に，セラピストはこう告げた。「あなたは大変な重荷を背負っていて，自分に多くを期待しすぎています。時には，それがあまりに重く感じられ，一息入れたくなるんだと思います」

　この発言がきっかけで，サンダーさんがメタンフェタミンをまた使いだしたという話題になった。だが母親によると，姿を隠していた間に使ったのは一度だけだという。セラピストは，薬物の影響は長期間に及び，多くの場合最後に使ってから18か月も影響が残り，時に耐えがたい気分変動をもたらすのだと教えた。セラピストは母親に，薬物濫用防止プログラムに再び参加し，継続的に支援団体に加わるよう促した。時間がないと言う母親に対し，セラピストはこう諭した。「そこに時間を割かなければ，他のすべてに費やす時間が危険にさらされます。アシュレーとの時間がどうなったか，考えてみてください」

　この母子の治療は今も続いている。母親は，新たなセラピストから個別心理療法を受けている。母親に言わせれば，以前のセラピストにとうてい及ばないものの，感情を調節しトラウマ的な過去を探求するのを助けてくれるという。子ども－親心理療法では現在，アシュレーが母親との関係を人生の中心ではなく，人生全体の中に位置づけられるようにすることに重点を置いている。母親はまたしてもアパートを引っ越し，アシュレーを母親の前の家の近くの保育園に転園させるという計画は意味を失った。だが逆に，アシュレーの保育環境の継続性維持というメリットも得られ，アシュレーは現在，一日の半分はこれまでと同じ保育園で過ごし，残る時間は里親と過ごしている。母親の家への宿泊はなくなり，毎週土曜日に訪問する形をとっている。アシュレーの最終的な措置はまだはっきりしないが，彼女は見通しがつく日常習慣を確立している。1年間の研修医生活を送っている担当セラピストは，研修が終わって個人診療を開始してからも，無料でサービスを提供し必要なかぎり母子に子ども－親心理療法を続けていく予定だ。セラピストは，CPPと並行してアシュレーに個別療法を奨めているが，里親は必要ないと考えている。里親たちは，アシュレー

は現在元気に過ごしており，母親のウェルビーイングに対する不安や自分の居場所に対する疑問を自分の口で率直に話せると考えている。アシュレーが最終的にどこに措置されようと，こうした問題はおそらく一生，彼女にとって大きな実存的課題であり続けるだろう。とは言えアシュレーは，子どものため互いに礼儀にかなった関係を維持しようと努める多くの愛着対象に愛され，大切にされている。時には，それ以上を求められないこともある。

里親との CPP

　子どもと里親の関係改善にも，CPP を利用できる。実の親との再統合が難しい場合，里親が子どもに安定性を与えられる最も身近な人物となる。子どもと里親の関係が，子どもの情緒的問題や挑戦的行動のせいで損なわれることもあり，子どもが実の親との面会から帰宅した後は，こうした行動を抑えるのが困難になりがちである。実の親と里親との関係はしばしば対立を伴い，両者への忠誠心の間で引き裂かれる事も，子どもにとっては不安の原因となる。

　治療に含める愛着対象を決めるため，セラピストと CPS スタッフは，児童保護制度が子どものために策定した計画や，実の親との再統合の可能性について率直な話し合いを持たねばならない。先に挙げたマリエッタとアシュレーの事例では，実の母親が大きな障害を克服し娘を育てられるようになると十分期待できたため，再統合が目標であり，その目標が CPP の焦点となった。事例によっては，実の母親には育てられないことが明白な場合もあり，こうした場合，里親や養父母に CPP を実施して彼らと子どもの関係を育み支援する。こうした状況では CPP の治療法として，子どもの行動が持つ情緒的意味に対し里親の同調を促すことに重点を置く。治療の一環として，子どもと里親それぞれの行動の意味を互いに説明したり，支持的戦略を通じて子どもの行動に対処したりする。一見すると拒絶的で手がつけられないこうした行動も実は，里親も実の親や他の大人と同じように信頼できず，自分を罰し拒否するのではという恐怖心から逃れるための，子どもなりの自衛策だったりする。里親や養父母との治療の最終目標は，心身両面で子どもに新たな記憶をもたらし，遺棄への

不安や虐待による自己価値低下を打ち消すような愛着関係と情緒体験を子どもに与えることにある。

　子どもが将来的に実の親と再統合される場合も，里親とのCPPが有用なことがある。多くの子どもが，制度上どっちつかずの状態に置かれながら，日々（得てして虐待による苦痛と定まらない措置先への苦悩への反応として）扱いにくい攻撃性や無謀さ，感情の欠如，反抗的行動などを示している。こうした行動が，育てにくい子どもという評価をもたらし，必ずと言っていいほどの頻度で恐るべき「7日前通知」の引き金となるのだ。里親はこの通知を通じCPSスタッフに，子どもをすぐに自宅から引き取ってほしいと伝える。措置先の変更を防ぐことは，たとえ最終的目標が再統合であっても，里親に対しCPPを実施すべき有力な根拠となる。なぜなら措置先の変更によって子どもの情緒的健康が損なわれ，最終的な再統合がいっそう危うくなるからだ。

　実の親と里親がともに子どもと継続的な関係を維持している場合，事例定式化と治療計画を通じて，里親と実の親が子どものため互いに治療同盟を結べるようにする。セラピストは，実の親や里親と協力し，互いが子どもの人生に占める重要な位置を理解できるよう支援する。セラピストは，子どもの遊びや行動の意味を実の親と里親両方に説明し，愛着の競合や対立する忠誠心がもたらすさまざまな複雑な感情について，子どもの意見を代弁するとともに，こうした感情のことを子ども本人にも話して聞かせる。治療計画には，里親が建設的に再統合に参加できるようにするための具体的手順も含まれる。

　子どもが近親者の家に預けられ，里親も親戚である場合，実の親と里親との感情的問題は両者の過去の関係のせいでさらに複雑になる。多くの州で，法的にも政策的にも近親者への措置が好まれており，その結果として生じうる家族間のいさかいに注意を払うことなく，この措置が決定されがちである。親戚が子どもに持続性ある環境をもたらす最大の希望となる場合もあれば，そうでない場合もある。また親戚が，子どもへの純粋な思いやりや道徳的義務を感じているとも限らない。たとえ条件は恵まれていても，親戚が同時に子どもの実の親に対する怒り，競争心，嫉妬心を抱いている可能性もある。こうした感情が，親の現在の態度や子どもを安全に育てる能力の欠如ではなく，子ども時代の関係性や世代を越えた家族のパターンに根差している場合もある。セラピス

トは，親戚と親の感情面の仲介役を務め，両者が現在の問題と過去の問題を整理する手助けをすることができる。制度間の協力関係がうまくいっている場合，CPSスタッフが近親者への措置にまつわる感情の葛藤を理解し，子どもにとって何が最善かについて，偏った立場から性急な判断を下すリスクを避けられるよう，セラピストが協力することができる。

　児童保護制度の管理下にある子どもを担当するCPPセラピストには，重い情緒的負担がのしかかる。虐待された子どもに強く共感する一方，加害者である親に目まぐるしく変わる怒りと同情の気持ちを抱き，さらに不十分かつ非効率的な対応で家族の問題を悪化させがちな諸制度への憤りや苛立ちにも襲われるだろう。この仕事には，トラウマを疑似体験することでセラピストが燃え尽きてしまい，治療効果を上げられなくなるリスクが絶えずつきまとう。子どもの人生における他の関係者の利益を支持する説得力ある主張を十分意識しつつも，子どもの最善の利益への強い姿勢を保とうとすることに，セラピストが疲弊してしまうこともある。この仕事には，セルフケアと内面のバランスを常に保つ努力が欠かせないが，内外のさまざまな要求を前に，こうした資質を維持するのは難しいかもしれない。

制度的な問題：機能不全の伝染

　マリエッタとアシュレーの2事例を取り上げることで，私たちは簡単に「ハッピーエンド」を予測できないふたつの状況を意図的に選択した。なぜならこうした事例は，児童保護制度下にある多くの子どもの不安定な処遇を反映したものだからだ。どちらの事例も，子どもの生活中の信頼できる支持者の存在（マリエッタの叔母，アシュレーの里親）など，通常以上に多くの保護因子に恵まれていた。セラピストとCPSスタッフの意見が真っ向から対立する，子どもの最善の利益よりも法律に一言一句従った裁判所の命令が出されるといった，子どもの進歩を阻む外部制度上の問題も比較的少なかった。児童保護制度下の多くの事例につきまとう複雑性を犠牲にしても，私たちとしては，制度の機能不全を解決するための副次的な努力ではなく，子ども-親心理療法を中心に据えることを可能にするような事例に焦点をあてることを選んだのだ。

9章　子ども－親心理療法と他のサービス制度の統合

　前述のふたりの子どもの場合，子どもたちの不確かな未来は，米国における里親制度の現状を反映したものだ。被虐待児とその家族のニーズに対処するさまざまなサービス制度を蝕む深刻な問題は，よく知られている。トラウマ体験をした子どもやその家族のニーズに応える訓練を受けた専門家，準専門家の数が十分ではなく，子どもにサービスを提供する機関同士の連携も少ない。トラウマ体験をした子どもやその家族を対象としたプログラムの規模および範囲も，需要に見合っていない（Harris et al., 2006）。

　こうした制度上の欠陥のせいで，作為と不作為によるミスが散見される。不作為によるミスとして，たとえば深刻な被害が生じるまで子どもの虐待・ネグレクトが発見されず対処されないことがある。作為によるミスは，法制度上の親に対する懲罰的措置，子どもの発達に有害な措置などが挙げられる。何より顕著な点として，幼い子どもがいつまでも里親に預けられたり，措置先を何度も変わったりするといったことが，例外でなく日常的に生じている。

　こうした制度の機能不全には，いくつもの互いに重なり合った理由があるが，共通点として，必要な資源を被虐待児や家族のニーズに合わせて配分することが，社会全体としてできていない。これらの子どもの大半は貧しく恵まれない人種・民族集団に属し，いかに無意識であるにせよ，こうした現状には社会階級上の偏見や人種差別が絡んでいると示唆される。たとえばアニー・ケーシー財団による近年の報告書では，環境が同じ場合，アフリカ系アメリカ人の子どもの方が他の民族の子どもより里親に措置される頻度が高いことが示されている（Casey Family Programs, 2005）。

　サービス提供者はしばしば，慢性的な資金不足，研修不足，制度間の調整不足に起因する無力感や無能感から自分を守る手段として，問題を家族のせいにする。わが子のため効果的な対応をとれなかった親こそが，犯人だというのだ。こうした親批判には，攻撃性・うつ病・物質濫用・学業や仕事を続けられないといった形でのトラウマ反応の世代間伝播を含め，トラウマ的なストレスの広範囲に及ぶ長期的な影響について，制度を問わずサービス提供者らが十分な教育を受けていないという事実が反映されている。こうした知識がなければ，サービス提供者は未対処の膨大なニーズを前に容易に絶望感にとらわれかねない。

自分の支援能力に対する無力感は，サービス提供者が疑似的トラウマを体験していることを示す共通の指標である。その結果として生じる無能感のせいで，トラウマ反応の発見・対処のための訓練を受けたサービス提供者の人数がそもそも不十分であるのに，状況がますます悪化している（Harris et al., 2007）。このような状況の出現が至るところで生じているが，この現状は子どもに深刻な害を及ぼしている。経験の浅い研修医が，ほとんどスーパービジョンも受けず，深刻な精神的・社会的問題を抱えた親子の治療を行っている。長期的な総合的介入が必要とされる慢性的問題に対処するため，短期的治療が実施されている。家族が制度を利用する中で，CPS ケースワーカーが頻繁に交代する。里親は，必要な訓練や支援を受けておらず，子どもの代理人としての権限も持たず，児童保護制度に無視され搾取されていると感じがちである。他方でCPS スタッフは得てして，里親が提供する養育の質に批判的だ。親子の心理学的評価はあまりに包括的であるため，事例計画策定の指針としては基本的に役に立たない。セラピストは，臨床的な守秘義務違反にあたるとの理由から，子どもの措置決定に欠かせない臨床情報の提供に後ろ向きである。市の弁護士，親側の弁護士，子ども側の弁護士同士の関係も，非常に敵対的なことが多い。裁判官は基本的に，幼い子どもの情緒的ニーズに関する知識がない。状況の多様な側面について学び，合意形成に取り組むために当事者同士が時間を費やせるような，子どもの最善の利益を題材としたフォーラムも開催されていない。
　制度側の適切な資源不足と，その結果としてサービス提供者が効果的な活動を行えていない状況のせいで，家族や制度を越えて機能不全が相互強化的に伝染している。サービス提供者が問題発見や解決策実施の過程でミスをするせいで，親子の不適応的な行動が悪化している。そのため結果的に，感情に悪影響を及ぼすプロセスが並行的に増大し，制度内のさまざまなプレイヤー間の関わり全般にこうしたプロセスが広く見受けられる。このプロセスから，しばしば意見の対立が起こり，子どもに最善の利益をもたらす措置は何かをめぐってサービス提供者間の見解が大きく食い違う。そうした意見はどれも得てして，問題の状況をある側面から真っ当にとらえたものだが，同じく妥当な別の視点を見落としているという点で不十分なものである。対立する視点を調整し統合

的アプローチにまとめることができていないため，この敵対感情が渦巻く環境の中で下された決定が，子どもに長期的な被害をもたらすこともある。虐待を予防し，虐待発生後にその後遺症を緩和するサービスを提供するケア制度を，早急に拡大していく必要がある。

他のケア制度との協調的サービス

　CPSは，子どもの安全を守る最後の手段だ。小児科医や保育者といった第一線のサービス提供者は，親に発達に関するガイダンスを行い，子どもの健全な発達を見守る上で，重要な役割を果たす。子どものウェルビーイングが危険にさらされている場合，第一線のサービス提供者はさらに，発見と紹介でも大きな役割を担う。子どものニーズの深刻さと緊急性に応じて，小児科医や保育者は，時折実施する発達指導だけでなく，慢性的問題への継続的な支援，適切な介入プログラムの紹介，極端な事例では虐待が発見または疑われればCPSに連絡するなど，関わり方を強めていくことができる。

　1次サービス提供者は，できればストレスやトラウマの事例では，有意義な情報を提供しサービスの細分化を防ぐため，他のサービス制度と協力すべきである。だが役割分担と制度的な制約から，小児科医や保育者がメンタルヘルス制度との協調的サービスに積極的に関わることが妨げられがちだ。メンタルヘルス分野のセラピストには，こうしたサービス間の協調を率先して作り出す義務があり，協調的サービスこそが乳幼児へのメンタルヘルスサービスにおける標準的な「ベストプラクティス」になるべきである。

　顕在化している問題や治療中に新たに生じるニーズに応じて，サービス協調のため多様なアプローチを活用できる。家族と最初に接触した瞬間から，サービス協調を始めることができる。アセスメント時に親に対し，情報開示承諾書への署名を必ず依頼するという手順を確立すれば，セラピストは治療計画に関係する情報を得るため，小児科医や保育者，その他の専門家に連絡をとる。健康状態や定期的な小児科受診の有無に関する情報も，乳幼児の治療計画の標準的な要素に含めねばならない。同様に，アセスメント期間中に保育現場で子どもを観察することにより，セラピストは子どもの機能と養育の質の双方に関

して，いっそう包括的な理解を得ることができる。

　理想としては，治療期間を通じてサービス協調を続けるべきだ。小児科医との情報交換を通じてセラピストは健康上の問題に継続的に対処でき，これによって健康管理を促せる。保育現場での子どもの行動に問題がある場合，親，養育者，子ども，セラピストを含むコミュニケーションの輪を広げることが，子どもの改善に大きな助けとなる。このコミュニケーションの輪を利用して，セラピストは，子どもの保育現場での経験に治療の中で対処し，子どもの行動の解釈や，治療中に効果的と判明したグループ環境で実施できそうな介入戦略などを，保育者と共有することができる。

　それ以外のサービス制度——警察，児童保護制度，裁判所——も，ドメスティック・バイオレンス，児童虐待またはその疑い，親同士の監護権紛争などの状況で一定の役割を果たしている。そのせいで，前述の事例で見たように，日常生活のすべての側面に影響を与える制度上の想定や義務から成る複雑な網に親子がからめとられ，身動きできなくなっている。メンタルヘルスの専門家と警察（Marans, Murphy, Casey, Berkowitz, & Berkman, 2006），およびメンタルヘルスの専門家と裁判所（Osofsky & Lederman, 2006）の協調モデルから，分野横断的協力は実現可能であり効果的でもあることが証明されている（Harris et al., 2006）。被虐待児の差し迫ったニーズに応え，協力を拡大していくにあたり，子どもと未来を守ろうとする市民の意思が試されている。

10章

■■

結びの考察
視点の提示

　　　戸口に立つあなた自身を
　　　鏡に映った自分の姿を
　　　晴れやかな気持ちで迎えられる日が来るだろう
　　　互いに相手を歓迎し微笑みかけ

　　　そして告げるのだ，ここに座って食事をどうぞと
　　　かつて自分だった見知らぬ他人を
　　　あなたは再び愛せるようになる
　　　　　　　——デレク・ウォルコット "Love after Love"（1986）

　精神疾患という概念を使うか，それとも実存的不安という概念で理解するかにかかわらず，私たちの苦悩の根底にあるのは自己や愛する相手からの疎外である。幼い子どもやその親と接する喜びのひとつは，親がわが子の内面生活の豊かさを発見し，その過程で長らく押しやられていた自分自身の一部を取り戻して，心と心が触れ合うのを目のあたりにすることにある。ある母親は，多くの家族を代弁してこの経験を言葉で説明し，3歳の娘を評してこう語った。「私が自分をわかっていなかったら，あの子も自分がどんな人間かわからなかったのです。かまってほしがる娘に私はいらいらしていました。でも今は，娘を追

い払いたくなると一度深呼吸して，自分だってかまってほしくなることがあるじゃないと言い聞かせます。私が娘に注意を払えれば，娘も私がそばにいるとわかるし，私も自分の行動をちゃんと理解していると実感できます」この母親は，自分自身が他人を求める気持ちを認めることにより，娘の内的体験を自分に結びつけ，子どもに注意を向けつつ自己価値観を抱くことができた。

　無作為化試験で得たCPP群の知見（group findings）からも，この母子のエピソードを裏づける実証的証拠が得られる。父親による母親へのドメスティック・バイオレンスを目撃した就学前児童は，CPPによる治療を受けた場合，地域的なメンタルヘルスプログラムで母子への集中的ケースマネジメントや個別治療を受けた対照群と比べ，行動面の問題やPTSD症状，PTSD診断において統計的に有意な改善を示した。両群とも母親は，治療開始前に高いレベルのPTSD症状を示していた。治療終了時点で，CPP群の母親は対照群の母親と比べて，統計的に有意な回避症状の減少，および総合的な精神的苦痛の大幅な改善傾向を示した（Lieberman, Van Horn, & Ghosh Ippen, 2005）。この母親の症状改善は，次のふたつの理由から想定外のものだった。ひとつには，CPPは親子関係に焦点をあてているが特に母親の個別症状を標的としたものではなく，また対照群の母親の3分の2が，対照群の母親全員に対するベテランセラピストによる個別ケースマネジメントに加え，個別心理療法を受けていたからだ。以上をふまえると，CPP群の母親に大きな改善が見られたことから，母親のわが子との関係や子どもの心身機能の健康が，女性個人のメンタルヘルスに強い影響力を及ぼすと示唆される。

　だが最も興味深い知見は，治療終了半年後の追跡調査で得られたものだった。追跡調査における評価で，CPP群の子どもは対照群の子どもと比べ，治療終了時に示した改善を維持していた。加えてCPP群の母親も改善を続けており，治療終了半年後の時点で，対照群の母親と比べて総合的な精神的苦痛のスコアが有意に低かった（Lieberman et al., 2006）。CPP群の母親が継続的に改善したのは，彼女たちがトラウマ体験を避けるのでなく，その体験を子どもとともに処理する新たな能力を身につけ，子どもの安定的な機能改善を目にして，母親として安堵したためである可能性がある。もしそうなら，母親のメンタルヘルスの増進が，子どもの持続的な健康的発達を支えるひとつの仕組みに

なるかもしれない。他の研究には，母親のメンタルヘルスの体系的アセスメントが組みこまれていないが，この無作為化試験は，治療における親子関係の重視が，子どものメンタルヘルスや愛着の質，養育態度・行動に与える効果を記述したいくつかの研究のひとつである（レビューに関しては Berlin, Zeanah, & Lieberman［2008］を参照。Lieberman, Ghosh Ippen, & Marans［2009］, Sameroff, McDonough, & Rosenblum［2004］）。

実証的に裏づけられた治療：
集団から得られた知見は，個々のニーズに対応するものか？

　乳幼児期のメンタルヘルス上の問題に対する，関係性に基づく治療の有効性を裏づける実証的証拠が増えつつあるのは，セラピストや臨床研究者，公共政策立案者，および心理療法モデルの十分な科学的根拠を求めている人間にとって，非常に喜ばしいことだ。だが同時に，証拠に基づく治療の意義と限界をめぐり活発な議論が交わされていることからもわかるように，ある大きな疑問が依然として注目を集めている。それは，個々の子どものニーズに合わせた治療と，無作為化試験で有効性が証明されたマニュアル化された介入の堅持との間で，どのように折り合いをつけていくのかという問題である。

　米国民の文化的多様性が高まり，民族，宗教，社会的地位，移民，文化順応などの面で各家庭に独自性があることをふまえると，この問題がひときわ切実なものとなる。各家族がさまざまな社会制度を経験する中で，こうした独自の要因の組み合わせが家族の帰属意識や，安全と疎外の感覚，不安に影響を及ぼし，育児や治療に対する親の態度も，彼らの社会学的状況に大きく左右される。いったいどうすればセラピストは，こうした多様性の中で個性を正当に評価すると同時に，さまざまな特徴を持つサンプルから得られた実証的証拠に裏づけられた介入原則を実施できるのだろう。標準的な介入原則を適用すれば，個々の子どもや家族にとって重要な意味を持つ要素を見落としかねないため，セラピストは，特定の子ども，特定の家族に対して独自の効果を発揮する治療法を見落とす危険があるのではないか。これは詭弁ではない。霊的な治療慣行が古くから伝わる民族の血をひく，あるベテランセラピストは，マニュアル化した治療アプローチを学んだ際，憤慨した口調でこう質問した。「でも，私の

民族に古くから伝わる霊的な治療法を使ってはいけないんですか？」

　成功する心理療法にはすべて数多くの共通要因があり，研究試験で報告される有効性は，日常診療における臨床的効果とイコールでないことが広く認識されていれば，こんな質問を投げかける必要はないだろう（Roth & Fonagy, 2005）。臨床試験で，ある治療法が優れた効果を見せたからといって，地域社会を基盤とする臨床環境でその治療法を適用した場合に臨床的改善がもたらされるという保証はない。たとえば複数の治療予後を比較したメタアナリシスの結果，臨床環境で実施した場合より研究環境で実施した方が，治療の影響がはるかに大きいことが示された（Weisz, Donenberg, Han, & Weiss, 1995）。この知見が得られた原因として，臨床治験では，セラピストが治療法を遵守するよう厳密なトレーニングやスーパービジョン，監督が日常的に行われるのに対し，非学術的な臨床環境ではこうした手順がほぼ不在であることが挙げられるかもしれない。加えて，試験対象となる治療法への研究者の忠誠心が治療効果に大きく寄与するため，研究によっては，研究者の忠誠心を調整した場合に治療効果の有意性が消失することもあるほどだ。さまざまな治療法を扱った独立研究が不足しているため，実証的裏づけのある治療法の決定的なリストを示すのは，時期尚早である（Roth & Fonagy, 2005）。

　治療マニュアルを使用する際も，同じ配慮が求められる。多くのマニュアルは，平均的なセラピストを想定したものでなく，研究目的で作成されているからだ。この事実によって，精神力動的心理療法（Strupp, Butler, & Rosser, 1988）であれ認知療法（Castonguay, Goldfried, Wiser, Raue, & Hayes, 1996）であれ，特定の治療法を順守すればするほど訓練生の有効性が低下するという研究知見を説明できるかもしれない。マニュアルは良くてせいぜい，長年蓄積された臨床経験の上澄みにすぎない。それを型どおりに使うようになると，マニュアルのせいで知らず知らずのうちに創造性が抑えられ，あえて実験に臨み，定石と思われたものが実は真実でないと判明することによって得られる一種の臨床的発見が，妨げられる可能性がある。

　視野を広げ，さまざまな概念的観点や社会的優先順位，文化的価値が，メンタルヘルスサービスをめぐる公共政策に影響を及ぼす意思決定において果たす役割を考慮に入れることで，意見や診療慣行の対立を乗り越えられる。ロス

10章 結びの考察——視点の提示

（Roth）とフォナジー（Fonagy）（1996）は，研究上の証拠と臨床的コンセンサスの両方を参考にして臨床治療指針を策定するよう提案している。この枠組みに基づけば，有望な新しい治療法に対し，有効性を立証する正式な研究を行うと同時に，実際のサービス制度内で大規模標本を対象とした実地試験も行うことになる。この2重のアプローチにより，研究者，セラピスト，資金提供者間に想定される対立を解消し，公共政策上の意義を念頭に置いた科学的手法の適用を保証し，証拠に基づく診療慣行が次第にベストプラクティスと同一視されるような環境の醸成を促せるだろう。なぜなら研究機関と縁遠いセラピストらが，証拠に基づく診療慣行がクライアントのニーズに合致すると考えるようになるからだ。

　こうした判断に基づき，CPPセラピストを育て，幅広い臨床環境の多様な人口集団に適用できる治療アプローチとしてCPPを普及させるための取り組みが進められている。現在のCPPマニュアルでは，子どもの家族間暴力への曝露（Lieberman & Van Horn, 2005），および親に先立たれた子どものトラウマ的な死別体験（Lieberman et al., 2003）を扱っている。これらのマニュアルでは，対象となる臨床的問題に関連する理論的枠組みや研究知見を紹介し，介入領域（例：子どもの恐怖心と攻撃性，親による威嚇や体罰）を明確化して各領域の幅広い治療戦略を説明するとともに，各戦略の実施例として，実際の談話メモからの臨床的エピソードを掲載している。このように，構造化されていないが体系的なマニュアル形式を採用しているのは，セラピストにどうすべきか指示するよりむしろ，セラピストが家族に対する理解や目の前の臨床状況の具体的特徴に応じて実施し応用できるような幅広い選択肢を提供することにより，彼らの臨床的推論能力を高め，育めるよう支援するためである。本書における私たちの目標は，多様なストレスを扱い，幅広い事案を例示して，さまざまな臨床状況での治療実施の様子を描きだすことを通じて，マニュアルに掲載する題材を拡大し掘り下げることにあった。

　臨床的スーパービジョンは，マニュアル化されているかどうかにかかわらず，治療の実施法を学ぶ上で欠かせない教育的要素である。というのも文書だけでは，人間の体験の多様なばらつきをとらえられないからだ。知識を口頭で伝えるのは，あらゆる文化で昔から大切にされてきた習慣であり，心理療法も

例外ではない。臨床的スーパービジョンは，経験豊富なセラピストから学び，親子に対するセラピスト自身の感情的反応を処理し，さまざまな介入法の成否について考察し，大きな観点でとらえるための機会を提供してくれる。ある訓練生は，「私は介入が失敗した後，必ずうまくいった介入のことを考えます」と述べている。臨床的スーパーバイザーとともに感じ考えることで，学習プロセスが促され，治療が成功する可能性が高まるのだ。

治療法を越えた共通点

　すべての治療の最終的目標は，情緒，社会，認知の各領域で子どもの機能改善を通じて発達の進歩を促すこと——すなわち，情動の自己制御，安全で相互的な対人関係，無謀さや深刻な恐怖心にとらわれず探求し学習するためのレディネスを獲得するか，または取り戻すことにある。トラウマ体験に特有の問題に対処するため，マーマー（Marmar），フォイ（Foy），ケイガン，パイヌース（Pynoos）（1993）は，これらの治療目標達成に向けたあらゆる形の治療に共通する経路をいくつか挙げている。CPPはこの経路を，ストレスやトラウマに曝露された子どもとその親の具体的な臨床ニーズに合わせて適合させてきた。この経路として，以下が挙げられる。

- 危険への現実的な対応　トラウマ的なストレスのせいで危険に対する正確な認識ができず，脅威を過小評価して再び被害にあう可能性が高まったり，逆に過大評価して，恐怖心や感情的引きこもりのせいで年齢相応の機能が阻害されたりする場合がある。治療としては，実際の脅威を見極め，それに対処する適応法を実践する。
- 記憶と追体験の区別　トラウマを想起させるきっかけによって，トラウマ体験をした瞬間に本人が引き戻され，あたかも再びトラウマが生じたような感覚で意識がいっぱいになってしまう。これに対する治療としては，現時点での安全を確保し，危険の想起と，内的・外的なきっかけに対する今この瞬間の対応とを区別するための戦略を実践することにより，追体験を克服する手段を与える。

- トラウマ反応の正常化　トラウマ体験をした子どもや成人は，自分の感情や反応の圧倒的な強烈さや広範さに恐怖心を感じる。治療としては，トラウマ反応は，トラウマ的な出来事を克服するための予測可能かつ理解可能な反応であり，同様の境遇に置かれた多くの人が同じ経験をしていることを彼らに理解させ，安心させる。
- トラウマを大局的な視点でとらえる　治療は，本人の自己定義の拡大に役立つ。トラウマは人生を大きく変える出来事かもしれないが，その体験でその人のすべてが決まるわけではない。人生を，自分が発達上の成長を取り戻す上で役立つさまざまな関心分野や活動，人間関係，才能に満ちた豊かで複雑な絵模様とみなすことができる。

親の役割

　CPPでは親子関係を治療の焦点にするが，「心的外傷後ストレス障害の青少年・児童のアセスメントおよび治療のための手引き」(Cohen & Work Group on Quality Issues, 1998) に示された見解からもわかるように，親の関与は，治療法を問わずベストプラクティスの鍵を握る要素でもある。親が加害者であるか否かを問わず，ストレスとトラウマによって，信頼できる保護者という，子どもから見た発達学的に適切な親という存在に対する認識が変化する可能性があり，親子関係に不信と疎外が生じかねない。親も，子どもがトラウマを受けたのと同じ出来事によって，直接または間接にトラウマを受けていることが多い。親子が同時にトラウマ体験をしている場合，お互いのウェルビーイングへの懸念のせいでトラウマの影響が悪化する。なぜなら親子は，自分と同時に相手のことも心配しており，互いの行動が相手にとってトラウマを想起させる引き金になる可能性があるからだ。親がトラウマ体験の現場に居合わせなかった場合でも，わが子が傷つき危険にさらされたと知るのは衝撃的な体験であり，罪悪感や自責の念を引き起こしたり，回避，感情的引きこもり，怒り，広汎性感情調節不全を伴うことが多い。親がこうした強烈な感情を管理できるかどうかも，親が子どもを助ける能力に大きな影響を及ぼす。

　親が治療に関与しない場合，深刻な臨床的影響が生じ得る。親は，自分は無

関係だと感じたり，おとしめられた，批判されたと感じたりする可能性がある。治療のせいで，親の自責の念が強まり競争心が煽られることもある。子どもとセラピストの親密さをうらやんだり，子どもが何を打ち明けるか不安に思ったり，治療を台無しにしようと試みたりすることもある。親が治療に関与しないと，治療効果を拡大し増幅させる貴重な機会が失われる可能性もある。子どもにとっていちばん大切な関係は，セラピストではなく親との関係であり，親は治療終了後もずっと子どもの人生に最も大きな影響を与える人物であり続ける。子どもは，日常生活でのストレスと関わり，これに対応する適応的な方法を実践するために親の協力を必要としているため，親の能力や，親子関係の感情的な質に臨床的な関心を向ければ，長期的な効果が得られる可能性が高まるだろう。親がトラウマの加害者でもある場合，親が治療に参加しても子どもが危険にさらされなければ，親の治療参加を通じて，定着した負の帰属や相互強化的な負の行動を変容させることができる。他方で親が，子どもの改善に向け親が協力する能力を妨げる内的・外的な障害を克服できない場合，親子関係の中で多様な治療目標を設定することが必要になる。

治療成功の基盤としての背景状況

　治療を実施する制度的な背景が治療成功に影響を及ぼすように，子どもと家族が暮らす環境的背景は，親子のメンタルヘルス上の問題の性格や，さまざまな治療アプローチの実現可能性に大きく影響する。大きな動揺を引き起こす出来事への子どもの反応を和らげるような，保護的環境の力を見逃せば，セラピストは，子どもと家族の自己回復的な傾向を見落とし，過剰な治療を行ってしまう可能性がある。一般に，ストレスやトラウマと定義づけられるような出来事が1回生じても，その出来事が総じて支持的な環境の中で起こり，親がその出来事を大局的にとらえて子どもを安心させ，子どもにも不安や恐怖を受け入れ対処する十分な能力があれば，必ずしも子どものメンタルヘルスに持続的な被害が及ぶわけではない。当然ながら，たいていの親はトラウマ体験がもたらしうる影響を思って動揺するが，動揺したからといって障害につながるわけではない。子どもの発達の勢いと心の健康を守るには，ほど良い親に心理教育を

行い，親がわが子を観察して必要に応じ「心理学的な応急処置」を行えるようにすれば十分な場合もある。

　こうした調整を施した介入アプローチの重要性を示す例として，波打ち際に立っていて波にさらわれた3歳男児の反応を紹介する。この男の子は，数時間意識を失っていた。溺れかけた前日，彼は子犬をプレゼントされ，この新しい友達に夢中になっていた。子犬と一緒に海辺で遊んでいたところを，波にさらわれたのだ。意識を取り戻して最初に口にした言葉は「ワンワン」，その次が「ママ」「パパ」だった。心配した両親と祖父母，他の家族がその後4週間男の子に付き添って見守ったが，トラウマ反応の徴候は見つからなかった。彼は，自分が砂浜で転んだ様子を再現してみせ，起き上がれず息ができなくて怖かったが，今は両親から何があったか教えてもらって納得していると語った。ビーチに戻ることに対し一定の不安を示したが，その不安は対処可能な範囲のもので，夜もよく眠り，風呂の水を怖がったり，攻撃性や消極性が高まる，感情や生活リズムを制御できなくなったりするなど，その他幼い子どものトラウマ体験に通常伴う症状は認められなかった。相変わらず子犬——子犬は溺れなかった——を可愛がっていた。両親とセラピストは，克己心のある子どもの気質と，愛情あふれる家族や支持的な環境のおかげで，この子は溺れかけた出来事をトラウマとして体験せずにすんだのだと結論づけた。

　観察期間中，両親はメールと電話で定期的にセラピストと連絡をとり，情緒的サポートや発達に関するガイダンス，トラウマ反応に関する心理教育などを受けた。この遠距離での短期的な介入を通じて，両親は自分たちの不安や自責の念を抑え，こうした感情が子どもに伝染しないようにできた。だが，親自身の感情的回復に何より大きく寄与したのは，意識を取り戻して「ワンワン……ママ……パパ……」とつぶやいた時のわが子のイメージだった。この反応を見て両親は，子どもにとっての自分たちの重要性を強く確信し，罪悪感を和らげることができた。両親とセラピストは，意識を失っていた間も犬と楽しく遊んでいるイメージが子どもの頭の中に残っていたのではないか，だから意識を取り戻してすぐ，子犬と両親に呼びかけたのではないかと良い方向に考えることにした。

　この例は，子ども本人の特徴と環境内の保護的因子が合わさった交流プロセ

スが回復力をもたらしたことを示すものだ。治安の悪い地区の虐待的な家庭で育った子どもは，同じ状況に直面しても，この例と同様に基本的に保護的な環境にアクセスできる可能性は低いだろう。ベストプラクティスのためには，子ども本人の特徴だけでなく，子どもをとりまく環境的背景の長所短所も評価する必要がある。さらに治療計画には，関連する他の社会制度の参加を取りつけ，子どもを取り巻く環境面の病因を変えるための取り組みを盛りこまねばならない。

ストレスやトラウマがひとつの場合と複数ある場合

　一度のトラウマ体験が，視覚・聴覚・嗅覚・運動感覚の認識や本能的反応，外的・内的な脅威の持続的な評価といったいくつものトラウマ的な瞬間を生みだす。そのため，たとえ一度きりのトラウマ体験でもきわめて複雑であり，数多くの機能領域に長期的な影響を及ぼしうる。単一のトラウマ体験に対するアセスメントおよび治療として，(1) トラウマの客観的特徴とトラウマがもたらした主観的体験の確認，(2) トラウマを想起させる身近なきっかけとなる外的・内的なキューの解明と，これへの対処，(3) トラウマ体験の結果として生じた2次的ストレスや関連する苦痛の解明と，これへの対処の3つすべてを，子ども本人の特徴と環境的背景をふまえて行うべきであることが，現在は広く認知されている。子どものトラウマに対するアセスメントおよび治療の土台は，親子それぞれの報告に基づいて，トラウマ体験を親子とともに直接探求し，不正確な点や見落とされている点を明らかにして，治療に欠かせない協力者として両親を巻きこむことである（Pynoos et al., 1999）。

　だが累積的なトラウマの場合，トラウマ体験の客観的・主観的パラメータを徹底的に確認すべしとの提言に修正を加える必要がある。得てして互いに重複する，複数のトラウマ的な出来事を経験するというのは，地域社会の臨床現場では最もよく見られるトラウマの形態である。たとえば，ドメスティック・バイオレンスを目撃した就学前児童を対象に私たちが行った臨床研究では，子どもたちの母親はそれまでの人生で平均13回，範囲としては8〜23回のトラウマ体験をしていた。就学前児童のうち40パーセントは，ドメスティック・バ

イオレンスを目撃したのに加えて身体的虐待を受けたことがあり，それ以外に多くの子どもが，性的虐待を受ける，里親に措置される，近隣や地域社会での暴力事件やその他のトラウマにさらされるなどの体験をしていた。こうした家族にとっては，トラウマ的なストレス因子や，それが親子に及ぼす影響について具体的に質問することによって，辛い出来事に関し率直な議論を促すことが引き続き非常に重要となる。他方で，多数のトラウマ体験ひとつひとつを列挙することをアセスメントおよび治療の焦点にすると，容易に感情的に圧倒されてしまうため，こうした対応は臨床的に逆効果である。まして個々の出来事を，それがもたらした無数のトラウマ反応や2次的反応と結びつけるなど，決してやるべきではない。むしろ臨床的推論によれば，時には親子の調整不全やネガティブな期待，対処能力の低下などが，ひとつひとつのトラウマ体験がどれほど恐ろしいものであっても，個々のトラウマ体験自体よりむしろ，人生を通じた痛みや喪失のパターンと強く結びついている場合もあることを理解しつつ，メンタルヘルスの専門家が，さまざまなストレス体験の情緒的な重要性に応じて治療の優先順位を決定するというアプローチが示唆される。

　幼い子どもは「悲しみのスパンが短い」ため，ストレスやトラウマの体験と一瞬直接向き合ったかと思うと，次の瞬間には生活上の他の事柄に夢中になっていることがある。こうした態度を，単なる治療の回避や抵抗と解釈するのは間違いだろう。子どもたちは，自分はこれ以上辛い話題に耐えられず，ウェルビーイングを促す他のテーマに目を向ける必要があるということを伝えているのかもしれない。ある4歳の男の子は，トラウマに関する話題に伴う目まぐるしい感情の変化を次のように体現してみせた。彼は母親におもちゃのナイフを見せ，母親が父親をナイフで脅したのを目撃した件について興奮した様子で話し始めたが，母親がそのことを自分は後悔している，もう二度としないと約束したとたん，こう言った。「ママ，そのナイフをしまってよ。それはもうおわったから」そしていったん，この話題は打ち切りになったが，後のセッションで再び同じテーマが登場したのだ。

　累積的なトラウマによるさまざまな後遺症への対処は，セラピストにとって最も難しい要求のひとつである。米国児童青年期精神医学会が発行する治療の手引きでは，トラウマ体験を語り直すことは，トラウマ体験克服への試みであ

り，トラウマ治療の重要な要素であるという姿勢を採用している。だがこの手引きの作成者らは，子どもが期待どおりの反応を示さない場合，セラピストは再体験療法の実施にこだわるべきでないと警告している。彼らによると「困惑し強い抵抗を示す子どもと，トラウマ的な記憶に関する話を執拗に続けることは奨められないし，むしろ症状を悪化させかねない。こうした状況では，アート療法や遊戯療法など，トラウマ的な問題に間接的に対処する手法が有用かもしれない」(Cohen & Work Group on Quality Issues, 1998, p.168)。この手引きには，トラウマ体験について直接話し合うとともに，並行してストレス管理手法を実践することの重要性も述べられている。セラピストは，トラウマ体験を想起させる不快な刺激を与えることで，自分がトラウマ体験の引き金となり，子どもの回避行動を招いてしまうことを意識する必要がある。

　こうした提言から，特定の治療法をいつどのように適用するか決定する上での，臨床的推論と臨床的判断の役割が強調される。2〜3歳児や就学前児童の場合，遊びや物語，お絵かきがトラウマからの回復の「王道」であることが多い。こうした活動を通じて，子どもはどんな感情が安全か探ることができ，親は子どもの経験を一定の感情的距離を置いて処理することができるからだ。遊び，物語，アートをストレス因子への暫定的な対処法として役立て，親子が起こった出来事にもっと直接的に向き合う準備が整った時に言葉を使って率直にやり取りできるよう，土台作りをすることができる。2〜4歳の幼い子どもは，強い負の感情を抑えるため，深呼吸やヨガのポーズ，「1, 2, 3」と数を数えるといったストレス管理手法を学ぶことができる。これらの手法をいつどのように使うかという判断は，セラピスト，親，子どもを含む積極的な協力関係によってのみ得られるものだ。

　治療アプローチを問わず，これらの治療目標を追求する上で最大の臨床的課題は，治療手段と治療目標を区別することである。ベストプラクティスでは，このふたつの概念を明確に区別することが求められる。目的に対する手段は何で，目的それ自体は何なのか？　その好例が，**トラウマの物語**である。トラウマ体験を言語化することで，感覚調整不全とトラウマ体験への省察を結びつけ，圧倒的な身体感覚を封じこめて，それに伴う無力感と恐怖という絶望的な感情を調整するための手段が得られる。トラウマの物語は，理解を深め，認知

の歪みを正し，現実検討を促してトラウマ体験に意味を付与し，他者と意思疎通を図って年齢相応の機能を再び手に入れるための手段として，言葉，遊び，運動，アートといった安心感をもたらす象徴的枠組みを与えてくれる。こうした結果をもたらさない場合，トラウマの物語は意図した機能を果たしていないことになる。トラウマ体験を言葉やアート，遊びを通じて驚くほど明確に表現する一方，身体機能の調整や社会的関係，学習レディネスに深刻な障害がある子どもや成人がいる。こうした場合，クライアントとセラピストは，トラウマを処理する別の手段，あるいは補足的な手段を探さねばならない。別の選択肢として，ストレス管理手法や，トラウマ体験と未解決の心理的葛藤の関連性を探る精神力動的探求などが挙げられるだろう。

心理療法の限界：超臨床的要因を認める

　資源へのアクセス不足と貧困に見舞われた状況では，日常生活のあらゆる側面が子どもと家族の情緒的問題を悪化させる可能性がある。行動を起こすことによるリスク（治安の悪い近隣，移民税関捜査局 [ICE] の捜査，必要な物的資源が入手困難なためくり返し発生する危機）が，行動を起こさないことによるリスク（適切な住居，保育，教育，雇用，医療，交通手段の欠如）のせいでいっそう増大する。

　こうした環境が健全な児童発達の機会を損ない，親が子どもの情緒的ニーズに応える能力を低下させる。親は何よりもまず，生き抜くために必要なことに気力と資源を充てねばならないからだ。貧困と精神病理の重複は十分立証された事実だが，世帯所得と子どもの機能の相関関係を弱める要因は複雑であるため，このプロセスの概念化が非常に困難な作業となっている（Luthar, 1999; Rutter, 2003）。貧困がもたらす最も顕著な影響のひとつは，トラウマ体験の可能性が高まることだ。たとえば年間所得が最も低い世帯（7,500ドル未満）に暮らす女性 1,000 人中 20 人がパートナーによる暴力の被害者であるのに対し，年間所得 75,000 ドル以上の世帯に暮らす女性では同じ数字が 1,000 人中 3 人である（Rennison & Welchans, 2000）。

　こうした知見は幼い子どもに深く関わってくる。なぜなら子どもは，両親間

のドメスティック・バイオレンスの目撃者となることが多く，ドメスティック・バイオレンスと児童虐待の間には一貫した重複関係があるからだ（Osofsky, 2004b）。貧困がメンタルヘルスに与える影響も，幼い子どもに最も強く表れる（Lipman, Offord, & Boyle, 1996; National Research Council & Institute of Medicine, 2000）。逆に，貧困が改善すれば子どものメンタルヘルスも向上する可能性があるという興味深い証拠も存在する。グレートスモーキー山脈地域での研究では，家庭が貧困を脱したネイティブアメリカンおよび白人の子どもの間に，行為障害や反抗挑戦性障害の有意な減少が認められた（Costello, Compton, Keeler, & Angold, 2003）。この知見は，社会政策にとって重要な意味を持つ。なぜならこの結果は，メンタルヘルスの問題は純粋に遺伝的なものでなく，社会的な原因があるという現実を証明するものだからだ。

広汎で累積的なトラウマ体験の影響は，個々の診断名を越えて心身の疾患，学業不振や落第，物質濫用，虐待，犯罪行為など広範囲に及ぶ形で表れる（Harris et al., 2006）。こうした状態は，子ども本人の臨床的ニーズを越えて，子どもと家族のため幅広い協調的サービスを巻きこんで対処する必要がある超臨床的問題にあたる（Harris et al., 2007）。多数のストレスやトラウマを体験した子どもやその家族と接するセラピストは，有害な社会環境の中でのメンタルヘルス面の治療の限界を常に意識すべきだし，クライアントにもこうした意識を育むべきである。たとえば，殺人・暴力事件の発生率が高い地域での持続的なトラウマ体験への反応に対しPTSDのレッテルを貼るなど，ストレスやトラウマへの反応を基本的に個人の内面的問題とみなすよう促す潜在的な圧力があるのは，明らかである。トラウマ的なストレスの治療では，「安全第一」が重要であることを強調し，トラウマの原因となる状況の終結を訴えていく必要がある。地域社会全体で危険の徴候に終止符が打たれなければ，いったいどうなるだろう？

セラピストの自己不信，セラピストのセルフケア

セラピストは基本的に，治療対象である子どもと家族の苦痛を癒し，メンタルヘルスを取り戻したいという強い欲求に導かれて働いている。これは公務員

として働くセラピストに対し，特にあてはまることである。公務員制度の下では，民間企業のような経済的報酬は得られず，大量の取扱件数，官僚主義的な決まりごと，限られた空間，内省的なスーパービジョンやコンサルテーションが受けられないといった，意欲をはなはだしくそぐ要因が存在する。公衆衛生制度の支援を求める子どもと家族の多くが，自身の生活状況を越えた累積的な社会的ストレス因子や危険な環境に悩まされ，セラピストには提供できない超臨床的な解決を切に必要としているという事実が，セラピストの負担をいっそう大きくする。

　家族の窮状の背後にある超臨床的な側面がはっきりわからない場合，セラピストは心理療法の失敗を自分のせいにしたり，治療対象である家族，あるいは治療法のせいにしたりしがちである。批判は，無力感への一般的な対処法のひとつだ。問題が自分の手にあまる内容のもので，危機が容赦なく積み重なると，セラピストは気力も意欲も臨機応変さも失ってしまう。何度もセッションを欠席し，目の前の問題に気をとられてわが子に関心を向けられず，セッションで学んだ内容を治療の外での子どもとの関係に活かせない親を前にして，セラピストはしばしば，支離滅裂である，無関心である，あるいは境界性人格障害や反社会性人格障害，他の人格障害であると判断してしまう。たしかにその診断名は親の精神状態にあてはまるかもしれないが，その状態を生みだし持続させるのに寄与している外的状況の悪しき影響が十分に考慮されていない。今のところまだ存在しないが，こうした社会に対し何らかの診断名が付与されれば，十分な社会的支援も行わず個人の失敗ばかりあげつらう偏った視点を正せるだろう。成人に対する複雑性トラウマ障害，子どもに対する発達性トラウマ障害といった近年新たに登場した診断名は，外的状況が人格の機能に及ぼす影響に対する評価を反映しようと試みたものだ。さまざまな形の精神障害の社会的原因を理解すれば，セラピストの士気喪失と自己批判に対する効果的な対抗手段とすることができる。

　こうした理解と並行して，セルフケアを行う必要がある。セラピストとして他人に身を捧げるためには，内面の充実，愛する人々への配慮，休息と余暇の時間，職場でのサポート体制構築など，クライアントに教えようとしていることを自ら実践し，公私のバランスをとらなければならない。臨床像の複雑さ

や，困難さを増す一方の職場に直面したセラピストの自己不信に対応して，厳格に介入法を指示する治療マニュアルが普及したのかもしれない。治療取り組みの焦点が，行動の意味の理解からすみやかな変容の実現へと変化するにつれ，セラピストは，個々の臨床場面で自分がどうすべきかわからず不安を感じがちになっている。セッション中のいかなる時点でも，数多くの治療の入口が立ち現れてくる。自分は，子どもの遊びのテーマに反応しているか？　セラピストの注意を引こうとする母親に反応しているか？　セッション開始時，部屋に入ってきた母子の間の特定のやりとりに反応しているか？　あるいは，黙って展開を見守るべきなのか？　こうした選択肢すべてが，治療を生産的な方向に導く可能性をはらんでいるが，どれかひとつの入口を選ぶと，必然的に同時に他の可能性を追求することはできなくなる。いみじくもある心理の研究生が述べたように，「ひとつの対応を選べば，それ以外の10の対応をあきらめることになる」その選択に際しては，一定のパターンへの強い感情的反応や，特定のテーマの再発に対し共感的に調律することが何より重要となる。臨床的推論能力のひとつは，治療的時間を形作る無数の一見ばらばらで無関係なモメントの中に，ひとつのゲシュタルトを思慮深く見いだすことにある。子どもや親，それにセラピスト自身の感情の浮き沈みに身をゆだね，行動や相互作用や感情を時系列につなぎ合わせ，観察者であると同時に他者に反応する存在としての自己を意識することで，心の安全基地を築くことができる。この心の中の羅針盤があれば，セラピストは治療の曖昧さや不明確さに耐え，子どもと家族を知り，彼らにも自分を知ってもらうというプロセスを信頼できるようになる。これを最も巧みに表現しているのが，次に挙げるジェリー・ポール（1995）の文章である。

　我々は長い時間をかけて，自分が知っていると思っていることはみな仮説にすぎないことを学ぶ。つまり我々は知識を持っているが，真実を手にしてはいない。……そう気づくと我々の態度が変わり，子どもと家族も，自分たちはモノ扱いされるのでなく，情報提供源なのだと感じる。こうした文脈の中で，彼らは協力を意識するようになる。品定めされ，評価され，判断されるのでなく，自分の話を聞いてもらえている，自分を見て大切にしてくれていると実感する

10章　結びの考察——視点の提示

のだ。

　ここで話は振り出しに戻る。本章の冒頭で，自分自身を知ったおかげで娘のことがわかるようになったという若い母親の言葉を紹介した。本章の結びでは，私たちの手に真実などないという真実をお伝えしておきたい。真実を知ることはできない。だが私たちは，自分を知り理解しようとする親子の探求に関わることができる。私たちにとって最善の臨床的取り組みとは，この探求につきものの曖昧さや不明瞭さに身をゆだね，自分が親子の探求の旅路に付き添う揺るぎない存在であると彼らに伝えることなのだ。

参考文献

Achenbach, T. M., & Rescorla, L. A. (2000). *Manual for the ASEBA Preschool Forms and Profiles.* Burlington: University of Vermont, Department of Psychiatry.
Ackerman, P. X, Newton, J. E. O., McPherson, W. B., Jones, J. G., & Dykman, R. A. (1998). Prevalence of posttraumatic stress disorder and other psychiatric diagnoses in three groups of abused children (sexual, physical, and both). *Child Abuse and Neglect*, 22, 759-774.
Ainsworth, M. D. S., Blehar, M. C, Waters, E., & Wall, S. (1978). *Patterns of attachment:A psychological study of the Strange Situation.* Hillsdale, NJ: Erlbaum.
Allen, M. T., Stoney, C. M., Owens, J. F, & Matthews, K. A. (1993). Hemodynamic adjustments to laboratory stress: The influence of gender and personality. *Psychosomatic Medicine*, 55, 505-517.
米国精神医学会, 高橋三郎他訳 1995.『DSM-IV 精神疾患の診断・統計マニュアル』医学書院
米国精神医学会, 高橋三郎他訳 2003.『DSM-IV-TR 精神疾患の診断・統計マニュアル　新訂版』医学書院
Anda, R. F, Brown, D. W, Felitti, V. S., Bremner, J. D., Dube, S. R., & Giles, W. H. (2007). Adverse childhood experiences and prescribed psychotropic medications in adults. *American Journal of Preventive Medicine*, 32, 389-394.
Anders, T. F. (1989). Clinical syndromes, relationship disturbances, and their assessment.In A. J. Sameroff & R. N. Emde (Eds.), *Relationship disturbances in early childhood: A developmental approach* (pp. 125-144). New York: Basic Books.
Armony, J. L., Corbo, V., Clement, M. H., & Brunet, A. (2005). Amygdala response in patients with acute PTSD to masked and unmasked emotional facial expressions. *American Journal of Psychiatry*, 162, 1961-1963.
Bailey, S. L., & Heitkemper, M. M. (1991). Morningness-eveningness and early-morning salivary cortisol levels. *Biological Psychiatry*, 31, 181-192.
Baradon, T. (2005). "What is genuine maternal love?": Clinical considerations and tech-nique in psychoanalytic parent-infant psychotherapy. *Psychoanalytic Study of the Child*, 60, 47-73.
Barr, R. G. (2001). The "unexplained early infant crying" dilemma. In R. G. Barr, I. St. James-Roberts, & M. R. Keefe (Eds.), *New evidence on unexplained early infant crying: Its origins, nature, and management* (pp. xiii-xviii). New York: Johnson & Johnson Pediatric Institute.
Bayley, N. (1993). *Bayley Scales of Infant Development* (2nd ed.). San Antonio, TX: Psychological Corporation.
Beebe, B., & Lachmann, F. M. (1988). The contribution of mother-infant mutual influence to the origins of self- and object-representations. *Psychoanalytic Psychology*, 5, 305-337.
Beers, S. R., & De Bellis, M. D. (2002). Neuropsychological function in children with maltreatment-related posttraumatic stress disorder. *American Journal of Psychiatry*, 159, 483-486.
Belsky, J. (1999). Modern evolutionary theory and patterns of attachment. In J. Cassidy & P. R. Shaver (Eds.), *Handbook of attachment: Theory, research,* and clinical applica-tions (pp. 141-161). New York: Guilford Press.
Benjamin, J. (1988). *The bonds of love: Psychoanalysis, feminism, and the problem of domination.* New York: Pantheon.

参考文献

Berlin, L., Zeanah, C, & Lieberman, A. E (in press). Prevention and intervention programs for supporting early attachment security. In P. Shaver & J. Cassidy (Eds.), *Handbook of attachment theory and research*, 2nd ed. New York: Guilford Press.
Beveridge, W. (1957). *The art of scientific investigation*. New York: Norton.
Birch, M. (1997). In the land of counterpane: Travels in the realm of play. *The Psychoanalytic Study of the Child*, 52, 57-75.
ボウルビィ，J. 黒田実郎他訳 1991. 『Ⅰ 愛着行動　母子関係の理論（１）新版』岩崎学術出版社
ボウルビィ，J. 黒田実郎他訳 1995. 『Ⅱ 分離不安　母子関係の理論　新版』岩崎学術出版社
ボウルビィ，J. 黒田実郎他訳 1991. 『Ⅲ 対象喪失　母子関係の理論　新版』岩崎学術出版社
Bowlby, J. (1988). On knowing what you are not supposed to know and feeling what you are not supposed to feel. In J. Bowlby (Ed.), A secure base: *Parent-child attachments and healthy human development* (pp. 99-118). New York: Basic Books.
Brazelton, T. B. (1992). *Touchpoints: Your child's emotional and behavioral development*. Reading, MA: Addison-Wesley.
Brazelton, T. B., & Sparrow, J. D. (2001). *Touchpoints 3-6: Your child's emotional and behavioral development*. Cambridge, MA: Perseus Publishing/Merloyd Lawrence.
ブレムナー，J. D. 北村美都穂訳 2003. 『ストレスが脳をだめにする——心と体のトラウマ関連障害』青土社
Bremner, J. D., Randall, P., Vermetten, E., Staib, L., Bronen, R. A., Mazure, C, et al.(1997). Magnetic resonance imaging-based measurement of hippocampal volume in posttraumatic stress disorder related to childhood physical and sexual abuse—A preliminary report. *Biological Psychiatry*, 41, 23-32.
Bremner, J. D., Scott, T. M., Delaney, R. C, Southwick, S. M., Mason, J. W., Johnson, D. R., et al. (1993). Deficits in short-term memory in posttraumatic stress disorder. *American Journal of Psychiatry*, 150, 1015-1019.
Bretherton, I., & Munholland, K. A. (1999). Internal working models in attachment relationships: A construct revisited. In J. Cassidy & P. R. Shaver (Eds.), Handbook of attachment: Theory, research, and clinical applications (pp. 89-111). New York: Guilford Press.
Bretherton, I., Ridgeway, D., & Cassidy, J. (1990). Assessing internal working models of the attachment relationship: An attachment story completion task for 3-year-olds. In M. T. Greenberg, D. Cicchetti, & E. M. Cummings (Eds.), *Attachment in the preschool years: Theory, research and intervention* (pp. 273-310). Chicago: University of Chicago Press.
Bronfenbrenner, U. (1977). Toward an experimental ecology of human development. *American Psychologist*, 32, 513-531.
Brooks-Gunn, J., & Duncan, G. J. (1997). The effects of poverty on children and youth. *The Future of Children*, 7(2), 55-71.
Brown, T. E. (2005). Circles inside squares: A graphic organizer to focus diagnostic formulation. *Journal of the American Academy of Child and Adolescent Psychiatry*, 44, 1309-1312.
Campos, J., & Steinberg, C. (1980). Perception and appraisal of emotion: The onset of social referencing. In M. E. Lamb & L. Sherrold (Eds.), *Infant social cognition* (pp. 273-314). Hillsdale, NJ: Erlbaum.
キャノン，W. B. 舘隣他訳 1981.『からだの知恵——この不思議なはたらき』講談社
Carrión, V. G. (2006). Understanding the effects of early life stress on brain development.In A. F. Lieberman & R. DeMartino (Eds.), *Interventions for children exposed to violence* (pp. 45-64). New York: Johnson & Johnson Pediatric Institute.
Carrión, V. G., Weems, C. E, Eliez, S., Patwardhan, A., Brown, W., Ray, R. D., et al.(2001). Attenuation of frontal asymmetry in pediatric posttraumatic stress disorder.Biological Psychiatry, SO, 943-951.
Carrión, V. G., Weems, C. E, & Reiss, A. L. (2007). Stress predicts brain changes in children: A pilot longitudinal study on youth stress, PTSD and the hippocampus. *Pediatrics*, 119, 509-516.
Carter, A. S., & Briggs-Gowan, M. J. (2000). *The Infant-Toddler Social and Emotional Assessment* (ITSEA).

New Haven, CT: Yale University, Department of Psychology.
Carter, S., Osofsky, J. D., & Hann, D. M. (1991). Speaking for baby: Therapeutic inter-ventions with adolescent mothers and their infants. *Infant Mental Health Journal*, 12, 291-302.
Casey Family Programs. (2005). Child welfare fact sheet. Retrieved December 15, 2005, from www.casey.org/ NR/rdonlyres/89F2787D-AA68-4SD5-BSCC-SS7B20BB426F/846/ChildWelfareFactSheetl.pdf.
Castonguay, L., Goldfried, M. R., Wiser, S., Raue, P. J., & Hayes, A. M. (1996). Predicting the effect of cognitive therapy for depression: A study of unique and common factors. *Journal of Consulting and Clinical Psychology*, 64(3), 497-504.
Chatoor, I., & Ganiban, J. (2004). The diagnostic assessment and classification of feed-ing disorders. In R. DelCarmen-Wiggins & A. Carter (Eds.), *Handbook of infant, toddler, and preschool mental health assessment* (pp. 289-305). New York: Oxford University Press.
Chisholm, K., Carter, M. C, Ames, E. W., & Morison, S. J. (1995). Attachment security and indiscriminately friendly behavior in children adopted from Romanian orphan-ages. *Development and Psychopathology*, 7(2), 283-294.
Cicchetti, D., & Cohen, D. (Eds.). (1995a). *Developmental psychopathology*: Vol. 1. Theory and methods. New York: Wiley.
Cicchetti, D., & Cohen, D. J. (Eds.). (1995b). *Developmental psychopathology*: Vol. 2. Risk, disorder, and adaptation. New York: Wiley.
Cicchetti, D., & Lynch, M. (1993). Toward an ecological/transactional model of community violence and child maltreatment: Consequences for children's development. *Psychiatry: Interpersonal and Biological Processes*, 56(1), 96-118.
Cicchetti, D., & Lynch, M. (1995). Failures in the expectable environment and their impact on individual development: The case of child maltreatment. In D. Cicchetti & D. J. Cohen (Eds.), *Developmental psychopathology*. Vol. 2. Risk, disorder and adaptation (pp. 32-71). New York: Wiley.
Cicchetti, D., Rogosch, F. A., & Toth, S. L. (2000). The efficacy of toddler-parent psy-chotherapy for fostering cognitive development in offspring of depressed mothers. *Journal of Abnormal Child Psychology*, 28, 135-148.
Cicchetti, D., & Sroufe, L. A. (2000). Editorial: The times, they've been a-changin':Reflecting on the past and planning for the future of developmental psychopathology [Special issue]. *Development and Psychopathology*, 12(3), 255-264.
Cicchetti, D., Toth, S. L., & Rogosch, F. A. (1999). The efficacy of toddler-parent psychotherapy to increase attachment security in offspring of depressed mothers. *Attachment and Human Development*, 1, 34-66.
Cicchetti, D., & Walker, E. F. (Eds.). (2001). Stress and development: Biological and psychological consequences [Special issue]. *Development and Psychopathology*, 13(3).
Cohen, J. A., & Mannarino, A. P. (1996). Factors that mediate treatment outcome in sexually abused preschoolers. *Journal of the American Academy of Child and Adolescent Psychiatry*, 35, 1402-1410.
Cohen, J. A., Mannarino, A. P., & Deblinger, E. (2006). *Treating trauma and traumatic grief in children and adolescents*. New York: Guilford Press.
Cohen, J., & Work Group on Quality Issues. (1998). Practice parameters for the assess-ment and treatment of children and adolescents with posttraumatic stress disorder. *Journal of the American Academy of Child and Adolescent Psychiatry*, 37, 4S-26S.
Cohen, N. J., Muir, E., Lojkasek, M., Muir, R., Parker, C. J., Barwick, M., et al. (1999). Watch, wait and wonder: Testing the effectiveness of a new approach of mother-infant psychotherapy. *Infant Mental Health Journal*, 20(4), 429-451.
Cohen, P., & Solnit, A. (1993). Play and therapeutic action. *Psychoanalytic Study of the Child*, 48, 49-63.
Conger, R. D., & Eldler, G. H., Jr. (1994). *Families in troubled times: Adapting to change in rural America*. Hawthorne, NY: Aldine de Gruyter.
Cook, A., Blaustein, M., Spinnozola, J., & van der Kolk, B. (2003). *Complex trauma in children and adolescents*

[white paper]. Washington, DC: Complex Trauma Task Force, National Child Traumatic Stress Network.
Costello, E. J., Compton, S. N., Keeler, G., & Arnold, A. (2003). Relationships between poverty and psychopathology: A natural experiment. *Journal of the American Medical Association*, 290, 2023-2029.
Crane, J. (1989). The epidemic theory of ghettos and neighborhood effects on dropping out and teenage childbearing. *American Journal of Sociology*, 95(5), 1226-1259.
Crowell, J. A., & Feldman, S. S. (1989). Assessment of mothers' working models of relationships: Some clinical implications. *Infant Mental Health Journal*, 10, 173-184.
Cullinan, W. E., Herman, J. P., Helmreich, D. L., & Watson, S. J. (1995). A neuroanatomy of stress. In M. J. Friedman, D. S. Charney, & A. Y. Deutch (Eds.), *Neurobiological and clinical consequences of stress: From normal adaptation to PTSD* (pp. 3-26). Philadelphia: Lippincott-Raven.
De Bellis, M. D. (2001). Developmental traumatology: The psychobiological develop-ment of maltreated children and its implications for research, treatment, and policy. *Development and Psychopathology*, 13(3), 539-564.
De Bellis, M. D., Baum, A. S., Birmaher, B., Keshavan, M. S., Ecard, C. H. A., Boring, A. M., et al. (1999a). Developmental traumatology: Part 1. Biological stress systems. *Biological Psychiatry*, 9, 1259-1270.
De Bellis, M. D., Hall, J., Boring, A. M., Frustaci, K., & Moritz, G. (2001). *A pilot longitudinal study of hippocampal volumes in pediatric maltreatment-related post-traumatic stress disorder*.
De Bellis, M. D., Hooper, S. R., & Sapia, J. L. (2005). Early trauma exposure and the brain. In J. J. Vasterling & C. R. Brewin (Eds.), *Neuropsycbology of PTSD: Biological, cognitive, and clinical perspectives* (pp. 153-177). New York: Guilford Press
De Bellis, M. D., Keshavan, M. S., Clark, D. B., Casey, B. J., Giedd, J. B., Boring, A. M., et al. (1999). Developmental traumatology: Part 2. Brain development. *Biological Psychiatry*, 45, 1271-1284.
De Bellis, M. D., Keshaven, M. S., Frustaci, K., Shifflett, H., Iyengar, S., Beers, S. R., et al. (2002). Superior temporal gyrus volumes in maltreated children and adolescents with PTSD. *Biological Psychiatry*, 51, 544-552.
DelCarmen-Wiggins, R., & Carter, A. (Eds.). (2004). *Handbook of infant, toddler, and preschool mental health assessment*. New York: Oxford University Press. de Marneffe, D. (2004). Maternal desire: On children, love and the inner life. New York: Little, Brown.
Diamond, D., Blatt, S. J., & Lichtenberg, J. D. (2007). *Attachment and sexuality*. Hillsdale, NJ: Analytic Press.
Donovan, W. L., & Leavitt, L. A. (1985). Simulating conditions of learned helplessness: The effects of interventions and attributions. *Child Development*, 56, 594-603.
Dozier, M., Peloso, E., Lindhiem, O., Gordon, M. K., Manni, M., Sepulveda, S., et al. (2006). Developing evidence-based interventions for foster children: An example of a randomized clinical trial with infants and toddlers. *Journal of Social Issues*, 62, 767-785.
Drossman, D. A., Leserman, J., Nachman, G., Gluck, B., & Tooney, J. T. (1990). Sexual and physical abuse in women with functional or organic gastrointestinal disorders. *Annals of Internal Medicine*, 113, 828-833.
Edwards, V. J., Dube, S. R., Felitti, V. J., & Anda, R. F. (2007). It's OK to ask about past abuse. *American Psychologist*, 62, 327-328.
Egger, E. L., Ascher, B. H., & Angold, A. (1999). *The preschool age psychiatric assessment: Version 1.1*. Unpublished interview schedule. Durham, NC: Center of Devel-opmental Epidemiology, Department of Psychiatry and Behavioral Sciences, Duke University Medical Center.
Egger, H., & Angold, A. (2004). *Stressful life events and PTSD in preschool children*. Paper presented at the annual meeting of the American Academy of Child and Ado-lescent Psychiatry, Washington, DC.
Emde, R. N. (1980). Emotional availability: A reciprocal reward system for infants and parents with implications for prevention of psychosocial disorders. In P. Taylor (Ed.), *Parent-infant relationships* (pp. 87-115). Orlando, FL: Grune & Stratton.
Emde, R. N. (1991). The wonder of our complex enterprise: Steps enabled by attach-ment and the effects of relationships on relationships. *Infant Mental Health Journal*, 12(3), 163-172.

Emde, R. N., Bingham, R. D., & Harmon, R. J. (1993). Classification and the diagnostic process in infancy. In C. H. Zeanah (Ed.), *Handbook of infant mental health* (pp. 225-235). New York: Guilford Press.

Emde, R. N., Everhart, K. D., & Wise, B. K. (2004). Therapeutic relationships in infant mental health and the concept of leverage. In A. J. Sameroff, S. C. McDonough, & K. L. Rosenblum (Eds.), *Treating parent-infant relationship problems* (pp. 267-292). New York: Basic Books.

Emde, R. N., Wolf, D. P., & Oppenheim, D. (2003). *Revealing the inner worlds of young children: The MacArthur Story Stem Battery and parent-child narratives*. New York: Oxford University Press.

エリクソン，E. H. 仁科弥生訳 1977.『幼児期と社会１』みすず書房

Fantuzzo, J. W., Brouch, R., Beriama, A., & Atkins, R. (1997). Domestic violence and children: Prevalence and risk in five major U.S. cities. *Journal of the American Academy of Child and Adolescent Psychiatry*, 36, 116-122.

Feldman, R. (2007). Parent-infant synchrony and the construction of shared timing: physiological precursors, developmental outcomes, and risk conditions. *Journal of Child Psychology and Psychiatry*, 48, 329-354.

Felitti, V. J., Anda, R. E, Nordenberg, D., Williamson, D. E, Spitz, A. M., & Edwards, V. (1998). Relationship of childhood abuse and household dysfunction to many of the leading causes of death in adults: The Adverse Childhood Experiences Study. *American Journal of Preventive Medicine*, 14, 245-258.

Fenichel, E. (Ed.). (1992). *Learning through supervision and mentorship to support the development of infants, toddlers and their families: A sourcebook*. Washington, DC: Zero to Three/National Center for Infants, Toddlers and Families.

Fergusson, D. M., & Lynskey, M. T. (1996). Adolescent resiliency to family adversity. *Journal of Child Psychology and Psychiatry*, 37, 281-292.

Figley, C. (1989). *Helping traumatized families*. San Francisco: Jossey-Bass.

Figley, C. (2002). Compassion fatigue: Psychotherapists' chronic lack of self-care. *JCLP/In Session: Psychotherapy in Practice*, 58, 1433-1441.

Foa, E. B., Rothbaum, B. O., & Molnar, C. (1995). Cognitive-behavioral therapy of post-traumatic stress disorder. In M. J. Friedman, D. S. Charney, & A. Y. Deutch (Eds.), *Neurobiological and clinical consequences of stress: From normal adaptation to post-traumatic stress disorder* (pp. 483-495). New York: Lippincott-Raven.

Foa, E. B., Steketee, G., & Olasov-Rothbaum, B. (1989). Behavioral/cognitive conceptu-alizations of post-traumatic stress disorder: An animal model. *Psychological Bulletin*, 112, 218-238.

Fonagy, P., Gergely, G., Jurist, E., & Target, M. (2002). *Affect regulation, mentalization, and the development of self*. New York: Other Press.

フレイバーグ，S. H. 高辻玲子他訳 1992.『小さな魔術師――幼児期の心の発達』金子書房

フレイバーグ，S. H. 対馬貞夫抄訳 1992.『視覚障害乳幼児の生活と心理』視覚障害児研究会

Fraiberg, S. (Ed.). (1980). *Clinical studies in infant mental health: The first year of life*. New York: Basic Books.

Fraiberg, S., Adelson, E., & Shapiro, V. (1975). Ghosts in the nursery: A psychoanalytic approach to the problems of impaired mother-infant relationships. Journal of the American Academy of Child and Adolescent Psychiatry, 14, 387-422.

Francis, D, D., Champagne, F. C, & Meaney, M. J. (2000). Variations in maternal behavior are associated with differences in oxytocin receptor levels in the rat. *Journal of Neuroendocrinology*, 12, 1145-1148.

フロイト，A. 中野良平他訳 1981.『児童期の正常と異常――発達の評価 1965』岩崎学術出版社

フロイト，A. 中野良平他訳 1998.『自我と防衛規制　アンナ・フロイト著作集（２）』岩崎学術出版社

フロイト，S. 新宮一成他訳 2011.『1932-37 年――続・精神分析入門講義　終わりのある分析とない分析　フロイト全集 第 21 巻』岩波書店

フロイト，S. 中山元訳 1996.「快感原則の彼岸」『自我論集』筑摩書房

フロイト，S. 井村恒郎訳 1970.「制止，症状，不安」『フロイト著作集 6　自我論・不安本能論』人文書院

フロイト, S. 高橋義孝他訳 1977.『精神分析入門』新潮社
Furstenberg, F. F., Cook, T, Eccles, J., Elder, G. H., & Sameroff, A. (1999). *Urban families and adolescent success*. Chicago: University of Chicago Press.
Gaensbauer, T. J. (1982). The differentiation of discrete affects: A case report. *Psychoanalytic Study of the Child*, 37, 29-66.
Gaensbauer, T. J. (1995). Trauma in the preverbal period: Symptoms, memories, and developmental impact. *Psychoanalytic Study of the Child*, SO, 122-149.
Gaensbauer, T. J., & Siegel, C. H. (1995). Therapeutic approaches to traumatic stress disorder in infants and toddlers. *Infant Mental Health Journal*, 16(4), 292-305.
Garbarino, J. (1990). The human ecology of early risk. In S. J. Meisels & J. P. Shonkoff (Eds.), *Handbook of early childhood intervention* (pp. 78-96). New York: Cambridge University Press.
Garbarino, J. (1995). *Raising children in a socially toxic environment*. San Francisco: Jossey-Bass.
George, C, & Solomon, J. (1999). Attachment and caregiving: The caregiving behavioral system. In J. Cassidy & P. R. Shaver (Eds.), *Handbook of attachment: Theory, research, and clinical applications* (pp. 649-670). New York: Guilford Press.
Gilliam, W. S., & Mayes, L. C. (2004). Integrating clinical and psychometric approaches: Developmental assessment and the infant mental health evaluation. In R. DelCarmen-Wiggins & A. Carter (Eds.), *Handbook of infant, toddler, and preschool mental health assessment* (pp. 185-203). New York: Oxford University Press.
グラッドウェル, M. 高橋哲訳 2000.『ティッピング・ポイント――いかにして「小さな変化」が「大きな変化」を生み出すか』飛鳥新社
ゴプニック, A., メルツォフ, A. N., カール, P. K. 峯原厚子他訳 2003.『0歳児の「脳力」はここまで伸びる』PHP研究所
Green, A. H., Voeller, K., Gaines, R., & Kubie, J. (1991). Neurological impairment in maltreated children. *Child Abuse and Neglect*, 5, 129-134.
Greenspan, S. I. (1997). *The growth of the mind and the endangered origins of intelligence*. Reading, MS: Perseus Books.
Greenspan, S. I. (1999). *Developmentally based psychotherapy*. Madison, CT: Interna-tional Universities Press.
Greenspan, S. I., 5c Wieder, S. (1998). *The child with special needs*. Reading, MA: Addison-Wesley.
Grossman, D. C. (2000). The history of injury control and the epidemiology of child and adolescent injuries. In R. E. Behrman (Ed.), *The Future of Children*, 10(1), 4-22.
Gunnar, M. R. (1992). Reactivity of the hypothalamic-pituitary-adrenocortical system to stressors in normal infants and children. *Pediatrics*, 90, 491-497.
Gunnar, M. R., & Quevedo, K. (2007). The neurobiology of stress and development. *Annual Review of Psychology*, 58, 145-173.
Gunnar, M. R., & Vazquez, D. M. (2001). Low cortisol and a flattening of expected daytime rhythm: Potential indices of risk in human development. *Development and Psychopathology*, 13, 515-538.
Gurvits, T. V., Shenton, M. E., Hokoma, H., Ohta, H., Lasko, N. B., Gilbertson, M. W., et al. (1996). Magnetic resonance imaging study of hippocampal volume in chronic, combat-related posttraumatic stress disorder. *Biological Psychiatry*, 40, 1091-1099.
Harden, B. J. (2007). *Infants in the child welfare system: A developmental framework for policy and practice*. Washington, DC: Zero to Three Press.
Harris, W. W., Lieberman, A. E, & Marans, S. (2007). In the best interests of society. *Journal of Child Psychology and Psychiatry*, 48, 392-411.
Harris, W. W., Putnam, F. W., & Fairbank, J. A. (2006). Mobilizing trauma resources for children. In A. F. Lieberman & R. DeMartino (Eds.), *Interventions for children exposed to violence* (pp. 311-340). New Brunswick, NJ: Johnson & Johnson Pedi-atric Institute.
ハルトマン, H. 霜田静志, 篠崎忠男訳 1967.『自我の適応――自我心理学と適応の問題』誠心書房

Heineman, T. V. (1998). *The abused child: Psychodynamic understanding and treatment*. New York: Guilford Press.

Heineman, T. V., & Ehrensaft, D. (Eds.). (2005). B*uilding a home within: Meeting the emotional needs of children and youth in foster care*. Baltimore: Brookes.

Heinicke, C. M., Fineman, N. R., Ponce, V., & Guthrie, D. (2001). Relation-based intervention with at-risk mothers: Outcome in the second year of life. *Infant Mental Health Journal*, 22(4), 431-462.

Heinicke, C. M., Fineman, N. R., Ruth, G., Recchia, S. L., Guthrie, D., & Rodning, C. (1999). Relationship-based intervention with at-risk mothers: Outcome in the first year of life. *Infant Mental Health Journal*, 20, 349-374.

Heinicke, C. M., Goorsky, M., Levine, M., Ponce, V., Ruth, G., Silverman, M., et al. (2006). Pre- and postnatal antecedents of a home-visiting intervention and family developmental outcome. *Infant Mental Health Journal*, 27, 91-119.

Heller, S. S., Aoki, Y. A., & Schoffner, K. (1998). *Crowell procedure coding manual*. Unpublished manuscript.

Herman, J. (1992a). Complex PTSD: A syndrome in survivors of prolonged and repeated trauma. *Journal of Traumatic Stress*, S, 377-391.

ハーマン, J. 中井久夫訳 1999. 『心的外傷と回復　増補版』みすず書房

Horowitz, M. D. (1976). *Stress response syndromes*. Northvale, NJ: Jason Aronson.

Hrdy, S. B. (1999). *Mother nature: A history of mothers, infants, and natural selection*. New York: Pantheon Books.

Interdisciplinary Council on Developmental and Learning Disorders. (2000). *Clinical practice guidelines: Redefining the standards of care for infants, children, and families with special needs*. Bethesda, MD: Author.

Jacobson, L., & Sopolsky, R. M. (1991). The role of the hippocampus in feedback regu-lation of the hypothalamic-pituitary-adrenocortical axis. *Endocrine Research*, 12, 118-134.

Jaffe, J., Beebe, B., Feldstein, S., Crown, C, & Jasnow, M. (2001). Rhythms of dialogue in early infancy. *Monographs of the Society for Research in Child Development*, 66(2, Serial No. 264), 1-132.

Jenkins, E. J., & Bell, C. C. (1997). Exposure and response to community violence among children and adolescents. In J. Osofsky (Ed.), *Children in a violent society* (pp. 9-31). New York: Guilford Press.

Jezova, D., Jurankova, E., Mosnarova, A., Kriska, M., & Skulteyova, I. (1996). Neuroen-docrine response during stress with relation to gender differences. *Acta Neurobiologiae Experimentalis*, 56, 779-785.

Kagan, J. (1981). *The second year of life*. Cambridge, MA: Harvard University Press

Karst, P. (2000). *The invisible string*. Marina Del Rey, CA: DeVorss.

Katz, L. E, & Low, S. M. (2004). Marital violence, co-parenting, and family-level processes in relation to children's adjustment. *Journal of Family Psychology*, 18, 372-382.

Kaufman, J., Birmaher, B., Perel, J., Dahl, R. E., Moreci, P., Nelson, B., et al. (1997). The corticotropin-releasirig hormone challenge in depressed abused, depressed nonabused and normal control children. *Biological Psychiatry*, 42, 669-679.

Kendell, R., & Jablensky, A. (2003). Distinguishing between the validity and utility of psychiatric diagnoses. *American Journal of Psychiatry*, 160, 4-12.

クライン, M. 小比木啓吾他訳 1997.『児童の精神分析（メラニー・クライン著作集 2)』誠心書房

Klein, M. (1932). *The psychoanalysis of children*. London: Hogarth.

Klein, M. (1952). The origins of transference. *International Journal of Psycho-Analysis*, 33, 433-438.

Koenen, K. C, Moffitt, T. E., Caspi, A., Taylor, A., & Purcell, S. (2003). Domestic violence is associated with environmental suppression of IQ in young children. *Development and Psychopathology*, 15, 297-311.

Krystal, H. (1988). *Integration and self-healing: Affect, trauma, alexithymia*. Hillsdale, NJ: Analytic Press.

Laor, N., Wolmer, L., & Cohen, D. (2001). Mothers' functioning and children's symp-toms 5 years after a SCUD missile attack. *American Journal of Psychiatry*, 158, 1020-1026.

Lazarus, R. S. (1991). *Emotion and adaptation*. New York: Oxford University Press.

Lazarus, R. S., & Folkman, S. (1984). *Stress, appraisal, and coping*. New York: Springer.
Leach, P. (1989). *Your baby and child from birth to age five* (rev. ed.). New York: Knopf.
Leckman, J. E, Feldman, R., Swain, J. E., & Mayes, L. C. (2007). Primary parental preoccupation: Revisited. In L. Mayes, P. Fonagy, & M. Target (Eds.), *Developmental science and psychoanalysis: Integration and innovation* (pp. 89-108). London: Karnac.
LeDoux, J. (1995). Setting "stress" into motion: Brain mechanisms of stimulus evaluation. In M. J. Friedman, D. S. Charney, & A. Y. Deutch (Eds.), *Neurobiological and clinical consequences of stress: Prom normal adaptation to post-traumatic stress disorder* (pp. 125-134). New York: Lippincott-Raven.
ルドゥー, J. 松本元他訳 2003.『エモーショナル・ブレイン――情動の脳科学』東京大学出版会
LeDoux, J. (1998). Fear and the brain: Where have we been, and where are we going? *Biological Psychiatry*, 44, 1229-1238.
Lewis, M. L., & Ghosh Ippen, C. (2004). Rainbows of tears, souls full of hope: Cultural issues related to young children and trauma. In J. D. Osofsky (Ed.), *Young children and trauma: Intervention and treatment* (pp. 11-46). New York: Guilford Press.
Lichtenberg, J. D. (1989). *Psychoanalysis and motivation*. Hillsdale, NJ: Analytic Press.
Lieberman, A. F. (1990). Culturally sensitive intervention with children and families. *Child and Adolescent Social Work*, 7(2), 101-119.
Lieberman, A. F. (1992). Infant-parent psychotherapy with toddlers. *Development and Psychopathology*, 4, 559-575.
Lieberman, A. F. (1995). *The emotional life of the toddler*. New York: Free Press.
Lieberman, A. F. (1999). Negative maternal attributions: Effects on toddlers' sense of self. *Psychoanalytic Inquiry*, 19(5), 737-756.
Lieberman, A. F. (2004a). Child-parent psychotherapy: A relationship-based approach to the treatment of mental health disorders in infancy and early childhood. In A. J. Sameroff, S. C. McDonough, & K. L. Rosenblum (Eds.), *Treating parent-infant relationship problems: Strategies for intervention* (pp. 97-122). New York: Guilford Press.
Lieberman, A. F. (2004b). Traumatic stress and quality of attachment: Reality and internalization in disorders of infant mental health. *Infant Mental Health Journal*, 25, 336-351.
Lieberman, A. F., & Amaya-Jackson, L. (2005). Reciprocal influences of attachment and trauma: Using a dual lens in the assessment and treatment of infants, toddlers, and preschoolers. In L. J. Berlin, Y. Ziv, L. Amaya-Jackson, 5c M. T. Greenberg (Eds.), *Enhancing early attachments: Theory, research, intervention, and policy* (pp. 100-124). New York:Guilford Press.
Lieberman, A. E, Compton, N. C, Van Horn, P., & Ghosh Ippen, C. (2003). *Losing a parent to death in the early years: Guidelines for the treatment of traumatic bereavement in infancy and early childhood*. Washington, DC: Zero to Three Press.
Lieberman, A. F., Ghosh Ippen, C., & Marans, S. (2008). Psychodynamic treatment of child trauma. In E. B. Foa, Matthews, J. Friedman, J. A. Cohen, & D. Kilpatrick (Eds.), *Effective treatments for PTSD: Practice guidelines from the International Society for Traumatic Stress Studies* (2nd ed.). New York: Guilford Press.
Lieberman, A. E, Ghosh Ippen, C, & Van Horn, P. (2006). Child-Parent Psychotherapy: Six month follow-up of a randomized control trial. *Journal of the American Academy of Child and Adolescent Psychiatry*, 45, 913-918.
Lieberman, A. E, & Harris, W. W. (2007). Still searching for the best interests of the child: Trauma treatment in infancy and early childhood. *Psychoanalytic Study of the Child*, 62, 211-238.
Lieberman, A. E, Padron, E., Van Horn, P., & Harris, W. W. (2005). Angels in the nursery: The intergenerational transmission of benevolent parental influences. *Infant Mental Health Journal*, 26, 504-520.
Lieberman, A. E, & Pawl, J. H. (1984). Searching for the best interests of the child: Intervention with an abusive mother and her toddler. *Psychoanalytic Study of the Child*, 39, 527-548.
Lieberman, A. F., & Pawl, J. H. (1993). Infant-parent psychotherapy. In C. H. Zeanah, Jr. (Ed.), *Handbook of*

infant mental health (2nd ed., pp. 427-442). New York: Guilford Press.

Lieberman, A. E, Silverman, R., & Pawl, J. H. (2000). Infant-parent psychotherapy: Core concepts and current approaches. In C. H. Zeanah, Jr. (Ed.), *Handbook of infant mental health* (2nd ed., pp. 472-484). New York: Guilford Press.

Lieberman, A. F., & Van Horn, P. (2004). Assessment and treatment of young children exposed to traumatic events. In J. D. Osofsky (Ed.), *Young children and trauma: Intervention and treatment* (pp. 111-138). New York: Guilford Press.

Lieberman, A. F., & Van Horn, P. (2005). *Don't hit my mommy!: A manual for child-parent psychotherapy with young witnesses of family violence*. Washington, DC: Zero to Three Press.

Lieberman, A. E, Van Horn, P., & Ghosh Ippen, C. (2005). Towards evidence-based treatment: Child-parent psychotherapy with preschoolers exposed to marital violence. *Journal of the American Academy of Child and Adolescent Psychiatry*, 44, 1241-1248.

Lieberman, A. E, Weston, D., & Pawl, J. H. (1991). Preventive intervention and outcome with anxiously attached dyads: *Child Development*, 62, 199-209.

Lieberman, A. E, & Zeanah, G. H,-(1995). Disorders of attachment in infancy. In K. Minde (Ed.), *Child psychiatric clinics of North America: Infant psychiatry* (pp. 571-588). Philadelphia: Saunders.

Lipman, E. L., Offord, D. R., & Boyle, M. H. (1996). What if we could eliminate child poverty?: The theoretical effect on child psychosocial morbidity. *Social Psychiatry and Psychiatric Epidemiology*, 31, 303-307.

Lipschitz, D. S., Rasmusson, A. M., & Southwick, S. M. (1998). Childhood posttraumatic stress disorder: A review of neurobiologic sequelae. *Psychiatric Annals*, 28, 452-457.

ルボルスキー，L. 頼藤和寛訳 1995.『精神分析的精神療法の原則——支持－表出法マニュアル』岩崎学術出版社

Luby, J. L. (2006). *Handbook of preschool mental health*. New York: Guilford Press.

Luthar, S. S. (1999). *Poverty and children's adjustment*. Thousand Oaks, CA: Sage.

Luthar, S. S., Cicchetti, D., & Becker, B. (2000). The construct of resilience: A critical evaluation and guidelines for future work. *Child Development*, 71, 543-562.

Luthar, S. S., & Suchman, N. E. (2000). Relational psychotherapy mothers' group: A developmentally informed intervention for at-risk mothers. *Development and Psychopathology*, 12, 235-253.

Lynch, M., & Cicchetti, D. (1998). Trauma, mental representation, and the organization of memory for mother-referent material. *Development and Psychopathology*, 10, 739-759.

Lyons-Ruth, K., Bronfman, E., & Atwood, G. (1999). A relational diathesis model of hostile-helpless states of mind: Expressions in mother-infant interaction. In J. Solomon & C. George (Eds.), *Attachment and disorganization* (pp. 33-70). New York: Guilford Press.

Lyons-Ruth, K., & Jacobvitz, D. (1999). Attachment disorganization: Unresolved loss, relational violence, and lapses in behavioral and attentional strategies. In J. Cassidy & R. P. Shaver (Eds.), *Handbook of attachment: Theory, research, and clinical applications* (pp. 520-554). New York: Guilford Press.

Macfie, J., Cicchetti, D., & Toth, S. L. (2001). The development of dissociation in mal-treated preschool-aged children. *Development and Psychopathology*, 13, 233-254.

Main, M., & Hesse, E. (1990). Parents' unresolved traumatic experiences are related to infant disorganized attachment status: Is frightened and/or frightening parental behavior the linking mechanism? In M. T. Greenberg, D. Cicchetti, & M. Cummings (Eds.), *Attachment in the preschool years: Theory, research and intervention* (pp. 161-182). Chicago: University of Chicago Press.

Main, M., & Solomon, J. (1990). Procedures for identifying infants as disorganized/dis-oriented during the Ainsworth Strange Situation. In M. T. Greenberg, D. Cicchetti, & M. Cummings (Eds.), *Attachment in the preschool years: Theory, research, and intervention* (pp. 121-160). Chicago: University of Chicago Press.

Maldonado-Duran, J. M., & Barriguete, J. A. (2002). Evaluation and treatment of eating and feeding disturbances of infancy. In J. M. Maldonado-Duran (Ed.), *Infant and toddler mental health: Models of clinical intervention with infants and their families* (pp. 309-344). Washington, DC: American Psychiatric

Publishing.

Marans, S. (2005). *Listening to fear: Helping kids cope, from nightmares to the nightly news*. New York: Holt.

Marans, S. (2007). Psychoanalytic responses to violent trauma: The child development-community policing partnership. In L. Mayes, P. Fonagy, & M. Target (Eds.), *Developmental science and psychoanalysis: Integration and intervention* (pp. 267-288). London: Karnac.

Marans, S., & Adelman, A. (1997). Experiencing violence in a developmental context. In J. D. Osofsky (Ed.), *Children in a violent society* (pp. 202-222). New York: Guilford Press.

Marans, S., Murphy, R. A., Casey, R. L., Berkowitz, S. J., & Berkman, M. (2006). Menta health-law enforcement collaborative responses to children's exposure to violence. In A. F. Lieberman & R. DeMartino (Eds.), *Interventions for children exposed to violence* (pp. 111-134). New Brunswick, NJ: Johnson & Johnson Pediatric Institute.

Marmar, C, Foy, D., Kagan, B., & Pynoos, R. S. (1993). An integrated approach for treating posttraumatic stress. In J. M. Oldman & A. Talman (Eds.) *Review of Psychiatry* (Vol. 12, pp. 239-272). Washington, DC: American Psychiatric Press.

Masten, A. S. (2001). Ordinary magic: Resilience processes in development. American Psychologist, 56, 227-238. (Reprinted in *Annual progress in child psychiatry and child development: 2002*, by M. E. Hertzig & E. A. Farber, Eds., 2005, New York: Routledge).

Mayes, L. C. (1998). Mental health services for infants and young children. In J. Young & P. Ferrari (Eds.), *Designing mental health services and systems for children and adolescents: A shrewd investment* (pp. 219-230). Philadelphia: Brunner/Mazel.

Mayes, L. C, & Leckman, J. F. (2007). Parental representations and subclinical changes in postpartum mood. *Infant Mental Health Journal*, 28, 281-295.

McCann, I. L., & Perlman, L. A. (1990). Vicarious traumatization: A framework for understanding the psychological effects of working with victims. *Journal of Traumatic Stress*, 3, 131-149.

McCarthy, M. M. (1995). Estrogen modulation of oxytocin and its relation to behavior. In R. Ivell & J. Russell (Eds.), *Oxytocin: Cellular and molecular approaches in medicine and research* (pp. 235-242). New York: Plenum Press.

McDonough, S. C. (2004). Interaction guidance: Promoting and nurturing the caregiv-ing relationship. In A. J. Sameroff, S. C. McDonough, & K. L. Rosenblum (Eds.), *Treating parent-infant relationship problems: Strategies for intervention* (pp. 79-96). New York: Guilford Press.

McDougall, J. (1992). *Plea for a measure of abnormality*. New York: Brunner/Mazel.

McEwen, B. (1999). Development of the cerebral cortex: XIII. Stress and brain develop-ment II. *Journal of the American Academy of Child and Adolescent Psychiatry*, 38, 101-103.

McHale, J. P. (2007). *Charting the bumpy road of coparenthood: Understanding the challenges of family life*. Washington, DC: Zero to Three Press.

McLoyd, V. C. (1989). Socialization and development in a changing economy: The effects of paternal job and income loss on children. *American Psychologist*, 44, 293-302.

McPherson, W. B., Newton, J. E. O., Ackerman, P., Oglesby, D. M., & Dykman, R. A. (1997). An event-related brain potential investigation of PTSD and PTSD symptoms in abused children. *Integrative Physiological and Behavioral Science*, 32, 31-42.

Miller, G. E., Chen, E., & Zhou, E. C. (2007). If it goes up, must it come down?: Chronic stress and the hypothalamic-pituitary-adrenocortical axis in humans. *Psychological Bulletin*, 133, 25-45.

Muir, E., Lojkasek, M., & Cohen, N. J. (1999). *Watch, wait, and wonder: A manual describing a dyadic infant-led approach to problems in infancy and early childhood*. Toronto, Canada: Hincks-Dellcrest Centre.

Mullen, E. N. (1991). *The Infant Mullen Scales of Early Learning: Instrument descriptions*. Cranston, RI: T.O.T.A.L. Child.

Nachman, M., Gunnar, M. R., Mangelsdorf, S., Parritz, R., & Buss, K. (1996). Behavioral inhibition and stress reactivity: Moderating role of attachment security *Child Development*, 67, 508-522.

National Child Traumatic Stress Network. (2001). *Mission statement*. Washington DC: Substance Abuse and Mental Health Services Administration.

National Child Traumatic Stress Network. (2004). *Understanding child traumatic stress*. Los Angeles, CA and Durham, NC: Author.

National Research Council & Institute of Medicine. (2000). *From neurons to neighborhoods: The science of early childhood development*. Washington, DC: National Academy Press.

New Freedom Commission on Mental Health. (2003). *Achieving the promise: Transforming mental health care in America: Final report* (DHHS Publication No. SMA-03-32). Rockville, MD: U.S. Government Printing Office.

O'Connor, T. G., Marvin, R. S., Rutter, M., Olrick, T, & Brittner, P. A. (2002). Child- parent attachment following early institutional deprivation. *Development and Psychopathology*, 15(1), 19-38.

O'Connor, T. G., & Zeanah, C. H. (2003). Attachment disorders: Assessment strategies and treatment approaches. *Attachment and Human Development*, 5, 223-244.

Ornitz, E. M., & Pynoos, R. S. (1989). Startle modulation in children with post-traumatic stress disorder. *American Journal of Psychiatry*, 146, 866-870.

オルテガ，J．佐々木孝訳 2004.『個人と社会——人と人びと』白水社

Osofsky, J. D. (2004a). Perspectives on work with traumatized young children: How to deal with the feelings emerging from trauma work. In J. D. Osofsky (Ed.), *Young children and trauma: Intervention and treatment* (pp. 326-338). New York: Guilford Press.

Osofsky, J. D. (Ed.). (2005b). *Young children and trauma: Intervention and treatment*. New York: Guilford Press.

Osofsky, J. D., & Lederman, C. S. (2006). Mental health and judicial partnerships: Collaborating to reduce the effects of abuse on children and families. In A. F. Lieberman & R. DeMartino (Eds.), *Interventions for children exposed to violence* (pp. 89-110). New Brunswick, NJ: Johnson & Johnson Pediatric Institute.

Papousek, M., & Papousek, H. (1990). Excessive infant crying and intuitive parental care: Buffering support and its failures in parent-infant interaction. *Early Child Development and Care*, 65, 117-126.

Patterson, G. R. (1982). *Coercive family process*. Eugene, OR: Castalia.

Pawl, J. (1995). The therapeutic relationship as human connectedness: Being held in another's mind. *Zero to Three, 15*, 1-5.

Piaget, J. (1959). *The language and thought of the child*. London: Routledge & Kegan Paul.

Pine, P. (1985). *Developmental theory and clinical process*. New Haven, CT: Yale Uni-versity Press.

Plomin, R., & Rutter, M. (1998). Child development, molecular genetics, and what to do with genes once they are found. *Child Development*, 69(4), 1223-1242.

Pollak, S. D., Cicchetti, D., Klorman, R., & Brumaghim, J. T. (1997). Cognitive brain event-related potentials and emotion processing in maltreated children. *Child Development*, 68, 773-787.

Price, D. A., Close, G. C, & Fielding, B. A. (1983). Age of appearance of circadian rhythm in salivary cortisol values in infancy. *Archives of Diseases in Childhood*, 58,454-456

Provence, S. (1977). Developmental assessment. In M. Green & R. Haggerty (Eds.), *Ambulatory pediatrics* (pp. 374-383). Philadelphia: Saunders.

Pruett, K. D. (1979). Home treatment for two infants who witnessed their mother's murder. *Journal of the American Academy of Child and Adolescent Psychiatry*, 18, 647-657.

パトナム，F. W. 中井久夫訳 2001.『解離——若年期における病理と治療』みすず書房

Pynoos, R. S. (1990). Post-traumatic stress in children and adolescents. In B. Garfinkel, G. Carlson, & E. Weller (Eds.), *Psychiatric disorders in children and adolescents* (pp. 48-63). Philadelphia: Saunders.

Pynoos, R. S. (1993). Traumatic stress and developmental psychopathology in children and adolescents. In J. Oldham, M. Riba, & A. Tasman (Eds.), *American Psychiatric Press review of psychiatry* (Vol. 12, pp. 205-238). Washington, DC: American Psychiatric Press.

Pynoos, R. S. (1995, December). *The traumatic moment revisited: Toward a developmental psychoanalytic model of internal and external dangers*. Paper presented at the American Psychoanalytic Association Vulnerable

Child Discussion Group, Los Angeles, CA.
Pynoos, R. S. (1997, February). The transgenerational repercussions of traumatic expecta-tions. Paper presented at the Southern Florida Psychiatric Society/University of Miami School of Medicine, Miami, FL.
Pynoos, R. S., & Nader, D. (1993). Issues in the treatment of post-traumatic stress in children and adolescents. In J. P. Wilson & B. Raphael (Eds.), *International handbook of traumatic stress syndromes* (pp. 535-549). New York: Plenum Press.
Pynoos, R. S., & Steinberg, A. M. (2004, February 9-13). *Recovery of children and adolescents after exposure to violence: A developmental ecological framework*. Paper presented at the Johnson & Johnson Pediatric Institute Round Table, "Intervention for Children Exposed to Violence," Puerto Rico.
Pynoos, R. S., Steinberg, A. M., & Aronson, L. (1997). Traumatic experiences: The early organization of memory in school-age children and adolescents. In P. S. Appelbaum, P. S. Uyehara, & M. R. Eljn (Eds.), *Trauma and memory: Clinical and legal controversies* (pp. 272-289). New York: Oxford University Press.
Pynoos, R. S., Steinberg, A. M., & Piacentini, J. C. (1999). A developmental psychopathology model of childhood traumatic stress and intersections with anxiety disorders. *Biological Psychiatry*, 46, 1542-1554.
Rennison, C. M., & Welchans, S. (2000). Intimate partner violence. Bureau of Justice Statistics Special Report. Retrieved April 27, 2007, from *www.ojp.usdoj.gov/bjs/publpdflipv.pdf*.
Roth, A., & Fonagy, P. (1996). *What works for whom?: A critical review of psychotherapy research*. New York: Guilford Press.
Roth, A., & Fonagy, P. (2005). *What works for whom?: A critical review of psychotherapy research* (2nd ed.). New York: Guilford Press.
Rutter, M. (2000). Resilience reconsidered: Conceptual considerations, empirical findings, and policy implications. In J. P. Shonkoff & S. J. Meisels (Eds.), *Handbook of early childhood intervention* (pp. 651-682). New York: Cambridge University Press.
Rutter, M. (2003). Poverty and child mental health: Natural experiments and social causation. *Journal of the American Medical Association*, 290(15), 2063-2064.
Rutter, M., & Quinton, D. (1977). Psychiatric disorder: Ecological factors and concepts of causation. In H. McGurk (Ed.), *Ecological factors in human development* (pp. 173-187). Amsterdam, The Netherlands: North-Holland.
Saltzman, K. M., Weems, C. E, &,.Carrion, V. G. (2005). IQ and posttraumatic stress symptoms in children exposed to interpersonal violence. *Child Psychiatry and Human Development*, 36, 261-272.
Sameroff, A. J. (1983). Developmental systems: Contexts and evolution. In P. H. Mussen (Ed.), *Handbook of child psychology* (Vol. 1, pp. 238-294). New York: Wiley.
Sameroff, A. J. (1995). Models of development and developmental risk. In C. H. Zeanah, Jr. (Ed.), *Handbook of infant mental health* (pp. 659-695). New York: Guilford Press.
Sameroff, A. J., Bartko, W. T., Baldwin, A., Baldwin, C, & Seifer, R. (1998). Family and social influences on the development of child competence. In M. Lewis & C. Feiring (Eds.), *Families, risk, and competence* (pp. 161-185). Mahwah, NJ: Erlbaum.
ザメロフ, A. J., エムディ, R. N., 小此木啓吾監修, 井上果子他訳 2003.『早期関係性障害――乳幼児期の成り立ちとその変遷を探る』岩崎学術出版社
Sameroff, A. J., &: Fiese, B. H. (2000). Transactional regulation: The developmental ecology of early intervention. In J. P. Shonkoff & S. J. Meisels (Eds.), *Handbook of early childhood intervention* (2nd ed., pp. 135-159). New York: Cambridge University Press.
Sameroff, A. J., McDonough, S. C, & Rosenblum, K. L. (Eds.) (2004). *Treating parent-infant realtionship problems: Strategies for intervention*. New York: Guilford Press.
Sameroff, A. J., Seifer, R., Barocas, R., Zax, M., & Greenspan, S. (1987). IQ scores of 4-year-old children: Social-environmental risk factors. *Pediatrics*, 79(3), 343-350.
Scheeringa, M. S., & Gaensbauer, T. J. (2000). Posttraumatic stress disorder. In C. H. Zeanah (Ed.), *Handbook of infant mental health* (2nd ed., pp. 369-381). New York: Guilford Press.

Scheeringa, M. S., & Zeanah, C. (1995). Symptom expression and trauma variables in children under 48 months of age. *Infant Mental Health Journal*, 16, 259-270.

Scheeringa, M. S., Zeanah, C. H., Drell, M. J., & Larrieu, J. A. (1995). Two approaches to the diagnosis of posttraumatic stress disorder in infancy and early childhood. *Journal of the American Academy of Child and Adolescent Psychiatry*, 34, 191-200.

Scheper-Hughes, N. (1993). *Death without weeping: The violence of everyday life in Brazil*. Berkeley: University of California Press.

Schmidt-Reinwald, A., Pruessner, J. C, Hellhammer, D. H., Federenko, I., Rohleder, N., Schurmeyer, T. H., et al. (1999). The cortisol response to awakening in relation to dif-ferent challenge tests and a 12-hour cortisol rhythm. *Life Science*, 46, 1653-1660.

Schore, A. N. (1994). *Affect regulation and the origin of the self: The neurobiology of emotional development*. Hillsdale, NJ: Erlbaum.

Schore, A. N. (2001). The effects of early relational trauma on right brain develop-ment, affect regulation, and infant mental health. *Infant Mental Health Journal*, 22, 201-269.

Schore, A. N. (2003). *Affect regulation and the repair of the self*. New York: Norton.

Shahmoon-Shanok, R., Gilkerson, L., Egbeer, L., & Fenichel, E. (1995). Reflective super-vision: A relationship for learning. Washington, DC: Zero to Three/National Centei for Infants, Toddlers, and Families.

Shalev, A. Y, Peri, T, Canetti, L., & Schreiber, S. (1996). Predictors of PTSD in injured trauma survivors: A prospective study. *American Journal of Psychiatry*, 153, 219-225.

Sigman, M., & Ungerer, J. (1984). Attachment behavior in autistic children. *Journal of Autism and Developmental Disorders*. 14. 231-244.

Siller, M., & Sigman, M. (2002). The behaviors of parents of children with autism predict subsequent development of their children's communications. *Journal of Autism and Developmental Disorders*, 32(2), 77-89.

Silver, J., Amster, B., & Haecker, T. (Eds.). (1999). *Young children and foster care*. Baltimore: Brookes.

Silverman, R. C, & Lieberman, A. F. (1999). Negative maternal attributions, projective identification, and the intergenerational transmission of violent relational patterns. *Psychoanalytic Dialogues*, 9(2), 161-186.

Slade, A. (1994). Making meaning and making believe: Their role in the clinical process. In A. Slade & D. P. Wolf (Eds.), *Children at play: Clinical and developmental approaches to meaning and representation* (pp. 81-110). New York & London: Oxford University Press.

Slade, A. (2007). Disorganized mother, disorganized child: The mentalization of affective dysregulation and therapeutic change. In D. Oppenheim & D. F. Goldsmith (Eds.), *Attachment theory in clinical work with children: Bridging the gap between research and practice* (pp. 226-250). New York: Guilford Press.

Slade, A., Sadler, L., De Dios-Kenn, C, Webb, D., Currier-Exepchick, J., & Mayes, L. (2005). Minding the baby: A reflective parenting program. *Psychoanalytic Study of the Child*, 60, 74-100.

Slade, A., & Wolf, D. P. (1994). *Children at play: Clinical and developmental approaches to meaning and representation*. New York & London: Oxford University Press.

Smyke, A. T, Dumitrescu, A., & Zeanah, C. H. (2002). Disturbances of attachment in young children: I. The continuum of caretaking casualty. *Journal of the American Academy of Child and Adolescent Psychiatry*, 41, 972-982.

Southwick, S. M., Yehuda, R., & Morgan, C. A. (1995). Clinical studies of neurotransmitter alterations in post-traumatic stress disorder. In M. J. Friedman, D. S. Charney, & A. Y. Deutch (Eds.), *Neurobiological and clinical consequences of stress: From normal adap-tation to post-traumatic stress disorder* (pp. 335-350). New York: Lippincott-Raven.

Squires, J., Potter, L., & Bricker, D. (1999). *The ASQ user's guide* (2nd ed.). Baltimore: Brookes.

Sroufe, A. (1996). *Emotional development: The organization of emotional life in the early years*. New York: Cambridge University Press.

Sroufe, A., & Waters, E. (1977). Heart rate as a convergent measure in clinical and developmental research.

Merrill-Palmer Quarterly, 23, 3-27.
Stafford, B. S., & Zeanah, C. H. (2006). Attachment disorders. In J. Luby (Ed.), *Handbook of preschool mental health: Development, disorders, and treatment* (pp. 231-252). New York: Guilford Press.
Stein, M. B., Koverola, C, Hanna, C, Torchia, M. G., & McClarty, B. (1997). Hip-pocampal volume in women victimized by childhood sexual abuse. *Psychological Medicine*, 27, 951-959.
スターン，D. N. 神庭靖子他訳 1989.『乳児の対人世界』岩崎学術出版社
スターン，D. N. 馬場禮子他訳 2000.『親－乳幼児心理療法――母性のコンステレーション』岩崎学術出版社
Stern, D. N., Sander, L. W, & Process of Change Study Group. (1998). Non-interpretive mechanisms in psychoanalytic therapy. *International Journal of Psycho-Analysis*, 79, 903-921.
Stifter, C. A. (2001). Life after unexplained crying: Child and parent outcomes. In R. G. Barr, I. St. James-Roberts, & M. R. Keefe (Eds.), *New evidence on unexplained early infant crying: Its origins, nature and management* (pp. 273-288). New Brunswick, NJ: Johnson & Johnson Pediatric Institute.
St. James-Roberts, I. (2001). Infant prying and its impact on parents. In R. G. Bare, I. St. James-Roberts, & M. R. Keefe (Eds.), *New evidence on unexplained early infant crying: Its origins, nature and management* (pp. 5-24). New Brunswick, NJ: Johnson & Johnson Pediatric Institute.
St. John, M., Silverman, R., Pawl, J., & Pekarsky, J. (in preparation). *The unmaking of a mother: Iatrogenic effects of social service system intervention with vulnerable mother-infant dyads*. Unpublished manuscript. University of California, San Francisco.
Strupp, H. H., Butler, S. R, & Rosser, C. L. (1988). Training in psychodynamic psycho-therapy. *Journal of Consulting and Clinical Psychology*, 56, 689-695.
Taylor, L., Zuckerman, B., Harik, V., & Groves, B. (1994). Witnessing violence by young children and their mothers. *Journal of Developmental and Behavioral Pediatrics*, 15, 120-123.
Taylor, S. E., Gonzaga, G. C, Klein, L. C, Hu, P., Greendale, G. A., & Seeman, T. E. (2006). Relation of oxytocin to psychological stress responses and hypothalamic-pituitary-adrenocortical axis activity in older women. *Psychosomatic Medicine*, 68, 238-245.
Taylor, S. E., Klein, L. C, Lewis, B. P., Gruenwald, T. L., Gurung, R. A. R., & Updegraff, J. (2000). Biobehavioral responses to stress in females: Tend-and-befriend, not fight-or-flight. *Psychological Review*, 107, 411-429.
Teplin, L. A., Abram, K. M., McClelland, G. M., Dulcan, M. K., & Mericle, A. A. (2002). Psychiatric disorders in youth in juvenile detention. *Archives of General Psychiatry*, 59, 1133-1143.
Terr, L. (1989). Family anxiety after traumatic events. *Journal of Clinical Psychiatry*, 50, 15-19.
Thomas, A., Chess, S., & Birch, H. (1968). *Temperament and behavior disorders in children*. New York: Brunner/Mazel.
Tizard, B., & Rees, J. (1975). The effect of early institutional rearing on the behavioral problems and affectional relationships of four-year-old children. *Journal of Child Psychology and Psychiatry*, 27, 61-73.
トートラ，G. J. 佐伯由香他訳 2007.『トートラ人体解剖生理学　原書7版』丸善
Toth, S. L., Maughan, A., Manly, J. T, Spagnola, M., & Cicchetti, D. (2002). The relative efficacy of two interventions in altering maltreated preschool children's representa-tional models: Implications for attachment theory. *Development and Psychopathology*, 14(4), 877-908.
Toth, S. L., Rogosch, F. A., Manly, J. T., & Cicchetti, D. (2006). The efficacy of toddler-parent psychotherapy to reorganize attachment in the young offspring of mothers with major depressive disorder: A randomized preventive trial. *Journal of Consulting and Clinical Psychology*, 74(6), 1006-1016.
Tout, K., de Haan, M., Kipp-Campbell, E., & Gunnar, M. R. (1998). Social behavior correlates of adrenocortical activity in daycare: Gender differences and time-of-day effects. *Child Development*, 69(5), 1247-1262.
Tronick, E. Z., Messinger, D. S., Weinberg, M. K., Lester, B. A., LaGasse, L., Seifer, R., et al. (2005). Cocaine exposure is associated with subtle compromises of infants' and mothers' social-emotional behavior and dyadic features of their interaction in the face-to-face still-face paradigm. *Developmental Psychology*, 41,

711-722.
Turner, H. A., Finkelhor, D., & Ormrod, R. (2006). The effect of lifetime victimization on the mental health of children and adolescents. *Social Science and Medicine*, 62, 13-27.
Uvnas-Moberg, K. (1997). Oxytocin linked antistress effects—The relaxation and growth response. *Acta Psychologica Scandinavica*, 640(Suppl.), 38-42.
van den Boom, D. C. (1994). The influence of temperament and mothering on attachment and exploration: An experimental manipulation of sensitive responsiveness among lower-class mothers with irritable infants. *Child Development*, 65, 1457-1477.
van den Boom, D. C. (1995). Do first-year intervention effects endure?: Follow-up during toddlerhood of a sample of Dutch irritable infants. *Child Development*, 66, 1798-1816.
van der Kolk, B. (2003). The neurobiology of childhood trauma and abuse. *Child and Adolescent Psychiatric Clinics of North America*, 12(2), 293-317.
van der Kolk, B. A. (2005). Developmental trauma disorder: Towards a rational diagnosis for children with complex trauma histories. *Psychiatric Annals*, 35, 401-408.
van der Kolk, B. A., & Courtois, C. A. (2005). Editorial comment: Complex developmental trauma. *Journal of Traumatic Stress*, 18, 385-388.
van der Kolk, B. A., Roth, S., Pelcovitz, D., Sunday, S., & Spinazzola, J. (2005). Disorders of extreme stress: The empirical foundation of a complex adaptation to trauma. *Journal of Traumatic Stress*, 18, 389-399.
Vaughn, B. E., 5c Bost, K. K (1999). Attachment and temperament: Redundant, indepen-dent, or interacting influences on interpersonal adaptation and personality development? In J. Cassidy & P. R. Shaver (Eds.), *Handbook of attachment: Theory, research, and clinical applications* (pp. 198-225). New York: Guilford Press.
Walcott, D. (1986). *Collected poems, 1948-1984*. New York: Farrar, Straus & Giroux.
Wallerstein, R. (1986). *Forty-two lives in treatment: A study of psychoanalysis and psychotherapy*. New York: Guilford Press.
Weaver, I. C, Cervoni, N., Champagne, F. A., D'Alessio, A. C, Sharma, S., Seckl, J. R., et al. (2004). Epigenetic programming by maternal behavior. *Nature Neuroscience*, 7, 847-854.
Weinfield, N. S., Sroufe, L. A., Egeland, B., & Carlson, E. A. (1999). The nature of individual differences in infant-caregiver attachment. In J. Cassidy & P. R. Shaver (Eds.), *Handbook of attachment: Theory, research, and clinical applications* (pp. 68-88). New York: Guilford Press.
Weissman, H. S., & Cohen, S. R. (1985). The parenting alliance and adolescence. *Adolescent Psychiatry*, 12, 24-45.
Weisz, J. R., Donenberg, G. R., Han, S. S., & Weiss, B. (1995). Bridging the gap between laboratory and clinic in child and adolescent psychotherapy. *Journal of Consulting and Clinical Psychology*, 63, 688-701.
Werner, E. E. (2000). Protective factors and individual resilience. In J. P. Shonkoff & S. J. Meisels (Eds.), *Handbook of early childhood intervention* (2nd ed., pp. 115-134). Cambridge, UK: Cambridge University Press.
White, B. P., Gunnar, M. R., Larson, M. C, Donzella, B., & Barr, R. G. (2000). Behavioral and physiological responsivity, and patterns of sleep and daily salivary cortisol in infants with and without colic. *Child Development*, 71, 862-877.
Willerman, L., Broman, S. H., & Fiedler, M. (1970). Infant development, preschool IQ, and social class. *Child Development*, 41, 69-77.
Windom, C. S., & Maxfield, M. G. (1996). A prospective examination of risk for violence among abused and neglected children. *Annals of the New York Academy of Science*, 794, 224-237.
Winnicott, D. W. (1949). Hate in the counter-transference. *International Journal of Psychoanalysis*, 30, 69-74.
ウィニコット，D. W. 北山修監訳 2005.『小児医学から精神分析へ　ウィニコット臨床論文集』岩崎学術出版社
ウィニコット，D. W. 橋本雅雄訳 1979.『遊ぶことと現実』岩崎学術出版社

Wirth, M. M., & Schultheiss, O. C. (2006). Effects of affiliation arousal (hope of closeness) and affiliation stress (fear of rejection) on progesterone and cortisol. *Hormones and Behavior*, 50, 786-795.

Yehuda, R., Giller, E. L., Levengood, R. A., Southwick, S. M., & Siever, L. J. (1995). Hypothalamic-pituitary-adrenal functioning in post-traumatic stress disorder: Expanding the concept of the stress response spectrum. In M. J. Friedman, D. S. Charney, & A. Y. Deutch (Eds.), *Neurobiological and clinical consequences of stress: From normal adaptation to post-traumatic stress disorder* (pp. 351-366). New York: Lippincott-Raven.

Yehuda, R., Giller, E. L., Southwick, S. M., Lowy, M. X, & Mason, J. W. (1991). Hypo-thalamic-pituitary-adrenal dysfunction in posttraumatic stress disorder. *Biological Psychiatry*, 30, 1031-1047.

Zeanah, C. H., & Boris, N. W. (2000). Disturbances and disorders of attachment in early childhood. In C. H. Zeanah (Ed.), *Handbook of infant mental health* (2nd ed., pp. 353-368). New York: Guilford Press.

Zeanah, C. H., Boris, N. W., Heller, S. S., Hinshaw-Fuselier, S., Larrieu, J. A., Lewis, M., et al. (1997). Relationship assessment in infant mental health. *Infant Mental Health Journal*, 18, 182-197.

Zeanah, C. H., & Scheeringa, M. S. (1997). The experience and effects of violence in infancy. In J. D. Osofsky (Ed.), *Children in a violent society* (pp. 97-123). New York: Guilford Press.

Zeanah, C. H., Scheeringa, M. S., Boris, N. W., Heller, S. S., Smyke, A. X, & Trapani, J. (2004). Reactive attachment disorder in maltreated toddlers. *Child Abuse and Neglect: The International Journal*, 28, 877-888.

Zero to Three: National Center for Infants, Toddlers and Families. (2005). *Diagnostic classification of mental health and developmental disorders of infancy and early childhood* (DO.0-3R) (rev.). Washington, DC: Author.

監訳者あとがき

　本書は，アリシア・F・リーバーマンとパトリシア・ヴァン・ホーンによる *Psychotherapy with Infants and Young Children; Reparing the Effects of Stress and Trauma on Early Attachment*（The Guilford Press, New York）の全訳です。本書に記された著者略歴に，ほんの少し補足をしつつ，短いあとがきとさせていただきます。

パトリシア・ヴァン・ホーン先生のこと
　はじめにたいへん残念なお知らせとなりますが，著者のおひとりであるヴァン・ホーン先生は，2014年1月末に急逝されました。ヴァン・ホーン先生は，本書著者略歴にあるように，リーバーマン先生とともに子ども－親心理療法の共同開発者です。特に子どものトラウマのアセスメントと治療について，多くの実績があり，実証的な方法で優れた治療成果をあげられました。
　本書にも，ドメスティック・バイオレンスにさらされた6歳以下の子どもたちのさまざまな機能への影響や暴力を受けた子どもと母親の関係性について，くわしいアセスメントの仕方が多くの事例を使って述べられています。また，両親の離婚による子どものトラウマに対処するための，親の心理教育プログラムなども開発されていました。
　総じて，子ども－親心理療法の優れた実践家であり，指導者であった方です。ここに謹んでお悔やみ申し上げます。

監訳者あとがき

アリシア・F・リーバーマン先生のこと

さて第一著者のリーバーマン先生は，パラグアイで生まれ育ち，ユダヤ系とラテン系の家族背景を持ち，米国で活動されています。このようなご自身の複数の民族および文化的な起源から，子どものメンタルヘルスに関する文化的問題に深く関わっておられます。

2000年に入ると，愛着障害について多くの研究がありますが，日本では，乳幼児－親心理療法の第一人者として知られています。これについては，世界の乳幼児精神保健を牽引されてきた渡辺久子先生が，1996年にいち早く彼女のカリスマ性と卓越した臨床力を，母子臨床の特集で紹介されていました。リーバーマン先生は，親－乳幼児心理療法のパイオニアで，精神分析家であり，ソーシャルワーカーでもあったセルマ・フライバーグ先生の優秀な弟子であり，愛着理論に精通した心理学者・臨床家です。恩師の「赤ちゃん部屋のお化け」に見る母親の悪しき子ども時代の葛藤的表象への着目を，親子への破壊的影響を相殺する母親の中の「赤ちゃん部屋の天使」の側面を呼び覚ます介入へと発展させました。

日本語版の序文には日本文化論としての「甘え」の重要性について触れられていますが，渡辺先生との深い親交から，彼女が日本の親子の関係性を理解するキーワードをつかまれたと述べられていました。学術的なアタッチメントには本来このような意味は含まれないのですが，本書にある愛着関係の根底に，やはり愛情関係に裏打ちされた確かな親子の関係性という意味合いが随所に感じられます。愛情ある育児が，リスクの高い状況にある子どもの発達を回復に向かわせるのだという前提から本書は始まっているためです。

子ども－親心理療法が生まれるまで

本書の前提として，日本で先行して紹介された著者らの乳幼児－親心理療法のパラダイムについて述べておきます。これは，『親－乳幼児心理療法――母性のコンステレーション』(D. N. スターン，岩崎学術出版社，2000年。原題 *Motherhood Constellation*) で，世界の代表的な子どもと親の関係性援助のひとつとして詳細に検討されています。この本が出版されて間もなく，私の師である馬場禮子先生と翻訳に取りかかりました。ここでの解説が，この治療法の特質

を最も端的に示していると思われます。

　今から20年ほど前，親子の関係性に着目する親－乳幼児心理療法は，主に精神分析的なアプローチが日本に紹介されていました（たとえばB.クラメール『ママと赤ちゃんの心理療法』小比木啓吾他訳，朝日新聞社，1994年）。リーバーマン先生達のアプローチと共通に，臨床目標は親の表象を変えることであり，このふたつは表象志向的アプローチと呼ばれていました。しかしどうやってそれを行うのかを見ると，大きくその印象が異なっていたのです。

　まず，リーバーマン先生のグループは，何よりも子どもを中心に置いた親との協力関係であるから，親－乳幼児ではなく乳幼児－親心理療法であるといった主張をしています。親と子の対の順序が異なるのはそのためです。加えてリーバーマン先生のグループの心理療法では，ソーシャルワーク的な要素も非常に重視されていますし，いわゆる陽性転移を積極的に活用します。

　このような技法となっているのは，対象が中流階級以上の家庭が大半のフランスのアプローチと比べ，社会経済的に困難な家庭が多いことが最大の理由だと思われます。親自身が，子どもとうまくつながれないのと同様に，大人とも社会ともつながる力が弱いために，援助が中断するリスクがきわめて高いのです。そのため，きちんとした援助を行うためには，まず親とつながることが先決になります。

　このように家族とつながるために使える入口は何でも利用して，その先の子どもとしっかりつながろうという考え方は，福祉関係の実務家には馴染みやすいものだと思います。子どもと自分の関係について，じっくりと振り返って考え，感じ直すゆとりを日々の生活ではほとんど持つことができない家庭の支援が中心です。日本の心理臨床の領域では，社会的養護の分野とその周辺で子育て支援を行う場合に，おそらく類似のことが多く生じると思います。

乳幼児－親心理療法パラダイムの拡張

　本書では，乳幼児－親心理療法は，対象の年齢を3歳までから6歳前後まで引き上げ，これを子ども－親心理療法（本書にならい，以下CPP）として適用することが可能だとしました。複数のトラウマ的体験が起こっていたり，あるいは長期的・慢性的であったりした場合，効果が確立された治療法のない中，

CPPの効果は注目に値します。

著者らは，CPPは，親子が治療セッションに同席して，親子関係の情緒の質を焦点とし，親と子が相互作用の情緒的トーンにそれぞれどう寄与しているかに着目する治療的アプローチの統一的用語であるとしています。関係性の担い手は親以外の家族も入る可能性もあり，また，子どもの年齢相応の技法がつながって変化していくため，包括的な構成概念としてCPPが定まっています。

たとえば，3歳までの乳幼児は常に親子が同席する形態であり，子どもと親の相互作用と親の語りが中心となります。子どもの問題は，睡眠や摂食，情動調整の問題などによって現れ，その対処をしていきますが，子どもの気持ちを聞くことはできません。年齢が上がると，自分でトラウマを表現するようになります。子どもは自分で語ることができるし，遊ぶことができます。つまりそうやってもっと複雑な内面を表現することができるようになるので，それをダイナミックに活用して親子の関係性を修復するよう働きかけるところが，拡張された技法の最たるところだと言えるでしょう。セッションも，親子同席，別席，心理教育やソーシャルワークなど，包括的な取り組みがなされています。

本書によって，これまで系統立てて述べられたことのなかった親子の関係性に介入するアプローチについて，基本的な理論と技法の全容を，具体的な事例に沿って深く理解することが可能になりました。事例は断片的なものばかりでなく，各章を縫って同一事例が複数登場してきます。このようにすることで，読者が治療のプロセスもイメージしながら学べるようになっています。本書は，こうした実践に役立つような編纂の工夫がうまくなされていると思います。

ストレス－トラウマ連続体

著者らが子どものトラウマをとらえる最も重要な概念のひとつです。単回性のトラウマのみならず，暮らしの中で親子の間で連綿とくり返される，質の悪い関係性が，子どもの累積的なストレスとなって降りかかった結果，ある守られた一線を越え，トラウマになると考えています。子どもにとって直接的に影響を受けるのは親の関わりかもしれませんが，そこはシステム論的に多様な環境要因が存在しています。

このように子どものトラウマを考えることによって，関係性のトラブルが一時的な動揺から障害のレベルのどこにあろうとも，予防的・治療的関わりを開始することができます。
　目の前の親子に，より良い関係構築ができるようにという前提で，多彩な水準の関わりが可能となることは，日本の子育て支援現場での心理臨床にうまく適合します。
　著者らはまた，PTSDの診断基準について，5歳以下の子どもの場合の問題を論じています。DSM-5では，その主張どおりの改訂とはなっていませんが，彼らが特に重視したのは，親のメンタルヘルスの状態が，この時期の子どもの安心と安全を揺るがす大きな脅威となるという点です。アセスメント段階で，こうした状況を生育歴の中から丹念に拾い出し，子どものトラウマ体験について細心の注意を払うことは，子育て支援に携わる心理臨床家にとって，示唆に富む指摘だと思われます。

包括的なアセスメント
　本書には，包括的なアセスメントプロセスが詳細に述べられています。生物・心理・社会的観点から集められたさまざまな情報を，子どもと家族の状況を理解するにふさわしい，生きたストーリーとしてまとめあげ，親が子どもの身に起こっていることを実感として理解できるように伝え，治療プランを説明していく様は，臨床的関わりそのものです。
　包括的なアセスメントに多くの時間をかけ，治療的関係に入る前に，しっかりと説明すること自体が，すでにかなりの臨床的介入効果を生むことを著者らも強調しています。
　独自の臨床的アプローチに，すぐに入ろうとしがちな日本の心理臨床家が多いと思いますが，生活の場に近い領域の心理臨床には，最も学ぶべきところだと思われます。
　以上，簡単なまとめを試みましたが，本書の随所に，臨床的なセンスと深みのある事柄が，経験知と実証知の裏づけを持って書かれており，これらはきっと，子育て支援領域で実践する多くの心理臨床家のみならず他分野の専門家にも役立つものと確信しています。

監訳者あとがき

　本書の翻訳は，2010年のリーバーマン先生来日の折に，ご許可いただいたものです。渡辺先生はじめ FOUR WINDS の皆さんとの出会いがなければ，リーバーマン先生に日本でお会いするチャンスはなかったと思います。先生にとって，この訪問が本当に素晴らしいものであったこと，今でも心から感謝されていることを，私からも皆さんにお伝えいたします。

　その後，先生に日本語版の序文を寄せていただくお申し出をせっかく頂戴しながら，ずいぶんと長くお待たせすることになり，面目なく，申し訳なく思っていました。それにもかかわらず，先生はこのことをご記憶に留めてくださっていました。本当にありがたく，先生の懐の深さに感服しました。今年の世界乳幼児精神保健学会で再会でき，ようやく発刊のご報告ができて，本当にほっとしています。

　翻訳者の門脇陽子氏と森田由美氏には，的確でこなれた訳を提供していただくことができました。子どもと家族の日常の会話やセラピーでの独特な言い回しなどがある中，柔軟に対応してくださったおかげで，臨床的な専門性としては高度な内容なのに，子どもの状況が読者に容易に思い描くことができるようになりました。

　福村出版の皆様にも，たいへんお世話になりました。宮下基幸取締役による本書の企画から出版までの一貫した手厚いサポート，小川史乃さん，小玉展子さん両氏による丁寧な原稿校正と多くの助言，そして忍耐強い励ましと伴走！なくしては，この日を迎えることはできなかったと思います。

　心から感謝申し上げます。

2014年　秋
青木　紀久代

事項索引
五十音

あ
ICDL臨床実践ガイドライン　142
愛着障害　56, **146**-150, 369
　　反応性愛着障害（RAD）147, 423
　　崩壊性愛着障害（Disrupted Attachment Disorder）150
　　無愛着　147-148
愛着理論　8, 25, **27**-28, 31, 54, 104, 401
　　安全基地の歪み（secure-base distortions）**147**-150
赤ちゃん部屋の
　　お化け　**41**, 44, 88-89, 115, 213, 216
　　天使　3, 12, **44**, 115, 165, 213, 216
アセスメント　10, 37, 73, 84, 88, 116, 127-**128**, 141, 143, 145-146, 150-156, 158, 161-164, 166-170, 172, 186, 215, 217-218, 220-221, 223-226, 228, 235, 250, 255-259, 273, 275, 280-281, 283, 286-287, 309, 313, 322, 324, 338, 342-343, 349, 351, 364-365, 381, 385, 389, 392-393
　　アセスメントの領域と方法　134, 423

い
依存　22, 27, 32, 39, 41, 48, 59, 60, 158, 180, 191, 201, 218, 258, 264, 268, 270, 309, 330, 331, 347, 351, 360, 372

う
WPPSI知能診断検査　224
内なる家庭の構築　337

え
ASQ（年齢・段階別質問票）140, 412

か
解釈志向型アプローチ　105
介入の
　　入口　73, **101**, 119, 120-121, 123, 126-127, 170, 196, 215, 244, 398
関係性の
　　障害　5, 8, 10-11, 15, 24, 25, 37, 41, 56, 59, 67, 69, 70-71, **73**, 78, 87, 97, 109, 114, 127, 130, 140, 142-153, 163, 177, 189, 193, 203, 211, 213, 215, 259, 298-299, 320, 321, 331, 337, 339, 341, 346, 349, 351-352, 354, 366, 369, 376, 389-390, 395-397, 401, 404, 411
　　阻害　69, 70-**71**, 78, 87, 139, 146, 150, 175, 213, 388
　　動揺　69-**70**, 172
間主観的アプローチ　27
感情の言語化　106
感情の身体化　370

き
危機介入　26, 97, 117, 118
強制的治療　**337**, 339, 340-341, 343-344, 362
恐怖症　151

く
空白のスクリーン　37, 89
具体的支援　26, 117-118

け
ケースフォーミュレーション（事例定式化）131, 133, **150**-151, 155, 164, 166-167, 225, 377
ケースマネジメント　24, 97, 117-118, **384**
現実検討　59, **116**, 152, 395

こ
肯定的リフレーミング　122
互恵性　24, 29, **174**, 192, 201, 338
子ども－親心理療法（CPP）
　　8-11, 14-15, **20**-21, 24-29, 34-35, 45, 51-52, 54, 61, 65-66, 70, 86-88, 91, 93, 97-98, 102, 104-107, 111, 118-120, 126-127, 151-152, 155, 170, 181, 217, 255-256, 258-259, 263, 265, 270-272, 280, 296-297, 298-300, 305-306, 309, 315, 318-319, 329, 332, 335, 337, 346-347, 349, 361, 366, 375-378, 384, 387, 388-389
CPPのバリエーション　255, 272
子どもの最善の利益　152, 279, 296, 344, 378, 380

さ
再体験症状（侵入的思考）161
里親とのCPP　376-377

し
自己感　366
自己感覚　30, 37, 41, 43, 49, 86, 173, **203**, 256, 272
自己中心性（egocentric）201
児童行動チェックリスト1.5～5歳用　136
社会化　30, 32, 36, 174, 181, 191
社会学習理論　27-**28**, 54, 104, 180
社会的参照　37, 196
社会的リスク因子　50
社会毒　**50**-51
就学前精神疾患アセスメント（PAPA）143
守秘義務　339, 343-344, 351, 380
障害　5, 8, 10-11, 15, 24-25, 37, 41, 56, 59, 67, 69-71, 73, 78, 87, 97, 109, 114, 127, 130, 140, 142-153, 163, 177, 189, 193, 203, 211, 213, 215, 259, 298-299, 320-321, 331, 337, 339, 341, 346, 349, 351-52, 354, 366, 369, 376, 389-390, 395-396, 397, 401,

索引

404, 411
神経伝達物質
　カテコールアミン　62-63
　コルチゾール　34, 61-64, 66
　セロトニン　62-63
　ドーパミン　62
心的外傷後ストレス障害の青少年・児童のアセスメントおよび治療のための手引き　389
心的表象
　親の心的表象　101, 119-120, 124
　子どもの心的表象　123, 135
心理療法
　子ども－親心理療法　8-9, 14-15, **20**, 25-26, 54, 87, 126, 151-152, 255, 315, 332, 346-347, 349, 361, 375, 378
　就学前児童－親心理療法　**24**, 26
　乳幼児－親心理療法　25-26, 88-89, 91, 184
　幼児－親心理療法　**24**-26, 88-89, 91, 184
す
ストーリーテリング　**113**, 114
ストレス・トラウマ理論　**27-28**
ストレス－トラウマ連続体　55
せ
静止顔　40
『精神疾患の診断・統計マニュアル第4版』　142
精神生物学的リズムの動揺　181
精神分析理論　8, 25, 27-28, 104, 202
世代間伝達　35, 40-41, 44, 69, 86
セラピストの
　自己不信　396, 398
　セルフケア　396
そ
早期関係性　172, 411
相互作用的交流　122-123
阻害　69-71, 78, 87, 139, 146, 150, 175, 213, 388
た
第3の耳　255

対象関係　27
タッチポイント　**177**-178, 182, 211
多動性障害　151
単一のトラウマ体験　392
ち
注意欠如　151
調律　8, 10, 30, 36, 39-40, 58, 86, 116, 167, 174, 178, 191-192, 255, 272, **298**-299, 309, 314, 320, 332, 398
　誤調律　192, **320**, 332
　情動調律　10, 36, 39
超臨床的要因　395
て
適応障害　211
手放し行動　37
と
洞察志向の解釈　103, 111
動揺　10, 39, 58, 69-70, 109, 146, 149, 154, 172, 175-176, 178-179, 181-182, 184, 192-193, 200, 204, 210-213, 221, 225-226, 230, 241, 243, 245-246, 248, 256, 292, 310, 312, 348, 373, 390
DESNOS（特定不能の極度ストレス障害）　144-145
ドメスティック・バイオレンス　6-7, 10, 14, 20-21, 24, 37, 42-43, 60, 67, 99, 111, 131, 226, 253, 256, 259, 263, 269, 271, 279, 281, 284, 305, 315, 339, 382, 384, 392, 396
トラウマ
　PTSD　24, 28, 34, 41, 64, 66-67, **143**-145, 151, 154, 161-162, 166, 226, 283, 384, 396, 400-401, 403, 406-407, 409, 412, 420, 423
　DSM-IV-TRとDC:0-3RのPTSDの記述　143, 423
　慢性的トラウマ　68
　累積的なトラウマ　392-393, **396**,

425
トランザクショナル（交互的）な相互作用　173
トランザクショナル・プロセス　175
に
乳幼児社会情緒評価　136
は
発達
　発達性外傷障害　320, 425
　発達性トラウマ障害　**144**-145, 397, 425
　発達に関するガイダンス　26, 52, 103, 108-109, 171-172, 179, 187, 189, 210, 236, 272, 277, 347, 381, 391, 425
反抗挑戦性障害　151, 396
ひ
否定的な原因帰属　352
ふ
分離不安　32, 74, **102**, 109, 151, 176-177, 201, 212, 253, 352, 401
分離不安障害　151
へ
ベイリー乳児発達尺度　140, 180
扁桃体　63
ほ
保護的行動　37
保護的なスキンシップ　107
母子再結合　363
「ほど良い」母親　173
ホルモン
　オキシトシン　64, 65
ま
マレン早期学習尺度　140
む
無作為化試験　15, 20-21, 24, 384, 385
め
メンタライジング　256
メンタルヘルス
　親のメンタルヘルス　39-40, 143, 384-385
　子どものメンタルヘルス　5, 25, 37, 39-40, 53, 87-88, 93, 112, 126, 129, 137,

423

151, 213, 255, 300, 309, 336, 385, 390, 396
早期のメンタルヘルス　9, 20, 23, 29

も
モデリング　110
り
療法
　心理療法の限界　395
　認知行動療法　25, 27-28, 54, 180
　臨床的スーパービジョン　331, 387, 388
れ
レジリエンス　44

人名初出索引

A
Anders, T.F.　69
B
Benjamin, J.　43
Boris, N. W.　148
Bowlby, J.　146
Brazelton, T. B.　139
C
Carter, A. S.　136
Crane, J.　38
Crowell, J. A.　138
D
DelCarmen-Wiggins, R.　136
E
Emde, R.　190
Erikson, E.　172
F
Fonagy, P.　387
Foy, D.　388
Fraiberg, S.　25
Freud, S.　20
G
Garbarino, J.　49
Gilliam　128
Gladwell, M.　38
Greenspan, S.　130
H
Harris, W.　115
K
Kagan, J.　203
L
Leach, P.　139
Luthar, S. S.　39
Lyons-Ruth, K.　44
M
Marmar, C.　388
Mayes　128
McDougall, J.　202
O
Ortega y Gasset, J.　46
P
Pawl, J.　119
Piaget, J.　201
Provence, S.　136
Pynoos, R. S.　388
R
Roth, A.　387

S
Sameroff, A. J.　78
Shapiro, E.　89
Stern, D.　101
Suchman, N. E.　39
T
Tayler, S. E.　65
V
Van den Boom, D. C.　24
van der Kolk, B. A.　34
W
Winnicott, D. W.　105
Z
Zeanah, C.　138

事例索引

ア
アシュレー　9章
アダムズさん　5章
アメリア　5章
アルド　6章
イ
イーサン　6章, 8章
エ
エームズさん　2章
エレン　7章
カ
カティア　2章
ガブリエル　4章, 8章
ク
グウェン　6章
サ
サラ　4章
サイードさん　3章
シ
ジャニーヌ　6章
ジュリエットとサム　8章
ショーナ　7章
ス
スーザンとアンドレア　8章
スミスさん　9章
チ
チャールズ　8章
ト
トレーシー　1章
ナ
ナンシー　1章
ヘ
ベッカ　4章
マ
マーサさん　2章
マーリー　7章
マグダ　8章
マリア　3章
マリエッタ　9章
ミ
ミラーさん　2章
メ
メイシャ　5章
ラ
ラミレスさん　3章
リ
リー　8章
リディア　8章
ル
ルイス　2章
ルースさん　2章
ロ
ロウェナ　3章

425

【監訳者紹介】

青木 紀久代（あおき きくよ）

山口県生まれ。お茶の水女子大学大学院人間文化創成科学研究科准教授。博士（心理学）。臨床心理士。専門は発達臨床心理学。学校・保育・子育て支援領域での心理臨床と実践研究を行う。乳児院などを中心に、子どもと親（養育者）の関係性援助の実践に取り組む。全国乳児福祉協議会とともに、心理職ガイドラインを作成。

主な著書（編著）に、『調律行動から見た母子の情緒的交流と乳幼児の人格形成』（風間書房、1999年）、『いっしょに考える家族支援――現場で役立つ乳幼児心理臨床』（明石書店、2010年）、『乳幼児期・児童期の臨床心理学』（培風館、2012年）、『親のメンタルヘルス――新たな子育て時代を生き抜く』（ぎょうせい、2009年）、『社会的養護における生活臨床と心理臨床』（福村出版、2012年）など。訳書（共訳）に『親‐乳幼児心理療法――母性のコンステレーション』（岩崎学術出版社、2000年）、『発達精神病理学からみた精神分析理論』（岩崎学術出版社、2013年）など。

【翻訳者紹介】

門脇 陽子（かどわき ようこ）

翻訳者。津田塾大学学芸学部国際関係学科卒業。
訳書に『一流のプロは「感情脳」で決断する』（アスペクト、2009年）、『自閉症スペクトラム障害のある人が才能をいかすための人間関係10のルール』（明石書店、2009年）、『詳解 子ども虐待事典』（福村出版、共訳、2009年）、『子ども虐待・ネグレクトの研究――問題解決のための指針と提言』（福村出版、共訳、2010年）、『ダイニングテーブルのミイラ セラピストが語る奇妙な臨床事例――セラピストはクライエントから何を学ぶのか』（福村出版、共訳、2011年）、『心の病の「流行」と精神科治療薬の真実』（福村出版、共訳、2012年）、『本当の勇気は「弱さ」を認めること』（サンマーク出版、2013年）、『変容する臨床家――現代アメリカを代表するセラピスト16人が語る心理療法統合へのアプローチ』（福村出版, 共訳, 2013年）などがある。
　＊翻訳担当：1章、2章、5～7章

森田 由美（もりた ゆみ）

翻訳者。京都大学法学部卒業。
訳書に『子ども虐待とネグレクト――教師のためのガイドブック』（明石書店、2008年）、『詳解 子ども虐待事典』（福村出版、共訳、2009年）、『子ども虐待・ネグレクトの研究――問題解決のための指針と提言』（福村出版、共訳、2010年）、『ダイニングテーブルのミイラ　セラピストが語る奇妙な臨床事例――セラピストはクライエントから何を学ぶのか』（福村出版、共訳、2011年）、『心の病の「流行」と精神科治療薬の真実』（福村出版、共訳、2012年）、『変容する臨床家――現代アメリカを代表するセラピスト16人が語る心理療法統合へのアプローチ』（福村出版、共訳、2013年）、『忙しすぎるお母さんの1日10分・7日間コーチング』（ダイヤモンド社、2013年）、『しっくりくることだけ、やりなさい――あなただけの「幸せの北極星」の見つけ方』（パンローリング、2014年）などがある。
　＊翻訳担当：献辞、著者略歴、日本語版によせて、序、謝辞、3章、4章、8～10章

子ども−親心理療法　トラウマを受けた早期愛着関係の修復

2014年11月20日　初版第1刷発行

著　者　アリシア・F・リーバーマン，パトリシア・ヴァン・ホーン
監訳者　青木 紀久代
訳　者　門脇 陽子，森田 由美
発行者　石井 昭男
発行所　福村出版株式会社
　　　　〒113-0034　東京都文京区湯島2-14-11
　　　　電話 03-5812-9702　FAX 03-5812-9705
　　　　http://www.fukumura.co.jp
印　刷　株式会社文化カラー印刷
製　本　本間製本株式会社

© 2014 Kikuyo Aoki, Yoko Kadowaki, Yumi Morita
Printed in Japan
ISBN978-4-571-24054-6

定価はカバーに表示してあります。
落丁本・乱丁本はお取り替えいたします。
本書の無断複写・転載・引用等を禁じます。

福村出版◆好評図書

青木 豊 著
乳幼児―養育者の関係性精神療法とアタッチメント
◎3,000円　ISBN978-4-571-24047-8 C3011

乳幼児と養育者の関係性の重要性と治療法及びアタッチメントとその障害について，臨床事例をもとに検討する。

G.ニューフェルド・G.マテ 著／小野善郎・関 久美子 訳
思春期の親子関係を取り戻す
●子どもの心を引き寄せる「愛着脳」
◎3,000円　ISBN978-4-571-24053-9 C0011

思春期を迎えて不安定な子どもの心が親から離れないようにつなぎ止める力，「愛着」の役割と必要性を説く。

S.バートン・R.ゴンザレス・P.トムリンソン 著／開原久代・下泉秀夫 他 監訳
虐待を受けた子どもの愛着とトラウマの治療的ケア
●施設養護・家庭養護の包括的支援実践モデル
◎3,500円　ISBN978-4-571-42053-5 C3036

虐待・ネグレクトを受けた子どもの治療的ケアと，施設のケアラー・組織・経営・地域等支援者を含む包括的ケア論。

増沢 高・青木紀久代 編著
社会的養護における生活臨床と心理臨床
●多職種協働による支援と心理職の役割
◎2,400円　ISBN978-4-571-42047-4 C3036

社会的養護で働く心理職の現状と課題を踏まえ，多職種協働の中で求められる役割，あるべき方向性を提示。

吉田弘道 著
心理相談と子育て支援に役立つ親面接入門
◎1,500円　ISBN978-4-571-24051-5 C3011

子どもの心理相談と並行して行われる親面接について，典型的な事例をもとに実践的なポイントを解説した入門書。

井原成男 著
子育てカウンセリング「育てなおし」の発達心理学
◎1,800円　ISBN978-4-571-23043-1 C0011

子ども心理カウンセラーが発達心理学の視点から臨床現場の経験をもとにアドバイス。「育てなおし」の子育て論。

J.A.コトラー・J.カールソン 編著／岩壁 茂 監訳
ダイニングテーブルのミイラ セラピストが語る奇妙な臨床事例
●セラピストはクライエントから何を学ぶのか
◎3,500円　ISBN978-4-571-24046-1 C3011

信じられない話，奇怪な話，おかしい話，怖い話，心温まる話……，著名なセラピストが経験した印象的な臨床事例。

◎価格は本体価格です。